Schwerbehindertenrecht in der Praxis

Andreas Wien • Normen Franzke •
Constanze Kovalev

Schwerbehindertenrecht in der Praxis

Übersichtliches Grundlagenwissen für Studierende sowie für Arbeitgeber, HR-Verantwortliche und Menschen mit Behinderung

Springer Gabler

Andreas Wien
Normen Franzke
Brandenburgische Technische Universität,
Cottbus, Deutschland

Constanze Kovalev
Cottbus, Deutschland

ISBN 978-3-658-09041-8
ISBN 978-3-658-09042-5 (eBook)
DOI 10.1007/978-3-658-09042-5

Die Deutsche Nationalbibliothek verzeichnet diese Publikation in der Deutschen Nationalbibliografie; detaillierte bibliografische Daten sind im Internet über http://dnb.d-nb.de abrufbar.

Springer Gabler

Gedruckt auf säurefreiem und chlorfrei gebleichtem Papier

Springer Gabler ist Teil von Springer Nature
Die eingetragene Gesellschaft ist Springer Fachmedien Wiesbaden GmbH
Die Anschrift der Gesellschaft ist: Abraham-Lincoln-Strasse 46, 65189 Wiesbaden, Germany

Vorwort

Das Thema Schwerbehindertenarbeitsrecht ist im Personalmanagement für viele Arbeitgeber ein noch weitgehend unbekanntes Thema. Obwohl der Titel dieses Buches „Schwerbehindertenrecht in der Praxis – Übersichtliches Grundlagenwissen für Studierende sowie für Arbeitgeber, HR-Verantwortliche und Menschen mit Behinderung“ ist, behandelt es auch die Belange von Personen, welche den Schwerbehinderten gleichgestellt werden. Die Praxis zeigt auf, dass die Thematik in der Arbeitswelt allzu oft durch Klischees und Vorurteile gegenüber behinderten Menschen geprägt ist. Mit diesem Buch werden die allgemeinverbindlichen Rechte, aber auch die Pflichten sowohl der behinderten Arbeitnehmer als auch ihrer Arbeitgeber aufgezeigt. Insbesondere Arbeitgeber, die behinderte Menschen, schwerbehinderte Personen oder ihnen gleichgestellte Menschen beschäftigen, benötigen praktische Hinweise zur Anwendung der Regelungen des SGB IX. Ebenso sind die Schwerbehindertenvertretungen und Praktiker im Themengebiet des SGB IX umfassend zu informieren, so dass die Gesetzgebung in Unternehmen und Dienststellen entsprechend ihrer Intention Anwendung findet.

Das vorliegende Werk hat sich zum Ziel gesetzt, die Grundstrukturen des Schwerbehindertenarbeitsrechts darzustellen. Das Buch möchte eine praxisnahe und zugleich leicht verständliche Einführung in das Schwerbehindertenarbeitsrecht bieten. Beispiele, Grafiken und Formularmuster sollen den Leser hierbei unterstützen. Dem Leser wird eine tiefgreifende Übersicht über die relevanten Themenbereiche des Schwerbehindertenarbeitsrechts gegeben. Diese Einführung ist als Praxislehrbuch konzipiert, das sich für Studierende an Universitäten, Fachhochschulen und Berufsakademien ebenso wie als ideales Nachschlagewerk für Praktiker, Arbeitgeber und deren Beauftragte sowie Schwerbehindertenvertreter und sonstige Interessenvertretungen anbietet. Darüber hinaus kann es als idealer Ratgeber für Menschen mit Behinderung und alle sonstigen interessierten Arbeitnehmer Verwendung finden. Das Buch gibt Informationen über die Feststellung einer Behinderung, Erteilung eines Schwerbehindertenausweises sowie über die Gewährung von Merkzeichen und Nachteilsausgleichen. Der Arbeitgeber erhält Information über die Ausgleichsabgabe und eine Übersicht über die Zuständigkeiten der Rehabilitationsträger und Integrationsämter.

Als weiteren Schwerpunkt umfasst das Werk mögliche Maßnahmen zur Gewährleistung der Teilhabe am Arbeitsleben sowie den besonderen Kündigungsschutz nach dem SGB IX.

Die Anwendungsmöglichkeiten und Einsatzfelder des Lehrstoffes werden dem Leser aufgezeigt. Der Inhalt wird durch praktische Beispiele veranschaulicht und vertieft. Jahrelange Lehrerfahrung auf dem Gebiet des Personal- und Arbeitsrechts hat gezeigt, dass das Arbeiten mit Lehrbüchern dann besonders effektiv ist, wenn der Leser nicht nur den Text des Lehrbuches liest, sondern sich zugleich die Paragrafen im Gesetz ansieht. Denn was im Lehrbuch so leicht und überzeugend beschrieben wird, wirkt zum Teil unverständlich, wenn es im Originalwortlaut des Gesetzgebers gelesen wird. Aus diesem Grund sind zum Teil die wichtigen Paragrafen an den entsprechenden, relevanten Stellen im Lehrbuch abgedruckt, so dass der Leser nicht gezwungen ist, bestimmte Paragrafen erst mühsam im Gesetz nachzuschlagen. Als Anschauungsbeispiel sind aktuelle Antragsformulare, Musterbescheide und Beispielauszüge aus den gängigen Verwaltungsverfahren beigefügt. Über die Grundsätze für eine mögliche Herleitung der Statusfeststellung zum Gesamtgrad einer Behinderung gibt die Versorgungsmedizin-Verordnung (VersMedV) Auskunft. Sie ist für die Anerkennung einer Art der Behinderung mit seiner entsprechenden Gewichtung maßgeblich. Aufgrund der großen Bedeutung für die Thematik des Schwerbehindertenarbeitsrechts ist die Verordnung im Anhang zu diesem Buch im Volltext abgedruckt.

Hildesheim/Cottbus, im Mai 2016

Univ.-Prof. Dr. jur. Andreas Wien
Dipl. Bw. Normen Franzke
Dipl. Phil. Constanze Kovalev

Inhaltsverzeichnis

Die Autoren

[Fotograf: Klemens Renner]

Univ.-Prof. Dr. jur. Andreas Wien ist Volljurist mit der Befähigung zum Richteramt und höheren Verwaltungsdienst. Er lehrt Wirtschafts- und Internetrecht an der Brandenburgischen Technischen Universität Cottbus – Senftenberg und ist Verfasser mehrerer Lehrbücher.

Dipl.-Bw. Normen Franzke ist an einer oberen Landesbehörde tätig. Zudem arbeitet er an vielen Fachpublikationen mit und ist selbständiger Dozent für die Themengebiete Personal- und Organisationsmanagement sowie Personalcontrolling an verschiedenen Bildungseinrichtungen.

Dipl.-Phil. Constanze Kovalev ist an einer oberen Landesbehörde tätig. Sie ist mit der Umsetzung des Schwerbehindertenrechts befasst, arbeitet in bundesweiten Ausschüssen mit und berät und schult Unternehmen, Betriebs- und Personalräte sowie Schwerbehindertenvertretungen.

Abkürzungsverzeichnis

AGG	Allgemeines Gleichbehandlungsgesetz
ArbGG	Arbeitsgerichtsgesetz
Az.	Aktenzeichen
BAG	Bundesarbeitsgericht
BAGH	Bundesarbeitsgemeinschaft Hilfe für Behinderte
BB	Betriebs-Berater (Zeitschrift)
BbgDSG	Brandenburgisches Datenschutzgesetz
BIH	Bundesarbeitsgemeinschaft der Integrationsämter und Hauptfürsorgestellen
BDH	Bund der Hirnverletzten
BDSG	Bundesdatenschutzgesetz
BEM	Betriebliches Eingliederungsmanagement
BetrVG	Betriebsverfassungsgesetz
BGB	Bürgerliches Gesetzbuch
BGG	Behindertengleichstellungsgesetz
BGH	Bundesgerichtshof
BMAS	Bundesministerium für Arbeit und Soziales
BPersVG	Personalvertretungsgesetz des Bundes
BRK	Behindertenrechtskonvention
BSG	Bundessozialgericht
BurlG	Bundesurlaubsgesetz
BVerfG	Bundesverfassungsgericht
BVerwG	Bundesverwaltungsgericht
BVG	Bundesversorgungsgesetz
d.h.	das heißt
DV	Datenverarbeitung

FGG	Gesetz über die freiwillige Gerichtsbarkeit
GG	Grundgesetz
GdB	Grad der Behinderung
GDPdU	Grundsätze zum Datenzugriff und zur Prüfbarkeit digitaler Unterlagen
GdS	Grad der Schädigung
GoBS	Grundsätze ordnungsmäßiger DV-gestützter Buchführungssysteme
i.d.R.	in der Regel
IfSG	Infektionsschutzgesetz
InsO	Insolvenzordnung
KSchG	Kündigungsschutzgesetz
LAG	Landesarbeitsgericht
LASV	Landesamt für Soziales und Versorgung
MdE	Minderung der Erwerbsfähigkeit
NRW	Nordrhein-Westfahlen
OEG	Opferentschädigungsgesetz
OVG	Oberverwaltungsgericht
RDG	Rechtsdienstleistungsgesetz
SchwbAV	Schwerbehinderten-Ausgleichsabgabeverordnung
SchwbG	Schwerbehindertengesetz
SGB IX	Sozialgesetzbuch (Neuntes Buch)
SOVD	Sozialverband Deutschland
StGB	Strafgesetzbuch
VersMedV	Versorgungsmedizin-Verordnung
VG	Verwaltungsgericht
VGH	Verwaltungsgerichtshof
WfbM	Werkstatt für behinderte Menschen
WVO	Werkstättenverordnung
ZB	Zeitschrift: Behinderung & Beruf
ZPO	Zivilprozessordnung

Begriff der Behinderung und Schwerbehinderung

1

Der Begriff der Behinderung erfährt im alltäglichen und im juristischen Sprachgebrauch bisweilen eine stark voneinander abweichende Verwendung. Die Begrifflichkeit einer Behinderung wird im allgemeinen Sprachgebrauch allzu oft sehr subjektiv verwendet. Ebenso ist sie für viele Personen mit negativen Assoziationen verbunden. Zum gegenwärtigen Zeitpunkt leben ungefähr 6,8 Milliarden Menschen auf der Erde – Tendenz steigend. Alle diese Menschen unterscheiden sich anhand der unterschiedlichsten Merkmale. So gibt es beispielsweise Unterschiede im Bereich der Religion, Rasse, des Geschlechts, der sexuellen Orientierung, des Alters und im Vorhandensein einer Behinderung.[1] Unter näherer Betrachtung des Kriteriums der Behinderung ist festzuhalten, dass weltweit mehr als 650.000.000 Menschen davon betroffen sind. In der Bundesrepublik Deutschland umfasst der Anteil ungefähr 8.000.000 Menschen. Manche Menschen erhalten ihre Behinderung im Laufe ihres Lebens, andere wiederum werden mit einer Behinderung geboren. Viele Menschen setzen die Bezeichnung einer Behinderung fälschlicherweise nur mit dem typischen Bild eines Rollstuhlfahrers gleich oder mit Personen, die umfassende Unterstützungsleistung benötigen. Behinderung wird in der Regel daran erkannt, dass etwas bei der betroffenen Person als fehlerhaft identifiziert wird bzw. etwas als defekt erscheint. Dieser Defekt bzw. die fehlerhafte Eigenschaft einer Person kann sich u.a. im Bereich des Körperbaus, in den Bewegungsabläufen, in der Wahrnehmung und im Verhalten bemerkbar machen. Im Alltag wird der Begriff einer Behinderung also an dem äußeren Erscheinungsbild einer Person festgemacht.[2]

Wer als schwerbehindert im Sinne des Sozialgesetzbuchs anzusehen ist, wird in § 2 Abs. 2 SGB IX näher definiert. Hiernach gilt als schwerbehindert, wer einen Grad der Behinderung (GdB) von mindestens 50 hat. Das Versorgungsamt, in dessen Bereich der

---

1 Vgl. Nollert-Borasio / Perreng, Allgemeines Gleichbehandlungsgesetz, § 1 Rn. 2 ff., siehe ebenso vertiefend Hauck / Noftz, Sozialgesetzbuch SGB IX, K § 2 Rn. 3 ff.

2 Vgl. Dau / Düwell / Joussen, Sozialgesetzbuch IX (2014), § 2 Rn. 2.

Arbeitnehmer zum Zeitpunkt der Antragstellung seinen Wohnsitz oder gewöhnlichen Aufenthalt hat, ist für die Feststellung der Schwerbehinderung respektive die Ausstellung des Schwerbehindertenausweises zuständig.[3] Sofern der Betroffene mit der Entscheidung des Versorgungsamts nicht einverstanden ist, hat er die Möglichkeit hiergegen nach den Regelungen des Sozialgesetzbuches – bis hin zu einem Gerichtsverfahren vor dem Sozialgericht – vorzugehen.[4] Im Sozialgesetzbuch (SGB IX) hat der Gesetzgeber im ersten Abschnitt den geschützten Personenkreis wie folgt definiert:

§ 2 SGB IX Behinderung

(1) *Menschen sind behindert, wenn ihre körperliche Funktion, geistige Fähigkeit oder seelische Gesundheit mit hoher Wahrscheinlichkeit länger als sechs Monate von dem für das Lebensalter typischen Zustand abweichen und daher ihre Teilhabe am Leben in der Gesellschaft beeinträchtigt ist. Sie sind von Behinderung bedroht, wenn die Beeinträchtigung zu erwarten ist.*

(2) *Menschen sind im Sinne des Teils 2 schwerbehindert, wenn bei ihnen ein Grad der Behinderung von wenigstens 50 vorliegt und sie ihren Wohnsitz, ihren gewöhnlichen Aufenthalt oder ihre Beschäftigung auf einem Arbeitsplatz im Sinne des § 73 rechtmäßig im Geltungsbereich dieses Gesetzbuches haben.*

(3) *Schwerbehinderten Menschen gleichgestellt werden sollen behinderte Menschen mit einem Grad der Behinderung von weniger als 50, aber wenigstens 30, bei denen die übrigen Voraussetzungen des Absatzes 2 vorliegen, wenn sie infolge ihrer Behinderung ohne die Gleichstellung einen geeigneten Arbeitsplatz im Sinne des § 73 nicht erlangen oder nicht behalten können (gleichgestellte behinderte Menschen).*

Schwerbehinderten Menschen stehen Rechte und Nachteilsausgleiche zu.[5] Sie werden unter anderem aus dem Sozialgesetzbuch Neuntes Buch (SGB IX) oder aus diversen Vorschriften, wie dem Steuerrecht, abgeleitet. Unter der Begrifflichkeit der Nachteilsausgleiche sind besondere Leistungsansprüche sowie die Gewährung von Schutzrechten zu verstehen. Sie haben das Ziel, eventuelle Nachteile in den privaten und beruflichen Lebensbereichen auszugleichen. Voraussetzung für die Inanspruchnahme dieser besonderen Schutzrechte

---

[3] Vgl. Bundesministerium für Arbeit und Soziales, Ratgeber für Menschen mit Behinderung, S. 12; hierzu vertiefend auch Nollert-Borasio / Perreng, Allgemeines Gleichbehandlungsgesetz, § 1 Rn. 26b.

[4] Vgl. Mrozynski, SGB I, § 14 Rn. 5; hierzu vertiefend auch: Bundesministerium für Arbeit und Soziales, Ratgeber für Menschen mit Behinderung, S. 10 ff.

[5] Vgl. Bundesministerium für Arbeit und Soziales, Ratgeber für Menschen mit Behinderung, S. 13, vertiefend auch: Hauck / Noftz, Sozialgesetzbuch SGB IX, K § 2 Rn. 3 ff., 41 ff.

und Nachteilsausgleiche ist die Anerkennung einer Schwerbehinderteneigenschaft.[6] Diese Anerkennung wird durch die Versorgungsverwaltung durchgeführt.[7]

Das SGB IX sieht bei einem Menschen eine Schwerbehinderung als gegeben an, wenn er folgende Merkmale aufweist:

1. Es liegt ein Grad der Behinderung (GdB) von mindestens 50 vor.
2. Der Wohnsitz des Menschen bzw. der gewöhnlichen Aufenthalt oder der Arbeitsplatz gem. § 73 SGB IX liegt in der Bundesrepublik Deutschland.
3. Menschen wird den Status einer Behinderung zuerkannt, wenn die:
   a. körperliche Funktion, geistige Fähigkeit oder seelische Gesundheit,
   b. mit höher Wahrscheinlichkeit länger als 6 Monate,
   c. von dem lebenstypischen Zustand abweichen und
   d. dadurch ihre Teilhabe am Leben in der Gesellschaft beeinträchtigt ist.[8]

Nach § 2 Abs. 1 SGB IX sind Menschen behindert, wenn:

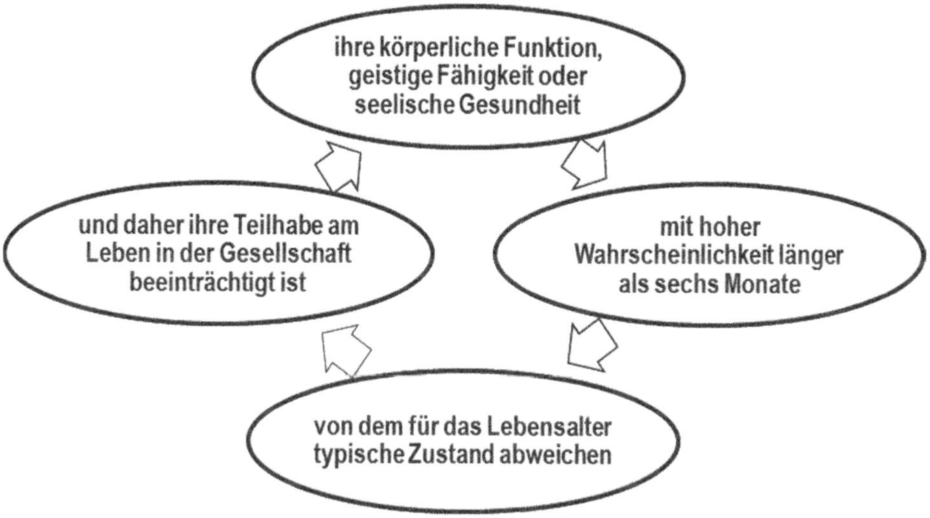

Der durch die Versorgungsverwaltung erlassene Bescheid über die Anerkennung einer Behinderung wird als Feststellungsbescheid bezeichnet. Mit einer Anerkennung als schwerbehinderter Mensch, also mit einem GdB von mindestens 50, stellt die

[6] Vgl. Bundesministerium für Arbeit und Soziales, Ratgeber für Menschen mit Behinderung, S. 11.

[7] Vgl. Ernst / Adloch / Seel, Sozialgesetzbuch IX, § 2 Rn. 8.

[8] Vgl. Dau / Düwell / Joussen, Sozialgesetzbuch IX (2014), § 2 Rn. 6 ff.

Versorgungsverwaltung einen Ausweis aus. Dieser Schwerbehindertenausweis dient als Nachweis der Schwerbehinderteneigenschaft.[9]

Bekommt man durch die Versorgungsverwaltung einen GdB von mindestens 30 oder 40 zuerkannt, nicht aber von 50, so ist dies der Status einer Behinderung, welcher zumindest die Möglichkeit eröffnet, sich durch Antrag bei der Agentur für Arbeit, einem schwerbehinderten Menschen gleichstellen zu lassen. Der GdB gibt an, wie stark betroffene Personen im Alltagsleben beeinträchtigt sind. Er ist in Zehnerschritten von 20 bis 100 gestaffelt. Bei mehreren Beeinträchtigungen wird beurteilt, inwieweit sie sich gegenseitig beeinflussen – und wie sehr sie sich insgesamt im Alltag auswirken.

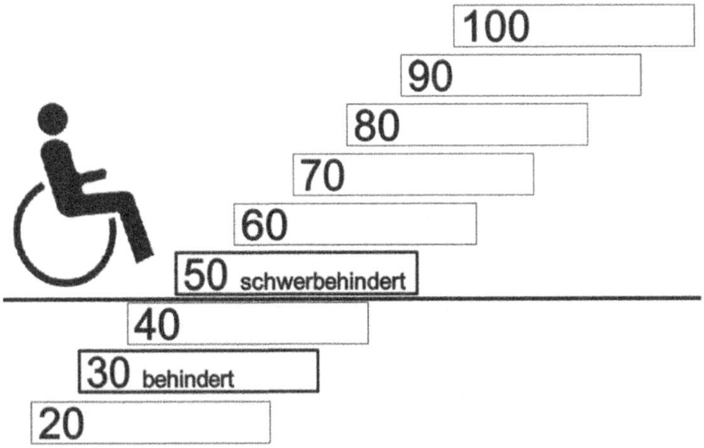

Abb. 1.1: Behinderung[10]

Unter Anwendung der Rechtsprechung kann eine Behinderung als Schädigung – also als ein Nicht-Können bzw. als ein Unvermögen – verstanden werden. Aus medizinischer Sicht können für die Begriffsbestimmung Faktoren und Einschränkungen aus dem pathologischen, körperlichen und geistigen Bereich herangezogen werden.[11] Eine eindeutige Definition kann in der Praxis aber nur schwer hergeleitet werden, da im Rahmen der Definitionserstellung die Gefahr einer Stigmatisierung besteht. Bereits der Begriff der Behinderung ist sehr komplex gehalten. Diese Bezeichnung kann nämlich aus unterschiedlichen Teilbegriffen resultieren, wie z.B. aus einer organischen Schädigung, aus sozialen Bedingungen bzw. Einwirkungen und aus individuellen Persönlichkeitsfaktoren. Erst das Zusammenspiel all dieser Teilbegriffe ergibt das Phänomen einer Behinderung.

---

9 Vgl. Bundesministerium für Arbeit und Soziales, Ratgeber für Menschen mit Behinderung, S. 12.

10 In Anlehnung an Hauck / Noftz, Sozialgesetzbuch SGB IX, K § 2 Rn. 3 ff., 41 f.

11 Vgl. Ulich / Wülser, Gesundheitsmanagement in Unternehmen, S. 299 f.

Die Anerkennung einer Schwerbehinderung unterliegt nach § 2 Abs. 2 SGB IX weiteren Kriterien.[12]

Gewöhnlich erfolgt der Nachweis über eine Behinderung bzw. den Grad der Behinderung gemäß § 33b Abs. 7 EStG durch Vorlage des Schwerbehindertenausweises oder eines Bescheides des Versorgungsamtes.[13]

---

12 Vgl. Nollert-Borasio / Perreng, Allgemeines Gleichbehandlungsgesetz, §1 Rn. 2; Vgl. hierzu vertiefend bei geistigen Behinderungen Fritze, Die ärztliche Begutachtung, S. 793 f.

13 Vgl. Bundesministerium für Arbeit und Soziales, Ratgeber für Menschen mit Behinderung, S. 12.

2 Gleichstellung mit schwerbehinderten Personen

Der § 2 Abs. 3 SGB IX erweitert den Begriff der Schwerbehinderung um den Personenkreis, der einen Grad der Behinderung von mindestens 30 hat und einem Schwerbehinderten gleichgestellt wurde. Eine derartige Gleichstellung kann der behinderte Mensch bei der Bundesagentur für Arbeit beantragen. Die Gleichstellung kann von der Bundesagentur für Arbeit entweder befristet oder unbefristet erteilt werden. Um einer schwerbehinderten Person gleichgestellt zu werden, ist als Voraussetzung eine spezielle Schutzwürdigkeit notwendig. Gemäß § 2 Abs. 3 SGB IX sollen Antragsteller nur dann schwerbehinderten Menschen gleichgestellt werden, wenn sie infolge ihrer Behinderung ohne die Gleichstellung keinen geeigneten Arbeitsplatz im Sinne des § 73 SGB IX erlangen oder behalten können. Sofern die Bundesagentur für Arbeit den Antragsteller einem Schwerbehinderten gleichgestellt hat, hat er die Möglichkeit, in den gesamten Schutz des SGB IX zu kommen. Ausgenommen hiervon sind lediglich die unentgeltliche Beförderung im öffentlichen Personennahverkehr sowie die im § 125 SGB IX normierten Regelungen bezüglich des Zusatzurlaubs.[1]

Beispiel:

U hat ein großes Unternehmen für Sporttextilien. Bei ihm ist auch der Arbeitnehmer A beschäftigt, der einen Grad der Behinderung von 40 hat. Am 1.8.2014 beantragt A seine Gleichstellung mit einem schwerbehinderten Menschen. U kündigt dem A zum 15.9.2014 das mit ihm geschlossene Arbeitsverhältnis. Erst am 1.1.2015 erkennt die Agentur für Arbeit an, dass der A einer schwerbehinderten Person gleichgestellt wird. Ist die Kündigung des U wirksam?

[1] Vgl. Hauck / Noftz, Sozialgesetzbuch SGB IX, K § 2 Rn. 48 ff.

Bei einer Person, die einem schwerbehinderten Menschen gleichgestellt wird, tritt die Möglichkeit, den Anwendungsbereich des SGB IX bzw. die darin enthaltenen Schutzvorschriften zu nutzen erst dann – rückwirkend – ein, wenn durch einen Bescheid der zuständigen Behörde ihre Gleichstellung festgestellt worden ist. Da die Anerkennung allerdings rückwirkend wirkt, ist die Kündigung im oben dargestellten Beispielfall nicht wirksam.[2] Denn das Integrationsamt hätte im Sinne des § 85 SGB IX zustimmen müssen, damit die Kündigung wirksam gewesen wäre. Da der Arbeitgeber diese Zustimmung allerdings nicht eingeholt hatte und die Anerkennung der Gleichstellung rückwirkend ab 1.8.2014 gilt, ist die Kündigung in oben genanntem Beispielfall nicht rechtens.[3]

Auf der Grundlage des SGB IX sind Arbeitgeber nach § 84 Abs. 1 SGB IX dazu verpflichtet, bei Eintreten von personenbedingten, verhaltensbedingten oder betriebsbedingten Schwierigkeiten im Arbeitsverhältnis oder sonstigen Beschäftigungsverhältnis, die zur Gefährdung dieses Verhältnisses führen können, möglichst frühzeitig die Schwerbehindertenvertretung und die in § 93 SGB IX genannten Vertretungen sowie das Integrationsamt einzuschalten, damit mit diesen Stellen alle Möglichkeiten und alle zur Verfügung stehenden Hilfen zur Beratung und mögliche finanzielle Leistungen erörtert werden können, mit welchen man die Schwierigkeiten beseitigen und das Arbeits- oder sonstige Beschäftigungsverhältnis möglichst dauerhaft fortsetzen kann.

---

2 Vgl. Nollert-Borasio / Perreng, Allgemeines Gleichbehandlungsgesetz, §1 Rn. 26.

3 Vgl. Domke/Nikolaus, Ist der Kündigungsschutz des AGG strenger als der des KSchG?, S. 297 f.

Feststellung der Behinderung

3

Die Feststellung der Behinderung bzw. die Feststellung des Grades der Behinderung (GdB) obliegt nach § 69 Abs. 1 SGB IX den für die Durchführung des Bundesversorgungsgesetzes zuständigen Behörden. Gewöhnlich sind dies entweder die Versorgungsämter oder andere, durch Landesrecht hierfür festgesetzte Stellen. Das Versorgungsamt hat zusätzlich zu der Feststellung des Grades der Behinderung auch darüber zu entscheiden, ob und gegebenenfalls welche so genannten Nachteilsausgleiche gewährt werden sollen.[1] Die örtliche Zuständigkeit des jeweiligen Versorgungsamtes bzw. der anderen hierfür vorgesehenen Stelle richtet sich danach, wo der Antragsteller seinen Wohnsitz oder seinen gewöhnlichen Aufenthalt hat. Hier kann der behinderte Mensch seinen Antrag auf Feststellung einer Behinderung stellen. Durch die Antragstellung sind die Versorgungsämter von Amts wegen verpflichtet, das Vorliegen einer Behinderung, den Grad der Behinderung und gegebenenfalls auch darüber hinausgehende gesundheitliche Merkmale festzustellen, soweit dieses für die Inanspruchnahme von Nachteilsausgleich erforderlich ist.

3.1 Feststellungsverfahren – der Erstantrag

Das Vorliegen einer Behinderung prüft das Versorgungsamt. Nur auf Antrag durch den behinderten Menschen prüft das Versorgungsamt, ob ein Grad der Behinderung vorliegt und ob weitere gesundheitliche Einschränkungen für die Inanspruchnahme von Merkzeichen vorliegen. Der Antrag kann beim zuständigen Versorgungsamt formlos erfolgen. Das Versorgungsamt übersendet im nächsten Schritt dem Antragsteller eine Eingangsbestätigung mit dem entsprechenden Antragsvordruck.

---

[1] Vgl. Bundesministerium für Arbeit und Soziales, Ratgeber für Menschen mit Behinderung, S. 13; hierzu vertiefend auch: Domke / Nikolaus, Ist der Kündigungsschutz des AGG strenger als der des KSchG?, S. 297 f.

Wenn Personen mindestens 3 Wochen vor Ausspruch einer Kündigung durch den Arbeitgeber beim Versorgungsamt einen Antrag auf Feststellung einer Schwerbehinderteneigenschaft gestellt haben, besitzen sie bis zur endgültigen Statusfeststellung durch das Versorgungsamt die Schwerbehinderteneigenschaft. Zu dieser Schwerbehinderteneigenschaft zählt automatisch auch der besondere Kündigungsschutz. Der Arbeitgeber muss, bevor er die Kündigung ausspricht, beim zuständigen Integrationsamt die Zustimmung zur Kündigung beantragen. Ohne diese Zustimmung ist die Kündigung durch den Arbeitgeber unwirksam. Das gleiche gilt analog mit der Antragstellung bei der Agentur für Arbeit. Besitzt man bereits einen anerkannten Status einer Behinderung (GdB von 30 oder 40), so kann der behinderte Mensch bei der Agentur für Arbeit einen Antrag auf Gleichstellung beantragen. Erfolgt die Antragstellung 3 Wochen vor Ausspruch einer Kündigung durch den Arbeitgeber, so wird automatisch der besondere Kündigungsschutz bis zur endgültigen Bearbeitung des Antrages unterstellt. Egal ob das Antragsverfahren positiv oder negativ entschieden wird.[2]

Im Folgenden wird beispielhaft die Eingangsbestätigung für einen Antrag auf Feststellung einer Behinderung vorgestellt. Mit dem dazugehörigen Beiblatt vom Versorgungsamt erhält der Antragsteller eine Übersicht über mögliche Leistungen, welche sich aus der Statusfeststellung einer Behinderung für ihn ergeben können.

2 Vgl. BIH (Hrsg.), ABC Behinderung & Beruf, Handbuch für die betriebliche Praxis, S. 17 f.

LAND BRANDENBURG

Landesamt
für Soziales und Versorgung
Schwerbehindertenrecht

Landesamt für Soziales und Versorgung | PF 10 01 23 | 03001 Cottbus

Herrn
Max Mustermann

Lipezker Str. 45
03048 Cottbus

GZ.:
GZ. bitte bei Rückantwort angeben!
Service-Nr: (0355) 2893-800
Fax: (0331) 27548-4523
Internet: www.lasv.brandenburg.de
service@lasv.brandenburg.de

Bus 16 bis Poznaner Str./BTU
Tram 2, 4 bis Gelsenkirchener Platz
Anschluss: Bus 13,14
bis Lipezker Str./ Schwarzheider Str.
oder Tram 2, 4 bis Schwarzheider Str.

Cottbus, den

Erstfeststellungsverfahren nach dem Schwerbehindertenrecht

Sehr geehrter Herr Mustermann,

Ihr Antrag nach dem Schwerbehindertenrecht ist hier am eingegangen. Der Vorgang wird unter dem oben angegebenen Geschäftszeichen bearbeitet.

Die Bearbeitungsdauer hängt davon ab, wie vollständig Sie Ihre Angaben im Antrag gemacht haben und wie schnell die von Ihnen angegebenen Ärzte, Krankenhäuser u.s.w. auf unsere Befundanforderungen antworten.
Sollte sich Ihr Gesundheitszustand bis zur Entscheidung über den Antrag ändern, informieren Sie uns bitte.
Die hier erhobenen medizinischen Daten dürfen z. B. einem anderen Gutachter oder einem anderen Sozialleistungsträger (Krankenkasse, Agentur für Arbeit, Berufsgenossenschaft) für deren gesetzliche Aufgaben offenbart werden (§§ 69 Abs. 1 Nr. 1 und 76 Absatz 2 Nr. 1 des Zehnten Buches Sozialgesetzbuch - SGB X -). Sie können dem widersprechen.
Mit diesem Schreiben können Sie beim Arbeitsamt, Finanzamt oder bei Ihrem Arbeitgeber nachweisen, dass Sie einen Antrag nach dem Schwerbehindertenrecht gestellt haben.

Der Feststellungsantrag nach dem Schwerbehindertenrecht gilt nicht gleichzeitig als Antrag auf Gewährung von Nachteilsausgleichen und Hilfen (z.B. Blindengeld, Wohngeld, Steuerfreibeträge, Rundfunkbeitragsermäßigung, Telefon-Sozialtarif).
Wir empfehlen, diese Leistungen unverzüglich bei den jeweils zuständigen Stellen zu beantragen.

Besucheranschrift	Besuchszeiten	Telefonische Servicezeiten
Bürgerservice	Mo 9 bis 12 Uhr	Mo, Mi, Do 8 bis 16 Uhr
Lipezker Str. 45, Haus 6	Di 9 bis 18 Uhr	Di 8 bis 18 Uhr
03048 Cottbus	Do 9 bis 16 Uhr	Fr 8 bis 14 Uhr

Zertifikat seit 2009
audit berufundfamilie

- 2 -

Ihre von uns erhobenen persönlichen Daten werden elektronisch gespeichert.

Sie haben die Möglichkeit an der Online-Abfrage des aktuellen Bearbeitungsstandes Ihres Antrages teilzunehmen. Weitere Hinweise und Erläuterungen hierzu finden Sie auf der Homepage des Landesamtes für Soziales und Versorgung (www.lasv.brandenburg.de). Sofern Sie die Online-Abfrage nutzen möchten und Sie Ihre E-Mail-Adresse im Antrag nicht angegeben haben, teilen Sie uns diese bitte schriftlich mit.

Mit freundlichen Grüßen

Landesamt für Soziales und Versorgung

LAND BRANDENBURG

Landesamt für Soziales und Versorgung Brandenburg

Leistungen und Hilfen für schwerbehinderte Menschen

Allgemeines
Schwerbehinderte Menschen mit einem Grad der Behinderung (GdB) von 50 und mehr und **behinderte Menschen** mit einem GdB von weniger als 50 können eine Reihe von Leistungen und sonstigen Hilfen zum Ausgleich behinderungsbedingter Nachteile und Mehraufwendungen in Anspruch nehmen, wenn bei ihnen die im einzelnen vorgesehenen besonderen medizinischen Voraussetzungen vorliegen. Anspruch hierauf besteht grundsätzlich auch für **minderjährige Kinder**.

Feststellungs- und Leistungsanträge
Das Versorgungsamt stellt nach dem Neunten Buch Sozialgesetzbuch (SGB IX) auf Antrag das Vorliegen einer Behinderung, den Grad der Behinderung sowie sonstige gesundheitliche Merkmale für die Inanspruchnahme von Leistungen und sonstigen Hilfen fest.

Der Feststellungsantrag nach dem SGB IX gilt nicht gleichzeitig als Antrag auf Gewährung von Leistungen und sonstigen Hilfen (z. B. Blindengeld, Wohngeld, Steuerfreibeträge, Rundfunkbeitragsermäßigung).

Wünscht der Betreffende entsprechende Vergünstigungen aus der getroffenen Feststellung, müssen diese bei der jeweils zuständigen Stelle gesondert beantragt werden. Da Leistungen und sonstige Hilfen oft erst ab Antragsmonat gewährt werden, empfiehlt es sich, Anträge auf Leistungen und Hilfen zeitgleich mit dem Feststellungsantrag nach dem SGB IX zu stellen.

Beim Bezug von Leistungen und sonstigen Hilfen ist der leistungsgewährenden Stelle jede neue Feststellung über den Grad der Behinderung und weitere gesundheitliche Merkmale (Merkzeichen) anzuzeigen.

Nähere **Auskünfte** erteilt die für die Gewährung der Leistungen und sonstigen Hilfen jeweils zuständige Stelle.

Schwerbehindertenausweis
Der Schwerbehindertenausweis dient als **Nachweis der Eigenschaft als schwerbehinderter Mensch** sowie für die Inanspruchnahme von Leistungen und sonstigen Hilfen, die den schwerbehinderten Menschen nach dem SGB IX oder nach anderen Vorschriften zustehen.

Ein **Schwerbehindertenausweis** wird auf Antrag vom Versorgungsamt ausgestellt und ausgehändigt bzw. zugesendet, wenn der GdB wenigstens 50 beträgt.
Behinderte Menschen, deren GdB weniger als 50 beträgt, erhalten keinen Ausweis (siehe auch Abschnitt „Gleichstellung mit schwerbehinderten Menschen").

Weitere **Auskünfte** erteilt das zuständige Versorgungsamt.

Medizinische und berufliche Rehabilitation
Auskunfts- und Beratungsstellen
Die medizinische Rehabilitation wird in der Regel von den Krankenkassen und den Trägern der Rentenversicherung, die berufliche Rehabilitation von den Trägern der Rentenversicherung bzw. der Agentur für Arbeit gewährt.
Für Ihre Fragen stehen Ihnen die Auskunfts-und Beratungsstellen der Rentenversicherung bzw. die gemeinsamen Servicestellen der Rehabilitationsträger zur Verfügung.

Hilfen im Arbeitsleben
Gleichstellung mit schwerbehinderten Menschen
Behinderte Menschen, deren GdB 30 oder 40 beträgt, werden von der Agentur für Arbeit auf Antrag schwerbehinderten Menschen gleichgestellt, wenn sie infolge ihrer Behinderung ohne die Gleichstellung einen geeigneten Arbeitsplatz nicht erlangen oder nicht behalten können.

Auskünfte und Antragsformulare erhalten Sie bei Ihrer zuständigen Agentur für Arbeit.

LASV Landesamt für Soziales und Versorgung des Landes Brandenburg

LAND BRANDENBURG

Schwerbehindertenvertretung
Schwerbehinderte und gleichgestellte Menschen können sich in allen Angelegenheiten, die ihren Arbeitsplatz betreffen, an die Schwerbehindertenvertretung, an den Betriebs- oder Personalrat ihres Betriebes bzw. ihrer Dienststelle wenden.

Auskünfte und Beratung erteilt auch das zuständige Integrationsamt.

Leistungen zur Schaffung neuer Arbeitsplätze
Arbeitgeber, die schwerbehinderte Menschen einstellen, können von der Agentur für Arbeit befristete Zuschüsse zu den Lohn- bzw. Gehaltskosten erhalten. Die Agentur für Arbeit oder das Integrationsamt können zusätzlich die Kosten für neue Arbeitsplätze übernehmen.

Ansprechpartner: - Agentur für Arbeit
- Integrationsamt

Leistungen zur Sicherung von Arbeitsplätzen
Schwerbehinderten Menschen kann begleitende Hilfe im Arbeitsleben gewährt werden. Die begleitende Hilfe umfasst Auskunft und Beratung (auch am Arbeitsplatz des behinderten Menschen) sowie finanzielle Leistungen an schwerbehinderte Menschen und Arbeitgeber.

Leistungen an schwerbehinderte Menschen:
Technische Arbeitshilfen, Hilfen zum Erreichen des Arbeitsplatzes, zur Erlangung wirtschaftlicher Selbständigkeit, zur Beschaffung und Erhaltung einer behinderungsgerechten Wohnung, zur Teilnahme an Maßnahmen zur Erhaltung und Erweiterung beruflicher Kenntnisse und Fertigkeiten und weitere Hilfen in besonderen behinderungsbedingten Lebenslagen.

Leistungen an Arbeitgeber:
Zur behinderungsgerechten Einrichtung von Arbeits- und Ausbildungsplätzen bei außergewöhnlichen Belastungen, die mit der Beschäftigung schwerbehinderter Menschen verbunden sind, für Zuschüsse zu den Gebühren bei der Berufsausbildung besonders betroffener schwerbehinderter Jugendlicher, für Prämien und Zuschüsse zu den Kosten der Berufsausbildung behinderter Jugendlicher, für Prämien zur Einführung eines betrieblichen Eingliederungsmanagements.

Ansprechpartner: Integrationsamt

Kündigungsschutz
Schwerbehinderten und ihnen gleichgestellten Menschen darf das Arbeitsverhältnis nur mit vorheriger Zustimmung des Integrationsamtes gekündigt werden. Die Zustimmung zur Kündigung muss vom Arbeitgeber schriftlich bei dem für den Sitz des Betriebes oder der Dienststelle zuständigen Integrationsamt beantragt werden.

Auskunft und Beratung erteilt das zuständige Integrationsamt.

Zusatzurlaub
Schwerbehinderte Menschen haben Anspruch auf einen bezahlten zusätzlichen Urlaub von einer Arbeitswoche, also sechs Tage bei einer Sechstagewoche bzw. fünf Tage bei einer Fünftagewoche. Der Anspruch auf Zusatzurlaub entsteht in dem Augenblick, in dem die Behinderung eintritt, die einen Grad der Behinderung von wenigstens 50 bedingt. Wenn das Antragsverfahren beim Versorgungsamt so lange dauert, dass der Ausweis nicht mehr im selben Urlaubsjahr ausgestellt werden kann, verfällt der Zusatzurlaub, wenn der schwerbehinderte Mensch ihn nicht rechtzeitig, d.h. vor Ablauf des Urlaubsjahres, beim Arbeitgeber geltend gemacht hat. Für die Übertragbarkeit des Zusatzurlaubs in das nächste Kalenderjahr finden die dem Beschäftigungsverhältnis zugrunde liegenden urlaubsrechtlichen Regelungen Anwendung.

Vorzeitiger Bezug von Altersrente
Schwerbehinderte Menschen, die vor 1952 geboren sind, können die Altersrente mit 63 Jahren abschlagsfrei oder ab 60 Jahren mit Abschlägen erhalten. Die Altersgrenze wird seit dem Jahr 2012 in Monatsschritten von 63 auf 65 Jahre angehoben. Die Altersgrenze, ab der die Rente frühestens – mit Abschlägen – in Anspruch genommen werden kann, steigt parallel dazu von 60 auf 62 Jahre. Ab dem 1. Januar 1964

2 LASV Landesamt für Soziales und Versorgung des Landes Brandenburg

LAND BRANDENBURG

Geborene, können die Altersrente für schwerbehinderte Menschen mit 65 Jahren abschlagsfrei oder ab 62 Jahren mit Abschlägen bekommen.

Auskünfte erteilen die Rentenversicherungsträger.

Unentgeltliche Beförderung im öffentlichen Personenverkehr

Schwerbehinderte Menschen, die infolge ihrer Behinderung in ihrer Bewegungsfähigkeit im Straßenverkehr erheblich beeinträchtigt, gehörlos oder hilflos sind, haben Anspruch auf unentgeltliche Beförderung im öffentlichen Personenverkehr. Um dieses Recht in Anspruch nehmen zu können, benötigen diese schwerbehinderten Menschen einen Schwerbehindertenausweis mit orangefarbenem Flächenaufdruck und ein Beiblatt mit Wertmarke. Der Ausweis und das Beiblatt mit Wertmarke werden auf Antrag vom Versorgungsamt ausgestellt. Die Wertmarke wird gegen Entrichtung eines Betrages von 80 € jährlich bzw. 40 € halbjährlich ausgegeben. Die Entrichtung der Eigenbeteiligung in Höhe von 80 Euro bzw. 40 Euro entfällt bei blinden und hilflosen schwerbehinderten Menschen sowie bei schwerbehinderten Menschen, die Leistungen zur Sicherung des Lebensunterhalts nach dem SGB II oder für den Lebensunterhalt laufende Leistungen nach dem SGB XII, SGB VIII oder den §§ 27a und 27d des Bundesversorgungsgesetzes erhalten oder unter bestimmten Voraussetzungen bei Kriegs- und Wehrdienstbeschädigten. Einen Anspruch auf unentgeltliche Beförderung hat auch die **Begleitperson** eines schwerbehinderten Menschen, wenn die Berechtigung zur Mitnahme einer Begleitperson nachgewiesen und im Ausweis eingetragen ist (Merkzeichen **B** im Ausweis). Die Begleitperson wird im Nah- und Fernverkehr unentgeltlich befördert. Dies gilt auch dann, wenn der schwerbehinderte Mensch nicht im Besitz eines Beiblattes mit gültiger Wertmarke ist.

Flugverkehr

Einige Fluggesellschaften bieten Sonderkonditionen für schwerbehinderte Menschen sowie deren Begleitperson an.

Auskünfte können bei der jeweiligen Fluggesellschaft eingeholt werden.

Parkerleichterung

Schwerbehinderte Menschen mit außergewöhnlicher Gehbehinderung (Merkzeichen **aG**) mit beidseitiger Amelie oder Phokomelie oder mit vergleichbaren Funktionseinschränkungen sowie blinde Menschen (Merkzeichen Bl) können bei der Straßenverkehrsbehörde eine Parkerleichterung beantragen. Der Schwerbehindertenausweis allein berechtigt nicht zur Inanspruchnahme von Erleichterungen im ruhenden Straßenverkehr.

Auskünfte erteilt das zuständige Straßenverkehrsamt.

Kraftfahrzeugsteuerbefreiung und -ermäßigung

Schwerbehinderte Menschen, die hilflos, blind oder außergewöhnlich gehbehindert sind (Merkzeichen **H**, **Bl** oder **aG** im Schwerbehindertenausweis) werden auf Antrag von der Entrichtung der Kraftfahrzeugsteuer für ihr Fahrzeug befreit. Die Steuerbefreiung wird auch dann gewährt, wenn gleichzeitig das Recht auf unentgeltliche Beförderung im öffentlichen Personenverkehr in Anspruch genommen wird.

Schwerbehinderte Menschen, die in ihrer Bewegungsfähigkeit im Straßenverkehr erheblich beeinträchtigt oder gehörlos sind (Schwerbehindertenausweis mit orangefarbenem Flächenaufdruck und Merkzeichen **G** und/ oder **Gl**), erhalten eine Ermäßigung der Kraftfahrzeugsteuer um 50 v.H. Sie müssen jedoch zwischen der Kraftfahrzeugsteuerermäßigung und der Freifahrt im öffentlichen Personenverkehr wählen. Ein Wechsel von der Inanspruchnahme im öffentlichen Personennahverkehr und umgekehrt ist jedoch möglich.

Voraussetzung für die Befreiung bzw. Ermäßigung der Kraftfahrzeugsteuer ist die Zulassung des Kraftfahrzeuges auf den Namen des schwerbehinderten Menschen.

Auskünfte erteilen die Zollämter.

Wohnen/ Wohngeld

Wohngeld wird zu den Aufwendungen für Wohnraum in Form eines Miet- oder Lastenzuschusses dann gezahlt, wenn das anzurechnende Jahreseinkommen eine nach Familiengröße gestaffelte Grenze nicht übersteigt. Bei der Ermittlung des anrechenbaren

LASV Landesamt für Soziales und Versorgung des Landes Brandenburg

3

LAND BRANDENBURG

Einkommens erhalten Personen, die schwerbehindert mit einem GdB von 100 oder mit einem GdB von 50 bis 90 und häuslich pflegebedürftig im Sinne des § 14 des Elften Buches des Sozialgesetzbuches (SGB XI) sind, einen jährlichen Freibetrag, dessen Höhe vom GdB abhängig ist.

Auskünfte erteilen die zuständigen Sozialämter/ Wohngeldstellen der Kommunen.

Sonstige Leistungen und steuerliche Erleichterungen

Behinderte Menschen können bei der **Lohn- und Einkommensteuer** Pausch- und Freibeträge erhalten, insbesondere zur Berücksichtigung von:

- außergewöhnlichen Belastungen, die unmittelbar infolge der Körperbehinderung erwachsen,
- Aufwendungen für Fahrten zwischen Wohnung und Arbeitsstätte mit dem eigenen Fahrzeug,
- Aufwendungen für die Beschäftigung einer Hausgehilfin oder Haushaltshilfe.

Steht der Pauschbetrag für Körperbehinderte einem Kind zu, so kann er unter bestimmten Voraussetzungen auf die Eltern übertragen werden.
Der Nachweis für die Inanspruchnahme von Steuererleichterungen wird durch den Schwerbehindertenausweis oder bei einem GdB unter 50, durch eine Bescheinigung des Versorgungsamtes bzw. durch einen Renten- oder entsprechenden Bescheid geführt.

Auskunft geben die Finanzämter.
(Internet: www.finanzamt.de)

Krankenversicherung

Schwerbehinderte Menschen können einer gesetzlichen Krankenkasse freiwillig beitreten. Der Beitritt muss innerhalb von drei Monaten nach der Feststellung der Eigenschaft als schwerbehinderter Mensch erklärt werden. Im Regelfall beginnt die 3-Monatsfrist mit der Bekanntgabe des Bescheides des Versorgungsamtes.
Das Recht zum Beitritt hängt im Allgemeinen davon ab, ob der schwerbehinderte Mensch, sein Ehegatte oder ein Elternteil bestimmte Versicherungszeiten erfüllt hat. Ferner kann die Beitrittsberechtigung von einem bestimmten Lebensalter an ausgeschlossen sein.

Kinder, die wegen körperlicher, geistiger oder seelischer Behinderung außerstande sind, sich selbst zu unterhalten, können unabhängig von einer Altersgrenze familienversichert bleiben. Voraussetzung ist unter anderem, dass ein versicherter Elternteil vorhanden ist, dass das Kind kein oder nur ein geringfügiges Einkommen hat, das einen bestimmten monatlichen Betrag (Einkommensgrenze) nicht überschreitet, und dass es anderweitig nicht selbst Anspruch auf Krankenpflege hat.
Die Behinderung muss zu einem Zeitpunkt vorgelegen haben, in dem bereits eine Familienversicherung bestand.

Auskünfte erteilen die Krankenkassen.

Ermäßigung des Rundfunkbeitrages (ab 01.01.2013)

Schwer Sehbehinderte/ Blinde und Hörgeschädigte, denen eine ausreichende Verständigung auch mit Hörhilfen nicht möglich ist, sowie schwerbehinderte Menschen, die wegen ihrer Behinderung an öffentlichen Veranstaltungen ständig nicht teilnehmen können (Merkzeichen **RF** im Ausweis), können auf Antrag eine Ermäßigung des Rundfunkbeitrages erhalten.
Der Antrag ist an ARD ZDF Deutschlandradio, Beitragsservice, in 50656 Köln zu stellen. Weitere **Informationen** unter **www.rundfunkbeitrag.de** bzw. unter 018 59995 0400 (kostenpflichtig).

Telefon

Verschiedene Telefongesellschaften bieten Spezialtarife für schwerbehinderte Menschen an. Die Voraussetzungen sind unterschiedlich (z. B. Merkzeichen „RF", Höhe des GdB).

Die verschiedenen Telefonanbieter erteilen **Auskünfte** über mögliche Sonderkonditionen für schwerbehinderte Menschen.

Pflegeleistungen

Personen, die pflegebedürftig im Sinne des § 14 des Elften Buches des Sozialgesetzbuches sind, haben Anspruch auf Leistungen nach dem vorgenannten Gesetz.

LASV Landesamt für Soziales und Versorgung des Landes Brandenburg

LAND BRANDENBURG

Auskunft erteilen und auf Antrag die Leistung gewähren die Pflegekassen oder das zuständige Grundsicherungs- und Sozialamt.

Blindengeld
Blinde haben Anspruch auf Blindengeld nach dem Landespflegegeldgesetz oder auf Blindenhilfe nach dem Zwölften Buch des Sozialgesetzbuches.

Auskunft erteilen und auf Antrag die Leistung gewähren die Pflegekassen oder das zuständige Grundsicherungs- und Sozialamt.

Postversand für Blinde
Schriftstücke in Blindenschrift werden von der Post kostenlos befördert. Dies gilt auch für Tonaufzeichnungen, deren Absender oder Empfänger eine amtlich anerkannte Blindenanstalt ist. Blindensendungen müssen grundsätzlich mit einer offenen Umhüllung versehen sein und die Aufschrift „Blindensendung" tragen, wenn der Absender keine amtlich anerkannte Blindenanstalt ist. Sie dürfen nicht mehr als 7 kg wiegen.

Informationsschriften

„Ratgeber für behinderte Menschen"
Bezugsquelle:

www.bmas.de unter Publikationen

Leistungen zur Teilhabe am Arbeits- und Berufsleben und Nachteilsausgleiche
Steuerermäßigung, Nachteilsausgleiche im Arbeits- und Berufsleben, Wohnen, Soziale Sicherung usw.

Bezugsquelle: zuständiges Integrationsamt

LASV Landesamt für Soziales und Versorgung des Landes Brandenburg

Falls bei der Anerkennung als schwerbehinderter Mensch keine Zeitnot besteht, so sollte der Antragsteller von einem formlosen Antrag absehen und den Antragsvortruck von der Versorgungsverwaltung verwenden. Diesen kann man kostenlos beziehen über:

- das zuständigen Versorgungsamt,
- die örtlichen Behindertenverbänden,
- die Sozialämter oder bei
- der Schwerbehindertenvertretung in den Betrieben und Dienststellen.

Mit der sofortigen Verwendung der Antragsvordrucke spart der Antragssteller sich den zusätzlichen Aufwand bei der formlosen Beantragung. Die Vordrucke sehen folgendermaßen aus:

Antrag
nach dem Sozialgesetzbuch – Neuntes Buch (SGB IX) zur Durchführung des Feststellungsverfahrens und auf Ausstellung eines Schwerbehindertenausweises

1

	Eingangsstempel	
	Aktenzeichen	

Hinweise:
Ihre Angaben werden auf der Grundlage der §§ 67a ff SGB X zum Zweck der Bearbeitung Ihres Antrages erhoben, verarbeitet und genutzt.
Ihre Mithilfe, die in § 21 Abs. 2 SGB X vorgesehen ist, erleichtert eine rasche Entscheidung über Ihren Antrag.

Wenn sich Unterlagen über Ihren derzeitigen Gesundheitszustand (z. B. Befundberichte, ärztliche Gutachten, Kurschlussgutachten, EKG, Labor- und Röntgenbefunde) in Ihren Händen befinden, fügen Sie diese bitte diesem Antrag bei. Dadurch können Sie zur Beschleunigung des Verfahrens beitragen. Sofern Ihnen keine Unterlagen vorliegen, werden von der Versorgungsverwaltung mit Ihrer Einwilligung ärztliche Unterlagen von den von Ihnen angegebenen Ärzten und/oder Einrichtungen beigezogen und versorgungsärztlich ausgewertet. Die Angaben zu Ihrer Telefonnummer sind freiwillig. Machen Sie dazu keine Angaben, entsteht für Sie kein rechtlicher Nachteil. Der Datenschutz ist gewährleistet.
Bitte vergessen Sie nicht sowohl den Antrag als auch die Einverständniserklärung zu unterschreiben.

1. Angaben zur Person

2

Name	Titel (z. B. „Dr.“)	Geburtsname	
Vornamen	Zusatz (z. B. „von“)		
Adresse (Wohnsitz oder gewöhnlicher Aufenthalt)	PLZ / Ort		Zusatzangabe (z. B. „Pflegeheim“)
	Straße / Hausnr.		
Geburtsdatum	Geschlecht ☐ weiblich ☐ männlich	Staatsangehörigkeit	Telefon (tagsüber)

Sind Sie erwerbstätig? ☐ **ja** ☐ **nein**

3

☐ Gesetzlicher Vertreter ☐ Betreuer ☐ Bevollmächtigter **(Bitte Bestallungsurkunde bzw. Vollmacht beifügen!)**

Name		Titel (z. B. „Dr.“)	Geschlecht ☐ weiblich ☐ männlich	
Vornamen		Zusatz (z. B. „von“)	Telefon (tagsüber)	
Adresse	PLZ	Ort	Straße	Hausnr.

Wenn Sie an der Online-Abfrage Ihres Bearbeitungsstandes teilnehmen wollen, tragen Sie hier bitte die E-Mail-Adresse ein, welche für die Nutzung der Online-Abfrage verwendet werden soll. Nähere Erläuterungen finden Sie auf Seite 4 Pkt. 4.
E-Mail: ....

Grenzarbeitnehmer: Bitte fügen Sie die Arbeitsbescheinigung Ihres jetzigen Arbeitgebers und ggf. die Arbeitserlaubnis bei.
Ausländer: Bitte fügen Sie eine amtliche Bescheinigung der Ausländerbehörde über Ihren aufenthaltsrechtlichen Status bei. (Ausgenommen sind Angehörige der EU, Liechtenstein, Island und Norwegen.)

☐ **Bitte stellen Sie mir Informationsmaterial in leichter Sprache zur Verfügung.**
Aufgrund meiner Sehbehinderung bitte ich darum, mir den Bescheid auch in einer für mich wahrnehmbaren Form zuzusenden, und zwar
☐ als Großdruck ☐ in Brailleschrift (Blindenschrift)

Seite 2

Antrag – SGB IX

4

Ich habe bereits einen Antrag nach dem Schwerbehindertenrecht gestellt:	☐ **ja**	☐ **nein**
Wenn ja, bei welcher Verwaltungsbehörde:	Aktenzeichen:	

2. Angaben zu Beeinträchtigungen

2.1 Die nachfolgenden körperlich, geistig und/oder seelischen Beeinträchtigungen werden von mir geltend gemacht:
(Bitte geben Sie nur die Beeinträchtigungen an, die bei der Feststellung berücksichtigt werden sollen.)

Lfd. Nr.	Art der Beeinträchtigung	Ursachen-schlüssel	Bitte zu jeder Beeinträchtigung die jeweils zutreffende Ursachenschlüsselzahl eintragen
1.			01 angeborene Behinderung
2.			02 Arbeitsunfall
3.			04 Verkehrsunfall
4.			05 häuslicher Unfall
5.			06 sonstiger Unfall
6.			07 Kriegs-, Wehrdienst- od. Zivildienstbeschädigung
7.			09 Allg. Krankheit
8.			10 sonstige od. mehrere Ursachen

2.2 Infolge meiner geltend gemachten Beeinträchtigung begehre ich das/die Merkzeichen im Schwerbehindertenausweis:
(Siehe hierzu Erläuterungen unter Punkt 5)

Merkzeichen B ☐
Merkzeichen G ☐
Merkzeichen aG ☐
Merkzeichen Bl ☐
Merkzeichen H ☐

Merkzeichen RF
☐ wesentlich sehbehindert
☐ gehindert, mich trotz Hörhilfe ausreichend zu verständigen
☐ ständig gehindert, an öffentlichen Veranstaltungen jeder Art teilzunehmen

Merkzeichen 1. Kl. ☐
Merkzeichen Gl ☐

2.3 Hat ein Versorgungsamt, Landesamt oder eine andere Verwaltungsbehörde, ein Sozialversicherungsträger (z. B. Berufsgenossenschaft) oder ein Gericht bereits einmal eine Feststellung über das Vorliegen einer Behinderung und den Grad einer auf ihr beruhenden Erwerbsminderung (GdB/MdE) getroffen oder besitzen Sie eine vorläufige Bescheinigung von einer dieser Stellen oder läuft ein entsprechendes Verfahren? (ggf. Kopie des aktuellen Bescheides beifügen)

☐ ja ☐ nein

falls ja, für folgende Beeinträchtigungen (lfd. Nr.)	Höhe des/der festgestellten GdB/MdE	Name und Anschrift der Verwaltungsbehörde, des Sozialversicherungsträgers oder des Gerichts	Aktenzeichen und Datum des Vorgangs oder der Entscheidung ggf. Tag des Unfalls

3. Angaben zu ärztlichen Behandlungen von Beeinträchtigungen nach Ziffer 2.1 (in den letzten 5 Jahren)

3.1

Hausarzt	
Name	
Anschrift	

5

6

Seite 3

3.2	**Ärztliche Behandlungen** insbesondere der letzten 5 Jahre				
	von - bis	Name und Anschrift des behandelnden Arztes	Fachgebiet	Wegen der Beeinträchtigung (lfd. Nr.)	Hat Ihr Hausarzt dazu Unterlagen
					☐ ja ☐ nein
					☐ ja ☐ nein
					☐ ja ☐ nein
					☐ ja ☐ nein
					☐ ja ☐ nein

3.3	**Krankenhausbehandlungen** insbesondere der letzten 5 Jahre				
	von – bis	Name und Anschrift des Krankenhauses	Abteilung / Station	Wegen der Beeinträchtigung (lfd. Nr.)	Hat Ihr Hausarzt dazu Unterlagen
					☐ ja ☐ nein
					☐ ja ☐ nein
					☐ ja ☐ nein

3.4	**Kuren / Rehabilitationsmaßnahmen** insbesondere der letzten 5 Jahre				
	von – bis	Name und Anschrift		Wegen der Beeinträchtigung (lfd. Nr.)	Hat Ihr Hausarzt dazu Unterlagen
		der Kureinrichtung			☐ ja ☐ nein
		des Kostenträgers			
		der Kureinrichtung			☐ ja ☐ nein
		des Kostenträgers			

3.5	**Bitte geben Sie Ihre Kranken- bzw. Pflegekasse oder Kranken- bzw. Pflegeversicherung an.**
	Name
	Anschrift
	Mitgliedsnummer
	Haben Sie bei der Pflegekasse bzw. -versicherung Pflegeleistungen beantragt? ☐ ja, am .... ☐ nein Wenn ja: ☐ der Antrag wurde abgelehnt ☐ der Antrag wurde bewilligt: Pflegestufe ☐ ab .... ☐ über den Antrag wurde noch nicht entschieden

3.6	Sind Sie erwerbsgemindert und erhalten Rente aus der gesetzlichen Rentenversicherung oder haben Sie dort einen Antrag gestellt? Laufen Untersuchungen beim Rentenversicherungsträger oder sind Klagen beim Sozialgericht anhängig? (ggf. Bescheid in Kopie beifügen) ☐ nein ☐ ja Ich erhalte Rente ab	
	Name und Anschrift des Versicherungsträgers	Aktenzeichen

Ich versichere, vorstehende Angaben nach bestem Wissen und Gewissen gemacht zu haben.

Datum: **Unterschrift:** ....

7

Seite 4

4. Erklärung und Information zum Antrag auf Feststellung der Eigenschaft als schwerbehinderter Mensch und auf Ausstellung eines Schwerbehindertenausweises

1. Einwilligungs- und Schweigepflichtentbindungserklärung

Mir ist bekannt, dass das Landesamt für Soziales und Versorgung für die Prüfung der Höhe des Grades der Behinderung und/oder des Vorliegens von Merkzeichen aktuelle Angaben über meinen derzeitigen Gesundheitszustand benötigt. Soweit meine Angaben und Unterlagen für eine sachgerechte Beurteilung der Gesundheitsstörungen nicht ausreichen, ist das Landesamt für Soziales und Versorgung auf weitere medizinische Unterlagen und Auskünfte der mich behandelnden Ärztinnen/Ärzte und Einrichtungen angewiesen, auch soweit diese von anderen Ärztinnen/Ärzten oder Einrichtungen erstellt worden sind.

In Kenntnis dessen willige ich ein, dass das Landesamt für Soziales und Versorgung von den von mir angegebenen oder aus den überlassenen Unterlagen ersichtlichen Ärztinnen/Ärzten, Psychologinnen/Psychologen, Krankenhäusern, Vorsorge- und Rehabilitationseinrichtungen, privaten Versicherungsunternehmen, Behörden, Sozialleistungsträgern und sonstigen Stellen sowie Personen, die ich angegeben habe, medizinische Unterlagen und Auskünfte in dem Umfang einholt, wie diese Aufschluss über meinen derzeitigen Gesundheitszustand geben können. Ich stimme der Verwertung der Unterlagen und Auskünfte zu und entbinde die genannten Ärztinnen/Ärzte und sonstigen schweigepflichtigen Personen insoweit von ihrer Schweigepflicht.

Mir ist bekannt, dass die Einwilligungs- und Schweigepflichtentbindungserklärung **freiwillig** ist und von mir jederzeit und ohne Angabe von Gründen widerrufen werden kann. Eine nachträgliche Beschränkung oder ein Widerruf wirken sich allerdings nicht für die Vergangenheit, sondern nur für die Zukunft aus. Die Einwilligungs- und Schweigepflichtentbindungserklärung gilt für dieses Verfahren und für ein sich gegebenenfalls anschließendes Widerspruchsverfahren. Sie erstreckt sich auch auf psychische, psychoanalytische und psychotherapeutische Unterlagen und Behandlungen. Soweit ich damit nicht einverstanden bin, habe ich die Beschränkungen dieser Einwilligung nachstehend vermerkt. Ich weiß, dass das Landesamt für Soziales und Versorgung dann nur nach Lage des Akteninhalts prüfen und dies zu einem negativen Ergebnis für mich führen kann.

Meine Einwilligungserklärung beschränke ich wie folgt:

- in zeitlicher Hinsicht:
- auf bestimmte Ärzte oder Einrichtungen:
- sonstiges:

2. Kenntnisnahme weiterer Informationen

Ich nehme zur Kenntnis, dass das Landesamt für Soziales und Versorgung medizinische Daten, die bereits vorliegen oder die gemäß Ziffer 1 ermittelt wurden, an andere Sozialleistungsträger (zum Beispiel Krankenkassen, Agenturen für Arbeit, Renten- und Unfallversicherungsträger) für deren gesetzliche Aufgabenerfüllung oder für die Erfüllung eigener gesetzlicher Aufgaben sowie an Gerichte der Sozialgerichtsbarkeit weitergeben darf. Zur eigenen Aufgabenerfüllung darf das Landesamt für Soziales und Versorgung diese medizinischen Daten auch an sonstige Dritte (zum Beispiel zu beauftragende Gutachter) übermitteln, wenn und soweit dies erforderlich ist. Die gesetzliche Grundlage hierfür ist § 69 Absatz 1 Nummer 1 und 2 i. V. m. § 76 Absatz 2 Nummer 1 des Zehnten Buches Sozialgesetzbuch (SGB X).

Mir ist bekannt, dass ich einer solchen Weitergabe jederzeit ohne Angabe von Gründen formlos widersprechen kann.

3. Information zum Passbild

Ihr eingesendetes Passbild wird gespeichert und verbleibt in digitaler Form beim Landesamt für Soziales und Versorgung. Das hat den Vorteil, dass bei einer Ausweisneuausstellung bzw. einem eventuellen Verlust des Ausweises kein neues Passbild eingesendet werden muss, da das gespeicherte Passbild verwendet werden kann.
Ihr Passbild wird nach der Speicherung nicht zurückgesendet, sondern datenschutzgerecht vernichtet.

4. Online-Abfrage des Bearbeitungsstandes

Auf der Internetseite des Landesamtes für Soziales und Versorgung www.lasv.brandenburg.de unter der Rubrik „Schwerbehindertenrecht" können Sie den aktuellen Bearbeitungsstand Ihres Antrages abrufen. Dies ist jedoch nur möglich, wenn Sie uns eine E-Mail-Adresse bekannt gegeben haben, ein offener Antrag vorliegt und Ihnen bereits ein Aktenzeichen mitgeteilt wurde. Die Darstellung des jeweiligen Bearbeitungsabschnittes erfolgt anhand von Säulen. Der aktuelle Bearbeitungsabschnitt ist jeweils gekennzeichnet.

Name, Vorname

Datum, Unterschrift der Antragstellerin/des Antragstellers oder gesetzlichen Vertreters

Anlagen: ☐

☐

Seite 5

Wortlaut der Gesetzestexte

§ 69 SGB X (Auszug) – Übermittlung für die Erfüllung sozialer Aufgaben

(1) Eine Übermittlung von Sozialdaten ist zulässig, soweit sie erforderlich ist
1. für die Erfüllung der Zwecke, für die sie erhoben worden sind oder für die Erfüllung einer gesetzlichen Aufgabe der übermittelnden Stelle nach diesem Gesetzbuch oder einer solchen Aufgabe des Dritten, an die die Daten übermittelt werden, wenn er eine in § 35 des Ersten Buches genannte Stelle ist,
2. für die Durchführung eines mit der Erfüllung einer Aufgabe nach Nummer 1 zusammenhängenden gerichtlichen Verfahrens einschließlich eines Strafverfahrens …

§ 76 SGB X (Auszug) – Einschränkung der Übermittlungsbefugnis bei besonders schutzwürdigen Sozialdaten

(1) Die Übermittlung von Sozialdaten, die einer in § 35 des Ersten Buches genannten Stelle von einem Arzt oder einer anderen in § 203 Abs. 1 und 3 des Strafgesetzbuches genannten Person zugänglich gemacht worden sind, ist nur unter den Voraussetzungen zulässig, unter denen diese Person selbst übermittlungsbefugt wäre.

(2) Absatz 1 gilt nicht
1. im Rahmen des § 69 Abs. 1 Nr. 1 und 2 für Sozialdaten, die im Zusammenhang mit einer Begutachtung wegen der Erbringung von Sozialleistungen oder wegen der Ausstellung einer Bescheinigung übermittelt worden sind, es sei denn, dass der Betroffene der Übermittlung widerspricht; der Betroffene ist von der verantwortlichen Stelle zu Beginn des Verwaltungsverfahrens in allgemeiner Form schriftlich auf das Widerspruchsrecht hinzuweisen,
2. im Rahmen des § 69 Abs. 4 und 5 und des § 71 Abs. 1 Satz 3, …

5. **Erläuterungen** zum Ausfüllen des Antrages

Das Landesamt für Soziales und Versorgung entscheidet auch darüber, inwieweit Voraussetzungen vorliegen, die zur Inanspruchnahme von Nachteilsausgleichen (Sonderrechten) berechtigen.
In Betracht kommen folgende Nachteilsausgleiche:

	Nachteilsausgleiche	können geltend gemacht werden, wenn	entsprechendes Merkzeichen im Ausweis
1.	Freifahrt für die Begleitperson im öffentlichen Nah- und Fernverkehr	die Berechtigung zur Mitnahme einer Begleitperson nachgewiesen wird	**B**
2.	Kfz-Steuerermäßigung (50 %) * **oder** Vergünstigungen im öffentlichen Personennahverkehr	eine erhebliche Beeinträchtigung in der Bewegungsfähigkeit im Straßenverkehr festgestellt wird	**G**
3.	Parkerleichterungen **und** Kfz-Steuerbefreiung * **und** Vergünstigungen im öffentlichen Personennahverkehr	eine außergewöhnliche Gehbehinderung festgestellt wird (z. B. Rollstuhlfahrer)	**aG**
4.	Parkerleichterung **und** Kfz-Steuerbefreiung * **und** Freifahrt im öffentlichen Personennahverkehr	Blindheit festgestellt wird	**Bl**
5.	Kfz-Steuerbefreiung * **und** Freifahrt im öffentlichen Personennahverkehr	Hilflosigkeit festgestellt wird (z. B. wenn für die gewöhnlichen Verrichtungen im täglichen Leben in erheblichem Umfang dauernde Hilfe erforderlich ist)	**H**
6.	Rundfunkbeitragsermäßigung	aufgrund der festgestellten Beeinträchtigung eine Teilnahme an öffentlichen Veranstaltungen ständig ausgeschlossen ist oder eine starke Sehbehinderung oder eine starke Hörbehinderung vorliegt	**RF**
7.	Benutzung der 1. Wagenklasse im Eisenbahnverkehr	eine Schwerkriegsbeschädigung mit einer MdE von wenigstens 70 v. H. festgestellt wurde	**1. Kl.**
8.	Kfz-Steuerermäßigung (50 %) * **oder** Vergünstigungen im öffentlichen Personennahverkehr	Gehörlosigkeit bzw. an Taubheit grenzende Schwerhörigkeit mit Sprachstörungen festgestellt wird	**Gl**

* als Fahrzeughalter

Sollten Sie Fragen zum Antrag haben, wenden Sie sich bitte persönlich oder telefonisch an Ihr Landesamt für Soziales und Versorgung.

Sofern der im Antragsvordruck vorgesehene Raum nicht ausreicht, führen Sie bitte Ihre Angaben auf einem gesonderten Blatt fort.

Bitte vergessen Sie nicht den Antrag **und** die Einverständniserklärung zu unterschreiben, damit die notwendige Sachverhaltsaufklärung vom Landesamt für Soziales und Versorgung durchgeführt werden kann.

Der Datenschutz ist gewährleistet.

Beim Ausfüllen des Vordrucks sollten folgende Hinweise beachtet werden:

Hinweis Nr. 1

Der Vordruck sollte prinzipiell gut lesbar ausgefüllt werden. Das heißt, dass der Antragsvordruck wenn möglich in Maschinenschrift ausgefüllt werden soll. Vorteil dieser Vorgehensweise ist nämlich, dass hiermit eine rasche Antragsbearbeitung vorgenommen werden kann, ohne dass hierbei die Gefahr besteht, dass es bezüglich der getätigten Angaben zu Nachfragen wegen Unleserlichkeit kommt.

Hinweis Nr. 2

Die Angabe der Staatsangehörigkeit hat im Rahmen der Feststellung auf einen Grad der Behinderung keine Auswirkung. Aber soweit keine deutsche Staatsbürgerschaft vorliegt, müssen durch den Antragsteller zusätzliche Unterlagen eingereicht werden. Diese umfassen:

- einen Nachweis zur Aufenthaltsgenehmigung oder
- eine Bescheinigung, dass der Antragsteller als Grenzarbeiter in Deutschland arbeiten darf.

Der Nachweis zur Aufenthaltsgenehmigung bzw. Aufenthaltsgestattung erfolgt in der Regel mittels Passvermerk. Betroffene können sich aber alternativ auch bei der zuständigen Ausländerbehörde eine schriftliche Bestätigung geben lassen.

Mit Rundschreiben des Bundesministeriums für Arbeit und Soziales (BMAS) vom 25.10.1999 ist auf Grundlage des § 2 Abs. SGB IX auch bei Ausländern von einem rechtmäßig gewöhnlichen Aufenthalt auszugehen, wenn eine Duldung nach § 55 Ausländergesetz vorliegt, diese bereits mindestens 3 Jahre beträgt und damit zu rechnen ist, dass sich der Ausländer auf unbestimmte Zeit in Deutschland aufhalten wird. Zusätzlich dürfen keine Gründe für eine Abschiebung vorliegen, sodass nach Fristablauf der Duldung davon ausgegangen werden kann, dass keine Abschiebung erfolgt.[3]

Im Rahmen der Antragsbearbeitung wird unter der Bezeichnung „Wohnsitz" der Ort verstanden, wo der Antragsteller wohnt. Hierbei ist es egal, ob es sich um einen Mietwohnung oder um ein Eigenheim bzw. um eine Eigentumswohnung handelt. Wichtig ist nur, dass der aktuelle Wohnsitz in absehbarer Zeit unverändert bleibt und vom Antragsteller als Wohnung genutzt wird. Ist man z.B. aufgrund eines beruflichen Erfordernisses häufig im Ausland unterwegs, besteht dennoch die Möglichkeit, beim zuständigen Versorgungsamt eine Statusanerkennung auf einen Grad der Behinderung zu stellen. Voraussetzung für eine Antragstellung ohne einen Wohnsitz in Deutschland zu haben, ist eine Bescheinigung darüber, dass der Auslandsaufenthalt zeitlich begrenzt ist. Somit kann der Antragsteller auch ohne Wohnsitz in Deutschland unter die Gesetzlichkeiten des SGB fallen.

[3] Vgl. Hauck / Noftz, Sozialgesetzbuch SGB IX, K § 2 Rn. 42.

Hinweis Nr. 3

Unter der Rubrik „Angaben zur Person" wird durch den Antragsteller selbst sein Vor- und Zuname und gegebenenfalls auch der des gesetzlichen Vertreters aufgeführt. Als gesetzliche Vertreter können z.B.:

- die Eltern bei Minderjährigen oder
- ein amtlich bestellter Betreuer

das Antragsformular ausfüllen.[4] Der Name des gesetzlichen Vertreters muss insoweit also immer dann angegeben werden, wenn der betroffene Mensch einen Dritten zur Wahrnehmung seiner Rechte im weiteren Verfahren bevollmächtigt. Sofern der betroffene Mensch den Antrag stellen möchte, gibt es verschiedene Stellen, die ihn unterstützen. Die Schwerbehindertenvertretung im Betrieb oder in der Dienststelle, die Sozialämter und die örtlichen Fürsorgestellen können bei der Beantragung einer Statusfeststellung für eine Behinderung behilflich sein. Bei dem Feststellungsverfahren ist prinzipiell nicht der Arbeitgeber im Antragsverfahren beteiligt. Der Arbeitgeber als solches erlangt von Amts wegen aus keine Mitteilung, dass sein Arbeitnehmer beim zuständigen Versorgungsamt eine Feststellung für einen Grad der Behinderung beantragt hat. Demnach kann er gegen einen möglichen Feststellungsbescheid auch keinen Widerspruch o.ä. einlegen.

Hinweis Nr. 4

Alle Behinderungen aus dem allgemeinen Kenntnisstand des Antragsstellers sind unter der Rubrik „Angaben zur Behinderung" einzutragen. Dem Antragsteller steht es aber grundsätzlich frei, ob und welche gesundheitliche Einschränkung er anerkannt haben möchte. Mit der Auflistung der Gesundheitseinschränkungen, unter Angabe einer möglichen Funktionseinbuße, kann das Versorgungsamt mit der Sachverhaltsermittlung beginnen und Kontakt zu den Haus- und Fachärzten aufnehmen. Wenn von Gesundheitsstörung gesprochen wird, so sind von der Begrifflichkeit her die Auswirkungen der bestehenden Beeinträchtigungen gemeint, welche durch Störungen des Körper-, Geistes- oder Seelenzustands entstanden sind. Einschränkungen aufgrund des Lebensalters – wie beispielsweise eine leichte Kurzsichtigkeit – können nicht als Behinderung geltend gemacht werden. Sind Auswirkungen einer Erkrankung ebenfalls nicht länger als 6 Monate zu erwarten, so können diese – wie beispielsweise bei einem sehr gut verheilten Armbruch – ebenfalls nicht als Behinderung durch das zuständige Versorgungsamt anerkannt werden.[5]

Grundsätzlich muss das zuständige Versorgungsamt jede Gesundheitsstörung, welche im Antragsvordruck durch den Antragsteller angegeben worden ist, im Rahmen der Sachverhaltsaufklärung prüfen. Berücksichtigt der Antragsteller bereits im Vorfeld, welche Gesundheitsstörungen eine mögliche Anerkennung finden können und sofern er altersbedingte bzw. kurzfristige Erkrankungen von weniger als 6 Monaten nicht aufführt, so kann

---

[4] Vgl. hierzu vertiefend Vieweg, BGB Allgemeiner Teil, § 126 Rn. 57.

[5] Vgl. Hauck / Noftz, Sozialgesetzbuch SGB IX, K § 2 Rn.10 ff.

der Antrag ohne zeitliche Verzögerungen bearbeitet werden. Falls sich ein Antragsteller unsicher ist, welche Gesundheitsstörung mit einer etwaigen Funktionseinbuße einhergeht, sollte vorab mit seinem Hausarzt oder Facharzt sprechen. Besteht trotz Rücksprachen mit dem Arzt noch immer Unsicherheit, so ist es zu empfehlen, gegenüber der Versorgungsverwaltung alle Gesundheitsstörungen anzugeben – gemäß dem Leitsatz: jede Gesundheitsstörung, die zu einer Beeinträchtigung der Teilhabe am Leben in der Gesellschaft führt, ist Voraussetzung für eine mögliche Anerkennung eines Grades der Behinderung.[6] Im Folgenden wird ein Musterschreiben des Versorgungsamtes, mit welchem die Verwaltung beim Hausarzt um Stellungnahme bittet, exemplarisch vorgestellt.

[6] Vgl. Bundesministerium für Arbeit und Soziales, Ratgeber für Menschen mit Behinderung, S. 119.

LAND BRANDENBURG

Landesamt
für Soziales und Versorgung
Schwerbehindertenrecht

Landesamt für Soziales und Versorgung | PF 10 01 23 | 03001 Cottbus

Lipezker Str. 45
03048 Cottbus

GZ.:
GZ. bitte bei Rückantwort angeben!
Service-Nr: (0355) 2893-800
Fax: (0331) 27548-4523
Internet: www.lasv.brandenburg.de
service@lasv.brandenburg.de

Bus 16 bis Poznaner Str./BTU
Tram 2, 4 bis Gelsenkirchener Platz
Anschluss: Bus 13,14
bis Lipezker Str./ Schwarzheider Str.
oder Tram 2, 4 bis Schwarzheider Str.

Cottbus, den

Erstfeststellungsverfahren nach dem Schwerbehindertenrecht
Max Mustermann, geb. , wohnhaft

Sehr geehrte Frau Dr. med. Abendroth,

Herr Mustermann hat angegeben, von Ihnen behandelt worden zu sein.

Von der Schweigepflicht sind Sie entbunden worden. Die entsprechende Einwilligungserklärung liegt vor.

Sie werden gebeten, anhand Ihrer Aufzeichnungen einen schriftlichen Befundbericht im Sinne der Nr. 200 der Anlage zu § 10 des Justizvergütungs- und -entschädigungsgesetzes (JVEG) über die von Ihnen behandelten Gesundheitsstörungen ohne gutachtliche Äußerung in einfacher Ausfertigung an die im Briefkopf angegebene Stelle einzureichen. Eine Untersuchung aufgrund dieser Anforderung kann nicht bezahlt werden.

Füllen Sie bitte den beigefügten Vordruck aus und senden diesen bis zum 1.3.2016 an die oben genannte Adresse zurück. Eine Weitergabe dieser Befundanforderung ist nicht zulässig.

Fügen Sie bitte Unterlagen (EKG-, Labor- und Röntgenbefunde – keine Röntgenbilder, Berichte anderer Fachärzte, von Krankenhäusern und Kureinrichtungen), die nicht älter als zwei Jahre sind, im Original (gegen Rückgabe) oder in Kopie bei. Die Entschädigung für den Befundbericht beträgt nach dem JVEG 21 €. Für eine Negativauskunft (keine Angaben, keine neuen Befunde), einen Kurzbericht oder einen Ausdruck der Patientendatei erhalten Sie eine Pauschale in Höhe von 5 €. Für gutachtliche Äußerungen wird keine Entschädigung gewährt. Kosten für

Besucheranschrift	**Besuchszeiten**	**Telefonische Servicezeiten**
Bürgerservice	Mo 9 bis 12 Uhr	Mo, Mi, Do 8 bis 16 Uhr
Lipezker Str. 45, Haus 6	Di 9 bis 18 Uhr	Di 8 bis 18 Uhr
03048 Cottbus	Do 9 bis 16 Uhr	Fr 8 bis 14 Uhr

Zertifikat seit 2009
audit berufundfamilie

- 2 -

Fotokopien (bis zu 50 Seiten 0,50 € darüber hinaus 0,15 € je Seite) werden erstattet (§ 7 JVEG). Farbkopien sind nicht erforderlich. Außerdem werden die Portokosten erstattet. Eine Auskunft, für die keine medizinisch-ärztliche Sachkunde benötigt wird, fällt nicht unter Nr. 200 der Anlage zu § 10 JVEG.

Mit freundlichen Grüßen

Landesamt für Soziales und Versorgung

LASV

GZ:

Arztstempel

Rechnung über ________ € vom ________
entnommen, geprüft und Betrag von ________ €
zur Zahlung angewiesen.

Datum Unterschrift

Ärztliche Auskunft

über

geboren am:

von

Datum der letzten Konsultation: ________

Wichtige anamnestische Daten und geäußerte Beschwerden:

Erhobene Befunde:

Datum

Datum

Datum

Diagnosen (soweit von Ihnen in Ihren Unterlagen festgelegt):

1.
2.
3.
4.
5.

- 3 -

Nehmen Sie bitte auch zu folgenden Gesundheitsstörungen Stellung:
Befundbericht von:
Antragsteller: Max Mustermann
GZ:

Datum der Befunderhebung:

Blutdruckerkrankung:
Blutdruckwerte unter Medikation, zeitweilig oder konstant erhöhte Werte, Art und Schwere der Organbeteiligung (Herz, Augen, Niere)

Funktionsstörungen an den unteren Gliedmaßen:
Seitenangabe, Bewegungsmaße nach Neutral-O-Methode (für die jeweiligen Gelenke),
Einschränkung der Belastbarkeit bzw. Gebrauchsfähigkeit, Muskelkraft, Schmerzsymptomatik,
Beinverkürzung?, Gelenkschwellung, Atrophie, Röntgenbefunde, Gehvermögen, Hilfsmittel

Anlagen:
______________________________ [ ] zum Verbleib
______________________________ [ ] gegen Rückgabe

Datum: ____________ Unterschrift: ________________

Schwierig bei der Antragsstellung erscheint vielen Menschen die genaue fachmedizinische Bezeichnung der Gesundheitsstörung. Um eine bürgernahe Antragstellung zu ermöglichen, genügen dem Versorgungsamt in der Regel die Angaben zu den Auswirkungen der Gesundheitsstörung – wie beispielsweise Schulter- und Halsschmerzen aufgrund einer Bewegungsstörung. Wichtig bei jeder Antragstellung ist die genaue Darlegung der Gesundheitsstörung und Vollständigkeit der Angaben, da es sonst passieren kann, dass ausschlaggebende Beeinträchtigungen nicht im Feststellungsverfahren berücksichtigt werden. Grundsätzlich erschweren in der Praxis unvollständige Angaben relevanter Daten die Antragsbearbeitung. Sie verzögern die Bearbeitungszeit und können im ungünstigsten Fall dazu führen, dass dem Begehren auf Anerkennung einer Behinderung nicht entsprochen wird.

Nach Entscheidung des Bundessozialgerichtes bleibt es dem Antragsteller selbst überlassen, welche möglichen Beeinträchtigungen bzw. welche Gesundheitsstörungen er beim zuständigen Versorgungsamt angeben will. Beeinträchtigungen, die durch den Antragsteller nicht selbst aufgeführt werden, finden keine Berücksichtigung im Feststellungsverfahren. Somit kann der Antragsteller selbst entscheiden, welche Beeinträchtigungen durch das Versorgungsamt geprüft werden sollen. Der Grundsatz „Alles oder Nichts!" findet im Feststellungsverfahren keine Anwendung. Wenn der Antragsteller also beispielsweise aufgrund privater Interessen nicht alle Gesundheitsstörungen angegeben will, so werden diese im Verfahren und bei der Gesamtbewertung für einen Grad der Behinderung und somit folglich auch bei der Zuordnung möglicher Merkzeichen für die Nachteilsausgleiche dementsprechend nicht berücksichtigt.[7]

Das Antragsverfahren kann durch den Antragsteller beschleunigt werden, wenn er ärztliche Unterlagen über die aufgeführten Gesundheitsstörungen, welche in der Regel nicht älter als drei Jahre sein sollten, den Antragsunterlagen beifügt. Ärztliche Unterlagen könnten in diesem Sinne sein:

- Befundberichte,
- Ärztliche Gutachten,
- Pflegegutachten,
- Laborbefunde und
- Röntgenbefunde.

Weitere Unterlagen anderer Leistungsträger sollten ebenfalls im Rahmen der Antragstellung beigefügt werden. Je präziser und eindeutiger die Unterlagen, desto schneller kann der Antrag bearbeitet werden. Wenn keine Eile in der Antragsbearbeitung notwendig ist, sollte der Antragsteller davon absehen, sich vorab selbst alle Gutachten und Befunden bei den zuständigen Ärzten einzuholen. Zum einen ist dies mit einem hohen Zeitaufwand für

---

7 Vgl. Bundesministerium für Arbeit und Soziales, Ratgeber für Menschen mit Behinderung, S. 13; ebenso für eine Teilhabe am Arbeitsleben: Hauck / Noftz, Sozialgesetzbuch SGB IX, K § 102 Rn. 20 ff.

den Antragsteller verbunden und zum anderen muss der Antragsteller in der Regel mit Kosten für die Beantragung der Unterlagen rechnen. Wer also im Vorfeld der Antragstellung keine entsprechenden Unterlagen bereits vorliegen hat, sollte diese nicht in Eigenregie beschaffen. Die zuständige Versorgungsverwaltung holt im Rahmen der Sachverhaltsaufklärung alle benötigten Unterlagen selbst von den Fach- und Hausärzten ein, so dass für den Antragsteller keine Kosten entstehen und kein hoher Zeitaufwand anfällt.

Hinweis Nr. 5

Alle ärztlichen Behandlungen, welche in den vergangen 5 Jahren stattgefunden haben, sind auf Seite 3 des Antrages aufzuführen. Diese ärztlichen Behandlungen beziehen sich auf die angegebenen Gesundheitsstörungen. Mit der Angabe des entsprechenden Arztes unter Angabe der Anschrift ermöglicht das Versorgungsamt ggf. weitere Unterlagen bzw. Stellungnahmen einzuholen. Sollte der Antragsteller bereits selbst die benötigten ärztlichen Unterlagen bei der Antragstellung mit beigefügt haben, so kann die Bearbeitungszeit erheblich verkürzt werden. Gleiches gilt ebenfalls für Reha- oder Kurentlassungsberichte.

Grundsätzlich sollte der Antragsteller vorab mit seinem Hausarzt oder mit dem Facharzt über die Antragstellung beim Versorgungsamt für eine Anerkennung einer Behinderung sprechen. I.d.R. kennen die Ärzte das Antragsprozedere. Des Weiteren ist der Arzt jetzt davon in Kenntnis gesetzt, dass sich das Versorgungsamt in den nächster Zeit bei ihm melden wird, um Auskünfte über die Gesundheitsstörung einzuholen. Vorteilhaft wäre eine Kopie des Antrages bei Haus- oder Facharzt abzugeben. Gleichzeitig kann dann darauf hingewiesen werden, dass nicht nur die Gesundheitseinschränkung mit Diagnose benannt wird, sondern es ist viel wichtiger, dass die daraus resultierenden Auswirkungen benannt werden. Die Auswirkungen für eine Teilhabe am gesellschaftlichen Leben sind ein wichtiges Kriterium für die Feststellung des Gesamtgrades der Behinderung.

Hinweis Nr. 6

Wurde der Antragsteller im Krankenhaus wegen seiner Gesundheitsstörung behandelt, so sind:

- die Bezeichnung des Krankenhauses,
- die Anschrift,
- Zeitraum der Behandlung und
- Aktenzeichen der Behandlung

aufzuführen. Resultieren Krankenhausaufenthalte aufgrund von Gesundheitsstörungen, welche im Antragsverfahren nicht bewusst aufgeführt sind, so sind diese hier außen vorzuhalten.

Unterlagen von den Krankenhausbehandlungen können im Rahmen des Feststellungsverfahrens sehr wichtig sein. Dies gilt ebenfalls für Kuren oder Rehabilitationsverfahren. Hier sollten analog zu den Krankenhausaufenthalten dieselben Angaben gemacht und wenn möglich die dazugehörigen Unterlagen in Kopie eingereicht werden.

Hinweis Nr. 7
Die zur Antragsbearbeitung benötigten Informationen unterliegen einer besonderen Schutzstufe, die der Gesundheitsdaten. Wichtig für jede Bearbeitung eines Antrages auf Feststellung eines Grades der Behinderung ist eine Entbindungserklärung der Schweigepflicht für das Versorgungsamt gegenüber den:

- behandelnden Ärzten,
- Krankenhäusern,
- Reha-Einrichtungen und
- Behörden.

Ohne eine Entbindung der Schweigepflicht kann das Versorgungsamt im Rahmen der Sachverhaltsaufklärung keine benötigen Informationen und Unterlagen einholen. Bei vielen Ärzten und anderen Kooperationspartner wird oftmals noch eine Originalunterschrift vom Antragsteller verlangt. Dies entfällt mit einer Schweigepflichtentbindung.

Unter dem Antrag darf auf keinen Fall das Antragsdatum und die Unterschrift des Antragstellers bzw. durch den gesetzlichen Vertreter/Bevollmächtigen vergessen werden, da sonst der Antrag nicht bearbeitet werden kann.[8]

3.2 Schwerbehindertenausweis

Die Versorgungsämter bzw. andere im Landesrecht als zuständige Behörde festgelegten Stellen, stellen den behinderten Menschen auf Antrag zur Feststellung einer Behinderung einen Schwerbehindertenausweis als Nachweis über die Eigenschaft als schwerbehinderter Mensch, über den festgestellten Grad der Behinderung sowie über darüber hinausgehende gesundheitliche Merkmale für die Inanspruchnahme von Nachteilsausgleich aus. Insofern dient der Schwerbehindertenausweis dem behinderten Menschen als Nachweis für die Inanspruchnahme der ihm zustehenden Leistungen bzw. sonstigen Hilfen. Die Bundesregierung ist nach § 70 SGB IX dazu ermächtigt, durch Rechtsverordnung mit Zustimmung des Bundesrates nähere Vorschriften über die Gestaltung der Ausweise, ihre Gültigkeit und das Verwaltungsverfahren zu erlassen.[9] Dem ist die Regierung nachgekommen und hat näheres zum Schwerbehindertenausweis in der so genannten Schwerbehindertenausweisverordnung (SchwbAwV) geregelt. Der Schwerbehindertenausweis hat nur eine befristete Gültigkeitsdauer. So sieht der § 6 Abs. 2 SchwbAwV eine Gültigkeit des Ausweises für eine Dauer von längstens fünf Jahren vor. Lediglich in den Fällen, in welchen eine neue Feststellung wegen einer wesentlichen Änderung in den gesundheitlichen Verhältnissen nicht mehr zu erwarten ist, kann der Ausweis ausnahmsweise unbefristet ausgestellt werden.[10]

---

[8] Vgl. hierzu vertiefend Vieweg, BGB Allgemeiner Teil, § 126 Rn. 57.

[9] Vgl. Bundesministerium für Arbeit und Soziales, Ratgeber für Menschen mit Behinderung, S. 12.

[10] Vgl. Bundesministerium für Arbeit und Soziales, Ratgeber für Menschen mit Behinderung, S. 12.

Als anerkannter schwerbehinderter Mensch mit einem Gesamtgrad der Behinderung ab 50 hat man Anspruch auf einen Ausweis. Dieser Ausweis ist ein Nachweis in einfacher Form. Er enthält den Grad der Behinderung, gegebenenfalls gesundheitliche Merkmale.

Vorderseite des Schwerbehindertenausweises

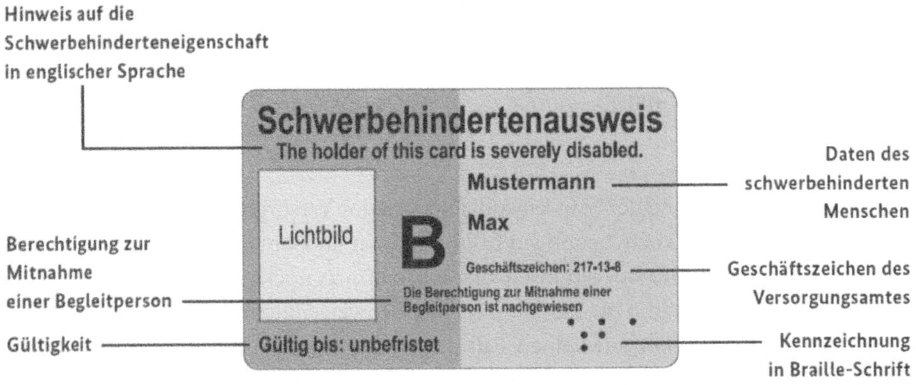

Rückseite des Schwerbehindertenausweises

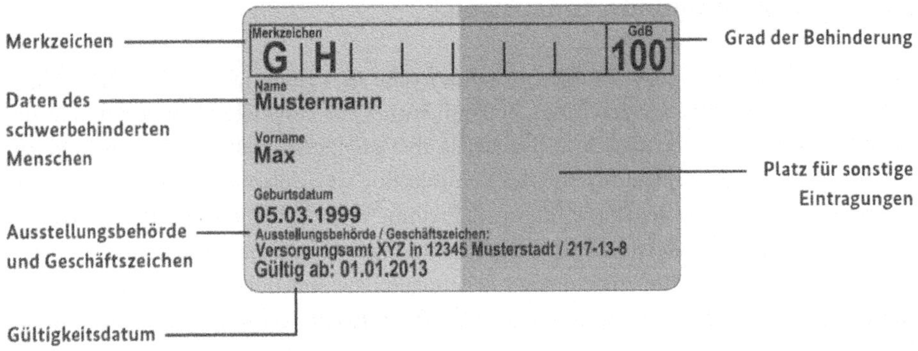

Abb. 3.1: Der Schwerbehindertenausweis (Quelle: Flyer, Der neue Schwerbehindertenausweis, Bonn 2013)

Bei Kindern mit einem Lebensalter von unter zehn Jahren ist die Gültigkeitsdauer des Ausweises längstens bis zum Ende des Kalendermonats zu befristen, in welchem das Kind das zehnte Lebensjahr vollendet hat. Bei Jugendlichen im Alter zwischen 10 und 15 Jahren ist die Gültigkeit des Ausweises längstens bis zum Ende des Kalendermonats zu befristen, in welchem das 20. Lebensjahr vollendet wird.[11]

[11] Vgl. Bundesministerium für Arbeit und Soziales, Ratgeber für Menschen mit Behinderung, S. 12.

3.3 Grad der Behinderung (GdB)

Die Feststellung des Grades der Behinderung (GdB) ist in § 69 SGB IX gesetzlich normiert. Hiernach werden die Auswirkungen auf die Teilhabe am Leben in der Gesellschaft als Grad der Behinderung nach Zehnergraden abgestuft festgestellt. Hierbei ist eine Feststellung lediglich dann zu treffen, wenn ein Grad der Behinderung von wenigstens 20 vorliegt. Im Rahmen des § 69 Abs. 1 SGB IX verweist der Gesetzestext bei der Feststellung des Grades der Behinderung auf die Maßstäbe des § 30 Abs. 1 des Bundesversorgungsgesetzes und der hierzu erlassenen Rechtsverordnung. Nach dem Bundesversorgungsgesetz ist dementsprechend bei Erwachsenen auf ihre durch die Störung eintretende Minderung ihrer Erwerbstätigkeit abzustellen. Bei Minderjährigen ist für die Minderung der Erwerbstätigkeit ebenfalls der Grad anzuwenden, welcher bei Erwachsenen mit gleicher Gesundheitsstörung anzuwenden wäre. Sofern also nach § 69 Abs. 1 Satz 1 SGB IX über eine Behinderung – oder über den konkreten GdB – zu entscheiden ist, kommt es nicht allein auf die diagnostizierte Krankheit an, sondern darauf, inwieweit eine Funktionsbeeinträchtigung vorliegt, welche Auswirkungen für die betroffene Person auf die Teilhabe am Leben in der Gesellschaft hat. Aus diesem Grunde ist dem Antragsteller dringend anzuraten, sich in seinem Antrag nicht nur darauf zu beschränken, seine Funktionseinschränkung lediglich durch die vom behandelnden Arzt gestellte Diagnose darzulegen, sondern der Antragsteller sollte seine Gesundheitsstörungen und tatsächlichen Einschränkungen vielmehr genau beschreiben und detailliert darlegen – gegebenenfalls auf einem gesonderten Blatt. Hierin kann detailliert beschrieben werden, welche Körperregionen betroffen sind, ob und gegebenenfalls wie stark die Schmerzen sind bzw. welche Beeinträchtigungen im täglichen Leben sich hieraus ergeben. Denn nur eine derartige genaue Darstellung der Gesundheitsbeeinträchtigungen kann dafür sorgen, dass die gesamte Bandbreite an Gesundheitsstörungen im Rahmen der Einschätzung des GdB eine angemessene Berücksichtigung findet. Zwar kann später ein einmal festgesetzter Grad der Behinderung – bei einer Veränderung des Gesundheitszustands – neu festgesetzt werden, doch ist hierbei zu beachten, dass nicht jede kleine Veränderung des Gesundheitszustands eine Neufestsetzung rechtfertigt bzw. zu einer Anpassung des GdB führen kann.[12]

3.4 Statusfeststellung einer Behinderung

Mit der Antragstellung auf Feststellung eines Grades der Behinderung beim zuständigen Versorgungsamt erhält der Antragsteller nach Einreichung eines formlosen Antrags oder bei Antragstellung mit dem entsprechenden Antragsformular eine Eingangsbestätigung. Mit dieser Eingangsbestätigung hat der Antragsteller die Gewissheit, dass der Antrag bei der entsprechenden Stelle angekommen ist. Des Weiteren kann er die Eingangsbestätigung seinem Arbeitgeber vorlegen, um gegebenenfalls den Zusatzurlaub oder den besonderen

[12] Vgl. hierzu vertiefend: Fritze, Die ärztliche Begutachtung, S. 793 f.

Kündigungsschutz entsprechend SGB IX geltend zu machen.[13] Diese Offenbarung gegenüber dem Arbeitgeber ist aber freiwillig. Es besteht keine Pflicht, dass im Rahmen eines Beschäftigungsverhältnisses der betroffene Mitarbeiter seine Antragstellung auf Feststellung eines GdB dem Arbeitgeber bzw. dem Vorgesetzten mitteilt.

Im Rahmen der Sachverhaltsaufklärung im Feststellungsverfahren werden die angegebenen Behinderungen und deren Auswirkungen auf die Teilhabe am Leben in der Gesellschaft geprüft. Die angegebenen Einschränkungen werden geprüft, so dass bei Abschluss des Verfahrens ein Gesamtgrad der Behinderung feststeht. Die Bewertung der einzelnen Behinderungen bzw. der entsprechende Grad der Behinderung dürfen nicht kumulativ zu einem Gesamtgrad der Behinderung zusammengefasst werden. Vielmehr existiert zwischen den einzelnen Einschränkungen ein kausaler Zusammenhang, der dazu führt, dass ein individueller, der Einschränkung angepasster GdB ermittelt werden muss. Mit der Anerkennung einer Schwerbehinderung, sprich mit einem Grad der Behinderung von mindestens 50, erhält der Antragsteller einen Ausweis – den Schwerbehindertenausweis.[14]

Grundsätzlich werden die Auswirkungen und nicht die vorübergehenden Beeinträchtigungen der Teilhabe am Leben in der Gesellschaft bewertet. Die Auswirkungen müssen auf einem regelwidrigen:

- körperlichen,
- geistigen oder
- seelischen

Zustand beruhen. Unter Betrachtung des zeitlichen Kriteriums muss die anzuerkennende Behinderung nicht nur vorübergehend sein, sondern sie muss mehr als 6 Monate zu einer Beeinträchtigung führen. Der Grad der Behinderung wird in Zehnerschritten von 20 bis 100 festgestellt. Je nach Auswirkung der Beeinträchtigung unter Berücksichtigung der Wechselbeziehungen verschiedener Behinderungen wird der entsprechende Grad der Behinderung erfasst. Dieser erfolgt bei mehreren Beeinträchtigungen nicht kumulativ.

Grad der Behinderung (GdB) von

20	30	40	50	60	70	80	90	100
kein Status	Status einer Behinderung ab einen Grad der Behinderung von 20 bis 40		Status einer Schwerbehinderung ab einen Grad der Behinderung von 50					

[13] Vgl. Preis, Arbeitsrecht, § 44 IV 1.

[14] Vgl. Bundesministerium für Arbeit und Soziales, Ratgeber für Menschen mit Behinderung, S. 12.

Die Auswirkungen einer Beeinträchtigung werden unter Berücksichtigung aller Lebenslagen ermittelt. Die Einschränkungen im Bereich des Erwerbslebens allein sind nicht ausreichend. Es werden die Auswirkungen auf:

- die gesellschaftliche Situation,
- die soziale Situation und auf
- die persönliche Situation

betrachtet.

Gesundheitsstörungen, welche nur einen Grad der Behinderung von unter 20 ausmachen, können lediglich bei der Bewertung eines Gesamtgrades der Behinderung berücksichtigt werden. Prinzipiell wird bei der Bewertung des Gesamtgrades der Behinderung von der Einzelbehinderung ausgegangen, welche den höchsten Einzelgrad ergibt. Im weiteren Prüfprozedere wird dann die entsprechend höchste Einschränkung zu Grunde gelegt und gegebenenfalls bei allen weiteren angegebenen Behinderungen geprüft, inwieweit diese die bestehende Einschränkung erhöhen. Durch die Versorgungsmedizin-Verordnung (VersMedV) wird darauf hingewiesen, dass etwaige Rechenmethoden für die Erfassung des Gesamtgrades der Behinderung ungeeignet sind. Über Grundsätze für eine mögliche Herleitung der Höhe des Gesamtgrades einer Behinderung gibt Teil A der VersMedV Auskunft.

Durch den ärztlichen Dienst der Versorgungsverwaltung wird in der Regel eruiert, ob eine Nachprüfung des Befundes notwendig ist. Bei einigen gesundheitlichen Störungen, wie beispielsweise einer bösartigen Geschwulst oder der Transplantation innerer Organe wird eine Heilbewährung unterstellt. Unter einer Heilbewährung ist zu verstehen, dass die betroffene Person einen zeitlich befristeten Grad der Behinderung zuerkannt bekommt. In der Regel geht die Versorgungsverwaltung von einer Genesung aus. Da dies aber nicht immer der Fall ist, haben betroffene Personen die Möglichkeit, selbst eine Verlängerung der Statusanerkennung als behinderter oder schwerbehinderter Mensch zu beantragen.

Der Grad der Behinderung kann als eine Art Gewichtung des Mangels zur Teilhabe am gesellschaftlichen Leben definiert werden. Er ist ein Indikator der Auswirkungen durch Einschränkung des körperlichen, geistigen oder seelischen Vermögens einer Person. Aus dem anerkannten Grad der Behinderung können keine beruflichen Rückschlüsse gezogen werden – also beispielsweise, ob der Betroffene noch in der Lage ist, seiner beruflichen Tätigkeit nachzukommen. Das heißt im Umkehrschluss, dass die Höhe des Grades der Behinderung nicht mit einer beruflichen Leistungsfähigkeit gleichzusetzen ist. Mit einer Statusanerkennung hat der behinderte oder schwerbehinderte Mensch dementsprechend per se noch kein Anrecht, eine Erwerbsunfähigkeitsrente bei dem entsprechenden Rententräger zu beziehen.

Soweit weder durch die Verwaltung noch durch ein Gericht eine unbefristete oder befristete Einschränkung (Heilbewährung) bzw. ein Grad der Behinderung zuerkannt worden ist, erfolgt die Feststellung mit Hilfe von:

- gutachterlichen Stellungnahmen der Haus- und Fachärzte,
- gutachterlichen Stellungnahmen der Träger der Sozialversicherung,

- Behandlungsunterlagen der Kur- und Rehabilitationsstätten,
- Behandlungsunterlagen der Krankenhäuser,
- vorliegenden Verwaltungsvorgängen bei den Gesundheitsämtern,
- vorliegenden Verwaltungsvorgängen bei den Integrationsfachdiensten[15] oder Fachstellen für behinderte Menschen.

Wenn dem Antragsteller solche Unterlagen vorliegen, wäre es ratsam, diese Unterlagen bei der Antragstellung dem Antrag in Kopie beizufügen. Es erspart der Versorgungsverwaltung die entsprechenden Unterlagen erst zeitaufwendig anzufordern und zusammenzustellen, so dass der Verwaltungsvorgang im Ergebnis schneller bearbeitet werden kann. Sollten die benötigten Unterlagen im Rahmen der Antragstellung nicht eingereicht werden, so werden im Rahmen der Amtsermittlung durch die Versorgungsverwaltung die Unterlagen bei den zuständigen Ärzten oder Stellen angefordert. Datenschutzrechtlich werden durch die Versorgungsverwaltung unter Beachtung des ärztlichen Berufsgeheimnisses alle relevanten Daten und Informationen geschützt. Dokumente oder sonstige Unterlagen, die im Rahmen der Sachverhaltsaufklärung lediglich leihweise zur Verfügung gestellt wurden, werden schnellstmöglich bearbeitet und dem Verleiher zurückgegeben.

In der Praxis wird häufig durch die Versorgungsverwaltung bemängelt, dass einige Haus- oder Fachärzte nur sehr zögerlich die angeforderten Unterlagen zur Verfügung stellen. Dies kann zu einer erheblichen Verzögerung der Antragsbearbeitung führen. Der Antragsteller hat jederzeit die Möglichkeit bei seinem Haus- oder Facharzt nachzufragen, ob die gewünschten Unterlagen an das Versorgungsamt übermittelt worden sind.

Sobald alle benötigten Unterlagen zur Sachverhaltsaufklärung vorliegen, wird durch die Versorgungsverwaltung geprüft, ob die Unterlagen für ein Gesamtbild der Einschränkungen in ihrer körperlichen, geistigen oder seelischen Verfassung ausreichend sind. Bei Unklarheiten kann die Versorgungsverwaltung zur Feststellung der Gesundheitsstörung eine ärztliche Untersuchung durchführen. Wird diese gesundheitliche Untersuchung durch den Antragsteller verweigert, besteht die Gefahr, dass die entsprechende Störung aufgrund der fehlenden Mitwirkungspflicht nicht in ihrer Gesamtheit ermittelt werden kann. Dies könnte zur Folge haben, dass der zu ermittelnde Gesamtgrad der Behinderung geringer ausfällt.

Es werden alle vorliegenden gesundheitlichen Störungen im Rahmen der Sachverhaltsaufklärung ermittelt, welche in dem entsprechenden Antrag durch den Antragsteller aufgeführt worden sind. Gesundheitsstörungen, die nicht genannt sind, werden auch nicht ermittelt, da hierzu keine Einverständniserklärung des Antragstellers in Form seiner Unterschrift mit Datum vorliegt. Kann dem Antragsbegehren des Antragsstellers auf Anerkennung eines Grades der Behinderung durch die Versorgungsverwaltung nicht stattgegeben werden, so erfolgt ein Ablehnungsbescheid. Ein Beispiel für einen Ablehnungsbescheid ist im Folgenden abgedruckt.

---

[15] Vgl. BIH (Hrsg.), ABC Behinderung & Beruf, Handbuch für die betriebliche Praxis, S. 155 f.

LAND BRANDENBURG

Landesamt
für Soziales und Versorgung
Schwerbehindertenrecht

Landesamt für Soziales und Versorgung | PF 10 01 23 | 03001 Cottbus

Lipezker Str. 45
03048 Cottbus

Herrn
Max Mustermann

GZ.:
GZ. bitte bei Rückantwort angeben!
Service-Nr: (0355) 2893-800
Fax: (0331) 27548-4523
Internet: www.lasv.brandenburg.de
service@lasv.brandenburg.de

Bus 16 bis Poznaner Str./BTU
Tram 2, 4 bis Gelsenkirchener Platz
Anschluss: Bus 13,14
bis Lipezker Str./ Schwarzheider Str.
oder Tram 2, 4 bis Schwarzheider Str.

Cottbus, den

Ablehnungsbescheid

Sehr geehrter Herr Mustermann,

auf Ihren am eingegangenen Antrag ergeht folgende Entscheidung:

Ihr Antrag auf Feststellung eines Grades der Behinderung (GdB), gesundheitlicher Merkmale sowie Ausstellung eines Schwerbehindertenausweises wird abgelehnt.

Begründung

Der GdB wird nach den Auswirkungen aller vorliegenden Gesundheitsstörungen und der damit verbundenen Beeinträchtigung der Teilhabe am Leben und in der Gesellschaft bemessen. Eine Feststellung ist nur zu treffen, wenn ein GdB von wenigstens 20 vorliegt (§ 69 Abs. 1 Sozialgesetzbuch Neuntes Buch -SGB IX-).

Die mit den Gesundheitsstörungen verbundenen Schmerzen und besonderen Begleiterscheinungen wurden bei der Bemessung des GdB berücksichtigt.

Besucheranschrift	**Besuchszeiten**	**Telefonische Servicezeiten**
Bürgerservice	Mo 9 bis 12 Uhr	Mo, Mi, Do 8 bis 16 Uhr
Lipezker Str. 45, Haus 6	Di 9 bis 18 Uhr	Di 8 bis 18 Uhr
03048 Cottbus	Do 9 bis 16 Uhr	Fr 8 bis 14 Uhr

Zertifikat seit 2009
audit berufundfamilie

- 2 -

Zur Aufklärung des Sachverhaltes wurden erforderliche medizinische Unterlagen gemäß den Angaben im Antrag eingeholt. Soweit Unterlagen von Ihnen zur Verfügung gestellt worden sind, wurden sie ebenfalls berücksichtigt (§ 20 SGB X).

Die Grundlage der Entscheidung sind die Bewertungskriterien der Versorgungsmedizin-Verordnung (VersMedV). Unter Einbeziehung unseres Ärztlichen Dienstes erfolgt eine Auswertung der vorliegenden medizinischen Unterlagen.

Die Berücksichtigung eines beruflichen Betroffenseins sieht das SGB IX nicht vor. Bei der Beurteilung des GdB wird nicht berücksichtigt, ob die bestehende Gesundheitsstörung in einem bestimmten Beruf besonders hinderlich ist.

Die Feststellung einer verminderten Erwerbsfähigkeit durch den Rentenversicherungsträger oder die Feststellung der Dienstunfähigkeit durch den Dienstherrn erlaubt keine Rückschlüsse auf die Höhe des GdB. Nach dem Schwerbehindertenrecht werden Funktionsstörungen berücksichtigt, nicht aber die gesundheitliche Beeinträchtigung im Berufsleben.

Durch das Dezernat Schwerbehindertenrecht erfolgte die abschließende Würdigung der Schwerbehindertenangelegenheit anhand der gesetzlichen Bestimmungen.

Danach bedingen die von Ihnen geltend gemachten Gesundheitsstörungen keinen GdB von wenigstens 20.

Folgende Gesundheitsstörung(en) wurde(n) berücksichtigt:

-
-
-

Die Gesundheitsstörung .... kann nicht in die Bewertung des GdB einbezogen werden, weil sie für sich allein keinen Einzel-GdB von wenigstens 10 bedingt.

- 3 -

Rechtsbehelf

Gegen diesen Bescheid kann innerhalb eines Monats nach seiner Bekanntgabe Widerspruch erhoben werden. Der Widerspruch ist beim

Landesamt für Soziales und Versorgung - Schwerbehindertenrecht -
Lipezker Str. 45, Haus 6
03048 Cottbus

schriftlich oder zur Niederschrift einzulegen.

Mit freundlichen Grüßen

Landesamt für Soziales und Versorgung

Dieses Dokument wurde maschinell erstellt und ist ohne Unterschrift gültig.

Sobald alle Unterlagen vorliegen, wird in Abhängigkeit zu den angegebenen Gesundheitsstörungen der ärztliche Dienst des Versorgungsamtes involviert. Mit dem Feststellungsbescheid werden dann alle funktionellen und anatomischen Veränderungen des allgemeinen Gesundheitszustandes aufgeführt.[16] Bei den Bezeichnungen der Einschränkung wird durch die Versorgungsverwaltung darauf geachtet, dass kein Antragsteller aufgrund des Inhaltes bloßgestellt wird. So werden Begrifflichkeiten, wie beispielsweise:

- alkoholische Fettleber,
- Entstellung,
- Raucherbronchitis oder
- Schwachsinn vermieden.

Im Feststellungsbescheid wird die anerkannte Gesundheitsstörung aufgeführt. Sollten mehrere Gesundheitsstörungen berücksichtigt worden sein, so sind diese in der Reihenfolge nach dem Schweregrad, beginnend mit der höchsten Gesundheitsstörung, aufzuführen.

Mit dem am 21. Dezember 2007 in Kraft getretenen Gesetz zur Änderung des Bundesversorgungsgesetzes und anderer Vorschriften des Sozialen Entschädigungsrechts vom 13. Dezember 2007[17] ist nunmehr in § 30 Abs. 17 Bundesversorgungsgesetz die Ermächtigungsgrundlage zum Erlass einer Verordnung geschaffen worden, die bei den Feststellungsverfahren nach dem 2. Teil des SGB IX nach § 69 Absatz 1 Satz 5 SGB IX Anwendung findet. Im Bundesgesetzblatt Jahrgang 2008 Teil I Nummer 57 vom 15. Dezember 2008 sind die Verordnung zur Durchführung des § 1 Abs. 1 und 3, des § 30 Abs. 1 und des § 35 Abs. 1 des Bundesversorgungsgesetzes (Versorgungsmedizin-Verordnung – VersMedV) veröffentlicht worden. Die Verordnung ist am 1. Januar 2009 in Kraft getreten. Die vom Bundesministerium für Arbeit und Soziales herausgegebenen Anhaltspunkte für die ärztliche Gutachtertätigkeit im sozialen Entschädigungsrecht und nach dem Schwerbehindertenrecht (Teil 2 SGB IX), Ausgabe 2008 (AHP 2008) finden grundsätzlich keine Anwendung mehr.

Grundsätzlich dürfen bei mehreren Gesundheitsstörungen die einzelnen Werte des Grades der Behinderung nicht kumulativ zusammenaddiert werden. Der Gesamtgrad der Behinderung umfasst die Auswirkungen aller Gesundheitsstörungen in ihrer Gesamtheit. Dabei werden unterschiedliche Behinderungsarten in einem kausalen Zusammenhang gebracht, sowie deren wechselseitigen Beziehungen bewertet.

Grundsätzlich ist beachten:

- Wie sich die unterschiedlichen Einschränkungen auf alle Bereiche des alltäglichen Lebens auswirken und in welchem Zusammenhang die Behinderungen zueinander stehen.

---

[16] Vgl. Fritze, Die ärztliche Begutachtung, S. 2.

[17] BGBl.I, S. 2904 f.

Beispiel

Als Einschränkung werden eine insulinpflichtige Diabetes, eine Gehbehinderung und eine Hörbehinderung durch das Versorgungsamt anerkannt. Alle drei Einschränkungen wirken sich auf verschiedene Lebensbereiche aus. Je nach der Schwere der Einschränkung wirken sich diese maßgeblich bei der Bestimmung des Gesamtgrades der Behinderung aus.

- Es ist zu beachten wie die einzelnen Behinderungen zueinander stehen. Das heißt konkret, ob sich eine Beeinträchtigung auf eine andere Beeinträchtigung besonders schwerwiegend in Bezug auf die Teilnahme am Leben in der Gesellschaft auswirkt.
- Es ist zu beachten, wie umfangreich sich die einzelnen Einschränkungen gegenseitig überschneiden.

Beispiel

Mit einem Herzschaden, welcher durch einen Herzinfarkt verursacht wurde, geht eine schwere Beeinträchtigung der Leistung einher. Zusätzlich werden ein Lungenemphysem und eine Funktionsstörung des linken Beines geltend gemacht. Mit der bereits hohen Leistungsminderung durch den Herzinfarkt, werden die weitaus geringeren Auswirkungen des Lungenemphysems und die des linken Beines bei der bestehenden Leistungsminderung bedingt erfasst.

- Es ist zu beachten, wie sich eine neu entwickelte Gesundheitsstörung auf den Umfang der Beeinträchtigung auswirkt.

Beispiel

Es liegt eine Peroneuslähmung im linken Bein vor. Zusätzlich wird die Versteifung des linken Beines geltend gemacht. Die Gesamteinschränkung wird als Grundlage für die Ermittlung des GdB bewertet – es erfolgt keine Addition der einzelnen Einschränkungen.

3.4.1 Feststellungsbescheid

Im Ergebnis des Verwaltungsaktes durch das Versorgungsamt erhält der Antragsteller – entsprechend den Voraussetzungen des SGB IX – einen Bescheid über den zuerkannten Grad der Behinderung. Dieser Bescheid wird umgangssprachlich auch als Feststellungsbescheid bezeichnet. Die Voraussetzungen nach dem SGB IX sind u.a.:

- rechtmäßig in Deutschland wohnen,
- gewöhnlicher Aufenthalt in Deutschland oder
- arbeiten im Geltungsbereich des Gesetzes.

Ein Feststellungsbescheid wird nur vom Versorgungsamt erlassen, wenn der festgestellte Gesamtgrad der Behinderung mindestens 20 beträgt. In diesem Feststellungsbescheid werden neben den Gesamtgrad der Behinderung, der Name und die Anschrift des Antragstellers und sonstige Angaben bzw. die anerkannten Behinderungen benannt. Aus dem Feststellungsbescheid ist bei mehreren anerkannten Behinderungen grundsätzlich nur der Gesamtgrad der Behinderung zu entnehmen, keine Einzelbewertungen. Des Weiteren wird gegebenenfalls aufgeführt, welche gesundheitlichen Merkmale für eine Inanspruchnahme von Nachteilsausgleichen vorliegen.[18]

[18] Vgl. Bundesministerium für Arbeit und Soziales, Ratgeber für Menschen mit Behinderung, S. 13.

LAND BRANDENBURG

Landesamt
für Soziales und Versorgung
Schwerbehindertenrecht

Landesamt für Soziales und Versorgung | PF 10 01 23 | 03001 Cottbus

Lipezker Str. 45
03048 Cottbus

Herrn
Max Mustermann

GZ.:
GZ. bitte bei Rückantwort angeben!
Service-Nr: (0355) 2893-800
Fax: (0331) 27548-4523
Internet: www.lasv.brandenburg.de
service@lasv.brandenburg.de

Bus 16 bis Poznaner Str./BTU
Tram 2, 4 bis Gelsenkirchener Platz
Anschluss: Bus 13,14
bis Lipezker Str./ Schwarzheider Str.
oder Tram 2, 4 bis Schwarzheider Str.

Cottbus, den

Feststellungsbescheid

Sehr geehrter Herr Mustermann,

auf Ihren am . eingegangenen Antrag ergeht folgende Entscheidung:

Ihr Grad der Behinderung (**GdB**) beträgt **70**.

Die gesundheitlichen Voraussetzungen für folgende(s) Merkzeichen liegen vor:

G Erhebliche Gehbehinderung

Sie gehören zum Personenkreis der schwerbehinderten Menschen und haben **Anspruch** auf einen **Schwerbehindertenausweis**.

Diese Entscheidung ist **wirksam ab**

Folgende beantragte gesundheitliche Merkmale für die Inanspruchnahme von Nachteilsausgleichen liegen nicht vor:
aG Außergewöhnliche Gehbehinderung

Besucheranschrift	**Besuchszeiten**	**Telefonische Servicezeiten**
Bürgerservice	Mo 9 bis 12 Uhr	Mo, Mi, Do 8 bis 16 Uhr
Lipezker Str. 45, Haus 6	Di 9 bis 18 Uhr	Di 8 bis 18 Uhr
03048 Cottbus	Do 9 bis 16 Uhr	Fr 8 bis 14 Uhr

Zertifikat seit 2009
audit berufundfamilie

- 2 -

Begründung

Die Auswirkungen aller vorliegenden Gesundheitsstörungen und die damit verbundene Beeinträchtigung der Teilhabe am Leben in der Gesellschaft bestimmen die Höhe des GdB (§ 69 Sozialgesetzbuch Neuntes Buch -SGB IX-).

Behinderungen sind nicht nur vorübergehende Funktionsbeeinträchtigungen, die auf einem regelwidrigen körperlichen, geistigen oder seelischen Zustand beruhen und einen GdB von wenigstens 10 erreichen. Regelwidrig ist der Zustand, der nicht für das Lebensalter typisch ist. Als nicht nur vorübergehend gilt ein Zeitraum von mehr als 6 Monaten.

Liegen mehrere Beeinträchtigungen vor, so ist der GdB nach den Auswirkungen der Beeinträchtigungen in ihrer Gesamtheit unter Berücksichtigung ihrer wechselseitigen Beziehungen festzustellen (§ 69 Abs. 3 SGB IX). Rein rechnerische Methoden dürfen zur Bestimmung des GdB nicht angewandt werden.

Zur Aufklärung des Sachverhaltes wurden erforderliche medizinische Unterlagen gemäß den Angaben im Antrag eingeholt. Soweit Unterlagen von Ihnen zur Verfügung gestellt worden sind, wurden sie ebenfalls berücksichtigt (§ 20 SGB X).

Die Grundlage der Entscheidung sind die Bewertungskriterien der Versorgungsmedizin-Verordnung (VersMedV). Unter Einbeziehung unseres Ärztlichen Dienstes erfolgt eine Auswertung der vorliegenden medizinischen Unterlagen.

Durch das Dezernat Schwerbehindertenrecht erfolgte die abschließende Würdigung der Schwerbehindertenangelegenheit anhand der gesetzlichen Bestimmungen.

Folgende Gesundheitsstörung(en) wurde(n) berücksichtigt:

-
-
-
-
-

- 3 -

Die Gesundheitsstörung .... kann nicht in die Bewertung des GdB einbezogen werden, weil sie für sich allein keinen Einzel-GdB von wenigstens 10 bedingt.

Sie haben Merkzeichen beantragt:

aG Außergewöhnliche Gehbehinderung

Die gesundheitlichen Voraussetzungen liegen nicht vor. Die Ablehnung begründet sich im Einzelnen wie folgt:

Eine außergewöhnliche Gehbehinderung (Merkzeichen aG) kann nach § 6 Straßenverkehrsgesetz, der allgemeinen Verwaltungsvorschrift zu § 46 Straßenverkehrsordnung und der VersMedV nur festgestellt werden, wenn der schwerbehinderte Mensch sich wegen der Schwere seines Leidens dauernd nur mit fremder Hilfe oder nur mit großer Anstrengung außerhalb seines Kraftfahrzeuges bewegen kann.

Hierzu zählen z.B.
- Querschnittgelähmte,
- Doppeloberschenkelamputierte,
- Doppelunterschenkelamputierte,
- Hüftexartikulierte und
- einseitig Oberschenkelamputierte, die dauernd außerstande sind, ein Kunstbein zu tragen oder
nur eine Beckenkorbprothese tragen können oder zugleich unterschenkel
- oder armamputiert sind, sowie
- andere schwerbehinderte Menschen, die nach Feststellung des Ärztlichen Dienstes, auch
aufgrund von Erkrankungen, dem vorstehend aufgeführten Personenkreis gleichzustellen sind.

Als Erkrankungen, die eine solche Gleichstellung rechtfertigen, sind beispielsweise Herzschäden oder Krankheiten der Atmungsorgane anzusehen, sofern die Einschränkung der Herzleistung oder Lungenfunktion für sich allein einen GdB von wenigstens 80 bedingt.

Wenn Gehbehinderte einen Rollstuhl benutzen, genügt es nicht, dass ein solcher verordnet wurde; der Betroffene muss vielmehr ständig auf den Rollstuhl angewiesen sein, weil er sich sonst nur mit fremder Hilfe oder nur mit großer Anstrengung fortbewegen kann.

Voraussetzungen für dieses Merkzeichen werden nicht erfüllt.

Ausweisausstellung

Es steht ein Ausweis zu, der durch einen orangefarbenen Flächenaufdruck gekennzeichnet ist.

- 4 -

Sofern Sie einen Schwerbehindertenausweis wünschen, reichen Sie bitte ein Passbild der Größe 35 x 45 mm ein. Auf der Rückseite dieses Bildes vermerken Sie bitte den Vor- und Zunamen, das Geburtsdatum sowie das Geschäftszeichen. Das Passbild wird gespeichert und verbleibt in digitaler Form im LASV. Es wird nach der Speicherung nicht zurückgesendet, sondern datenschutzgerecht vernichtet, sofern Sie innerhalb von 3 Wochen keine Einwände dagegen vorbringen. Der Ausweis wird unbefristet ausgestellt.

Rechtsbehelf

Gegen diesen Bescheid kann innerhalb eines Monats nach seiner Bekanntgabe Widerspruch erhoben werden. Der Widerspruch ist beim

Landesamt für Soziales und Versorgung - Schwerbehindertenrecht -
Lipezker Str. 45, Haus 6
03048 Cottbus

schriftlich oder zur Niederschrift einzulegen.

Hinweise

Ein Merkblatt über die unentgeltliche Beförderung schwerbehinderter Menschen im öffentlichen Personenverkehr bzw. Kfz-Steuerermäßigung ist beigefügt.

Besondere Hinweise zur Mitwirkung

Sie sind verpflichtet, uns folgende Änderungen mitzuteilen:

- Besserung oder Wegfall einer Gesundheitsstörung
- Feststellung einer Minderung der Erwerbsfähigkeit (MdE) aufgrund eines anerkannten Arbeitsunfalles oder anerkannter Berufskrankheit durch eine andere Dienststelle
- Namenswechsel
- Änderung der Wohnanschrift im Inland, Verzug ins Ausland
- Änderung der Staatsangehörigkeit
- bei Ausländern und Staatenlosen: Entziehung oder Änderung des Aufenthaltsstatus

Mit freundlichen Grüßen

Landesamt für Soziales und Versorgung

Dieses Dokument wurde maschinell erstellt und ist ohne Unterschrift gültig.

Mit dem Feststellungsbescheid wird der behinderte Mensch persönlich informiert. Der Antragsteller entscheidet nach Erhalt des Feststellungsbescheides selbst, ob und wem er dieses Schreiben zugänglich machen möchte – beispielsweise seinem Arbeitgeber. Darüber hinaus ist mit der Erteilung des Festsetzungsbescheids auch die Voraussetzung für die Ausstellung eines Ausweises für schwerbehinderte Menschen ab einen Gesamtgrad der Behinderung von 50 geschaffen[19] und eine Vorlage für die zuständige Agentur für Arbeit erbracht, wenn ein Gesamtgrad der Behinderung von 30 oder 40 festgestellt worden ist. Mit dieser Vorlage kann der behinderte Mensch bei der Agentur für Arbeit einen Antrag auf Gleichstellung mit einem schwerbehinderten Menschen stellen.

Der letzte Teil des Feststellungsbescheides umfasst die Rechtsbehelfsbelehrung. Grundsätzlich werden alle Feststellungsbescheide maschinell erzeugt, so dass eine Unterschrift durch den Bearbeiter nicht mehr notwendig ist.

3.4.2 Bescheinigung eines anerkannten Grades der Behinderung

Um beispielsweise gegenüber dem Finanzamt Steuerfreibeträge geltend machen zu können[20], bedarf es eines Gesamtgrads der Behinderung von mindestens 20 bis 40, wenn:

- dem Betroffenen wegen der Behinderung nach gesetzlichen Vorschriften Renten oder andere laufende Bezüge zustehen oder
- die Behinderung zu einer dauernden Einbuße der körperlichen Beweglichkeit geführt hat oder
- sie auf einer anerkannten Berufskrankheit beruht.

Behinderte Menschen können eine dauerhafte Einschränkung der körperlichen Beweglichkeit durch die Vorlage des Feststellungsbescheides nachweisen oder durch eine Bescheinigung der zuständigen Stelle, welche auf Antrag ausgestellt werden kann.

---

19 Vgl. Bundesministerium für Arbeit und Soziales, Ratgeber für Menschen mit Behinderung, S. 12.

20 Vgl. Bundesministerium für Arbeit und Soziales, Ratgeber für Menschen mit Behinderung, S. 150 ff.

LAND BRANDENBURG

Landesamt
für Soziales und Versorgung
Schwerbehindertenrecht

Landesamt für Soziales und Versorgung | PF 10 01 23 | 03001 Cottbus

Herrn
Max Mustermann

Lipezker Str. 45
03048 Cottbus

GZ.:
GZ. bitte bei Rückantwort angeben!
Service-Nr: (0355) 2893-800
Fax: (0331) 27548-4523
Internet: www.lasv.brandenburg.de
service@lasv.brandenburg.de

Bus 16 bis Poznaner Str./BTU
Tram 2, 4 bis Gelsenkirchener Platz
Anschluss: Bus 13,14
bis Lipezker Str./ Schwarzheider Str.
oder Tram 2, 4 bis Schwarzheider Str.

Cottbus, den

Bescheinigung

nach § 65 Abs. 1 Ziffer 2 Buchstabe a der Einkommensteuer-Durchführungsverordnung (EStDV)

Max Mustermann, geb. am , gehört zum Personenkreis der behinderten Menschen im Sinne des § 33 b Abs. 2 Nr. 2 Buchstabe a und/oder b Einkommensteuergesetz (EStG).

Der Grad der Behinderung (GdB) beträgt 30.

Die Gesundheitsstörungen führen zu einer dauernden Einbuße der körperlichen Beweglichkeit.

Diese Bescheinigung ist gültig ab und wird unbefristet ausgestellt.

Im Auftrag

Unterschrift/Dienstsiegel

Besucheranschrift
Bürgerservice
Lipezker Str. 45, Haus 6
03048 Cottbus

Besuchszeiten
Mo 9 bis 12 Uhr
Di 9 bis 18 Uhr
Do 9 bis 16 Uhr

Telefonische Servicezeiten
Mo, Mi, Do 8 bis 16 Uhr
Di 8 bis 18 Uhr
Fr 8 bis 14 Uhr

Zertifikat seit 2009
audit berufundfamilie

Die Einschränkung der körperlichen Beweglichkeit kann ebenfalls bescheinigt werden, wenn diese als Folge einer Krankheit anzusehen ist – wie beispielsweise bei Herz- und Lungenfunktionsstörungen. Ebenso können gesundheitliche Einschränkungen bei Seh- oder Hörbehinderungen zu einer erheblichen Einschränkung der Beweglichkeit führen.

3.4.3 Rechtsbehelf

Der behinderte Mensch – oder ein von ihm Bevollmächtigter – kann gegen den erlassenen Feststellungsbescheid durch das Versorgungsamt binnen vier Wochen Widerspruch einlegen. Der Widerspruch kann zur Niederschrift beim Versorgungsamt oder schriftlich erhoben werden. Grundsätzlich ist erst nach Beendigung des Widerspruchsverfahrens durch den Widerspruchsbescheid eine Klage vor dem Sozialgericht möglich. Seitens des Betroffenen besteht die Möglichkeit nur vor Abschluss des Widerspruchsverfahrens zu klagen, wenn ohne zureichenden Grund nach drei Monaten noch nicht über den Widerspruch entschieden wurde. Diese Möglichkeit wird auch als Untätigkeitsklage bezeichnet. Eine solche Klage ist zur Niederschrift des Urkundenbeamten oder schriftlich beim Sozialgericht einzureichen. Prinzipiell kommt es unter Berücksichtigung der Fristwahrung immer darauf an, wann der Widerspruch beim zuständigen Versorgungsamt bzw. wann die Klage bei dem zuständigen Sozialgericht eingeht. Der Widerspruch oder die Klage kann auch dann fristgerecht eingehen, wenn diese an eine inländische Behörde oder einem Versicherungsträger (beispielsweise der Kaufmännischen Krankenkasse) übergeben wird.

Bevor der Widerspruchs- oder Klageweg eingeschlagen wird, ist es für den Betroffenen empfehlenswert, sich rechtzeitig vor Fristauslauf mit dem Haus- oder Facharzt bzw. mit dem Bevollmächtigen – beispielsweise mit einem Rechtsanwalt, der Gewerkschaft oder einem Behindertenverband – zu beraten. Es sollte für den Betroffenen im Ergebnis erkennbar und abschätzbar sein, ob ein Widerspruch beim zuständigen Versorgungsamt bzw. ob eine Klage beim zuständigen Sozialgericht erfolgsversprechend ist. Sollte innerhalb der Frist keine Rücksprache mit den genannten Akteuren möglich sein, so reicht es aus, dass bei der zuständigen Stelle ein Schreiben mit dem Widerspruchsbegehren eingereicht wird. Eine ausführliche Begründung kann in einem angemessenen Zeitraum nachgerecht werden. Der Antragsteller hat jederzeit die Möglichkeit, Akteneinsicht zu beantragen – beispielsweise zur Vorbereitung der Widerspruchsbegründung. Hat der Antragsteller einen Bevollmächtigten – z.B. einen Rechtsanwalt – beauftragt, so kann dieser die Unterlagen einsehen. Das Akteneinsichtsrecht gilt auch im Klageverfahren. Das zuständige Versorgungsamt übersendet auf Wunsch auch Kopien der Unterlagen.

Nachteilsausgleiche und Merkzeichen

4

Zusammen mit der Feststellung des Grades der Behinderung, trifft das Versorgungsamt bzw. die durch Landesrecht hierfür festgesetzte Stelle, eine Entscheidung darüber, welche Nachteilsausgleiche für den Antragsteller in Betracht kommen. Diese Nachteilsausgleiche werden im Schwerbehindertenausweis durch besondere Merkzeichen eingetragen. Eine Auflistung der Merkzeichen findet sich in den §§ 2 und 3 der Schwerbehindertenausweisverordnung.[1] Die in Tabelle 4.1 dargestellte Aufzählung gibt eine Übersicht über die gängigen Merkzeichen.

Tab. 4.1 Überblick zu der Inanspruchnahme von Nachteilsausgleichen (Quelle: Antragsvordruck LASV BB)

Nachteilsausgleiche		können geltend gemacht werden, wenn	entsprechendes Merkzeichen im Ausweis
1.	Freifahrt für die Begleitperson im öffentlichen Nah- und Fernverkehr	die Berechtigung zur Mitnahme einer Begleitperson nachgewiesen wird	**B**
2.	Kfz-Steuerermäßigung (50 %) * **oder** Vergünstigungen im öffentlichen Personennahverkehr	eine erhebliche Beeinträchtigung in der Bewegungsfähigkeit im Straßenverkehr festgestellt wird	**G**
3.	Parkerleichterungen **und** Kfz-Steuerbefreiung * **und** Vergünstigungen im öffentlichen Personennahverkehr	eine außergewöhnliche Gehbehinderung festgestellt wird (z. B. Rollstuhlfahrer)	**aG**

[1] Vgl. Bundesministerium für Arbeit und Soziales, Ratgeber für Menschen mit Behinderung, S. 13.

	Nachteilsausgleiche	können geltend gemacht werden, wenn	entsprechendes Merkzeichen im Ausweis
4.	Parkerleichterung **und** Kfz-Steuerbefreiung * **und** Freifahrt im öffentlichen Personennahverkehr	Blindheit festgestellt wird	**Bl**
5.	Kfz-Steuerbefreiung * **und** Freifahrt im öffentlichen Personennahverkehr	Hilflosigkeit festgestellt wird (z. B. wenn für die gewöhnlichen Verrichtungen im täglichen Leben in erheblichem Umfang dauernde Hilfe erforderlich ist)	**H**
6.	Rundfunkbeitragsermäßigung	aufgrund der festgestellten Beeinträchtigung eine Teilnahme an öffentlichen Veranstaltungen ständig ausgeschlossen ist oder eine starke Sehbehinderung oder eine starke Hörbehinderung vorliegt	**RF**
7.	Benutzung der 1. Wagenklasse im Eisenbahnverkehr	eine Schwerkriegsbeschädigung mit einer MdE von wenigstens 70 v. H. festgestellt wurde	**1. Kl.**
8.	Kfz-Steuerermäßigung (50 %) * **oder** Vergünstigungen im öffentlichen Personennahverkehr	Gehörlosigkeit bzw. an Taubheit grenzende Schwerhörigkeit mit Sprachstörungen festgestellt wird	**Gl**

* als Fahrzeughalter

4.1 Merkzeichen „G"

Erheblich beeinträchtigt in der Bewegungsfreiheit im Straßenverkehr – gehbehindert

Ein schwerbehinderter Mensch, der im Straßenverkehr in seiner Bewegungsfreiheit erheblich beeinträchtigt ist, bekommt das Merkzeichen „G" zuerkannt. Unter erheblich beeinträchtigt im Straßenverkehr versteht man, dass der schwerbehinderte Mensch infolge einer Einschränkung im Gehvermögen, infolge von Anfällen oder von Störungen der Orientierungsfähigkeit nicht ohne Gefahren am Straßenverkehr teilnehmen kann. Bei der Prüfung durch das Versorgungsamt auf Anspruch eines Merkzeichens „G" kommt es i.d.R. nicht auf die konkreten Örtlichkeiten des schwerbehinderten Menschen an, sondern vielmehr auf die Wegstrecken im Allgemeinen. Das heißt, dass zum einen die Prüfung altersunabhängig ist und zum anderen ein Vergleich zwischen schwerbehinderten und nichtbehinderten Menschen vorgenommen wird, in welchem festgestellt wird, ob ein nichtbehinderter Mensch dieselben Strecken ebenfalls zu Fuß zurücklegen kann.[2]

Der Gesetzgeber definiert eine ortsübliche Wegstrecke mit einer Distanz von ca. zwei Kilometern. Diese Strecke sollte von einem nichtbehinderten Menschen in ca. einer halben Stunde zurückgelegt werden. Wenn nun die Rede von einem gehbehinderten Menschen ist, liegen erhebliche Beeinträchtigungen der Bewegungsfähigkeit im Straßenverkehr vor. Das heißt im Einzelnen, die Geheinschränkung liegt vor, wenn die unteren Gliedmaßen bzw. von der Lendenwirbelsäule ausgehend einen Grad der Behinderung von mindestens 50 ausmachen. Es besteht aber die Möglichkeit, dass ein Grad der Behinderung von 40 für die Zuerkennung des Merkzeichens „G" ausreicht. Voraussetzung hierfür ist aber, dass sich die Behinderung der unteren Gliedmaßen besonders auf das Gehvermögen des Betroffenen auswirkt. Dies liegt vor, wenn z.B.:

- eine Versteifung des Hüft-, Knie- oder Fußgelenks sich nachteilhaft auf die Stellung auswirkt oder
- arterielle Verschlusskrankheiten vorliegen.

Die Zuerkennung des Merkzeichens „G" bei einem Grad der Behinderung von 40 auf die unteren Gliedmaßen setzt aber prinzipiell voraus, dass ein Gesamtgrad der Behinderung von mindestens 50 vorliegt.

Die eingeschränkte Bewegungsfähigkeit im Straßenverkehr kann bei inneren Leiden ebenfalls die Teilhabe am Leben in der Gesellschaft stark beeinträchtigen. Dies ist beispielsweise gegeben bei:

- schweren Herzschäden,
- Einschränkungen der Lungenfunktion,
- hirnorganischen Anfällen oder
- bei Zuckerkranken, die häufig unter Schocks leiden.

Die Orientierungsfähigkeit des Betroffenen kann ebenfalls erheblich gestört sein, wenn eine Sehbehinderung mit mindestens einem Grad der Behinderung von 50 bei einem Gesamtgrad der Behinderung von 70 anerkannt worden ist. Bedeutung erlangt die Eintragung des Merkzeichens im Ausweis bei der Lohn- und Einkommensteuer, bei „Freifahrt" (wahlweise) oder bei der Kraftfahrzeugsteuerermäßigung (wahlweise) und gegebenenfalls noch beim Beitragsnachlass in der Kraftfahrzeug-Haftpflichtversicherung.[3]

---

[2] Vgl. Bundesministerium für Arbeit und Soziales, Ratgeber für Menschen mit Behinderung, S. 154 f.

[3] Vgl. Bundesministerium für Arbeit und Soziales, Ratgeber für Menschen mit Behinderung, S. 12.

4.2 Merkzeichen aG – Außergewöhnlich gehbehindert

Eine Anerkennung des Merkzeichens „aG" ist nur möglich, wenn der schwerbehinderte Mensch eine außergewöhnliche Gehbehinderung hat. Als außergewöhnliche Gebehinderung definiert man einen Zustand bzw. eine Situation, in welcher sich der schwerbehinderte Mensch aufgrund seiner Schwere des Leidens ausschließlich mit der Unterstützung von Dritten – also nur durch fremde Hilfe oder hilfsweise nur mit größten Anstrengungen – bewegen kann. Für die Anerkennung des Merkzeichens „aG" reicht eine Beeinträchtigung des Orientierungsvermögens nicht aus. Voraussetzung ist vielmehr eine Behinderung, die das Gehen einschränkt. Dies ist beispielsweise gegeben bei:

- Querschnittsgelähmten,
- Doppelt-Oberschenkelamputierten,
- Doppelt-Unterschenkelamputierten,
- Hüftexartikulierten und
- bei weiteren schwerbehinderten Menschen, denen im Zuge der Sachverhaltsaufklärung des Versorgungsamtes aufgrund der Behinderung das Merkzeichen zuzuerkennen ist.

Für die Anerkennung des Merkzeichens „aG" reicht es beispielsweise nicht aus, wenn der Antragsteller an einer Stuhlinkontinenz aufgrund einer Teilentfernung des Darms leidet und zeitnah immer eine Toilette aufsuchen muss. Ebenfalls genügt es nicht, wenn der Antragsteller sich aufgrund seines Anfallsleidens nur unter Aufsicht im öffentlichen Raum fortbewegen kann oder wenn der Antragsteller aufgrund seiner Behinderung – Versteifung des Hüftgelenks – bei der Nutzung öffentlicher Parkplätze grundsätzlich auf größere Parklücken angewiesen ist, weil er beim Ein- und Aussteigen die Tür vollständig öffnen muss.

Das Merkzeichen „aG" ist von Bedeutung für die „Freifahrt", für die Kraftfahrzeugsteuerbefreiung, eventuell auch für den Beitragsnachlass in der Kraftfahrzeug-Haftpflichtversicherung sowie für Parkerleichterungen.[4]

4.3 Merkzeichen „B"

Berechtigung zur Mitnahme einer Begleitperson

Grundsätzlich ist bei schwerbehinderten Menschen eine Begleitperson notwendig, wenn die betroffene Person bei der Nutzung des öffentlichen Personennahverkehrs – beispielsweise beim Ein- und Aussteigen – immer auf die Unterstützung Dritter angewiesen ist oder wenn die betroffene Person aufgrund ihrer Orientierungsschwierigkeiten (z.B. bei einer Sehbehinderung oder geistigen Behinderung) die Hilfe Dritter benötigt. Im Allgemeinen

[4] Vgl. Bundesministerium für Arbeit und Soziales, Ratgeber für Menschen mit Behinderung, S. 144 ff.

wird durch die Versorgungsverwaltung pauschal eine Unterstützungsleistung durch eine Begleitperson angenommen, wenn die betroffene Person beispielsweise unter:

- einer Querschnittslähmung leidet,
- ein Ohnhänder ist,
- blind bzw. erheblich sehbehindert ist,
- hochgradig hörbehindert oder
- geistig stark eingeschränkt ist.

Hinzukommen muss darüber hinaus, dass aus diesen Einschränkungen insgesamt eine erhebliche Beeinträchtigung der Bewegungsfähigkeit im Straßenverkehr resultieren muss. Im Art. 6 und 7 des Gesetzes zur Änderung des Betriebsrentengesetzes und anderer Vorschriften vom 2. Dezember 2006[5] ist das Merkzeichen „B" gesetzlich definiert, welches mit Wirkung ab den 12. Dezember 2006 in Kraft getreten ist. Die Gesetzesbegründung lautet wie folgt: Es sind in den letzten Monaten Versuche bekannt geworden, in Bereichen außerhalb des Personenförderungsrechts Rechtsfolgen aus dem Merkzeichen „B" abzuleiten, die sich zum Nachteil der behinderten Personen auswirken. Ursache hierfür ist die veraltete Terminologie des Gesetzes, die von „Gefahr für sich und andere" sowie von der „Notwendigkeit ständiger Begleitung" spricht. Das AG Flensburg[6] hat den Träger eines Wohnhauses für Menschen mit geistiger Behinderung zu Schadenersatz verurteilt, nachdem eine Bewohnerin, die alleine unterwegs war, im Straßenverkehr einen Unfall mitverursacht hatte. Das Gericht begründete die Haftung zwar nicht unmittelbar aus dem Merkzeichen „B", entwickelte aus der Tatsache des Merkzeichens jedoch eine Beweislastumkehr, die im Ergebnis dazu führte, dass an die Beweisführung deutlich erhöhte Anforderungen gestellt wurden. Bei vielen öffentlichen Einrichtungen, wie beispielsweise Schwimmbädern oder Bowlingbahnen, gibt es überwiegend Nutzungsbedingungen, welche regeln, dass wenn Personen für sich selbst oder aber für andere eine Gefahr darstellen, ihnen letztendlich der Zutritt verwehrt werden kann. Um einen Zutritt zu gewährleisten, ist hier zwingend eine Begleitperson erforderlich. Solche Nutzungsbedingungen können dementsprechend ein Indiz im Rahmen eines Haftungsprozesses darstellen.

4.4 Merkzeichen „RF" – Rundfunkgebührenermäßigung

Der schwerbehinderte Mensch, welcher das Merkzeichen „RF" zuerkannt bekommt, erfüllt die im achten Staatsvertrag zur Änderung rundfunkrechtlicher Staatsverträge (Achter Rundfunkänderungsstaatsvertrag) in Artikel 5 § 6 Absatz 1 festgelegten Voraussetzungen

5 BGBl. I, S. 2742 ff.

6 Vgl Urteil vom 31. Oktober 2003, 67 C 28/03, bestätigt durch Beschluss des LG Flensburg vom 4. Mai 2004, 7 S 189/03.

für die Ermäßigung von der Rundfunkgebührenpflicht und gegebenenfalls für den Sozialtarif für Verbindungen im T-Net.[7]

Um das Merkzeichen „RF“ anerkannt zu bekommen, wird vorausgesetzt, dass ein Gesamtgrad der Behinderung von mindestens 80 besteht. Weitere Voraussetzungen sind beispielsweise:

- Bei behinderten Menschen mit einer schweren Bewegungsstörung, dass sie auf die Unterstützung einer Begleitperson oder auf die Nutzung technische Hilfsmittel (z.B. Rollstuhl) angewiesen sind, um in einen zumutbaren Rahmen an öffentlichen Veranstaltungen teilzunehmen.
- Bei behinderten Menschen, welche aufgrund ihrer Behinderung von ihrer unmittelbaren Umwelt als abstoßend und störend empfunden werden. Dies ist z.B. gegeben bei körperlicher Entstellung, Geruchsbelästigung aufgrund einer Behinderung des Darms, hirnorganische Anfälle, unwillkürliche Kopf- und Gliedmaßenbewegungen bei Spastikern, extrem laute Atemgeräusche bei Asthmatikern und Kanülenträgern oder häufige extreme Hustenanfälle mit Auswurf bei Kehlkopflosen.
- Eine ansteckungsfähige Lungentuberkulose, welche nicht vorübergehend ist oder eine anerkannte seelische oder geistige Behinderung. Denn es wird bei diesen Behinderungsarten unterstellt, dass die betroffene Person bei dem Besuch von öffentlichen Veranstaltungen durch motorische Unruhe, lautes Sprechen oder aggressives Verhalten stört.[8]

Für den Erhalt des Merkzeichens, muss der schwerbehinderte Mensch also von öffentlichen Zusammenkünften ausgeschlossen sein. Dabei ist grundsätzlich anzunehmen, dass der Betroffene selbst, nicht nur an einzelnen Veranstaltungen nicht teilnehmen kann, sondern prinzipiell an jeder Art von Veranstaltungen. Im Umkehrschluss heißt dies: wenn schwerbehinderte Menschen noch in nennenswertem Umfang an öffentlichen Veranstaltungen teilnehmen können, sind die Voraussetzung für das Merkzeichen „RF“ nicht gegeben. Wenn der Betroffene berufstätig ist, kann dieses als Indiz dafür angesehen werden, dass von dem betroffenen Menschen noch Veranstaltungen im öffentlichen Raum besucht werden können. Besondere Gruppen schwerbehinderter Menschen, welche das Merkzeichen „RF“ geltend machen können, sind:

- Blinde oder wesentlich sehbehinderten Menschen. Das Merkzeichen „RF“ wird einem schwerbehinderten Menschen zuerkannt, wenn seine Sehbehinderung mindestens einen Grad der Behinderung von 60 ausmacht. Hierbei ist nur die Bewertung der Sehbehinderung heranzuziehen, nicht der Gesamtgrad der Behinderung.

---

[7] Vgl. Bundesministerium für Arbeit und Soziales, Ratgeber für Menschen mit Behinderung, S. 164 f.

[8] Vgl. hierzu vertiefend Fritze, Die ärztliche Begutachtung, S. 793 f.

- Gehörlose oder Menschen, die trotz Hörhilfe beim Hören stark eingeschränkt sind. Unter diese Rubrik fallen also alle schwerbehinderten Menschen die gehörlos sind. Ebenfalls sind dieser Kategorie auch schwerbehinderte Menschen zuzuordnen, welche an beiden Ohren mindestens eine hochgradig kombinierte Schwerhörigkeit oder eine hochgradige Innenohrschwerhörigkeit aufweisen. Egal welche Schwerhörigkeit vorliegt, es muss mindestens ein Grad der Behinderung von 50 auf die Hörbehinderung anerkannt werden. Der Gesamtgrad der Behinderung ist bei dem Merkzeichen „RF" nicht anzusetzen. Beruht die Schwerhörigkeit auf eine Schallweiterleitung, sprich Schallleitungsschwerhörigkeit, ist im Allgemeinen davon auszugehen, dass mit der Nutzung von Hörhilfen o.ä. eine ausreichende akustische Verständigung geschaffen werden kann. Sollte dies der Fall sein, so besteht kein Anspruch auf das Merkzeichen „RF".

4.5 Merkzeichen „H"- Hilflos

Anspruch auf das Merkzeichen „H" besteht, wenn infolge der Behinderung regelmäßig Unterstützungen bzw. Maßnahmen notwendig sind, um die persönliche Existenz zu sichern; und auch nur dann, wenn diese Unterstützungsleistungen bzw. Maßnahmen mindestens täglich erforderlich sind und nur mit der Hilfe Dritter umgesetzt werden können. Zu den häufigen Unterstützungsleistungen bzw. Maßnahmen zählen insbesondere tägliche Arbeitsabläufe, welche zur Teilhabe am Leben in der Gesellschaft notwendig sind, wie beispielsweise:

- An- und Auskleiden,
- Nahrungsaufnahme,
- Körperhygiene oder
- Verrichtung der Notdurft.
- Die Einschränkungen, für welche die Unterstützungsleistungen bzw. Maßnahmen Dritter notwendig sind, werden bei der Zuerkennung des Merkzeichens immer im Zusammenhang mit der notwendigen körperlichen Bewegung, der geistigen Anregung sowie der dazu notwendigen Kommunikation berücksichtigt. Die regelmäßig notwendigen Unterstützungsleistungen bzw. Maßnahmen Dritter müssen für die Lebensqualität des Betroffenen erheblich sein. Dies ist im Allgemeinen dann zu unterstellen, wenn die Hilfestellung für eine Vielzahl von Unterstützungsleistungen bzw. Maßnahmen benötigt wird. Die Hilfestellungen sind demnach: häufig und umfangreich, zeitlich regelmäßig wiederkehrend und für den Betroffenen von hohem existenziellen Nutzen.

Separate Unterstützungsleistungen bzw. Maßnahmen – auch wenn sie zur Sicherung der Existenz grundlegend beitragen und regelmäßig durchzuführen sind – wie beispielsweise die Unterstützung eines Dritten beim Anziehen einzelner Kleidungsstücke, die notwendige Begleitung bei einem Skiausflug oder Hilfe bei einer Wundbehandlung bieten allein noch nicht den Grund für die Anerkennung des Merkzeichens „H". Auch notwendige Pflegemaßnahmen des schwerbehinderten Menschen sind bei der Anerkennung des

Merkzeichens „H" nicht zu berücksichtigen. Der Zustand der Hilflosigkeit wird nicht auf Grund der gesundheitlichen, sprich medizinischen, Situation zuerkannt, sondern es ist vielmehr zu berücksichtigen, welche Folgen die Behinderung mit sich bringt und in welcher Art und in welchem Umfang diese dem schwerbehinderten Menschen zuzumuten sind. Bei Blindheit oder bei hochgradiger Sehbehinderung kann das Versorgungsamt ohne eine entsprechende Sachverhaltsaufklärung das Merkzeichen „H" zuweisen, da dies schwere Beeinträchtigungen sind. Die Art der Behinderung lässt Rückschlüsse auf die besonderen Auswirkungen und die daraus resultierenden Hilfeleistungen zu. Als hochgradig seheingeschränkt bewertet das Versorgungsamt Personen, welche auf beiden Augen eine Sehschärfe von weniger als 1/20 aufweisen.

Wird mit Fortschreiten des Krankheitszustandes ein dauerhaftes Krankheitslager notwendig, so sind grundsätzlich die Voraussetzungen für das Merkzeichen „H" gegeben. Bei einem dauerhaften Krankenlager wird nicht automatisch unterstellt, dass die betroffene Person das Krankenbett nicht verlassen kann.

Bei Kindern wird i.d.R. nur der Teil der Hilfsbedürftigkeit näher begutachtet, welcher wegen der Behinderung eine Hilfsbedürftigkeit unterstellen lässt. Dabei werden die Fähigkeiten und Fertigkeiten eines gleichaltrigen Kindes gegenübergestellt, woraus im Ergebnis Rückschlüsse auf einen möglichen Unterstützungsbedarf gezogen werden können. Die Eintragung des Merkzeichens „H" im Schwerbehindertenausweis ist von Bedeutung für:

- die Lohn- und Einkommensteuer,
- die Hundesteuer,
- die Berechtigung zur „Freifahrt" für Schwerbehinderte,
- die Kraftfahrzeugsteuerbefreiung und
- den Beitragsnachlass in der Kraftfahrzeug-Haftpflichtversicherung.

4.6 Merkzeichen „1. Kl."

Bei Reisen mit der Deutschen Bahn AG erfordern die Schädigungsfolgen im Sinne des Bundesversorgungsgesetzes bzw. des Bundesentschädigungsgesetzes die Unterbringung in der 1. Wagenklasse. Anspruch auf Merkzeichen „1.Kl." haben ausschließlich nur Schwerkriegsbeschädigte und Verfolgte im Sinne des Bundesentschädigungsgesetzes (BEG) mit einer Minderung der Erwerbsfähigkeit (MdE) bzw. mit einem Grad der Schädigungsfolgen (GdS) von mindestens 70. Dieser Grad der Schädigungsfolge beruht auf dem körperlichen Zustand, welcher eine Unterbringung in der ersten Wagenklasse erfordert. Dieser Personenkreis hat Anspruch auf die Nutzung der ersten Wagenklassen mit einem gültigen Fahrausweis der zweiten Wagenklasse bei der Deutschen Bahn AG. Bei folgenden Antragstellern, welche den Voraussetzungen des Bundesentschädigungsgesetzes (BEG) entsprechen, wird pauschal das Merkzeichen „1.Kl" beispielsweise zuerkannt: Kriegsblinde, kriegsbeschädigte Ohnhänder, kriegsbeschädigte Querschnittsgelähmte oder schwerkriegsbeschädigte Empfänger der drei höchsten Pflegezulagenstufen.

4.7 Merkzeichen „Bl" - Blind

Als Blind wird eine Person bezeichnet, welche zu 100 % ihr Augenlicht verloren hat. Zu dem Personenkreis der blinden Menschen zählen darüber hinaus Personen, die auf dem sehstärkeren Auge eine Sehschärfe von weniger als 1/50 aufweisen.

Die Eintragung des Merkzeichens „Bl" im Schwerbehindertenausweis ist für folgende Aspekte von Bedeutung:

- bei der Einkommen- und Lohnsteuer,
- bei der Hundesteuer,
- bei der Berechtigung zur „Freifahrt" für Schwerbehinderte,
- bei der Kraftfahrzeugsteuerbefreiung,
- beim Beitragsnachlass in der Kraftfahrzeug-Haftpflichtversicherung,
- beim Postversand,
- im Funk- und Fernsprechwesen,
- beim Parken von Kraftfahrzeugen (Parkerleichterungen),
- bei der Umsatzsteuer und
- bei der Gewährung von Pflegegeld der Sozialämter für Blinde sowie hochgradig sehbehinderte und gehörlose Menschen.[9]

4.8 Merkzeichen „Gl" - Gehörlos

Hörbehinderte Menschen werden als gehörlos bezeichnet, wenn auf beiden Ohren eine vollständige Taubheit vorliegt. Darüber hinaus haben schwerbehinderte Menschen einen Anspruch auf das Merkzeichen „Gl", die auf beiden Seiten eine an Taubheit grenzende Schwerhörigkeit und zusätzlich aufgrund ihrer Einschränkung schwere Sprachstörungen vorweisen. Von einer schweren Sprachstörung kann ausgegangen werden, wenn der schwerbehinderte Mensch in seiner Lautsprache sehr schwer zu verstehen ist und einen geringen Wortschatz aufweist. Hierunter fallen häufig Personen mit einer Schwerhörigkeit, die schon an Taubheit grenzt, sofern sie angeboren oder in der Kindheit erworben worden ist.

[9] Vgl. Bundesministerium für Arbeit und Soziales, Ratgeber für Menschen mit Behinderung, S. 13.

4.9 Merkzeichen für die unentgeltliche Beförderung im öffentlichen Personennahverkehr

Ein entsprechender Fahrausweis kann durch folgende Merkzeichen geltend gemacht werden:

- Merkzeichen „G" → gehbehindert
- Merkzeichen „aG" → außergewöhnlich gehbehindert
- Merkzeichen „H" → hilflos
- Merkzeichen „Gl" → gehörlos

Versorgungsberechtigte („Kriegsbeschädigt", „VB", „EB") können unentgeltliche Beförderung in Anspruch nehmen, wenn sie bereits am 1. Oktober 1979 freifahrtberechtigt waren und die MdE beziehungsweise GdS aufgrund der Schädigung heute noch mindestens 70 Prozent beträgt.

Mit dem Merkzeichen „B" hat der Ausweisinhaber die Berechtigung zur Mitnahme einer Begleitperson ohne Kilometerbegrenzung. Dieses Merkzeichen bedeutet aber für den schwerbehinderten Menschen nicht, dass er ohne Mitführen einer entsprechenden Begleitung einer Gefahr für sich darstellt oder andere einer aussetzt.

Nachteilsausgleiche greifen ab dem Zeitpunkt, in welchem die Voraussetzungen hierfür vorliegen.[10] Dieser Zeitpunkt ist in der Regel deckungsgleich mit dem Datum der Antragstellung. Anders verhält es sich allerdings beispielsweise bei Vergünstigungen im Nahverkehr. Hat ein Antragsteller beispielsweise also das Merkzeichen „G" zuerkannt bekommen, so ist Voraussetzung für die Inanspruchnahme, die Vorlage des Schwerbehindertenausweises. Insofern greifen die Nachteilsausgleiche in diesem Fall erst ab Ausstellung des Ausweises. Eine nachträgliche Erstattung der zwischen Antragstellung und Ausweisausstellung angefallenen Beförderungskosten ist in derartigen Fällen dementsprechend nicht möglich.[11]

Besondere Probleme im Rahmen der Feststellung des GdB ergeben sich bei Kleinkindern und Säuglingen.[12] Dies ist darauf zurückzuführen, dass die Gerichte bei der Bemessung des Grades der Behinderung gewöhnlich auf einen Vergleich mit einem gleichaltrigen, nicht behinderten Kind zurückgreifen. Wird unter dieser Prämisse der Grad der Behinderung eines Säuglings festgelegt, so wird schnell deutlich, dass schwerbehinderte Säuglinge sich im Versorgungsbedarf oftmals nicht sehr stark von nichtbehinderten Säuglingen unterscheiden. Denn beide haben gewöhnlich einen umfassenden Versorgungsbedarf und sind auf die Hilfe ihrer Eltern angewiesen. Nur so lässt sich auch erklären, dass in der Praxis oftmals Versorgungsämter bei schwerbehinderten Kindern – beispielsweise bei einer geistigen Behinderung – lediglich einen Grad der Behinderung von 50 %

---

[10] Vgl. Bundesministerium für Arbeit und Soziales, Ratgeber für Menschen mit Behinderung, S. 13.

[11] Vgl. Bundesministerium für Arbeit und Soziales, Ratgeber für Menschen mit Behinderung, S. 12.

[12] Vgl. hierzu vertiefend Fritze, Die ärztliche Begutachtung, S. 793 f.

zuerkannt haben, obwohl die Behinderung bei einem ausgewachsenen bzw. älteren Kind durchaus einen höheren Grad der Behinderung gerechtfertigt hätte. Ein ähnliches Problem besteht auch bei der Zuerkennung von einigen Merkzeichen.[13] So hat beispielsweise das Bundessozialgericht in einer älteren Entscheidung aus dem Jahre 1997 festgelegt, dass der Zweck des Merkzeichens RF – also der Befreiung von Rundfunkgebührenpflicht – darauf abzielt, die fehlende Möglichkeit zur Teilnahme am öffentlichen Gemeinschaftsleben auszugleichen und gewöhnlich deshalb erst ab der Vollendung des zweiten Lebensjahres möglich sei.[14] Zwar wird diese Rechtsprechung durch die kürzlich vollzogene Änderung der Rundfunkgebührenpflicht in der Praxis wahrscheinlich obsolet werden, da die Rundfunkgebühr heutzutage lediglich für eine Wohnung und nicht mehr für ein eigenes Empfangsgerät zu entrichten ist. Doch zeigt diese Rechtsprechung deutlich, dass auch bei der Erteilung der Merkzeichen bei Säuglingen und Kleinkindern Probleme entstehen können, die insbesondere auf ihr Alter bzw. die altersbedingt schwerer bewertbaren Voraussetzungen für die Erteilung der Merkzeichen zurückzuführen sind. Dies betrifft allerdings nicht alle Merkzeichen.[15] So knüpft das Bundessozialgericht beispielsweise die Merkzeichen H (Hilflosigkeit), G (beeinträchtigte Bewegungsfähigkeit im Straßenverkehr), aG (außergewöhnliche Gehbehinderung) und B (Notwendigkeit ständiger Begleitung) nicht an etwaige Altersgrenzen.[16]

---

[13] Vgl. Bundesministerium für Arbeit und Soziales, Ratgeber für Menschen mit Behinderung, S. 13.

[14] Vgl. BSG, Entscheidung vom 12.02. 1997, 9 RVs 1/95, BSGE 80, S. 97 (100).

[15] Vgl. Bundesministerium für Arbeit und Soziales, Ratgeber für Menschen mit Behinderung, S. 13.

[16] Vgl. BSG, Entscheidung vom 12.02. 1997, 9 RVs 1/95, BSGE 80, S. 97 (99 f.).

5 Schwerbehindertenquote und Ausgleichsabgabe

Arbeitgeber, deren Betrieb im Jahresdurchschnitt mindestens 20 Arbeitsplätze beinhaltet, müssen nach § 71 SGB IX mindestens 5 % der Arbeitsplätze mit schwerbehinderten Arbeitnehmern oder ihnen gleichgestellten Personen besetzen. Dieses wird auch als „Beschäftigungspflicht der Arbeitgeber" bezeichnet.[1] Schwerbehinderte Frauen sind hierbei besonders zu berücksichtigen. Für Arbeitgeber mit nicht allzu vielen Arbeitnehmern hat der Gesetzgeber mit § 71 Abs. 1 Satz 3 SGB IX explizit eine Erleichterung geschaffen, indem er klarstellt, dass abweichend von diesem Grundsatz Arbeitgeber mit im Jahresdurchschnitt monatlich weniger als 40 Arbeitsplätzen lediglich einen schwerbehinderten Menschen zu beschäftigen haben und Arbeitgeber mit jahresdurchschnittlich monatlich weniger als 60 Arbeitsplätzen lediglich zwei schwerbehinderte Menschen zu beschäftigen haben.[2] Dem § 72 Abs. 1 SGB IX ist zu entnehmen, dass der Arbeitgeber im Rahmen seiner Beschäftigungspflicht auch schwerbehinderten Menschen, die nach Art oder Schwere ihrer Behinderung im Arbeitsleben besonders betroffen sind, in angemessenem Umfang Möglichkeit geben soll, beruflich tätig zu sein.[3] Für diese Personengruppen sieht das Gesetz vor, dass beim Arbeitgeber für den Einsatz jeder einzelnen besonders betroffenen Person bis zu drei Pflichtarbeitsplätze im Rahmen der Beschäftigungspflicht angerechnet werden können. Aus der Beschäftigungspflicht des Arbeitgebers resultiert jedoch nicht, dass schwerbehinderte Menschen, insbesondere wenn die Anzahl an schwerbehinderten Menschen im Betrieb nicht erfüllt wurde, nun einen subjektiven Anspruch auf diese Arbeitsplätze hätten; vielmehr hat ein hiergegen verstoßender Arbeitgeber lediglich mit einer Geldbuße respektive mit der Entrichtung einer Ausgleichsabgabe zu rechnen. Die Vorschrift für diese

---

[1] Vgl. Bundesministerium für Arbeit und Soziales, Ratgeber für Menschen mit Behinderung, S. 56.

[2] Vgl. BIH (Hrsg.), ABC Behinderung & Beruf, Handbuch für die betriebliche Praxis, S. 15.

[3] Vgl. vertiefend hierzu auch: Wendt ((((Sabine)))), Teilhabe am Arbeitsleben für alle – welche Hindernisse gibt es?, SozialRecht aktuell 4/2015, S. 133 ff.

Ordnungswidrigkeit ist in § 156 Abs. 1 Nr. 1 SGB IX geregelt und kann nach Abs. 2 dieser Vorschrift mit einer Geldbuße von bis zu 10.000 EUR geahndet werden.[4]

Sofern der Arbeitgeber die für seine Betriebsgröße vorgegebene Beschäftigungsquote schwerbehinderter Arbeitnehmer nicht erfüllt, ist er verpflichtet, zum Ausgleich eine so genannte Ausgleichsabgabe zu entrichten. Der Grund, weshalb der Arbeitgeber die Quote nicht erfüllt, ist hierbei irrelevant. Die Höhe der zu zahlenden Ausgleichsabgabe richtet sich gemäß § 77 Abs. 2 SGB IX zum einen nach der Größe des Unternehmens und zum anderen nach der Zahl der Schwerbehinderten. Je unbesetztem Arbeitsplatz ist dementsprechend mit einer monatlichen Ausgleichsabgabe in einer Größenordnung von 105 € bis 260 € zu rechnen. Ermittelt wird die Ausgleichsabgabe durch den Arbeitgeber, der seine Veranlagung nebst den ermittelten Daten auf einem Vordruck der Bundesagentur für Arbeit jeweils bis Ende März des Folgejahres an die für ihn zuständige Agentur für Arbeit, die Schwerbehindertenvertretung und den Betriebs- bzw. Personalrats sowie an das Integrationsamt weiterzuleiten hat. Die genaue Höhe der Ausgleichsabgabe kann dem § 77 Abs. 2 SGB IX entnommen werden.[5]

Ein Arbeitgeber, welcher die immer zum 31. März des Folgejahres fällige Zahlung der Ausgleichsabgabe nicht rechtzeitig leistet und mehr als drei Monate hiermit im Verzug ist, muss damit rechnen, dass das Integrationsamt einen Säumniszuschlag erhebt (vgl. § 77 Abs. 4 Satz 4 SGB IX) und die rückständigen Beträge der Ausgleichsabgabe von ihm einzieht.[6]

---

4 Vgl. Bundesministerium für Arbeit und Soziales, Ratgeber für Menschen mit Behinderung, S. 57 f.

5 Vgl. BIH (Hrsg.), ABC Behinderung & Beruf, Handbuch für die betriebliche Praxis, S. 15.

6 Vgl. Bundesministerium für Arbeit und Soziales, Ratgeber für Menschen mit Behinderung, S. 57 f.

Gesetze 6

Die Rechte behinderter und schwerbehinderter Menschen sind in einer Vielzahl von Gesetzen und Verordnungen geregelt. Im Folgenden werden einige der wichtigen Gesetze und Regelungen kurz dargestellt.

6.1 Das Grundgesetz (GG)

Das Grundgesetz (GG) ist das Maß aller Dinge im deutschen Rechtssystem. Alle einfachen, formellen Parlamentsgesetze sowie untergesetzlichen Normen müssen sich an ihm messen lassen. Ursprünglich gedacht war das Grundgesetz als Abwehrrecht des Bürgers gegen den Staat. Erst später wurden den Grundrechtsartikeln auch andere, darüber hinausgehende Funktionen wie beispielsweise das Teilhaberecht und Institutionsgarantien zugesprochen. Wesentliche Grundrechtsnormen sind beispielsweise der Gleichheitssatz des Art. 3 GG und die Menschenwürde des Art. 1 GG. Der Gleichheitssatz des Art. 3 GG darf jedoch nicht falsch verstanden werden.[1] Er bedeutet nicht, dass alle Menschen gleich zu behandeln sind; vielmehr besagt er, das wesentlich Gleiches gleich und wesentlich Ungleiches ungleich zu behandeln ist. Dieses rechtfertigt letztlich auch, dass behinderte und schwerbehinderte Menschen durch Hilfeleistungen unterstützt werden können, auf welche aber nichtbehinderte Menschen keinen Anspruch haben. Andersherum gesehen, besagt der Grundsatz der Gleichbehandlung aber auch, dass schwerbehinderte Menschen, welche dieselbe Behinderung aufweisen, nicht unterschiedlich behandelt werden dürfen; denn das wäre Willkür. Die andere Vorschrift, nämlich Art. 1 GG regelt die Menschenwürde. Sie stellt eine Selbstverpflichtung aller staatlichen Gewalt – also einer Verpflichtung für Exekutive, Judikative und Legislative – dar und verbietet es, Menschen in ihrer Position herabzuwürdigen oder sie sogar zum bloßen Objekt staatlichen Handelns zu degradieren.

---

[1] Vgl. zu den Gleichheitsrechten vertiefend Junker Grundkurs Arbeitsrecht, Rn. 53 ff.

6.2 Das Bürgerliche Gesetzbuch (BGB)

Das Bürgerliche Gesetzbuch (BGB) ist eines der wichtigsten Gesetze im Zivilrecht. Es regelt die Rechtsverhältnisse von Personen untereinander und ist in fünf Bücher eingeteilt – nämlich Allgemeiner Teil, Schuldrecht, Sachenrecht, Familienrecht und Erbrecht. Die Regelungen des Allgemeinen Teils des BGB gelten – wie vor die Klammer gezogen – für alle folgenden Bücher des BGB.[2] Durch diese Art des Gesetzesaufbaus ist es nicht mehr erforderlich, grundsätzliche Dinge in jedem Buch erneut zu definieren. Das Bürgerliche Gesetzbuch enthält unter anderem in den Vorschriften der §§ 611 ff. BGB Regelungen zum Individualarbeitsrecht. Das BGB regelt darüber hinaus in den §§ 1896 ff. BGB das im Sozialrecht wichtige Recht der Betreuung. Heutzutage gibt es keine Entmündigung mehr, sondern Personen, die partiell oder vollständig nicht mehr in der Lage sind, ihre Angelegenheiten selbständig zu ordnen, können unter Betreuung gestellt werden. Ein Volljähriger erhält auf seinen eigenen Antrag oder von Amts wegen einen oder mehrere Betreuer, wenn er wegen einer psychischen Erkrankung oder aber wegen körperlicher, geistiger oder seelischer Behinderung seine Angelegenheiten nicht mehr allein besorgen kann. Für die Anordnung einer solchen Betreuung ist ausschließlich die Hilfs- bzw. Pflegebedürftigkeit des Betroffenen entscheidend. Hieraus folgt auch, dass Dauer und Umfang der Betreuung sich am konkreten Fall orientieren müssen, weswegen die Betreuung auch gemäß § 1896 Abs. 2 BGB für ganz bestimmte einzelne Bereiche angeordnet werden kann. Im Betreuungsrecht gilt das sogenannte Erforderlichkeitsprinzip, so dass nach diesem Grundsatz ein Betreuer nur dann bestellt werden darf, wenn die Angelegenheiten des Hilfsbedürftigen nicht auch durch einen Bevollmächtigten oder eine andere Hilfe wahrgenommen werden können, und dieses darf auch nur in dem Umfang geschehen, in dem tatsächlich ein konkreter Betreuungsbedarf besteht. Der Betreute ist bei einer Betreuung grundsätzlich nicht in seiner Geschäftsfähigkeit beschränkt. Soll der Betreute zu seiner eigenen Sicherheit auch in seiner Geschäftsfähigkeit beschränkt werden, so ist es zwingend erforderlich, dass nach § 1903 BGB ausdrücklich ein Einwilligungsvorbehalt angeordnet wird, welcher festlegt, dass der Betreute zu einer Willenserklärung, die den Aufgabenkreis des Betreuers betrifft, dessen Genehmigung bedarf. Besteht ein solcher Einwilligungsvorbehalt, so kann der Betreute dementsprechend zwar Willenserklärungen abgeben, bedarf aber zu deren Wirksamkeit der Zustimmung des Betreuers (§ 1903 Abs. 1 S. 2 BGB i.V.m. § 108 Abs. 1 BGB). Ausnahmen gelten insoweit nur für „lediglich rechtlich vorteilhafte Geschäfte" und Willenserklärungen, die geringfügige Angelegenheiten des täglichen Lebens betreffen (§ 1903 Abs. 3 BGB).

---

[2] Vgl. Wien, Bürgerliches Recht, S. 27.

6.3 Das Sozialgesetzbuch (SGB)

Das Sozialgesetzbuch (SGB) besteht aus mehreren großen Gesetzen, welche in römischen Zahlen durchnummeriert sind – nämlich in SGB I bis XII.[3] Darüber hinaus werden in der Literatur oftmals die in § 68 SGB I genannten Gesetze ebenfalls dem Sozialrechtsbegriff zugeordnet. Die in § 68 SGB I genannten Gesetze, wie das Bundesausbildungsförderungsgesetzes oder das Kindergeldgesetz will der Gesetzgeber als besonderen Teil des Sozialgesetzbuchs verstanden wissen. Das SGB I (allgemeiner Teil) und das SGB X (Sozialverwaltungsverfahren) gelten für alle Bücher des SGB. Wie im BGB hat der Gesetzgeber hiermit allgemeine Regeln bestimmt, die – vor die Klammer gezogen – für alle Sozialgesetze gelten sollen und damit nicht in jedem einzelnen Gesetz wiederholt werden müssen. Das SGB I enthält unter anderem auch allgemeine Regelungen über die Aufgaben des SGB, Sozialleistungen und Leistungsträger sowie gemeinsame Vorschriften für alle sozialen Leistungsbereiche des SGB. Das SGB X enthält die für alle Sozialleistungsbereiche geltenden grundlegenden Vorschriften über Verwaltungsverfahren, Verwaltungsakte, öffentlich-rechtlichen Verträge, den Schutz der Sozialdaten sowie zur Zusammenarbeit der zuständigen Stellen. Bestandteil des Sozialgesetzbuchs, insbesondere des SGB X sind auch Regelungen über den Sozialdatenschutz.

6.4 Sonstige Gesetze und Verordnungen

Auch Gesetze, welche allein verfahrensrechtliche Abläufe und die Besetzung von Gerichten regeln, spielen bei der Durchsetzung der Rechte von schwerbehinderten Personen eine wichtige Rolle. Für viele Belange schwerbehinderter Menschen sind die Sozialgerichte zuständig. Hier kann beispielsweise die amtsärztliche Beurteilung über den Grad der Behinderung überprüft werden, wenn ein GdB von 50 – und damit die Zuordnung als schwerbehinderter Mensch – abgelehnt wird. Die Sozialgerichte entscheiden aufgrund des Sozialgerichtsgesetzes (SGG) insbesondere über die in den in § 51 SGG genannten sozialrechtlichen Streitigkeiten. Das Verfahren vor den Sozialgerichten ist grundsätzlich gerichtskostenfrei (§ 183 SGG). Bei einigen verwaltungsrechtlichen Materien ist für behinderte Menschen auch das Verwaltungsgericht zuständig. Die Verwaltungsgerichte entscheiden aufgrund der Verwaltungsgerichtsordnung (VwGO). Die ihnen zugewiesenen Streitigkeiten sind in § 40 VwGO aufgeführt. Auch das Verfahren vor den Verwaltungsgerichten ist gemäß § 188 VwGO mit Blick auf die sozialrechtlichen Materien überwiegend gerichtskostenfrei. Trotz Gerichtskostenfreiheit besteht ein Kostenrisiko insoweit, als im Falle des Unterliegens die Kosten für den eigenen sowie eventuell zusätzlich die Kosten für den Rechtsanwalt der Gegenseite getragen werden müssen. Allerdings besteht in den erstinstanzlichen Gerichten kein Anwaltszwang.

---

[3] Zur Entwicklung und zum Aufbau des SGB vgl. auch Wabnitz, Die Bücher des Sozialgesetzbuchs, in: Institut für Sozialarbeit und Sozialpädagogik e.V. (Hrsg.), Die Bücher des Sozialgesetzbuches. S. 33 ff.; Wabnitz, Das SGB als Kernbereich der Sozialen Arbeit, in: Institut für Sozialarbeit und Sozialpädagogik e.V. (Hrsg.), Die Bücher des Sozialgesetzbuches. S. 21 ff.

Die Behindertenrechtskonvention (BRK) ist kein Gesetz sondern ein völkerrechtlicher Vertrag. Dieser lässt keine neuen Rechte für Menschen mit Behinderung entstehen, sondern dient lediglich der Ergänzung und Konkretisierung des bestehenden Menschenrechtsschutzes. Nach Art. 4 Abs. 1 BRK verpflichten sich die Staaten, die diesen völkerrechtlichen Vertrag unterschrieben haben, „die volle Verwirklichung aller Menschenrechte und Grundfreiheiten für alle Menschen mit Behinderung ohne jede Diskriminierung aufgrund von Behinderung zu gewährleisten und zu fördern". In den Artikeln 6 bis 9 sowie in den Artikeln 10 bis 30 BRK finden sich genaue Konkretisierungen für die Grundsätze der Gleichheit und der Nichtdiskriminierung. Die Funktion, welche den Menschenrechten aus der Behindertenrechtskonvention zukommt, hat sich im Laufe der Zeit gewandelt. Waren es früher eher Abwehrrechte mit Gewährleistungsfunktion, so werden die Menschenrechte heutzutage als Verpflichtungen angesehen, die den Vertragspartnern folgende drei Pflichten auferlegen: die Pflicht zur Achtung, die Pflicht zum Schutz und die Pflicht zur Bereitstellung der notwendigen Infrastruktur.

Weitere wichtige Gesetze sind beispielsweise das Opferentschädigungsgesetz (OEG) und das Infektionsschutzgesetz (IfSG). Während das Opferentschädigungsgesetz (OEG) den Zweck hat, die Entschädigung von Personen zu regeln, welche in der Bundesrepublik Deutschland Opfer von vorsätzlichen, rechtswidrigen Taten geworden sind, enthält das Infektionsschutzgesetz (IfSG) Regelungen darüber, wie Personen entschädigt werden, die einen Impfschaden erlitten haben. Nach § 60 IfSG setzt eine derartige Entschädigung voraus, dass der Schaden aufgrund einer Pflichtimpfung, einer öffentlich empfohlenen behördlichen Impfung oder durch eine Impfung entstanden ist, welche aufgrund der Verordnung zur Ausführung der internationalen Gesundheitsvorschriften durchgeführt wurde. Sowohl das OEG als auch das IfSG ordnen für den Fall, dass ihre Voraussetzungen gegeben sind, durch einen Verweis eine entsprechende Anwendung der Vorschriften des Bundesversorgungsgesetzes (BVG) an. Das Bundesversorgungsgesetz ist ein Gesetz, welches den Zweck verfolgt, besondere Opfer von Einzelpersonen, die für die Gemeinschaft Leistungen erbracht haben, auszugleichen. Als derartige besondere Opfer sieht der Gesetzgeber beispielsweise die Kriegsversehrten, und die Wehr- und Zivildienstgeschädigten an. Auch wenn der Kreis, der nach diesem Gesetz berechtigten Personen im Laufe der Zeit immer kleiner geworden ist, führt der Verweis von anderen Gesetzen – wie bspw. dem OEG und dem IfSG – in die Regelungen des Bundesversorgungsgesetzes dazu, dass dieses für die soziale Versorgung immer noch ungebrochen einen hohen Stellenwert einnimmt.

Über die Grundsätze für eine mögliche Herleitung der Statusfeststellung zum Gesamtgrad einer Behinderung gibt die Versorgungsmedizin-Verordnung (VersMedV) Auskunft. Sie ist für die Anerkennung einer Art der Behinderung mit seiner entsprechenden Gewichtung maßgeblich. Aufgrund der großen Bedeutung für die Thematik des Schwerbehindertenarbeitsrechts, ist die Verordnung im Anhang zu diesem Buch im Volltext abgedruckt.

Damit die Entscheidungsträger in den Sozialbehörden der jeweiligen Bundesländer einheitliche Entscheidungen treffen, haben die einzelnen Bundesländer jeweils eigene

Schwerbehinderten-Richtlinien erlassen[4], an denen sich die Beamten im Rahmen ihrer Entscheidungen orientieren können. Sie ergänzen und konkretisieren die im SGB IX enthaltenen Bestimmungen zur Einstellung, Beschäftigung, Förderung und Unterstützung schwerbehinderter Menschen. Richtlinien stellen reines Innenrecht der Verwaltung dar; insofern unterscheiden sie sich eklatant von den Gesetzen und Verordnungen, die eine gewisse Außenwirkung entfalten.

4 Vgl. z.B. die vom Bundesland Brandenburg erlassene Richtlinie für die Einstellung, Beschäftigung und begleitende Hilfe schwerbehinderter und diesen gleichgestellter behinderter Menschen in der Landesverwaltung des Landes Brandenburg (Schwerbehindertenrichtlinien).

Institutionen und Gremien 7

Es gibt in Deutschland viele Institutionen und Gremien, welche die Rechte behinderter Menschen zu verbessern suchen bzw. geeignete Anlaufstellen für behinderte Menschen sind. Einige dieser Institutionen werden im Folgenden näher dargestellt.

7.1 Behindertenverbände

Behindertenverbände haben das Ziel, die Interessen ihrer Mitglieder bezüglich der organisierten Selbsthilfe behinderter Menschen zu fördern. Insofern sind sie gefragte Gesprächspartner für Behörden und Einrichtungen, die im Sozialbereich tätig sind und nehmen außerdem Einfluss auf die Gesetzgebung. Zu ihren Betätigungsfeldern zählen unter anderem die Förderung des behindertengerechten Wohnungs- und Siedlungswesen, welches in der Öffentlichkeit auch als barrierefreies Bauen bekannt ist und der Bereich des Behindertensports. Darüber hinaus sind Behindertenverbände oftmals auch Träger von Rehabilitationseinrichtungen. Bekannte und große Behindertenverbände sind beispielsweise die Bundesarbeitsgemeinschaft Hilfe für Behinderte (BAGH), der Sozialverband Deutschland (SoVD), der Sozialverband VdK sowie der Bund der Hirnverletzten (BDH). Behindertenverbände kümmern sich um alle Angelegenheiten, die mit der Teilhabe behinderter Menschen in Beruf und Gesellschaft verbunden sind. Aus diesem Grunde vertreten sie ihre Mitglieder auch bei Problemen im Sozial- bzw. Sozialversicherungsrecht und im Rahmen des Versorgungsrechts. Ihre Vertretung bzw. Hilfestellungen betreffen nicht nur den außergerichtlichen Bereich sondern auch gerichtliche Rechtsstreitigkeiten.

Um die Tätigkeit von Behindertenverbänden abzusichern, hat der Gesetzgeber ihnen mit der Schaffung gesetzlicher Grundlagen Instrumente an die Hand gegeben, die sie in die Lage versetzen, ihre Aufgaben sinnvoll wahrzunehmen. So hat ihnen beispielsweise der § 63 SGB IX sogar ein besonderes Verbandsklagerecht eingeräumt, nach welchem sie in Form einer gesetzlichen Prozeßstandschaft mit dem Einverständnis behinderter

Menschen auch deren Rechte geltend machen können. Ein Verbandsklagerecht findet sich auch in § 13 BGG. Dieses gibt einem Verband die Möglichkeit, von einem Gericht die Feststellung eines Verstoßes gegen die in § 13 Abs. 1 Satz 1 BGG normierten Vorschriften zur Behindertengleichstellung zu verlangen. Klageberechtigt sind lediglich die Verbände, welche vom Bundesministerium für Arbeit und Soziales auf Vorschlag bestimmter Mitglieder des Beirats für die Teilhabe behinderter Menschen anerkannt wurden. Das Rechtsdienstleistungsgesetz (RDG) gibt den Behindertenverbänden durch die Regelung des § 8 Abs. 1 Nr. 5 RDG sogar die Möglichkeit Rechtsdienstleistungen auch für Nichtmitglieder zu erbringen, sofern diese im Rahmen ihres satzungsgemäßen Aufgaben- und Zuständigkeitsbereichs liegen.

Eine andere wichtige gesetzliche Absicherung findet sich in § 5 BGG, welche im Rahmen von Zielvereinbarungen den Verbänden die Möglichkeit gibt, gemeinsam mit Unternehmensverbänden respektive einzelnen Unternehmern durch Zielvereinbarungen die Barrierefreiheit sinnvoll anzupassen bzw. durchzusetzen. Der § 95 Abs. 1 Satz 2 i.V.m. § 86 SGB X sieht explizit vor, dass die Verbände auch bei Planungen einzubinden sind. Vorteil einer derartigen Einbindung ist es bereits, dass dieses Vorgehen eine Überschneidung von Angeboten durch private und öffentliche Träger gegebenenfalls verhindert. Behindertenverbände verfügen über viele praktische Erfahrungen und über Fachwissen, so dass auch Beschluss- und Beratungsgremien auf sie und ihr Wissen gern zurückgreifen. So sind sie beispielsweise im Beirat für die Teilhabe behinderter Menschen beim Bundesministerium für Arbeit und Soziales, in den Widerspruchsausschüssen bei den Integrationsämtern und der Bundesagentur für Arbeit sowie in den beratenden Ausschüssen für behinderte Menschen tätig. Darüber hinaus nehmen ihre Vertreter auch oftmals die Tätigkeit eines ehrenamtlichen Richters beim Sozialgericht wahr.

7.2 Integrationsamt

Aus den ehemaligen Hauptfürsorgestellen wurde mit dem SGB IX als Grundlage eine Umbenennung vorgenommen, welche zu dem Begriff „Integrationsämter" führte. Lediglich für den Bereich der Kriegsopferfürsorge gilt der Name Hauptfürsorgestelle unverändert weiter. Die Aufgaben, welche den Integrationsämtern zukommen, sind im SGB IX geregelt. Etliche Aufgaben finden sich in § 102 SGB IX – allerdings auch an vielen anderen Stellen im Gesetz.[1]

Der § 102 Abs. 1 SGB IX nennt explizit vier Aufgabenbereiche der Integrationsämter. So haben sie nach § 102 Abs. 1 Nr. 1 SGB IX die Aufgabe, die Ausgleichsabgabe im Sinne des § 77 SGB IX zu erheben und zu verwenden und sind nach § 102 Abs. 1 Nr. 2 SGB IX für den besonderen Kündigungsschutz schwerbehinderter Menschen zuständig; denn jede Kündigung eines schwerbehinderten Arbeitnehmers bedarf nach §§ 85 ff. SGB IX der

[1] Vgl. BIH (Hrsg.), ABC Behinderung & Beruf, Handbuch für die betriebliche Praxis, S. 154.

vorherigen Zustimmung des Integrationsamts.[2] § 102 Abs. 1 Nr. 3 SGB IX sieht vor, dass die Integrationsämter für die Gewährung der begleitenden Hilfen im Arbeitsleben zuständig sind. Hierunter ist die Erbringung von Leistungen an schwerbehinderte Menschen und ihre Arbeitgeber zu verstehen. Zu den Aufgaben des Integrationsamtes gehört nach § 102 Abs. 1 Nr. 4 SGB IX aber auch die zeitweilige Entziehung der besonderen Hilfen für schwerbehinderte Menschen, sofern diese einen zumutbaren Arbeitsplatz ohne berechtigten Grund zurückweisen oder einen solchen Arbeitsplatz aufgeben oder sich ohne berechtigten Grund weigern, an Maßnahmen zur Teilhabe am Arbeitsleben teilzunehmen bzw. auf andere Weise durch ihr Verhalten die Teilhabe am Arbeitsleben schuldhaft vereiteln.[3]

Der Dachverband der Integrationsämter ist die Bundesarbeitsgemeinschaft der Integrationsämter und Hauptfürsorgestellen (BIH). Diese vertritt die Integrationsämter und Hauptfürsorgestellen gemäß § 115 SGB IX kraft Gesetzes. Die Aufgaben, welche der BIH zukommen, finden sich an unterschiedlichen Stellen des SGB IX, können aber wie folgt zusammengefasst werden: die Bundesarbeitsgemeinschaft dient der Abstimmung der Integrationsämter in Grundsatzfragen und hilft bei der Koordinierung verschiedener Aufgaben durch Empfehlungen. Es werden Arbeitsgrundlagen erstellt und es wird versucht, das Recht der schwerbehinderten Menschen im Arbeitsleben weiterzuentwickeln. Als Publikationsorgan gibt die Bundesarbeitsgemeinschaft der Integrationsämter und Hauptfürsorgestellen die viermal im Jahr erscheinende Zeitschrift „Behinderte Menschen im Beruf" (ZB) heraus.

7.3 Integrationsfachdienst

Sofern schwerbehinderte Menschen bereits älter sind oder langzeitarbeitslos bzw. unzureichend qualifiziert oder sie wegen der Art und Schwere der Behinderung sich auf dem allgemeinen Arbeitsmarkt nur schwer vermitteln lassen, ist es sinnvoll und notwendig, dass so genannte Integrationsfachdienste in die Betreuung und die Integration behinderter Menschen einbezogen werden. Gesetzlich normiert sind die Integrationsfachdienste bezüglich Begriff, Aufgaben, Beauftragung und Finanzierung in den §§ 102 bis 113 SGB IX sowie in den §§ 27a und 28 der Schwerbehinderten-Ausgleichsabgabeverordnung (SchwbAV). Aber auch wenn die Beteiligung des Integrationsfachdienstes insbesondere für schwerbehinderte Menschen geschaffen wurde, die es schwer haben, eine Teilhabe am Arbeitsleben auf den allgemeinen Arbeitsmarkt zu erhalten, so sieht der § 109 Abs. 4 SGB IX die Möglichkeit vor, den Integrationsfachdienst auch auf Personen auszuweiten, die nicht

[2] Vgl. Dütz/Thüsing, Arbeitsrecht, § 9 Rn. 463., Vgl. hierzu vertiefend BIH (Hrsg.), ABC Behinderung & Beruf, Handbuch für die betriebliche Praxis, S. 15.

[3] Vgl. Bundesministerium für Arbeit und Soziales, Ratgeber für Menschen mit Behinderung, S. 57 f., vgl. hierzu vertiefend Domke/Nikolaus, Ist der Kündigungsschutz des AGG strenger als der des KSchG?, S. 297 f.

schwerbehindert sind, aber bei denen weitere nachteilige Faktoren hinzutreten, welche die Teilhabe am Arbeitsleben erheblich erschweren.[4]

7.4 Integrationsteam

Der Gesetzgeber geht davon aus, dass die Sicherung der Teilhabe schwerbehinderter Menschen am Arbeitsleben und in der Gesellschaft nicht allein Aufgabe der Behörden ist. Aus diesem Grunde wird auch großer Wert auf Eigenverantwortung in den Betrieben gelegt. Aus diesem Grunde finden sich in Teil 2 des SGB IX Regelungen zum Integrationsteam, die diese Eigenverantwortung absichern und fördern sollen. Nach § 93, § 95 und § 98 SGB IX setzt sich das Integrationsteam aus dem Betriebs- bzw. Personalrat, der Schwerbehindertenvertretung und dem Beauftragten des Arbeitgebers zusammen. Aufgabe des Integrationsteams ist es, schwerbehinderte Menschen in den Betrieben und Dienststellen zu unterstützen sowie die Teilhabe schwerbehinderter Menschen am Arbeitsleben und in der Gesellschaft zu fördern. Nach § 99 SGB IX ist es Aufgabe des Integrationsteams, die betrieblichen Möglichkeiten für eine, den Fähigkeiten und der Behinderung entsprechende Beschäftigung von schwerbehinderten Menschen voll auszuschöpfen. Um dies zu erreichen sollen Betriebs- bzw. Personalrat, Schwerbehindertenvertretung und Beauftragter des Arbeitgebers mit den behördlichen Aufgabenträgern eng zusammenarbeiten. Weitere Aufgaben des Integrationsteams nimmt es im Rahmen der Prävention und innerhalb des betrieblichen Eingliederungsmanagements wahr.[5] Darüber hinaus wirkt das Integrationsteam als Gesprächspartner bei der Erarbeitung bzw. beim Abschluss von Integrationsvereinbarungen mit.

7.5 Schwerbehindertenvertretung

Die Schwerbehindertenvertretung ist in § 93 bis § 100 SGB IX gesetzlich normiert. In organisatorischer Hinsicht ist sie zu großen Teilen dem Betriebsrat nachgebildet. Die Schwerbehindertenvertretung ist an keine Weisungen gebunden. Gemäß § 95 Abs. 1 SGB IX vertritt sie die Interessen der schwerbehinderten Menschen in Betrieben bzw. in Dienststellen und steht ihnen beratend und helfend zur Seite. Insofern gehört es auch zu den Aufgaben der Schwerbehindertenvertretung, behinderten Personen bei Anträgen auf Feststellung einer Behinderung bzw. bei Feststellung des Grades der Schwerbehinderung sowie auch im Rahmen der Antragstellung auf Gleichstellung einer schwerbehinderten Person zu beraten. Über diese Tätigkeiten hinaus wacht sie auch über die Einhaltung von Schutzvorschriften insofern, dass Gesetze, Tarifverträge oder Betriebsvereinbarungen, welche Regelungen bezüglich schwerbehinderten Menschen enthalten, eingehalten bzw.

[4] Vgl. BIH (Hrsg.), ABC Behinderung & Beruf, Handbuch für die betriebliche Praxis, S. 155 f.

[5] Zu den Modellen der betrieblichen Eingliederung siehe weiterführend Rudow, Die gesunde Arbeit, S. 443 ff.

überhaupt durchgeführt werden. Nach § 95 Abs. 2 SGB IX steht der Schwerbehindertenvertretung ein Informationsrecht zu. Sie wirkt nach § 95 Abs. 4 SGB IX an der Arbeit des Betriebs- und Personalrats mit. Die Tätigkeit im Rahmen der Schwerbehindertenvertretung ist ein Ehrenamt; insofern darf der Schwerbehindertenvertretung aus ihrer Stellung weder ein Vorteil noch ein Nachteil erwachsen. Die Schwerbehindertenvertretung erfüllt ihre Aufgaben -wie auch der Betriebs- bzw. Personalrat - während der Arbeitszeit. Sollte dieses aus betrieblichen Gründen - beispielsweise bei Schichtbetrieb - nicht möglich sein, so hat die Schwerbehindertenvertretung gemäß § 96 Abs. 6 SGB IX einen Anspruch auf Freizeitausgleich. Die Vertrauensperson ist nach § 96 Abs. 4 Satz 2 SGB IX auf ihren Wunsch hin sogar vollumfänglich von ihrer beruflichen Tätigkeit freizustellen, wenn in dem Betrieb bzw. in der Dienststelle in der Regel wenigstens 200 schwerbehinderte Menschen beschäftigt sind. Sofern im Betrieb bzw. in der Dienststelle weniger als 200 schwerbehinderte Personen beschäftigt sind, wird mittlerweile diskutiert, ob ihr nicht auch eine volle bzw. eine Freistellung nach Bruchteilen möglich ist. So hat beispielsweise das Landesarbeitsgericht Sachsen-Anhalt dieses zumindest vom Grundsatz her in einer Entscheidung vom 30.4.2002 bejaht[6] und einer Vertrauensperson, nachdem diese der Aufforderung des Gerichtes, die Notwendigkeit einer Freistellung für ihre Aufgabe darzulegen, nachgekommen war, zumindest eine Freistellung von 25 % zugesprochen. Eine volle bzw. eine Teilfreistellung ist jedoch in Literatur und in der Rechtsprechung allein insofern schon umstritten, als die Vertrauensperson durch das Gesetz schließlich noch das Recht hat, für diese Tätigkeit auch stellvertretende Mitglieder mit heranzuziehen. Allerdings ist auch zu beachten, dass betriebliche Arbeitsabläufe stärker durch eine bedarfsweise Freistellung gestört und beeinträchtigt werden können, als dies bei einer dauerhaften Freistellung der Fall wäre.

Der Arbeitgeber hat nach § 96 Abs. 8 Satz 1 SGB IX die Kosten zu tragen, welche durch die Tätigkeit der Schwerbehindertenvertretung entstehen. Darüber hinaus hat er der Schwerbehindertenvertretung nach § 96 Abs. 4 Satz 3 SGB IX die Möglichkeit zu geben, an Schulungs- und Fortbildungsveranstaltungen teilzunehmen, soweit sie ihnen die Kenntnisse vermitteln, welche sie für die Arbeit als Schwerbehindertenvertretung benötigen.

Anders als bei einem Betriebs- bzw. Personalrat besteht die Schwerbehindertenvertretung - unabhängig von der Zahl der von ihr vertretenen schwerbehinderten Personen - nur aus einer einzigen Person, der sogenannten Vertrauensperson. Die Vertrauensperson kann sich allerdings unter bestimmten Voraussetzungen der Hilfe eines stellvertretenden Mitglieds bzw. unter Umständen auch der Hilfe mehrerer stellvertretender Mitglieder bedienen. Regelungen zur Wahl und zur Rechtsstellung der Schwerbehindertenvertretung finden sich in § 94 Abs. 1 SGB IX.[7] Hiernach wird in Betrieben, in welchen wenigstens fünf schwerbehinderte bzw. ihnen gleichgestellte behinderte Menschen nicht nur vorübergehend beschäftigt sind, eine Vertrauensperson der schwerbehinderten Menschen und mindestens ein Stellvertreter gewählt. Bei der Berechnung der Anzahl von schwerbehinderten

---

6 Vgl. LAG Sachsen Anhalt, Entscheidung vom 30.04.2002, Az. 11 Sa 782/01.

7 Vgl. Pallasch, Arbeitsrecht, S. 390.

Menschen in Betrieben bzw. Dienststellen sind gewöhnlich alle Beschäftigten zu berücksichtigen. Insofern zählen auch leitende Angestellte oder Auszubildende – ja sogar Personen, die sich momentan in Elternzeit befinden – zu den im Betrieb beschäftigten Personen. Lediglich Personen, die sich in der Freistellungsphase der Altersteilzeit befinden und Aushilfen bzw. Saisonarbeiter, also Personen die nur vorübergehend beschäftigt sind, werden nicht zu den im Betrieb beschäftigten Personen gezählt. Der zeitliche Rahmen für die regelmäßige Wahl zur Schwerbehindertenvertretung ist gesetzlich normiert. Gewöhnlich finden die Wahlen alle vier Jahre in der Zeit vom 1. Oktober bis 30. November statt. Hierbei sind alle im Betrieb bzw. der Dienststelle beschäftigten schwerbehinderten Personen und diesen gleichgestellten Personen berechtigt, an der Wahl teilzunehmen. Das passive Wahlrecht – also die Möglichkeit, gewählt zu werden – besteht für alle Beschäftigten im Betrieb, unabhängig davon, ob sie eine Behinderung aufweisen oder nicht. Kein passives Wahlrecht besitzen Personen, die noch nicht das 18. Lebensjahr vollendet haben bzw. die noch nicht sechs Monate dem Betrieb angehören. Ausnahmen bestehen hierbei lediglich für leitende Angestellte. Gemäß § 96 Abs. 7 SGB IX unterliegen die Vertrauenspersonen einer Verschwiegenheitspflicht.

Die Aufgaben der Schwerbehindertenvertretung sind in § 95 SGB IX beschrieben. Diese Vorschrift lautet:

§ 95 SGB IX

(1) Die Schwerbehindertenvertretung fördert die Eingliederung schwerbehinderter Menschen in den Betrieb oder die Dienststelle, vertritt ihre Interessen in dem Betrieb oder der Dienststelle und steht ihnen beratend und helfend zur Seite. Sie erfüllt ihre Aufgaben insbesondere dadurch, dass sie

1. *darüber wacht, dass die zugunsten schwerbehinderter Menschen geltenden Gesetze, Verordnungen, Tarifverträge, Betriebs- oder Dienstvereinbarungen und Verwaltungsanordnungen durchgeführt, insbesondere auch die dem Arbeitgeber nach den §§ 71, 72 und 81 bis 84 obliegenden Verpflichtungen erfüllt werden,*
2. *Maßnahmen, die den schwerbehinderten Menschen dienen, insbesondere auch präventive Maßnahmen, bei den zuständigen Stellen beantragt,*
3. *Anregungen und Beschwerden von schwerbehinderten Menschen entgegennimmt und, falls sie berechtigt erscheinen, durch Verhandlung mit dem Arbeitgeber auf eine Erledigung hinwirkt; sie unterrichtet die schwerbehinderten Menschen über den Stand und das Ergebnis der Verhandlungen.*
4. *Die Schwerbehindertenvertretung unterstützt Beschäftigte auch bei Anträgen an die nach § 69 Abs. 1 zuständigen Behörden auf Feststellung einer Behinderung, ihres Grades und einer Schwerbehinderung sowie bei Anträgen auf Gleichstellung an die Agentur für Arbeit. In Betrieben und Dienststellen mit in der Regel mehr als 100 schwerbehinderten Menschen kann sie nach*

Unterrichtung des Arbeitgebers das mit der höchsten Stimmenzahl gewählte stellvertretende Mitglied zu bestimmten Aufgaben heranziehen, in Betrieben und Dienststellen mit mehr als 200 schwerbehinderten Menschen, das mit der nächsthöchsten Stimmzahl gewählte weitere stellvertretende Mitglied. Die Heranziehung zu bestimmten Aufgaben schließt die Abstimmung untereinander ein.

(2) Der Arbeitgeber hat die Schwerbehindertenvertretung in allen Angelegenheiten, die einen einzelnen oder die schwerbehinderten Menschen als Gruppe berühren, unverzüglich und umfassend zu unterrichten und vor einer Entscheidung anzuhören; er hat ihr die getroffene Entscheidung unverzüglich mitzuteilen. Die Durchführung oder Vollziehung einer ohne Beteiligung nach Satz 1 getroffenen Entscheidung ist auszusetzen, die Beteiligung ist innerhalb von sieben Tagen nachzuholen; sodann ist endgültig zu entscheiden. Die Schwerbehindertenvertretung hat das Recht auf Beteiligung am Verfahren nach § 81 Abs. 1 und beim Vorliegen von Vermittlungsvorschlägen der Bundesagentur für Arbeit nach § 81 Abs. 1 oder von Bewerbungen schwerbehinderter Menschen das Recht auf Einsicht in die entscheidungsrelevanten Teile der Bewerbungsunterlagen und Teilnahme an Vorstellungsgesprächen.

(3) Der schwerbehinderte Mensch hat das Recht, bei Einsicht in die über ihn geführte Personalakte oder ihn betreffende Daten des Arbeitgebers die Schwerbehindertenvertretung hinzuzuziehen. Die Schwerbehindertenvertretung bewahrt über den Inhalt der Daten Stillschweigen, soweit sie der schwerbehinderte Mensch nicht von dieser Verpflichtung entbunden hat.

(4) Die Schwerbehindertenvertretung hat das Recht, an allen Sitzungen des Betriebs-, Personal-, Richter-, Staatsanwalts- oder Präsidialrates und deren Ausschüssen sowie des Arbeitsschutzausschusses beratend teilzunehmen; sie kann beantragen, Angelegenheiten, die einzelne oder die schwerbehinderten Menschen als Gruppe besonders betreffen, auf die Tagesordnung der nächsten Sitzung zu setzen. Erachtet sie einen Beschluss des Betriebs-, Personal-, Richter-, Staatsanwalts- oder Präsidialrates als eine erhebliche Beeinträchtigung wichtiger Interessen schwerbehinderter Menschen oder ist sie entgegen Absatz 2 Satz 1 nicht beteiligt worden, wird auf ihren Antrag der Beschluss für die Dauer von einer Woche vom Zeitpunkt der Beschlussfassung an ausgesetzt; die Vorschriften des Betriebsverfassungsgesetzes und des Personalvertretungsrechtes über die Aussetzung von Beschlüssen gelten entsprechend. Durch die Aussetzung wird eine Frist nicht verlängert. In den Fällen des § 21e Abs. 1 und 3 des Gerichtsverfassungsgesetzes ist die Schwerbehindertenvertretung, außer in Eilfällen, auf Antrag eines betroffenen schwerbehinderten Richters oder einer schwerbehinderten Richterin vor dem Präsidium des Gerichtes zu hören.

(5) *Die Schwerbehindertenvertretung wird zu Besprechungen nach § 74 Abs. 1 des Betriebsverfassungsgesetzes, § 66 Abs. 1 des Bundespersonalvertretungsgesetzes sowie den entsprechenden Vorschriften des sonstigen Personalvertretungsrechtes zwischen dem Arbeitgeber und den in Absatz 4 genannten Vertretungen hinzugezogen.*

(6) *Die Schwerbehindertenvertretung hat das Recht, mindestens einmal im Kalenderjahr eine Versammlung schwerbehinderter Menschen im Betrieb oder in der Dienststelle durchzuführen. Die für Betriebs- und Personalversammlungen geltenden Vorschriften finden entsprechende Anwendung.*

(7) *Sind in einer Angelegenheit sowohl die Schwerbehindertenvertretung der Richter und Richterinnen als auch die Schwerbehindertenvertretung der übrigen Bediensteten beteiligt, so handeln sie gemeinsam.*

(8) *Die Schwerbehindertenvertretung kann an Betriebs- und Personalversammlungen in Betrieben und Dienststellen teilnehmen, für die sie als Schwerbehindertenvertretung zuständig ist, und hat dort ein Rederecht, auch wenn die Mitglieder der Schwerbehindertenvertretung nicht Angehörige des Betriebes oder der Dienststelle sind.*

7.6 Versammlung schwerbehinderter Menschen

Einmal im Kalenderjahr hat die Schwerbehindertenvertretung nach § 95 Abs. 6 SGB IX das Recht, eine Versammlung schwerbehinderter Menschen im Betrieb oder in der Dienststelle durchzuführen. Sofern es notwendig ist, darf dies auch mehr als einmal Jahr sein. Sofern es in dem betreffenden Betrieb bzw. in der betreffenden Dienststelle keine Schwerbehindertenvertretung gibt, obliegt es nach § 94 Abs. 6 Nr. 4 SGB IX dem zuständigen Integrationsamt, zum Zwecke der Vorbereitung einer Wahl der Schwerbehindertenvertretung bzw. zur Wahl eines Wahlvorstandes zu einer Versammlung schwerbehinderter Menschen einzuladen. Ein derartiges Initiativrecht, haben auch der Betriebs- bzw. Personalrat oder 3 Wahlberechtigte.

Beispiel

X ist als Vertrauensperson im Betrieb des Z gewählt worden. Z erwägt, den X zu entlassen bzw. ihn innerhalb des Betriebes an eine andere Zweigstelle zu versetzen. Ist dies so einfach möglich?

Vertrauenspersonen genießen denselben Kündigungsschutz, wie ihn auch ein Betriebsrats- bzw. ein Personalratsmitglied hat. Dieser Kündigungsschutz erstreckt sich oftmals auch auf das stellvertretende Mitglied. Insofern ist die ordentliche Kündigung einer Vertrauensperson gewöhnlich nicht möglich. Im Rahmen einer außerordentlichen

Kündigung einer Vertrauensperson ist zuvor analog den §§ 103 Abs. 1 BetrVG bzw. § 47 Abs. 1 BPersVG die Zustimmung des Betriebsrats bzw. des Personalrats einzuholen. Nach Entscheidung des Bundesarbeitsgerichtes[8] bedarf es hierbei jedoch keiner Zustimmung der Schwerbehindertenvertretung mehr.[9] Selbst nach Beendigung des Amtes sind Vertrauenspersonen entsprechend den Regelungen des § 52 Abs. 1 KSchG noch für ein weiteres Jahr nicht ordentlich kündbar – man spricht insofern von nachwirkendem Kündigungsschutz.

Selbst wenn eine Vertrauensperson an einen anderen Arbeitsplatz versetzt werden soll, so ist dies ohne Einverständnis der Vertrauensperson nur mit Zustimmung des Betriebsrats bzw. des Personalrats zulässig – sofern die Versetzung zum Verlust der Amtsstellung führen würde. Die Zustimmung des Betriebsrats bzw. des Personalrats kann allerdings durch eine Entscheidung des Arbeitsgerichts ersetzt werden.

8 Vgl. BAG vom 19.7.2012, 2 AZR 989/11.

9 Vgl. Domke/Nikolaus, Ist der Kündigungsschutz des AGG strenger als der des KSchG?, S. 297 f.

8 Werkstatt für behinderte Menschen

Die Werkstatt für behinderte Menschen (WfbM) ist eine überbetriebliche Einrichtung zur Teilhabe behinderter Menschen am Arbeitsleben. Sie bietet Personen, die wegen Art oder Schwere der Behinderung nicht, noch nicht oder noch nicht wieder auf dem allgemeinen Arbeitsmarkt tätig sein können, eine angemessene berufliche Bildung, einen Arbeitsplatz oder eine Gelegenheit zur Ausübung einer geeigneten Tätigkeit. Die Aufgaben der Werkstätten für behinderte Menschen sind im § 136 SGB IX und in der Werkstättenverordnung (WVO) definiert. Ziel ist es, Menschen mit Behinderungen ins Arbeitsleben einzugliedern, ihnen die Möglichkeit zu bieten, ihre Leistungs- oder Erwerbsfähigkeit zu erhalten, zu entwickeln, zu erhöhen oder wiederzugewinnen und dabei ihre Persönlichkeit weiterzuentwickeln. Weiterhin fördert die Werkstatt den Übergang geeigneter Personen auf den allgemeinen Arbeitsmarkt. Die Werkstätten für behinderte Menschen müssen die Voraussetzungen dafür schaffen, dass sie Menschen mit Behinderungen aus ihrem Einzugsbereich aufnehmen können, um eine Rehabilitation in Wohnortnähe zu gewährleisten. Die Anerkennung der Werkstätten als besondere Einrichtungsarten erfolgt durch die Bundesagentur für Arbeit (§ 142 SGB IX).[1]

Der Maßnahmenverlauf innerhalb der Werkstatt gliedert sich in 3 Bereiche auf – das Eingangsverfahren, den Berufsbildungsbereich und den Arbeitsbereich.

Das Eingangsverfahren dauert in der Regel 3 Monate. In begründeten Einzelfällen ist eine Verkürzung auf eine Dauer von bis zu 4 Wochen möglich. Folgende Aufgaben werden im Eingangsverfahren umgesetzt:

- Feststellung, ob WfbM die geeignete Einrichtung zur Teilhabe behinderter Menschen am Arbeitsleben und zur Eingliederung in das Arbeitsleben i.S. § 136 SGB IX ist.
- Prüfung, welcher Bereich der Werkstatt in Betracht kommt.

---

[1] Vgl. Pallasch, Arbeitsrecht, S. 60.

- Prüfung, welche Leistungen zur Teilhabe am Arbeitsleben und ergänzende Leistungen oder Leistungen zur Eingliederung in das Arbeitsleben geeignet sind.[2]
- Erstellung eines Eingliederungsplanes, der die Kompetenzen des Menschen mit Behinderung und die Ziele für seinen Förder- und Bildungsprozess enthält.

Die Finanzierung des Eingangsverfahrens erfolgt durch den zuständigen Rehabilitationsträger.

Nach dem Eingangsverfahren folgt der Berufsbildungsbereich, der maximal 24 Monate dauert. Die Werkstatt führt im Berufsbildungsbereich Maßnahmen zur Verbesserung der Teilhabe am Arbeitsleben durch. Hierbei sind auch angemessene Maßnahmen zur Weiterentwicklung der Persönlichkeit des Menschen mit Behinderung einzuschließen. Ziel der Fördermaßnahmen im Berufsbildungsbereich ist, dass die Menschen mit Behinderung danach in der Lage sind, wenigstens ein Mindestmaß wirtschaftlich verwertbarer Arbeitsleistung i.S. des § 136 SGB IX zu erbringen. Der Berufsbildungsbereich gliedert sich in einen Grund- und einen Aufbaukurs, die in der Regel jeweils 12 Monate dauern. Der Grundkurs ist darauf ausgerichtet, Fertigkeiten und Grundkenntnisse verschiedener Arbeitsabläufe zu vermitteln, die Entwicklung des Sozial- und Arbeitsverhaltens zu fördern sowie Schwerpunkte der Eignung und Neigungen festzustellen. Im Aufbaukurs werden Fertigkeiten mit höherem Schwierigkeitsgrad und vertiefte Kenntnisse zu den Arbeitsabläufen vermittelt sowie Ausdauer- und Belastungsfähigkeit entwickelt.

Nach dem Berufsbildungsbereich haben die Menschen mit Behinderung die Möglichkeit, in den Arbeitsbereich zu wechseln. Die Werkstatt soll ein möglichst breites Angebot an Arbeitsplätzen vorhalten, um Art und Schwere der Behinderung, der unterschiedlichen Leistungs- und Entwicklungsfähigkeit sowie Eignung und Neigung der Menschen mit Behinderung soweit wie möglich zu berücksichtigen. Hierbei sollen die vorgehaltenen Arbeitsplätze in ihrer Ausstattung so weit wie möglich den Arbeitsplätzen auf dem allgemeinen Arbeitsmarkt entsprechen. Die Arbeitsplätze und Arbeitsabläufe sind unter Berücksichtigung der besonderen Bedürfnisse der Menschen mit Behinderung zu gestalten, um sie in die Lage zu versetzen, wirtschaftlich verwertbare Arbeitsleistung zu erbringen. Auch im Arbeitsbereich findet eine weitergehende arbeitsbegleitende Förderung zur Erhaltung und Erhöhung der im Berufsbildungsbereich erworbenen Leistungsfähigkeit und zur Weiterentwicklung der Persönlichkeit des Menschen mit Behinderung statt.

Eine wesentliche Aufgabe der Werkstatt ist die Förderung des Übergangs von Menschen mit Behinderung auf den allgemeinen Arbeitsmarkt. Geeignete Maßnahmen hierfür sind die Einrichtung einer Übergangsgruppe mit besonderen Förderangeboten, die Entwicklung individueller Förderpläne sowie die Ermöglichung von Trainingsmaßnahmen, Betriebspraktika und eine zeitweise Beschäftigung auf ausgelagerten Arbeitsplätzen. Eine Beschäftigung auf einem ausgelagerten Arbeitsplatz bedeutet, dass der Mensch mit Behinderung in einem privatwirtschaftlichen Unternehmen arbeitet aber weiterhin den

---

[2] Vgl. Bundesministerium für Arbeit und Soziales, Ratgeber für Menschen mit Behinderung, S. 14 ff.

Status eines Werkstattbeschäftigten hat. In der Übergangsphase muss die Werkstatt die notwendige arbeitsbegleitende Betreuung absichern und bereits eng mit dem zuständigen Rehabilitationsträger und dem Integrationsamt, das nach dem Ausscheiden aus der Werkstatt die Leistungen der begleitenden Hilfe im Arbeits- und Berufsleben erbringt, zusammenarbeiten.

Die Werkstatt für behinderte Menschen steht allen behinderten Menschen unabhängig von Art oder Schwere der Behinderung offen, sofern erwartet werden kann, dass sie spätestens nach Teilnahme an Maßnahmen im Berufsbildungsbereich wenigstens ein Mindestmaß wirtschaftlich verwertbarer Arbeitsleistung erbringen werden. Die in einer Werkstatt beschäftigten Menschen mit Behinderung gelten im Gegensatz zu den vom Träger der Einrichtung angestellten Bildungsbegleitern, Gruppenleitern usw. nicht als Arbeitnehmer. Sie befinden sich in einem arbeitnehmerähnlichen Rechtsverhältnis als Rehabilitanden. Die Werkstatt hat eine Beschäftigung zu einem der Leistung angemessenen Arbeitsentgelt aus den Arbeitsergebnissen anzubieten. Sie wird nach wirtschaftlichen Grundsätzen geführt und zahlt den dort im Arbeitsbereich beschäftigten Menschen mit Behinderung ein Entgelt. Die Werkstätten sind daher in ihren Produktionsbereichen nach betriebswirtschaftlichen Grundsätzen organisiert und streben wirtschaftliche Arbeitsergebnisse an. Somit muss die Werkstatt gewerbliche und private Kunden, die Auftraggeber von Dienstleistungen oder für die Herstellung von Waren sind, auch zufrieden stellen. Das ist eine wesentliche Voraussetzung, um Aufträge erfolgreich zu akquirieren und einen entsprechenden Umsatz zu gewährleisten.

Die Werkstattbeschäftigten werden unabhängig von den oft geringen Entgeltzahlungen entsprechend einem durchschnittlichen Arbeitnehmereinkommen unfall-, kranken-, pflege- und rentenversichert. Sie erwerben dadurch nach 20 Jahren Beschäftigung in einer Werkstatt einen Anspruch auf eine Rente wegen Erwerbsminderung. Die Höhe dieser Rente beträgt gemäß § 162 SGB VI 80 Prozent des Rentenniveaus eines durchschnittlichen Arbeitnehmers.

Gegenwärtig stehen die Werkstätten vor großen Herausforderungen. Die Beschäftigtenzahlen in Werkstätten für behinderte Menschen sind bundesweit in den letzten Jahren erheblich gestiegen, so dass die Frage der Finanzierbarkeit immer mehr in den Fokus der Betrachtungen getreten ist. Darüber hinaus stehen Bund und Länder vor dem Hintergrund der Konvention über die Rechte der Menschen mit Behinderung der Vereinten Nationen (UN-BRK), die die Bundesrepublik Deutschland 2009 ratifizierte, gemeinsam vor der Aufgabe, den gleichberechtigten Zugang zu Arbeit und Beschäftigung und die Öffnung des Arbeitsmarktes für alle Menschen mit Behinderung gemäß Artikel 27 der UN-BRK umzusetzen. Durch den Ausbau alternativer Beschäftigungsmöglichkeiten sollen für die Menschen mit Behinderung Wahlmöglichkeiten geschaffen und die Durchlässigkeit aus Werkstätten auf den allgemeinen Arbeitsmarkt verbessert werden.

Begleitende Hilfe im Arbeitsleben 9

Die Durchführung der Begleitenden Hilfe im Arbeitsleben ist eine der Hauptaufgaben des Integrationsamtes (§ 102 Abs.1 SGB IX). Die Begleitende Hilfe soll dahin wirken, dass die schwerbehinderten Menschen

- in ihrer sozialen Stellung nicht absinken,
- auf Arbeitsplätzen beschäftigt werden, auf denen sie ihre Fähigkeiten und Kenntnisse voll verwerten und weiterentwickeln können,
- durch Leistungen der Rehabilitationsträger und Maßnahmen der Arbeitgeber befähigt werden, sich am Arbeitsplatz und im Wettbewerb mit nicht behinderten Menschen zu behaupten.[1]

Die begleitende Hilfe im Arbeitsleben wird in enger Zusammenarbeit mit der Bundesagentur für Arbeit und den übrigen Rehabilitationsträgern durchgeführt.[2] Als Arbeitsplätze im Rahmen der begleitenden Hilfe gelten auch Stellen, auf denen Beschäftigte befristet oder als Teilzeitbeschäftigte in einem Umfang von mindestens 15 Stunden wöchentlich beschäftigt werden.[3] Die begleitende Hilfe im Arbeitsleben umfasst auch die nach den Umständen des Einzelfalls notwendige psychosoziale Betreuung schwerbehinderter Menschen. Das Integrationsamt kann bei der Durchführung der begleitenden Hilfen im Arbeitsleben Integrationsfachdienste einschließlich psychosozialer Dienste freier gemeinnütziger Einrichtungen und Organisationen beteiligen. Darüber hinaus soll das Integrationsamt außerdem darauf Einfluss nehmen, dass Schwierigkeiten im Arbeitsleben verhindert oder beseitigt werden; es führt hierzu auch Schulungs- und Bildungsmaßnahmen für

---

[1] Vgl. BIH (Hrsg.), ABC Behinderung & Beruf, Handbuch für die betriebliche Praxis, S. 16 f.

[2] Vgl. hierzu vertiefend auch DVfR Deutsche Vereinigung für Rehabilitation Diskussionsbeiträge zum Rehabilitations- und Teilhaberecht 2012.

[3] Vgl. Preis, Arbeitsrecht, § 40 IV 3.

Vertrauenspersonen, Beauftragte der Arbeitgeber, Betriebs-, Personal-, Richter-, Staatsanwalts- und Präsidialräte durch. Das Integrationsamt benennt in enger Abstimmung mit den Beteiligten des örtlichen Arbeitsmarktes Ansprechpartner, die in Handwerks- sowie in Industrie- und Handelskammern für die Arbeitgeber zur Verfügung stehen, um sie über Funktion und Aufgaben der Integrationsfachdienste aufzuklären, über Möglichkeiten der begleitenden Hilfe im Arbeitsleben zu informieren und Kontakt zum Integrationsfachdienst herzustellen.

Die begleitende Hilfe im Arbeitsleben umfasst neben finanziellen Leistungen an Arbeitgeber und behinderte Menschen sowie fachlicher Beratung auch die notwendige psychosoziale Betreuung schwerbehinderter Menschen durch Integrationsfachdienste.[4] Das Integrationsamt soll außerdem darauf Einfluss nehmen, dass Schwierigkeiten bei der Beschäftigung verhindert oder beseitigt werden. Unabhängig davon, ob Maßnahmen der medizinischen und beruflichen Rehabilitation vorausgegangen sind, umfasst die begleitende Hilfe im Arbeitsleben alle Maßnahmen und Leistungen, die erforderlich sind, um dem schwerbehinderten Menschen die Teilhabe am Arbeitsleben und damit in der Gesellschaft zu sichern und Kündigungen zu vermeiden.[5] Folgende beispielhaft aufgeführte Hilfen an die schwerbehinderten Menschen kommen in Betracht:

- Leistungen an schwerbehinderte Menschen können in persönlichen Hilfen bestehen, in Beratung und Betreuung in allen Fragen des Arbeitslebens, insbesondere bei persönlichen Schwierigkeiten, bei Arbeitsplatzproblemen, bei Umsetzungen, bei Fragen im Zusammenhang mit der Schwerbehinderung, bei Konflikten mit Kollegen, Vorgesetzten und dem Arbeitgeber, bei Gefährdung des Arbeitsplatzes bis hin zur psychosozialen Betreuung, um schwerwiegende Konflikte zu lösen.
- Finanzielle Leistungen: Technische Arbeitshilfen, Hilfen zum Erreichen des Arbeitsplatzes, Leistungen zur wirtschaftlichen Selbstständigkeit, Wohnungshilfen zur Beschaffung, Ausstattung und Erhaltung einer Wohnung, die den besonderen Bedürfnissen des schwerbehinderten Menschen entspricht, Leistungen zur Erhaltung der Arbeitskraft, Leistungen zur Teilnahme an Maßnahmen zur Erhaltung und Erweiterung beruflicher Kenntnisse und Fähigkeiten, Hilfen in besonderen Lebenslagen, unterstützte Beschäftigung sowie eine notwendige Arbeitsassistenz.[6]

---

[4] Vgl. BIH (Hrsg.), ABC Behinderung & Beruf, Handbuch für die betriebliche Praxis, S. 16 f.

[5] Vgl. BIH (Hrsg.), ABC Behinderung & Beruf, Handbuch für die betriebliche Praxis, S. 167 ff., vgl. hierzu vertiefend Domke/Nikolaus, Ist der Kündigungsschutz des AGG strenger als der des KSchG?, S. 297 f.

[6] Vgl. Bundesministerium für Arbeit und Soziales, Ratgeber für Menschen mit Behinderung, S. 59.

Aber es werden auch im Rahmen der begleitenden Hilfe Leistungen an den Arbeitgeber erbracht. Hierzu zählen beispielsweise:

- Beratung bei der Auswahl des geeigneten Arbeitsplatzes für schwerbehinderte Menschen, bei der behinderungsgerechten Gestaltung von Arbeitsplätzen, bei allen Fragen im Zusammenhang mit der Beschäftigung schwerbehinderter Menschen, Beratung zur Beseitigung von besonderen Problemen, Informationen über Lösungsmöglichkeiten.
- Finanzielle Leistungen zur Schaffung neuer und behinderungsgerechter Einrichtungen und bei der Gestaltung vorhandener Arbeitsplätze für schwerbehinderte Beschäftigte, Leistungen bei außergewöhnlichen Belastungen, die mit der Beschäftigung besonders betroffener schwerbehinderter Menschen verbunden sind (§ 27 SchwbAV).

Zuschüsse zu Gebühren bei der Berufsausbildung besonders betroffener schwerbehinderter Jugendlicher und junger Erwachsener.

Prämien und Zuschüsse zu den Kosten der Berufsausbildung behinderter Jugendlicher und junger Erwachsener, wenn diese für die Zeit der Ausbildung durch eine Stellungnahme der Agentur für Arbeit oder durch einen Bescheid über Leistungen zur Teilhabe am Arbeitsleben gleichgestellt sind.[7]

Prämien zur Einführung eines Betrieblichen Eingliederungsmanagements.

Es gibt aber auch Unterstützung des betrieblichen Integrationsteams. Die Schwerbehindertenvertretung, der Beauftragte des Arbeitgebers und der Betriebsrat bzw. Personalrat werden unterstützt durch Bildungs- und Informationsangebote, Beratung im Einzelfall, Beratung bei der Erarbeitung einer Integrationsvereinbarung, Beratung bei der Einführung eines Betrieblichen Eingliederungsmanagements und Unterstützung zur Lösung von Konflikten.

Darüber hinaus werden auch Leistungen an freie gemeinnützige Einrichtungen und Organisationen erbracht. Sie können als Träger eines Integrationsfachdienstes an der psychosozialen Betreuung schwerbehinderter Menschen beteiligt werden und dafür finanzielle Leistungen erhalten. Geregelt ist dies in § 27 SGB IX. Diese Vorschrift lautet:

---

[7] Vgl. Bundesministerium für Arbeit und Soziales, Ratgeber für Menschen mit Behinderung, S. 14.

§ 27 SchwbAV Leistungen bei außergewöhnlichen Belastungen

(1) Arbeitgeber können Zuschüsse zur Abgeltung außergewöhnlicher Belastungen erhalten, die mit der Beschäftigung eines schwerbehinderten Menschen verbunden sind, der nach Art oder Schwere seiner Behinderung im Arbeits- und Berufsleben besonders betroffen ist (§ 72 Abs. 1 Nr. 1 Buchstabe a bis d des Neunten Buches Sozialgesetzbuch) oder im Anschluss an eine Beschäftigung in einer anerkannten Werkstatt für behinderte Menschen oder in Teilzeit (§ 75 Abs. 2 des Neunten Buches Sozialgesetzbuch) beschäftigt wird, vor allem, wenn ohne diese Leistungen das Beschäftigungsverhältnis gefährdet würde. Leistungen nach Satz 1 können auch in Probebeschäftigungen und Praktika erbracht werden, die ein in einer Werkstatt für behinderte Menschen beschäftigter schwerbehinderter Mensch im Rahmen von Maßnahmen zur Förderung des Übergangs auf den allgemeinen Arbeitsmarkt (§ 5 Abs. 4 der Werkstättenverordnung) absolviert, wenn die dem Arbeitgeber entstehenden außergewöhnlichen Belastungen nicht durch die in dieser Zeit erbrachten Leistungen der Rehabilitationsträger abgedeckt werden.

(2) Außergewöhnliche Belastungen sind überdurchschnittlich hohe finanzielle Aufwendungen oder sonstige Belastungen, die einem Arbeitgeber bei der Beschäftigung eines schwerbehinderten Menschen auch nach Ausschöpfung aller Möglichkeiten entstehen und für die die Kosten zu tragen für den Arbeitgeber nach Art oder Höhe unzumutbar ist.

(3) Für die Zuschüsse zu notwendigen Kosten nach Absatz 2 gilt § 26 Abs. 2 entsprechend.

(4) Die Dauer des Zuschusses bestimmt sich nach den Umständen des Einzelfalls.

Weiterhin werden auch Leistungen an Träger von Integrationsprojekten erbracht. Die Begleitende Hilfe im Arbeitsleben beginnt bereits in der Vorphase einer Einstellung und soll die schwerbehinderten Menschen im gesamten Arbeitsleben begleiten.[8] Das Integrationsamt soll stets als Ansprechpartner für die schwerbehinderten Menschen, die Arbeitgeber und das Integrationsteam zur Verfügung stehen. Dabei sind oft schwierige behinderungsspezifische, technische, organisatorische Probleme zu lösen. Die Integrationsämter haben deshalb besondere Fachdienste eingerichtet. Die Leistungen persönlicher und finanzieller Art stellen eine individuelle, auf die besonderen Anforderungen des Arbeitsplatzes und die besonderen Bedarfe der schwerbehinderten Menschen abgestellte Förderung dar. Bei finanziellen Leistungen zur Teilhabe am Arbeitsleben kann im Einzelfall zunächst unklar sein, welcher Leistungsträger zuständig ist. Für diesen Fall regelt die Zuständigkeitsklärung (§ 14 SGB IX), wie zu verfahren ist.[9]

[8] Vgl. BIH (Hrsg.), ABC Behinderung & Beruf, Handbuch für die betriebliche Praxis, S. 16 f.

[9] Vgl. Bundesministerium für Arbeit und Soziales, Ratgeber für Menschen mit Behinderung, S. 14.

Das Integrationsamt hat die Möglichkeit, Leistungen vorläufig zu erbringen, wenn die unverzügliche Erbringung der Leistung erforderlich ist (§ 102 Abs.6). Die Vorschrift über die Erstattung selbstbeschaffter Leistungen (§ 15 SGB IX) findet auf das Integrationsamt keine Anwendung. Eine Aufstockung der Leistungen der Rehabilitationsträger durch Leistungen des Integrationsamtes im Rahmen der Begleitenden Hilfe im Arbeitsleben ist nicht zulässig (Aufstockungsverbot). Dieses Verbot ist in § 14 SGB IX normiert. Diese Vorschrift lautet:

§ 14 SGB IX Zuständigkeitsklärung SGB IX

(1) *Werden Leistungen zur Teilhabe beantragt, stellt der Rehabilitationsträger innerhalb von zwei Wochen nach Eingang des Antrages bei ihm fest, ob er nach dem für ihn geltenden Leistungsgesetz für die Leistung zuständig ist; bei den Krankenkassen umfasst die Prüfung auch die Leistungspflicht nach § 40 Abs. 4 des Fünften Buches. Stellt er bei der Prüfung fest, dass er für die Leistung nicht zuständig ist, leitet er den Antrag unverzüglich dem nach seiner Auffassung zuständigen Rehabilitationsträger zu. Muss für eine solche Feststellung die Ursache der Behinderung geklärt werden und ist diese Klärung in der Frist nach Satz 1 nicht möglich, wird der Antrag unverzüglich dem Rehabilitationsträger zugeleitet, der die Leistung ohne Rücksicht auf die Ursache erbringt. Wird der Antrag bei der Bundesagentur für Arbeit gestellt, werden bei der Prüfung nach den Sätzen 1 und 2 Feststellungen nach § 11 Abs. 2a Nr. 1 des Sechsten Buches und § 22 Abs. 2 des Dritten Buches nicht getroffen.*

(2) *Wird der Antrag nicht weitergeleitet, stellt der Rehabilitationsträger den Rehabilitationsbedarf unverzüglich fest. Muss für diese Feststellung ein Gutachten nicht eingeholt werden, entscheidet der Rehabilitationsträger innerhalb von drei Wochen nach Antragseingang. Wird der Antrag weitergeleitet, gelten die Sätze 1 und 2 für den Rehabilitationsträger, an den der Antrag weitergeleitet worden ist, entsprechend; die in Satz 2 genannte Frist beginnt mit dem Eingang bei diesem Rehabilitationsträger. Ist für die Feststellung des Rehabilitationsbedarfs ein Gutachten erforderlich, wird die Entscheidung innerhalb von zwei Wochen nach Vorliegen des Gutachtens getroffen. Kann der Rehabilitationsträger, an den der Antrag weitergeleitet worden ist, für die beantragte Leistung nicht Rehabilitationsträger nach § 6 Abs. 1 sein, klärt er unverzüglich mit dem nach seiner Auffassung zuständigen Rehabilitationsträger, von wem und in welcher Weise über den Antrag innerhalb der Fristen nach den Sätzen 2 und 4 entschieden wird und unterrichtet hierüber den Antragsteller.*

(3) *Die Absätze 1 und 2 gelten sinngemäß, wenn der Rehabilitationsträger Leistungen von Amts wegen erbringt. Dabei tritt an die Stelle des Tages der Antragstellung der Tag der Kenntnis des voraussichtlichen Rehabilitationsbedarfs.*

(4) *Wird nach Bewilligung der Leistung durch einen Rehabilitationsträger nach Absatz 1 Satz 2 bis 4 festgestellt, dass ein anderer Rehabilitationsträger für die Leistung zuständig ist, erstattet dieser dem Rehabilitationsträger, der die Leistung erbracht hat, dessen Aufwendungen nach den für diesen geltenden Rechtsvorschriften. Die Bundesagentur für Arbeit leitet für die Klärung nach Satz 1 Anträge auf Leistungen zur Teilhabe am Arbeitsleben zur Feststellung nach § 11 Abs. 2a Nr. 1 des Sechsten Buches an die Träger der Rentenversicherung nur weiter, wenn sie konkrete Anhaltspunkte dafür hat, dass der Träger der Rentenversicherung zur Leistung einer Rente unabhängig von der jeweiligen Arbeitsmarktlage verpflichtet sein könnte. Für unzuständige Rehabilitationsträger, die eine Leistung nach Absatz 2 Satz 1 und 2 erbracht haben, ist § 105 des Zehnten Buches nicht anzuwenden, es sei denn, die Rehabilitationsträger vereinbaren Abweichendes.*

(5) *Der Rehabilitationsträger stellt sicher, dass er Sachverständige beauftragen kann, bei denen Zugangs- und Kommunikationsbarrieren nicht bestehen. Ist für die Feststellung des Rehabilitationsbedarfs ein Gutachten erforderlich, beauftragt der Rehabilitationsträger unverzüglich einen geeigneten Sachverständigen. Er benennt den Leistungsberechtigten in der Regel drei möglichst wohnortnahe Sachverständige unter Berücksichtigung bestehender sozialmedizinischer Dienste. Haben sich Leistungsberechtigte für einen benannten Sachverständigen entschieden, wird dem Wunsch Rechnung getragen. Der Sachverständige nimmt eine umfassende sozialmedizinische, bei Bedarf auch psychologische Begutachtung vor und erstellt das Gutachten innerhalb von zwei Wochen nach Auftragserteilung. Die in dem Gutachten getroffenen Feststellungen zum Rehabilitationsbedarf werden den Entscheidungen der Rehabilitationsträger zugrunde gelegt. Die gesetzlichen Aufgaben der Gesundheitsämter bleiben unberührt.*

(6) *Hält der leistende Rehabilitationsträger weitere Leistungen zur Teilhabe für erforderlich und kann er für diese Leistungen nicht Rehabilitationsträger nach § 6 Abs. 1 sein, wird Absatz 1 Satz 2 entsprechend angewendet. Die Leistungsberechtigten werden hierüber unterrichtet.*

§ 15 SGB IX Erstattung selbstbeschaffter Leistungen

(1) *Kann über den Antrag auf Leistungen zur Teilhabe nicht innerhalb der in § 14 Abs. 2 genannten Fristen entschieden werden, teilt der Rehabilitationsträger dies den Leistungsberechtigten unter Darlegung der Gründe rechtzeitig mit. Erfolgt die Mitteilung nicht oder liegt ein zureichender Grund nicht vor, können Leistungsberechtigte dem Rehabilitationsträger eine angemessene Frist setzen und dabei erklären, dass sie sich nach Ablauf der Frist die erforderliche Leistung selbst beschaffen. Beschaffen sich Leistungsberechtigte nach Ablauf der Frist eine erforderliche Leistung selbst, ist der zuständige Rehabilitationsträger unter Beachtung der Grundsätze der Wirtschaftlichkeit und Sparsamkeit zur Erstattung der Aufwendungen verpflichtet. Die Erstattungspflicht besteht auch, wenn der Rehabilitationsträger eine unaufschiebbare Leistung nicht rechtzeitig erbringen kann oder er eine Leistung zu Unrecht abgelehnt hat. Die Sätze 1 bis 3 gelten nicht für die Träger der Sozialhilfe, der öffentlichen Jugendhilfe und der Kriegsopferfürsorge.*

(2) *Die Rehabilitationsträger erfassen,*

5. *in wie vielen Fällen die Fristen nach § 14 nicht eingehalten wurden,*
6. *in welchem Umfang sich die Verfahrensdauer vom Eingang der Anträge bis zur Entscheidung über die Anträge verringert hat,*
7. *in wie vielen Fällen eine Kostenerstattung nach Absatz 1 Satz 3 und 4 erfolgt ist.*

Diskriminierung von Menschen mit Behinderung 10

10.1 Allgemeines Gleichbehandlungsgesetz

Das Allgemeine Gleichbehandlungsgesetz (AGG), welches bisweilen auch als „Antidiskriminierungsgesetz" bezeichnet wird, trat am 18. August 2006 in Kraft. Sein Ziel wird in § 1 AGG deutlich zum Ausdruck gebracht. Es ist die Verhinderung oder Beseitigung von Benachteiligungen in den Bereichen Arbeit und Beruf sowie im privaten Wirtschaftsverkehr aus Gründen der Rasse, der ethnischen Herkunft, des Geschlechts, der Religion, der Weltanschauung, einer Behinderung, des Alters oder der sexuellen Identität. Ein Einsatz des AGG gegen Diskriminierung behinderter Menschen wird also explizit in § 1 des Gesetzes genannt. Arbeitgeber, die Arbeitnehmer einstellen oder beschäftigen möchten, müssen also nunmehr beachten, dass jedwede mittelbare oder unmittelbare Benachteiligung zu rechtlichen Konsequenzen führen kann[1]. Denn der Arbeitnehmer hat nunmehr bei Verstößen gegen das AGG die Möglichkeit, gegen den Arbeitgeber Ansprüche auf Unterlassung, Entschädigung und gegebenenfalls sogar Schmerzensgeld durchzusetzen.[2]

Ein Entschädigungsanspruch im Sinne des § 15 Abs. 2 AGG setzt voraus, dass der Arbeitgeber gegen das sich aus § 7 Abs. 1 AGG in Verbindung mit § 1 AGG ergebende Benachteiligungsverbot verstößt.[3] Dementsprechend ist hierfür also eine Benachteiligung aus Gründen der Rasse erforderlich oder wegen der ethnischen Herkunft, des Geschlechts, der Religion oder Weltanschauung, einer Behinderung, des Alters oder der sexuellen Identität. Im Jahre 2008 musste sich das Arbeitsgericht Köln mit der Klage eines knapp 51 Jahre alten Diplom-Betriebswirtes befassen, der sich auf eine Stellenanzeige als „Projektleiter/in

---

1 Vgl. Nollert-Borasio / Perreng, Allgemeines Gleichbehandlungsgesetz, §1 Rn. 2.

2 Vgl. Bundesministerium für Arbeit und Soziales, Ratgeber für Menschen mit Behinderung, S. 120 ff.; vgl. hierzu vertiefend auch: Nollert-Borasio / Perreng, Allgemeines Gleichbehandlungsgesetz, §1 Rn. 26.

3 Vgl. hierzu auch vertiefend Junker Grundkurs Arbeitsrecht, Rn. 157 ff.

Logistik" bewarb und nach einer Absage des Unternehmens auf eine Entschädigung von mindestens 13.500 Euro wegen Altersdiskriminierung klagte. Mit Urteil vom 08.08.2008 stellte das Arbeitsgericht Köln hierzu fest, dass ihm „nicht allein deshalb eine Entschädigung nach § 15 Abs. 2 AGG wegen angeblicher Altersdiskriminierung" zustünde, weil er nicht zum Vorstellungsgespräch eingeladen wurde, obwohl er sich für den bestgeeigneten Bewerber hielt. Denn bei einer unterbliebenen Einladung kann es sich nicht um ein Indiz im Sinne des § 22 AGG handeln, welches auf eine Benachteiligung wegen des Alters schließen ließe. Das Gericht stellte klar, dass die Entscheidung eines Arbeitgebers, welchen Bewerber er zu einem Vorstellungsgespräch einladen möchte, nicht davon abhängt, ob die in der Ausschreibung des Stelle genannten Qualifikationen vom Bewerber erbracht werden. Vielmehr kommt es auch darauf an, welche Anzahl an geeigneten Bewerbern vorhanden ist, über welche Ausbildung oder zusätzliche Qualifikationen diese verfügen und es kommt darauf an, wie der Arbeitgeber die Qualifikationen anhand der ihm vorliegenden Unterlagen einstuft.[4] Die gesamten genannten Aspekte haben für sich gesehen nichts mit den in § 1 AGG genannten Tatbestandsmerkmalen zu tun. Diese Entscheidung zeigt deutlich, dass Arbeitgeber nicht unbegründet Angst haben müssen, von abgelehnten Bewerbern grundlos nach dem AGG verklagt zu werden.[5] Doch sollte Arbeitgebern bewusst sein, dass die Gefahr besteht, einen derartigen Rechtsstreit zu verlieren, wenn nicht akribisch darauf geachtet wird, die Auswahlverfahren und die Bewerberlage genau zu dokumentieren. Denn im Falle eines Gerichtsverfahrens müssen derartige Fakten vorgelegt werden können. Die Diskriminierungsmerkmale Rasse, ethnische Herkunft, Geschlecht, Religion und Weltanschauung, Alter und Sexualität werden in der vorliegenden Darstellung aufgrund der Fokussierung dieses Buches auf die Thematik „Behinderung" ausgespart.

Der Begriff der „Behinderung" lässt sich am besten durch § 2 Abs. 1 SGB IX erklären. Danach sind Menschen behindert, wenn ihre körperliche Funktion, geistige Fähigkeit oder seelische Gesundheit mit hoher Wahrscheinlichkeit länger als sechs Monate von dem für das Lebensalter typischen Zustand abweichen und daher ihre Teilhabe am Leben in der Gesellschaft beeinträchtigt ist. Der Betroffene im Sinne des AGG muss allerdings nicht notwendigerweise auch als Schwerbehinderter nach dem SGB IX anerkannt sein. Hierin unterscheidet sich der Behindertenbegriff in AGG und SGB IX. Während das SGB IX von einem schwerbehinderten Menschen oder einer ihm gleichgestellten Person ausgeht, genügt beim AGG jedweder Grad der Behinderung.[6] Die Behinderung darf für sich allein gesehen kein Ablehnungsgrund im Rahmen von Einstellungsverfahren oder Beförderungen sein. Dabei ist zu beachten, dass eine „normale" Krankheit noch nicht ausreicht, den Grund „Behinderung" des § 1 AGG auszufüllen und damit die Schutzmechanismen des AGG auszulösen.[7]

---

4 Vgl. Domke / Nikolaus, Ist der Kündigungsschutz des AGG strenger als der des KSchG?, S. 297 f.

5 Vgl. Nollert-Borasio / Perreng, Allgemeines Gleichbehandlungsgesetz, §1 Rn. 2 ff.

6 Vgl. Nollert-Borasio / Perreng, Allgemeines Gleichbehandlungsgesetz, §1 Rn. 26.

7 Vgl. Bundesministerium für Arbeit und Soziales, Ratgeber für Menschen mit Behinderung, S. 120 ff.

Der Arbeitgeber ist verpflichtet, alles Erforderliche zu tun, um Beschäftigte vor Benachteiligungen wegen eines Diskriminierungsmerkmals zu schützen. Gemeint sind vor allen Dingen vorbeugende Maßnahmen. Besonders wichtig ist dabei die Schulung der Mitarbeiter. Wurden die Beschäftigten über die Verhinderung von Benachteiligungen im Sinne des AGG in geeigneter Weise geschult, so hat der Arbeitgeber seine allgemeinen Pflichten zum Schutz vor Benachteiligung der Arbeitnehmer erfüllt. Darüber hinaus besteht für den Arbeitgeber als so genannte Organisationspflicht nach § 13 AGG die Errichtung einer Beschwerdestelle im Betrieb. Vorgeschrieben ist nach § 61b ArbGG die Bekanntmachung des Gesetzestextes sowie nach § 12 Abs. 5 AGG auch die Bekanntmachung der Beschwerdestelle durch Aushang, Auslegen oder durch den Einsatz anderer im Betrieb üblicher Kommunikationsmittel, wie z.B. dem Intranet. Bei Benachteiligungen durch andere Beschäftigte oder durch Dritte müssen nach § 12 Abs. 3 und 4 AGG die im Einzelfall geeigneten, erforderlichen und angemessenen Maßnahmen ergriffen werden. Zu diesen Maßnahmen zählen: Abmahnung, Umsetzung, Versetzung und Kündigung.[8]

10.2 Verfahrensrechtliches zum AGG

Normalerweise müsste der Arbeitnehmer, welcher sich auf eine Benachteiligung beruft, auch den Beweis für eine Benachteiligung antreten. Doch sieht das „Allgemeine Gleichbehandlungsgesetz“ hier eine Beweislastumkehr zu Gunsten des klagenden Arbeitnehmers vor. So ist es für ihn ausreichend, dass er Indizien beweist, welche die von ihm behauptete Benachteiligung vermuten lassen. Tut er dies, so wird vermutet, dass eine Benachteiligung vorliegt und der Arbeitgeber bzw. der Unternehmer muss beweisen dass keine Diskriminierung vorliegt. Die Ansprüche des Verletzten müssen innerhalb einer Frist von zwei Monaten geltend gemacht werden. Lediglich bei einer schuldlosen Verhinderung ist ein Überschreiten dieser Frist möglich.[9]

Insbesondere nach der Einführung des AGG birgt jedwedes Einstellungsverfahren für den Arbeitgeber eine große Gefahr, nach dem AGG in Anspruch genommen zu werden. Bereits kleine Fehler im Rahmen des Einstellungsverfahrens können dazu führen, dass ein Unternehmen sich Schadensersatzansprüchen ausgesetzt sieht. So sollte bereits bei der Stellenausschreibung darauf geachtet werden, nicht gegen die Vorgaben des AGG zu verstoßen. Sollte ein Arbeitgeber im Nachhinein bemerken, dass seine Stellenausschreibung fehlerhaft ist, so ist ihm anzuraten den Bewerbern mitzuteilen, dass das Einstellungsverfahren nicht mehr fortgeführt wird. Durch diesen „Trick“ kann er sich Entschädigungsansprüchen entziehen. Denn ein Schadensersatzanspruch kann nicht durchgesetzt werden, soweit die ausgeschriebene Stelle nicht besetzt wird. Es bleibt dem Unternehmen unbenommen, dieselbe Stelle später AGG-konform erneut auszuschreiben.[10]

---

[8] Vgl. Nollert-Borasio / Perreng, Allgemeines Gleichbehandlungsgesetz, §1 Rn. 26.

[9] Vgl. Nollert-Borasio / Perreng, Allgemeines Gleichbehandlungsgesetz, §1 Rn. 26.

[10] Vgl. Bundesministerium für Arbeit und Soziales, Ratgeber für Menschen mit Behinderung, S. 120 ff., zum Schadenersatzanspruch nach AGG vertiefend Preis, Arbeitsrecht, § 20 III 4 c bb.

10.3 Antidiskriminierungsverbände und Antidiskriminierungsstelle

Der § 23 AGG regelt erstmals die besondere Stellung so genannter Antidiskriminierungsverbände. Ziel ist die Unterstützung von benachteiligten Personen durch diese Verbände. Ein Antidiskriminierungsverband im Sinne von § 23 Abs. 1 Satz 1 GG ist ein Personenzusammenschluss, welcher nicht gewerbsmäßig und nicht nur vorübergehend die Interessen von Benachteiligten wahrnimmt. Gewöhnlich werden Antidiskriminierungsverbände in der Rechtsform des eingetragenen Vereins aktiv. In arbeitsgerichtlichen Verfahren dürfen die Verbände in der ersten Instanz als Bevollmächtigte auftreten. Die Verbände dürfen Benachteiligten vor und in einem Gerichtsverfahren beratend zur Seite stehen und ihnen Hilfe bei der Vorbereitung von Klagen und Schriftsätzen leisten, ohne dass es des Auftretens als Prozessbevollmächtigte bedarf.

Zusätzlichen Schutz können Betroffene auch bei einer so genannten Antidiskriminierungsstelle erhalten. Europarechtlich ist vorgeschrieben, dass Deutschland eine Antidiskriminierungsstelle schaffen muss, welche für alle im AGG genannten Diskriminierungsmerkmale zuständig ist. Diese Stelle hat ihren Sitz beim Bundesministerium für Familie, Senioren, Frauen und Jugend. Sie ist für folgende Aufgaben zuständig: Unterstützung von Benachteiligten bei der Durchsetzung ihrer Rechte durch Information, Beratung, Vermittlung und Mediation, Durchführung wissenschaftlicher Untersuchungen, regelmäßige Vorlage von Berichten an den Bundestag, Empfehlungen zur Beseitigung und Vermeidung von Diskriminierungen sowie Öffentlichkeitsarbeit und Sensibilisierungsmaßnahmen. Die Öffentlichkeitsarbeit dient insbesondere dazu, sich als Anlaufpunkt für Betroffene bekannt zu machen. Die Antidiskriminierungsstelle arbeitet mit den Bundesländern und Nichtregierungsorganisationen sowie den örtlichen Beratungsstellen zusammen.

11 Mobbing

Viele schwerbehinderte – aber auch nicht schwerbehinderte – Arbeitnehmer sehen sich im Berufsleben Mobbing-Attacken ausgesetzt. Das Phänomen des Mobbings ist keine neue Erscheinung. Es hat jedoch in den letzten Jahren zunehmende Aufmerksamkeit erweckt, da es durch Mobbing-Attacken im Internet sowohl in der Arbeitswelt als auch bereits unter Schülern und Berufsschülern eine neue Facette hinzugewonnen hat. In der Bundesrepublik Deutschland erleben tagtäglich mehr als 1,5 Millionen Menschen Schikanen am Arbeitsplatz. Wie ausgeprägt die einzelnen Handlungen sind, lässt sich schwer nachvollziehen. Die Gesamtzahl der Betroffenen deutet jedoch darauf hin, dass Reibereien, die über die gewöhnlichen Unstimmigkeiten hinausgehen, am Arbeitsplatz allgegenwärtig sind. Für die Mobbing-Opfer bedeutet die Schikane und Diskriminierung am Arbeitsplatz häufig lang anhaltende Folgen, die sich auf materieller und auch auf immaterieller Ebene bewegen können und die im beruflichen oder privaten Leben des Mobbing-Betroffenen ihre Spuren hinterlassen können.[1]

Da der Begriff des Mobbings eine Vielzahl an Handlungsmustern umfasst, stellt sich die Frage, welche Erscheinungsformen überhaupt als Mobbing anzusehen sind. Zum Mobbing gehören beispielsweise folgende Erscheinungsformen:

- Angriffe auf die Möglichkeit sich mitzuteilen. Hierzu zählen beispielsweise die Einschränkung von Äußerungen, ständige Kritik oder Verweigerung sowie Bedrohungen.
- Eine kontinuierliche Missachtung der Betroffenen.
- Angriffe auf soziale Beziehungen oder das soziale Ansehen.
- Das Aufstellen falscher Behauptungen, Verbreitung von Gerüchten sowie eine Zurschaustellung von persönlichen Fehlern.
- Angriffe auf die Qualität der Berufs- und Lebenssituation.

---

[1] Vgl. Teuschel, Mobbing, S. 151 ff., ebenso vertiefend: Stock-Homburg, Personalmanagement, S. 610 ff.

- Verteilung von sinnlosen, unwichtigen Aufgaben.
- Angriffe auf die Gesundheit.

Die eben genannten Punkte erheben keinen Anspruch auf Vollständigkeit und decken sicherlich nicht den gesamten Umfang möglicher Mobbinghandlungen ab. Sowohl das Bundesarbeitsgericht als auch das Bundesverwaltungsgericht sehen Mobbing als gegeben an, wenn ein systematisches Anfeinden, Schikanieren oder Diskriminieren durch Vorgesetzte oder Mitarbeiter gegeben ist und eine Überforderung oder Unterforderung von Gruppen oder einzelnen Arbeitnehmern zu einer Stresssituation am Arbeitsplatz führt, welche das Mobbing begünstigt.[2] Darüber hinaus wird vom Bundesarbeitsgericht in jüngerer Zeit für die Beurteilung oftmals auch der Begriff der Belästigung im Sinne des § 3 Abs. 3 AGG herangezogen. Dieser sieht eine Belästigung dann als gegeben an, wenn unerwünschte Verhaltensweisen, die mit einem in § 1 AGG genannten Grund in Zusammenhang stehen, bezwecken oder bewirken, dass die Würde der betreffenden Person verletzt und eine von Einschüchterungen, Anfeindungen, Erniedrigungen, Entwürdigung oder Beleidigungen gekennzeichnetes Umfeld geschaffen wird.[3]

Die Folgen des Mobbings wirken sich nicht nur auf die Opfer allein aus. Vielmehr lassen sich die negativen Folgen insbesondere auch an einem schlechten Betriebsklima, einer hohen Personalfluktuation und einer gedämpften Arbeitsmoral der Belegschaft erkennen. Eine Spaltung der Belegschaft in Mobbingunterstützter und Opferhelfer ist häufig die Folge. Darüber hinaus wird die Belegschaft oftmals auch durch Mobbing indirekt eingeschüchtert. Denn auch die übrigen Arbeitnehmer könnten das nächste Mobbingopfer sein. Die Auswirkungen auf das Mobbingopfer sind nicht selten Persönlichkeits- und Gesundheitsbeeinträchtigungen. Der Gesundheitszustand entwickelt sich aufgrund einer fortschreitenden Belastung des persönlichen Wohlbefindens negativ. Diese Erscheinungsformen – bis hin zu Krankheitserscheinungen – führen nicht selten zu einem innerlichen Aufgeben des Betroffenen. Nach einem Urteil des Hessischen Landessozialgerichts vom 18.12.2012 sind die gesundheitlichen Folgen, die aus Mobbing am Arbeitsplatz entstehen, weder als Arbeitsunfall noch als Berufskrankheit anzusehen. Aus diesem Grund ist die gesetzliche Unfallversicherung auch nicht zu einer Entschädigung verpflichtet. Oftmals sehen Betroffene in der Kündigung den letzten Ausweg – auch wenn dadurch finanzielle Einbußen für sie eintreten. Die Betroffenen hoffen, ihre Situation zu verbessern, indem sie sich dem Handlungsfeld des Täters entziehen. An dieser Stelle muss der Ansatz einer Primärprävention gesehen werden, da auch die Betroffenen selbst sehr viel mehr gegen Mobbing-Angriffe tun können. Dies setzt allerdings ein umfangreiches Wissen über verfügbare Ressourcen zur Bewältigung dieser Probleme voraus. Bereits fortwährende Beschwerden und Meldungen an Vorgesetzte und dem Betriebsrat können Auswirkungen für den oder

---

[2] Vgl. Junker, Grundkurs Arbeitsrecht, Rn. 268a ff., siehe hierzu vertiefend auch: Pallasch, Arbeitsrecht, S. 175, 249.

[3] Vgl. Bundesministerium für Arbeit und Soziales, Ratgeber für Menschen mit Behinderung, S. 120 ff.; siehe vertiefend auch: Stock-Homburg, Personalmanagement, S. 610 ff.

die Mobber bedeuten. Eine Versetzung oder Entlassung sind mögliche Konsequenzen. Darüber hinaus können strafrechtliche Handlungen wie beispielsweise Nötigung im Sinne des § 240 StGB, Beleidigung im Sinne des § 185 StGB, üble Nachrede im Sinne des § 186 StGB, Verleumdung im Sinne des § 187 StGB oder sogar Körperverletzung im Sinne des § 223 ff. StGB auch von Gerichten verfolgt werden.[4]

11.1 Arbeitsrechtliche Dimensionen

Nachdem nun die Grundlagen geklärt sind, soll im Folgenden dargestellt werden, welche Möglichkeiten der Arbeitnehmer als Individuum hat, um gegen Mobbing-Handlungen vorzugehen. Zuständig für rechtliche Auseinandersetzungen in Mobbingfällen sind nach § 2 Abs. 1 Nr. 9 ArbGG in der Regel die Arbeitsgerichte; da sie nach dieser Vorschrift auch für bürgerliche Rechtsstreitigkeiten zwischen Arbeitskollegen zuständig sind. Insbesondere in Fällen, in welchen das Mobbingopfer auch im Rahmen seines Gesundheitszustandes erheblich betroffen ist, kann es angebracht sein, im Rahmen eines Eilverfahrens, nämlich im Rahmen einer einstweiligen Verfügung, Rechtsschutz zu erlangen. Die Anspruchsgrundlagen für einzelne Klagen variieren bezüglich der Konstellation der Anspruchsparteien und der Folgen, die ein Mobbingopfer von den Handlungen erlitten hat.[5]

Als Ausgangspunkt im Individualarbeitsrecht gilt die Fürsorgepflicht des Arbeitgebers. Zwischen dem Arbeitnehmer und dem Arbeitgeber besteht ein Arbeitsvertrag. Dadurch unterliegt der Arbeitgeber der Nebenpflicht, den Arbeitnehmer zu schützen. Dies betrifft unter anderem den Fall von Schikane und Diskriminierung. Der Arbeitgeber muss dabei auch das Persönlichkeitsrecht des Arbeitnehmers schützen. Verletzt der Arbeitgeber seine Fürsorgepflicht, so handelt er vertragswidrig. Im Fall der Verletzung der Fürsorgepflicht von Seiten des Arbeitgebers hat der Arbeitnehmer gegen ihn einen Anspruch auf Erfüllung der Fürsorgepflicht. Generell lässt sich also festhalten, dass der Arbeitgeber nicht nur für sich haftet, sondern auch für seine Mitarbeiter und im Falle eines Rechtsstreits gegebenenfalls zur Rechenschaft gezogen werden kann, wenn er seiner Fürsorgepflicht nicht nachkommt. Ungeachtet dessen, ob der Mobber ein Arbeitskollege oder sogar ein Vorgesetzter ist, sollte der erste Schritt zur Abwehr der Mobbinghandlungen die Beschwerde des Gemobbten sein.[6]

11.2 Beschwerde des Mobbingbetroffenen

Unter einer Beschwerde wird verstanden, dass der Gemobbte den Vorgesetzten oder den Arbeitgeber darüber unterrichtet, dass er sich entweder vom Vorgesetzten, vom Arbeitgeber oder von seinen Arbeitskollegen nicht gerecht behandelt oder auf eine andere Art

---

4 Vgl. Teuschel, Mobbing, S. 5 ff., siehe ebenso Rudow, Die gesunde Arbeit, S. 428 ff.

5 Vgl. Junker, Grundkurs Arbeitsrecht, Rn. 268a ff.

6 Siehe zu den Folgen des Mobbing vertiefend: Stock-Homburg, Personalmanagement, S. 612 ff.

beeinträchtigt fühlt. Durch eine derartige Mobbing-Beschwerde dürfen für den Gemobbten keine Nachteile entstehen. Meistens wird die Beschwerde zuerst an den Vorgesetzten gerichtet. Wenn diese erfolglos bleibt, kann sich der Betroffene an höhere Instanzen wenden – beispielsweise an den Arbeitgeber. Nachdem der Gemobbte dem Vorgesetzten die Beschwerde vorgelegt hat, wird sie zunächst von ihm geprüft.[7] Das Ergebnis muss dem Arbeitnehmer, der die Beschwerde eingereicht hat, mitgeteilt werden. Wenn der Vorgesetzte zu dem Ergebnis kommt, dass die Beschwerde berechtigt war, ist er dazu verpflichtet, gegen die Ursachen anzugehen. Es kann ein Problem für den Mobbingbetroffenen darin bestehen, zu beweisen, dass seine Beschwerde berechtigt ist. Es ist nicht immer einfach, eine bestimmte Person zu benennen. Die Angst, jemanden irrtümlich zu beschuldigen, könnte dazu führen, dass die Beschwerde nicht den Zweck erreicht, den sie erreichen sollte. Zweifelsohne hängen die Überprüfung der Beschwerde und das Resultat zu einem großen Anteil davon ab, ob und inwiefern der Arbeitgeber dem Mobbing entgegenwirken möchte. Eine weitere Möglichkeit für den Arbeitnehmer, um seine Beschwerde anzubringen – vor allem in Fällen, in welchen der Arbeitgeber selbst der Mobber ist – ist der Betriebsrat, sofern in dem Unternehmen ein Betriebsrat besteht. Dieser nimmt die Beschwerde des Arbeitnehmers entgegen und überprüft sie. Wenn er die Beschwerde für berechtigt hält, ist er bereits aus § 85 BetrVG dazu verpflichtet, den Arbeitgeber zum Beseitigen der Missstände zu bewegen.

11.3 Arbeitnehmer als Mobber

Sofern es sich bei dem Mobbenden nicht um den Arbeitgeber, sondern – was in der Praxis sehr viel häufiger vorkommt – um einen Arbeitskollegen handelt, so bieten sich für den Vorgesetzten folgende Möglichkeiten an:

Ermahnung: Eine Ermahnung an den Mobber kann dann eingesetzt werden, wenn er konkret gegen eine Pflicht aus seinem Arbeitsvertrag verstoßen hat. Die Ermahnung erfolgt entweder mündlich oder schriftlich und beinhaltet eine Rüge für den Verstoß; zumeist begleitet durch die Aufforderung an den Mobber, künftig seine Pflichten aus dem Arbeitsvertrag zu erfüllen. Von den möglichen Sanktionsmitteln, die dem Arbeitgeber im Rahmen von Mobbingfällen zur Verfügung stehen, ist die Ermahnung das mildeste Mittel.

Abmahnung: Wenn zu den eben erwähnten Bestandteilen der Ermahnung noch ein weiterer Aspekt hinzutritt, nämlich der einer Androhung von Rechtsfolgen für den Fall, dass der Mobber ein weiteres Mal gegen die Pflichten aus dem Arbeitsvertrag verstößt, wird von einer Abmahnung gesprochen. Bei Wiederholen der Mobbinghandlungen muss der Mobbende dann mit einer Kündigung durch den Arbeitgeber rechnen.

Versetzung: Der nächste Schritt nach der Ermahnung und der Abmahnung wäre die Versetzung des Mobbers. Eine Versetzung bedeutet, dass der mobbende Mitarbeiter an

7 Vgl. Rudow, Die gesunde Arbeit, S. 428 ff.

eine andere Stelle im Betrieb versetzt wird oder gegebenenfalls auch an einen anderen Standort.

Kündigung: Wenn dem Mobber eine Kündigung vom Arbeitgeber vorgelegt wird, dann bedeutet dies die Beendigung des Arbeitsverhältnisses. Zwei Arten der Kündigung können hierbei eingesetzt werden: die ordentliche und die außerordentlich Kündigung.[8] Der Unterschied zwischen beiden Varianten liegt darin, dass im Fall der ordentlichen Kündigung die Kündigungsfrist eingehalten werden muss. Diese Art der Kündigung könnte auf ein kontinuierliches Verhalten eines Mitarbeiters folgen, seine Kollegen zu schikanieren. In diesem Fall hat der Betriebsrat die Möglichkeit, Widerspruch einzulegen. Diese Möglichkeit besteht besonders dann, wenn dem Mobber ein anderer Arbeitsplatz in demselben Betrieb oder in einer anderen Niederlassung des Unternehmens zugewiesen werden kann. Von der außerordentlichen Kündigung wird in der Praxis seltener Gebrauch gemacht. Diese wird in der Regel fristlos ausgesprochen. Ein Beispiel dafür aus der Praxis liefert das Urteil des LAG Thüringen vom 15.2.2001. Einem Bereichsleiter in einer Geschäftsfiliale wurde außerordentlich gekündigt, nachdem er einen Gesellen, der ihm während der Ausbildungszeit zugeteilt war, wiederholt und heftig beleidigt sowie schikaniert hatte und ihm beispielsweise verwehrt hat, seine Pausenzeiten vollständig zu nutzen, bis es zu einem Suizidversuch des Auszubildenden kam. Bemerkenswert an diesem Urteil war insbesondere, dass das Gericht für Fälle, in welchen der Mobber zwar bemerkt, dass seine Mobbing-Übergriffe zu einer Erkrankung des Mobbingopfers geführt haben, auch eine außerordentliche Kündigung ohne vorgeschaltete Abmahnung als gerechtfertigt ansieht, wenn der Täter trotzdem mit uneingeschränkter Intensität seine Mobbingattacken fortsetzt.

11.4 Arbeitgeber als Mobber

Arbeitgeber oder Personen, welche die Funktion eines Arbeitgebers übertragen bekommen haben, müssen ebenfalls mit Konsequenzen aus Sicht des Arbeitsrechts rechnen, wenn sie selbst als Mobber auftreten oder wenn sie ihrer Fürsorgepflicht nicht nachkommen. Beispielsweise dadurch, dass sie nicht gegen Mobbing in ihrem Verantwortungsbereich vorgehen oder überhaupt keine Schutzmaßnahmen ergreifen, die den Mobbingbetroffenen unterstützen. Welche Möglichkeiten dem Gemobbten zur Verfügung stehen, sich in diesem Fall zur Wehr zu setzen, soll im Folgenden dargestellt werden.

[8] Vgl. Junker, Grundkurs Arbeitsrecht, Rn. 268a ff.

11.5 Ermahnung und Abmahnung des Arbeitgebers

Arbeitgeber können von Arbeitnehmern, die vom Mobbing betroffen sind, ebenso eine Ermahnung oder Abmahnung erhalten, wie es Arbeitnehmer vom Arbeitgeber können. Dieses ist dann in Betracht zu ziehen, wenn ein Arbeitgeber selbst der Mobber ist oder aber wenn er im Falle des Mobbings an einem seiner Arbeitnehmer nicht eingreift und damit seine Fürsorgepflicht verletzt. Fraglich ist jedoch, ob diese Methode überhaupt wirksam ist, das Verhalten des Arbeitgebers zu unterbinden oder zu verändern. Wenn der Arbeitgeber einen anderen Arbeitnehmer nicht verlieren möchte, kann es sein, dass er an der Situation wenig ändern wird. Es könnte auch der Fall vorliegen, dass der Arbeitnehmer darauf hinaus möchte, dass der Gemobbte den Betrieb verlässt. Dann wird die Gegenwehr dieser Art den Druck noch verstärken und es wird wahrscheinlich in absehbarer Zeit dazu kommen, dass der Arbeitnehmer und der Arbeitgeber getrennte Wege gehen. Einem Mobbingopfer ist jedoch aus zivilrechtlichen Gesichtspunkten anzuraten, Mobbingmaßnahmen von weisungsbefugten Vorgesetzten unbedingt beim Arbeitgeber zu melden und ein Einschreiten des Arbeitgebers zu fordern. Dies gebietet dem Mobbingopfer bereits die so genannte Schadensminderungspflicht.

11.6 Maßnahmen gegen den Arbeitgeber

Ein Arbeitgeber kann sowohl strafrechtlich als auch zivilrechtlich zur Verantwortung gezogen werden. Als strafrechtliche Möglichkeiten bietet das Strafgesetzbuch mit dem § 27 StGB die Möglichkeit, einen Arbeitgeber strafrechtlich zu belangen, sofern er dem Mobber vorsätzlich Hilfe leistet. Bei Nichteinschreiten gegen Mobbing-Aktionen kann im Extremfall gemäß § 323c StGB auch eine Strafbarkeit wegen unterlassener Hilfeleistung vorliegen. Zivilrechtlich können den Arbeitgeber sowohl vertragliche als auch deliktische Schadensersatzansprüche treffen. Sofern ein Arbeitgeber also gegen – ihm bekannte – Mobbingattacken nicht einschreitet, hat das Mobbingopfer die Möglichkeit, zivilrechtliche Schadensersatzansprüche bezüglich Schmerzensgeldes, Behandlungskosten oder wegen Verdienstausfalls gegen den Arbeitgeber geltend zu machen.

11.7 Zurückbehaltung der Arbeitsleistung

Eine weitere Möglichkeit, die dem gemobbten Arbeitnehmer zusteht, ist die Möglichkeit, seine Arbeit für eine Zeit niederzulegen. Dies bedeutet, dass er entsprechend § 273 Abs. 1 BGB dazu berechtigt ist, keine Arbeitsleistung zu erbringen und dabei trotzdem Anspruch auf Bezahlung hat. Voraussetzung hierfür ist, dass das Mobbingopfer den Arbeitgeber über die vorliegende Situation informiert hat und ihm auch eine Frist eingeräumt hat, um Maßnahmen zu ergreifen.

11.8 Strafrechtliche Aspekte

Zu den Straftatbeständen, welche oftmals in Verbindung mit Mobbing anzutreffen sind, zählen insbesondere die Beleidigung (§ 185 StGB), die üble Nachrede (§ 186 StGB), Verleumdung (§ 187 StGB), Beleidigung trotz Beweises (§ 192 StGB), Nötigung (§ 240 StGB), Diebstahl (§ 242 StGB), Körperverletzung (§ 223 StGB) sowie Sachbeschädigung (§ 303 StGB). Damit gegen den Mobber überhaupt strafrechtlich vorgegangen werden kann, ist es in der Regel erforderlich, dass der Arbeitnehmer zunächst eine Strafanzeige erstattet. Dieses kann nach § 158 Abs. 1 StPO entweder bei der Staatsanwaltschaft, der Polizei oder dem Amtsgericht erfolgen. Die genannten Behörden sind nach dieser Vorschrift verpflichtet, den Sachverhalt zu überprüfen und entsprechende Ermittlungen einzuleiten. Je nachdem um was für ein Vergehen es sich bei der Tat handelt, müssen die Ermittlungen bei Offizialdelikten von Amtswegen bzw. bei Antragsdelikten auf Antrag verfolgt werden.

11.9 Beweislast

Die Mobbing-Fälle, die bisher vor Gericht entschieden wurden, haben gezeigt, dass das Problem, dass Mobbing-Betroffene vor Gericht oft nicht gewinnen, darin liegt, dass sie nicht genügend Beweise haben. Probleme, die Handlungen zu beweisen, liegen in zwei verschiedenen Bereichen. Zum einen, wenn es darum geht, die einzelnen Handlungen nachzuweisen. Zum anderen, die durch das Mobbing eingetretenen Schäden nachzuweisen. In den meisten Fällen entsteht Mobbing erst aus der Kombination mehrerer einzelner Handlungen und in vielen Fällen wird das Mobbingopfer Schwierigkeiten damit haben, vor Gericht alle einzelnen Handlungen so darzulegen und zu beweisen, dass sie als rechtliche Anspruchsgrundlagen geltend gemacht werden können. Bei dem Nachweis von Schäden, sind materielle Schäden noch deutlich einfacher zu beweisen als Schäden, die sich auf die Persönlichkeit oder Gesundheit der Mobbing-Betroffenen beziehen. Ein Mobbingopfer muss hierbei nicht nur darstellen und beweisen, dass es gesundheitliche Schäden davongetragen hat; sondern zusätzlich noch, dass diese Schäden mit dem Mobbing zusammenhängen.[9]

11.10 Mobbing-Tagebuch

Um also im Falle eines Rechtsstreits alle erforderlichen Beweise erbringen zu können, müssen jede vorangegangene (Mobbing-)Handlung und ihre Umstände so dargelegt werden, dass Personen, die nicht daran beteiligt waren, alles nachvollziehen können und ein systematischer Zusammenhang zwischen den Umständen und den Mobbinghandlungen

---

[9] Vgl. Junker, Grundkurs Arbeitsrecht, Rn. 268a ff.

ersichtlich wird.[10] Da ein Mobbing-Betroffener nach einem längeren Zeitraum – beispielsweise nach mehreren Monaten – mit großer Wahrscheinlichkeit nicht mehr in der Lage sein wird, sich an alle Details der Mobbinghandlungen zu erinnern, die für ein Gerichtsverfahren relevant sind, empfiehlt sich eine chronologische Aufzeichnung aller vorgefallenen Situationen und Handlungen, die das Mobbingopfer als demütigend, beleidigend oder als Schikane empfunden hat. Dies bezieht sich auf alle Ereignisse, die vorgefallen sind – sowohl verbal wie auch non-verbal. Diese Art der Aufzeichnung wird auch als so genanntes „Mobbing-Tagebuch" bezeichnet. Die Dokumentation über die vorgefallenen Handlungen sollte Informationen über die Zeit und den Ort der Handlungen enthalten, sowie den Verursacher und den Anlass. Wenn es zu verbalen Beleidigungen und Attacken kam, sollte möglichst der originale Wortlaut festgehalten werden. Nicht immer sind Zeugen zugegen. Ist dies jedoch der Fall, sollte ihre Anwesenheit notiert werden. Ihre schriftliche Bestätigung der vorgefallen Handlungen liefert einen weiteren Beweis. Die Schwierigkeit hierbei könnte darin liegen, dass nicht jeder Zeuge den Mut hat, sich mit seiner Aussage gegen einen Mitarbeiter oder gegen den Vorgesetzten zu wenden, da die Angst bestehen könnte, selbst Opfer einer Mobbingattacke zu werden. Weiterhin sollte im Mobbing-Tagebuch festgehalten werden, was der Betroffene getan hat, um gegen das Mobbing anzugehen; beispielsweise eine Beschwerde beim Arbeitgeber und das Ergebnis der entsprechenden Maßnahme. Die subjektiven Gefühle der betroffenen Person können zwar festgehalten werden, eignen sich aber als Grundlage überhaupt nicht, da sie schlecht von anderen Personen nachvollzogen werden können. Deshalb spielen die objektiven Schäden eine entscheidende Rolle und sollten genau dokumentiert werden. Beeinträchtigungen bis hin zur Krankschreibung sind beispielsweise objektiv nachvollziehbar und sollten für einen eventuell folgenden Schadensersatzprozess festgehalten werden. Dabei ist, wie erwähnt, zu beachten, dass ein Zusammenhang zwischen der Krankschreibung und den Mobbinghandlungen ersichtlich sein muss. Ein weiterer Aspekt, der sehr wichtig für die vollständige Nachvollziehbarkeit der Mobbinghandlungen ist, sind die Fehltage des Mobbingopfers, wie auch des Mobbers selbst. Diese können beispielsweise durch Urlaub oder Krankheit entstehen und sind insofern entscheidend, als dass bei einer konsequenten Aufzeichnung der Tage, an denen der Mobber oder das Opfer nicht anwesend waren im Nachhinein nachvollzogen werden kann, wie gegebenenfalls Unterbrechungen oder Lücken in der Chronologie des Mobbingablaufs entstanden sind.

11.11 Beweissicherung

Ebenso wichtig wie das Mobbing-Tagebuch ist die Sicherung von Beweismitteln. Wie bereits eben schon erwähnt wurde, können Zeugen einer Mobbinghandlung eine entscheidende Rolle in einem Rechtsstreit spielen; sind jedoch nicht immer dazu bereit in den Rechtsstreit involviert zu werden. Eine weitere Art von objektiven Beweisen sind die,

[10] Vgl. Teuschel, Mobbing, S. 87.

welche augenscheinlich sind.[11] Sie sind objektiv nachvollziehbar und sollten von Mobbing-Betroffenen so festgehalten werden, dass sie gegebenenfalls verwendet werden können, wenn es zu einer Anklage kommt. Dies können jegliche Arten von Schreiben sein. Beispielsweise schriftliche Arbeitsanweisungen, die als Schikane oder demütigend angesehen werden, anonyme Schreiben oder E-Mails sowie die schriftliche Bestätigung über die Information des Arbeitgebers bezüglich der Missstände gehören dazu. Des Weiteren zählen Anrufe, die auf dem Anrufbeantworter aufgenommen wurden oder Fotos von Beschädigungen zu möglichen Indizien.

Mit den Entwicklungen der Arbeitsmarktsituation in den letzten Jahren hat auch der Begriff des Mobbings einen höheren Stellenwert erhalten. Mobbing scheint ein weit verbreitetes Phänomen zu sein, das mit einem Wort eine ganze Reihe an Handlungen beschreibt und schwer fassbar ist. Was letztendlich unter den Begriff des Mobbing fällt, ist schwer zu greifen und ist nicht unabhängig von der subjektiven Empfindung des einzelnen. Äußerungen, die für eine Person beleidigend sind, könnten für eine andere noch im Rahmen des alltäglichen Umgangstons liegen. Es gibt bisher noch keine gesonderten Regelungen für Mobbingfälle in der deutschen Rechtsprechung. Dies erschwert Mobbingopfern den Prozess insofern, als keine Anspruchsgrundlagen, die speziell für den Fall des Mobbings zugeschnitten sind, vorliegen. Dementsprechend sind auch keine speziellen Rechtsfolgen vorgesehen und besonders in Fällen, in denen es um immaterielle Schäden geht, die bei Mobbinghandlungen einen Großteil der Folgen ausmachen, stößt das Mobbingopfer auf Schwierigkeiten, die Handlungen nachzuweisen. Trotzdem ist jedem Opfer nur dazu zu raten, alle rechtlichen Möglichkeiten auszuschöpfen, um sich gegen Mobber zu wehren.[12]

---

[11] Vgl. Teuschel, Mobbing, S. 87.

[12] Vgl. Junker, Grundkurs Arbeitsrecht, Rn. 268a ff.

Arbeitsrechtliche Besonderheiten für behinderte Menschen 12

Bei den arbeitsrechtlichen Besonderheiten werden im Folgenden die Stellenausschreibung und die Bewerbungs- und Einstellungsphase im Rahmen der Personalbeschaffung näher dargestellt

Beispiel:
Der Unternehmer X hat eine Stelle in der Verwaltung seines Unternehmens zu vergeben. Auf seine Stellenanzeige haben sich etliche Interessenten beworben. X hat mehrere Stellenbewerber zu einem Vorstellungsgespräch eingeladen. Er fragt sich, ob er die Bewerber auch nach dem Vorliegen einer Schwerbehinderung fragen darf oder ob eine derartige Frage verboten ist.[1]

Einen besonderen Stellenwert im Rahmen der Einstellung schwerbehinderter Menschen nimmt die Diskussion ein, ob für den Arbeitgeber das Recht besteht, den Bewerber nach einer Schwerbehinderung zu fragen. Denn einerseits besteht für den Arbeitgeber – wegen der Beschäftigungspflicht und der von ihm zu zahlenden Ausgleichsabgabe – ein vitales Interesse daran, zu wissen, ob er einen schwerbehinderten Menschen beschäftigt; andererseits muss jedoch auch das Persönlichkeitsrecht des schwerbehinderten Menschen berücksichtigt werden. Bezüglich der Frage, ob ein schwerbehinderter Stellenbewerber von sich aus seine Schwerbehinderung ansprechen muss, besteht in Rechtsprechung und Literatur eine einhellige Auffassung.[2] Der schwerbehinderte Bewerber ist nicht verpflichtet, von sich aus seine Schwerbehinderung im Rahmen des Bewerbungsverfahrens anzusprechen, sofern ihm durch die Schwerbehinderung nicht die Erbringung der geschuldeten

---

[1] Vgl. zu den Gleichheitsrechten vertiefend Junker Grundkurs Arbeitsrecht, Rn. 153 f., vertiefend hierzu auch Junker, Grundkurs Arbeitsrecht, Rn. 268a ff., siehe hierzu auch Pallasch, Arbeitsrecht, S. 117.

[2] Vgl. Bundesministerium für Arbeit und Soziales, Ratgeber für Menschen mit Behinderung, S. 56.

Arbeitsleistung unmöglich ist.[3] Stark umstritten ist in Rechtsprechung und Literatur hingegen der Punkt, ob dem Arbeitgeber im Rahmen der Einstellung gegenüber dem Stellenbewerber ein Fragerecht besteht, ob der Bewerber schwerbehindert ist. Darf ein Arbeitgeber nämlich erlaubter Maßen nach einer Schwerbehinderung fragen, so könnte er – wenn der Bewerber ihn diesbezüglich belogen hat – den Arbeitsvertrag anfechten. War es früher noch so, dass vornehmlich die Literatur ein Fragerecht des Arbeitgebers ablehnte, wohingegen die Rechtsprechung dem Arbeitgeber ein Fragerecht bei berechtigtem Interesse insbesondere bei Bezug zum Arbeitsplatz zugestand, so ist nach Einführung des „Allgemeinen Gleichbehandlungsgesetzes" (AGG) festzustellen, dass zwar das Bundesarbeitsgericht eine Entscheidung über Zulässigkeit der Frage nach einer Schwerbehinderung ausdrücklich offen lässt[4], die Rechtsprechung der Landesarbeitsgerichte hingegen mittlerweile gewöhnlich ein Fragerecht des Arbeitgebers ablehnt – zumindest dann, wenn die Behinderung für die Ausübung der vorgesehenen Tätigkeit im Wesentlichen bedeutungslos ist.[5] Insofern kann den Arbeitgebern nur – bis eine höchstrichterliche Entscheidung hierüber vorliegt – angeraten werden, im Rahmen des Einstellungsprozesses nicht nach einer Schwerbehinderung des Bewerbers zu fragen, sofern dies für die Tätigkeit nicht von wesentlicher Bedeutung ist oder die Frage ausdrücklich dazu dient, die Beschäftigung behinderter Menschen innerhalb eines Betriebes zu fördern. Denn es kann nicht ausgeschlossen werden, dass die Frage nach einer Schwerbehinderung im Rahmen eines Einstellungsverfahrens als Indiz für eine Diskriminierung im Sinne des AGG angesehen wird. Für den oben genannten Beispielfall bedeutet dies, dass dem X anzuraten ist, nicht nach einer etwaigen Schwerbehinderung der Bewerber zu fragen.[6]

12.1 Pflichten des Arbeitgebers bei der Besetzung einer Stelle

Ein Arbeitgeber, der einen Arbeitsplatz zu vergeben hat, sollte sich im Vorfeld rechtzeitig mit der Agentur für Arbeit in Verbindung setzen. Denn nach § 81 Abs. 1 SGB IX trifft den Arbeitgeber die Pflicht, zu überprüfen, ob es ihm möglich ist, einen freien Arbeitsplatz mit einem schwerbehinderten Arbeitnehmer zu besetzen – insbesondere mit einem schwerbehinderten Arbeitnehmer zu besetzen, welcher bei der Agentur für Arbeit als arbeitssuchend bzw. als arbeitslos gemeldet ist.[7] Die Agentur für Arbeit unterbreitet dem Arbeitgeber Vorschläge für schwerbehinderte Arbeitnehmer, die sich für den Arbeitsplatz eignen. Sofort nach dem der Arbeitgeber Bewerbungen oder Vorschläge der Agentur für

[3] Vgl. statt vieler: BAG, Entscheidung vom 18.12.2000, 2 AZR 380/99, NZA 2001, S. 315.

[4] Vgl. BAG, Entscheidung vom 21.02.2013, 8 AZR 180/12, NZA 2013, 840 (844); BAG, Entscheidung vom 07.07. 2011,2 AZR 396/10.

[5] Vgl. beispielsweise: Hessisches LAG, Entscheidung vom 24.3.2010, 6/7 Sa 1373/09.

[6] Vgl. Bundesministerium für Arbeit und Soziales, Ratgeber für Menschen mit Behinderung, S. 120 ff.

[7] Vgl. Bundesministerium für Arbeit und Soziales, Ratgeber für Menschen mit Behinderung, S. 56 f.

Arbeit erhalten hat, ist es seine Pflicht, die Schwerbehindertenvertretung und – sofern ein Betriebsrat in seinem Unternehmen existiert – auch den Betriebsrat hierüber zu unterrichten und diese beiden Gremien gemäß § 81 Abs. 1 Satz 6 SGB IX im Rahmen der Prüfung der Frage, ob sich ein Arbeitsplatz für einen Schwerbehinderten eignet, auch anzuhören. Ein spezielles Erörterungsverfahren ist in § 81 Abs. 1 Satz 7 ff. SGB IX vorgesehen. Diese Regelung greift immer dann, wenn der Arbeitgeber seiner Pflicht zur Beschäftigung schwerbehinderter Arbeitnehmer nicht nachkommt und der Betriebsrat oder die Schwerbehindertenvertretung sich mit der von ihm vorgesehenen Entscheidung nicht einverstanden erklärt. In diesem Fall ist es erforderlich, dass der Arbeitgeber seine Entscheidung mit ihnen durchspricht und hierbei auch die Gründe anführt, die ihn zu dieser Entscheidung gebracht haben. Auch ist im Rahmen dieses Verfahrens der schwerbehinderte Arbeitnehmer anzuhören, der durch die Entscheidung betroffen ist. Lediglich wenn der schwerbehinderte Mensch eine Beteiligung der Schwerbehindertenvertretung im Sinne des § 81 Abs. 1 Satz 10 SGB IX ablehnt, braucht diese nicht beteiligt zu werden. Ein noch viel weiteres Spektrum an Pflichten entsteht für Arbeitgeber der öffentlichen Hand. Denn § 82 SGB IX sieht für Arbeitgeber der öffentlichen Hand explizit eine Pflichtenerweiterung dergestalt vor, dass diese verpflichtet sind, neu zu besetzende Arbeitsstellen bzw. frei werdende Arbeitsstellen frühzeitig der Agentur für Arbeit mitzuteilen. Darüber hinaus werden die gewöhnlichen Pflichten nach § 81 SGB IX durch die Regelung des § 82 Satz 2 SGB IX dadurch erweitert, dass Arbeitgeber der öffentlichen Hand verpflichtet sind, schwerbehinderte Bewerber zwingend zu einem Vorstellungsgespräch einzuladen, sofern sie sich um einen Arbeitsplatz beworben haben oder von der Agentur für Arbeit respektive von einem Integrationsfachdienst vorgeschlagen worden sind. Auf die obligatorische Einladung zum Vorstellungsgespräch kann ein öffentlich-rechtlicher Arbeitgeber lediglich dann verzichten, wenn es offensichtlich ist, dass der schwerbehinderte Bewerber die fachliche Eignung für den ausgeschriebenen Arbeitsplatz nicht besitzt.

Sofern der Arbeitgeber dann eine endgültige Entscheidung über die Stellenbesetzung in seinem Betrieb trifft, ist er auf der Grundlage des § 81 Abs. 1 Satz 9 SGB IX dazu verpflichtet, der Schwerbehindertenvertretung, dem Betriebsrat und dem betroffenen Schwerbehinderten seine Entscheidung unter Darlegung seiner Gründe rasch mitzuteilen. Sinn dieser Regelung ist es, dass der Bewerber durch die unverzügliche Mitteilung in die Lage versetzt wird, die Entscheidung des Arbeitgebers auch durch ein Gericht überprüfen zu lassen.

12.2 Freistellung von Mehrarbeit

Der § 124 SGB IX sieht vor, dass sowohl schwerbehinderte Arbeitnehmer als auch ihnen gleichgestellte behinderte Menschen auf ihr ausdrückliches Verlangen hin von Mehrarbeit freigestellt werden müssen. Die in § 124 SGB IX genannte Mehrarbeit darf allerdings nicht mit den sogenannten Überstunden verwechselt werden. Man versteht hierunter lediglich die, über die abstrakte Grenze von acht Stunden hinausgehende werktägliche Arbeitszeit.[8] Um es noch einmal deutlich hervorzuheben: der § 124 SGB IX verbietet Mehrarbeit nicht. Diese Vorschrift gibt schwerbehinderten Menschen lediglich die Möglichkeit, sich von jedweder Überschreitung der gewöhnlichen Arbeitszeit freistellen zu lassen. Hierdurch sollen zwei wesentliche Ziele erreicht werden: zum einen soll einer Überbeanspruchung des schwerbehinderten Arbeitnehmers entgegengewirkt werden und zum anderen soll durch die Freistellung erreicht werden, dass der schwerbehinderte Arbeitnehmer neben seiner beruflichen Tätigkeit auch genug Zeit für die Teilhabe am Leben in der Gemeinschaft – also auch zu täglichen Verrichtungen wie einkaufen – hat. Damit ein Arbeitnehmer mit Behinderung von seinem Recht aus § 124 SGB IX Gebrauch machen kann, ist es erforderlich, dass er von dem Arbeitgeber die Freistellung von der Mehrarbeit ausdrücklich verlangt – entweder für unbestimmte Zeit oder für eine bestimmte Zeitspanne.[9] Tut er dies nicht, kann er nach acht Stunden nicht einfach seinen Arbeitsplatz verlassen oder eine etwaige angeordnete Mehrarbeit lediglich ablehnen. Für das ausdrückliche Verlangen, von Mehrarbeit freigestellt zu werden, existieren jedoch keine Formvorschriften. Es sollte aber so frühzeitig geschehen, dass dem Arbeitgeber noch eine längerfristige Planung der Arbeit möglich ist. Eine Begründung für die Freistellung ist nicht erforderlich. Sollte über die Berechtigung zur Freistellung Uneinigkeit bestehen, ist nach § 2 Abs. 1 Nr. 3a ArbGG das Arbeitsgericht zuständig, aufgrund einer Feststellungsklage des Arbeitnehmers hierüber durch Urteil zu entscheiden.[10]

12.3 Zusatzurlaub

Der § 125 SGB IX sieht vor, dass schwerbehinderten Arbeitnehmern zum Ausgleich für ihre behinderungsbedingte Mehrbelastung bei der Arbeit im Urlaubsjahr ein zusätzlicher bezahlter Urlaub von gewöhnlich fünf Arbeitstagen gewährt wird. Anders als bei der oben dargestellten Freistellung von Mehrarbeit, auf die sich auch Personen berufen können, die einer schwerbehinderten Person gleichgestellt sind, steht das Recht auf Zusatzurlaub allein schwerbehinderten Arbeitnehmern und anderen in dieser Darstellung unten genannten Personengruppen zu – gemäß § 68 Abs. 3 SGB IX können sich jedoch schwerbehinderten gleichgestellte Personen nicht auf dieses Recht berufen. Personen, die schwerbehinderten Arbeitnehmern gleichgestellt sind, haben keinen Anspruch auf Zusatzurlaub.[11]

Der Zusatzurlaub wird aber nicht nur zu der Anzahl der Tage des gesetzlichen Mindesturlaubs addiert, sondern – je nachdem, wieviel Urlaubstage der Arbeitnehmer nach seinem Arbeitsvertrag hat – wird der Zusatzurlaub zu den vertraglich vereinbarten Urlaubstagen

---

[8] Vgl. BAG, Entscheidung vom 03.12.2002, 9 AZR 462/01, NZA 2004, 1219.

[9] Vgl. Junker, Grundkurs Arbeitsrecht, Rn. 217; BAG, Entscheidung vom 03.12.2002, 9 AZR 462/01, NZA 2004, 1219.

[10] Vgl. BIH (Hrsg.), ABC Behinderung & Beruf, Handbuch für die betriebliche Praxis, S. 15; hierzu vertiefend auch Pallasch, Arbeitsrecht, S. 164 f.

[11] Vgl. Junker, Grundkurs Arbeitsrecht, Rn. 261.

addiert. Es ist auch nicht möglich, durch eine vertragliche Absprache pauschal auf den Zusatzurlaub zu verzichten, da dieser zum gesetzlichen Mindesturlaub gehört und damit unabdingbar ist.[12] Sofern die regelmäßige Arbeitszeit des schwerbehinderten Arbeitnehmers mehr oder weniger als fünf Arbeitstage in der Kalenderwoche beträgt, verlängert oder verkürzt sich der Zusatzurlaub entsprechend der Anzahl an Arbeitstagen, an welchen der Arbeitnehmer gewöhnlich in der Kalenderwoche arbeitet. Dies ist in den Fällen, in welchen der schwerbehinderte Arbeitnehmer eine Arbeitswoche mit immer gleich vielen Arbeitstagen hat, leicht zu berechnen. Der Gesetzgeber ist von einer 5-Tage-Woche ausgegangen. Hat der schwerbehinderte Mensch also nur eine 4-Tage-Woche, so hat er auch nur vier Tage Zusatzurlaub; bei beispielsweise einer 6-Tage-Woche hätte er also sechs Tage Zusatzurlaub im Jahr. Etwas komplizierter wird es dann schon, wenn der schwerbehinderte Arbeitnehmer keine feste Wochenarbeitszeit hat.

Beispiel:

Der schwerbehinderte Arbeitnehmer X hat keine feste Wochenarbeitszeit. Er hat im Kalenderjahr 117 Tage zu arbeiten. Er fragt sich, wie viele Tage Zusatzurlaub ihm zustehen.

Wenn der schwerbehinderte Arbeitnehmer keine feste Wochenarbeitszeit hat, so muss die Anzahl seiner Arbeitstage erst ermittelt werden. Im Rahmen dieser Ermittlung sind die Feier-, Urlaubs- und Krankheitstage miteinzurechnen – sie dürfen also nicht abgezogen werden. Dann erfolgt eine Relation zu den vom Gesetzgeber vorgesehenen 52 Wochen zu fünf Arbeitstagen. Es wird also folgendermaßen gerechnet: Der Zusatzurlaub = die Anzahl der ermittelten Arbeitstage: 260 x 5. Wenn im zuvor genannten Beispielfall der schwerbehinderte Arbeitnehmer X also im Kalenderjahr 117 Tage zu arbeiten hatte, so berechnet sich sein Zusatzurlaub folgendermaßen: 117 Tage : 260 x 5 = 2,25 Tage Zusatzurlaub. Da das SGB IX keine Aussagen darüber trifft, wie mit ungeraden Ergebnissen zu verfahren ist, ist es für den Arbeitgeber nicht zulässig, den errechneten Wert zum Nachteil des Arbeitnehmers abzurunden. Die Rechtsprechung des Bundesarbeitsgerichts[13] stellt allerdings klar, dass ein Arbeitnehmer auch keinen Anspruch darauf hat, dass der ermittelte Wert zu seinen Gunsten aufgerundet wird. Da bei § 125 SGB IX ein vollständiger Urlaub errechnet wird, ist die in § 5 Abs. 2 BUrlG normierte Regelung zur Aufrundung nicht anwendbar, da diese Vorschrift lediglich für Ansprüche auf Teilurlaub gilt.

Da die Regelung des § 125 SGB IX keine Einzelheiten über das Urlaubsjahr, Abgeltung des Urlaubs, eine etwaige Wartezeit oder die Übertragbarkeit des Urlaubs enthält, muss insoweit auf die Regelungen des Bundesurlaubsgesetzes bzw. auf den Tarifvertrag des öffentlichen Dienstes zurückgegriffen werden. Insofern verfällt der Zusatzurlaub – ebenso wie es beim Erholungsurlaub der Fall ist – sofern er nicht im Urlaubsjahr oder innerhalb des Übertragungszeitraums bis zum 31.03. des Folgejahres in Anspruch genommen

---

[12] Vgl. BAG, Entscheidung vom 25.06.1996, 9 AZR 182/95, NZA 1996, 1153.

[13] Vgl. BAG, Urteil vom 18.02.1997, 9 AZR 738/95, NZA 1997, 1123.

worden ist. Sollte der schwerbehinderte Arbeitnehmer allerdings seinen Zusatzurlaub lediglich wegen einer Krankheit nicht in Anspruch nehmen können, so sind hier unbedingt die neuere Rechtsprechung des Europäischen Gerichtshofs und auch die Rechtsprechung des Bundesarbeitsgerichts zu beachten. Nach dieser Rechtsprechung verfällt der Zusatzurlaub nicht, sofern er bis zum Ende des Jahres bzw. bis zum Ende des Übertragungszeitraums lediglich wegen der Erkrankung des Arbeitnehmers nicht in Anspruch genommen werden konnte.[14]

Das Gesetz sieht vor, dass über den Personenkreis der schwerbehinderten Menschen hinaus auch so genannte Ein-Euro-Jobber im Sinne des § 16 Abs. 3 Satz 2 SGB II, behinderte Menschen in anerkannten Werkstätten sowie Teilnehmer an Maßnahmen und Einrichtungen zur beruflichen Rehabilitation im Sinne des § 36 SGB IX sowie Helferinnen und Helfer im freiwilligen sozialen Jahr in den Genuss des Anspruchs nach § 125 SGB IX kommen können. Um den Zusatzurlaub in Anspruch nehmen zu können, muss der schwerbehinderte Arbeitnehmer ihn – ebenso wie seinen Erholungsurlaub – beim Arbeitgeber beantragen. Dieser Antrag muss rechtzeitig während des laufenden Urlaubsjahres beim Arbeitgeber gestellt werden. Sofern es sich um die erstmalige Beantragung handelt, sollte der schwerbehinderte Arbeitnehmer dem Arbeitgeber gegenüber deutlich zum Ausdruck bringen, dass er den Zusatzurlaub für ein bestimmtes Urlaubsjahr haben möchte. Dieses sollte mit der Bitte verbunden werden, dass der Arbeitgeber eine zeitliche Festlegung bezüglich des Urlaubs trifft. Sofern der schwerbehinderte Arbeitnehmer seinen Zusatzurlaub im laufenden Urlaubsjahr nicht rechtzeitig geltend macht, verfällt der Anspruch auf Zusatzurlaub.[15] Lediglich wenn ein Übertragungsgrund im Sinne des § 7 Abs. 3 des Bundesurlaubsgesetzes vorliegt, kann während der Übertragungsfrist der Zusatzurlaub im folgenden Urlaubsjahr geltend gemacht – also bis zum 31.03. des folgenden Jahres – übertragen werden. Als Übertragungsgrund nennt diese Vorschrift dringende betriebliche oder in der Person des Arbeitnehmers liegende Gründe.

Sofern die Schwerbehinderteneigenschaft während des Kalenderjahres erst eintritt oder während des Kalenderjahres wegfällt, so steht dem schwerbehinderten Arbeitnehmer der Zusatzurlaub nach § 125 Abs. 2 SGB IX lediglich anteilig zu. Sollte die Schwerbehinderteneigenschaft erst rückwirkend festgestellt werden, so kann der schwerbehinderte Arbeitnehmer den Zusatzurlaub aus den vergangenen Jahren nicht einfordern, denn der Urlaub muss gemäß § 125 Abs. 3 SGB IX grundsätzlich im laufenden Kalenderjahr genommen werden.

[14] Vgl. EuGH, Entscheidung vom 13.06.2013, C 415/12 (Brandes), NZA 2013, 775; BAG, Entscheidung vom 23.03.2010, 9 AZR 128/09.

[15] Vgl. BAG, Urteil vom 21.02.1995. 9 AZR 675/93, NZA 1995, 746.

12.4 Verkürzung der Arbeitszeit

Anders als nichtbehinderte Arbeitnehmer, die einen Anspruch auf Verkürzung der Arbeitszeit lediglich aus § 8 Abs. 1 des Teilzeit- und Befristungsgesetzes (TzBfG) herleiten können, besteht für schwerbehinderte Arbeitnehmer die Möglichkeit, eine Verkürzung ihrer Arbeitszeit zu verlangen, wenn die kürzere Arbeitszeit wegen Art und Schwere der Behinderung notwendig ist. Dieser Anspruch ist in § 81 Abs. 5 Satz 3 SGB IX geregelt. Schwerbehinderte Arbeitnehmer sind nicht auf die Regelungen des Teilzeit- und Befristungsgesetzes angewiesen, sondern haben mit § 81 Abs. 5 Satz 3 SGB IX eine eigene Regelung, weil die Regelungen des Teilzeit- und Befristungsgesetzes nicht für alle Arbeitnehmer nutzbar sind.[16] Die Wartezeit des § 8 Abs. 1 TzBfG ist nämlich erst erfüllt, wenn das Arbeitsverhältnis des Arbeitnehmers rechtlich ununterbrochen sechs Monate bestanden hat. Vor Ablauf dieses Zeitraums kann ein Anspruch auf Verringerung der Arbeitszeit nicht verlangt werden. Der § 8 Abs. 7 TzBfG verweigert Arbeitnehmern, die in kleinen Unternehmen arbeiten, welche nicht mehr als 15 Arbeitnehmer beschäftigen, einen gesetzlichen Anspruch auf Teilzeitarbeit.[17] Die Spezialregelung des § 81 Abs. 5 Satz 3 SGB IX macht schwerbehinderte Arbeitnehmer von diesen nur für das TzBfG geltenden einschränkenden Voraussetzungen unabhängig. Schwerbehinderte Arbeitnehmer können deshalb bereits vom ersten Tag ihrer Berufstätigkeit und unabhängig von der Anzahl der im Betrieb arbeitenden Personen eine Herabsetzung ihrer Arbeitszeit fordern, sofern die kürzere Arbeitszeit wegen Art und Schwere der Behinderung notwendig ist. Aber auch hier bestehen Einschränkungen. So kann ein schwerbehinderter Arbeitnehmer seinen Anspruch auf Verkürzung der Arbeitszeit nicht durchsetzen, sofern dies für den Arbeitgeber nach § 81 Abs. 4 Satz 3 i.V.m. § 81 Abs. 5 Satz 3 SGB IX nicht zumutbar ist oder nur mit unverhältnismäßigen Aufwendungen verbunden wäre. Von unverhältnismäßigen Aufwendungen kann beispielsweise immer dann ausgegangen werden, wenn die Kosten, die der Arbeitgeber aufwenden müsste, um einen Teilzeitarbeitsplatz einrichten zu können, zu den positiven Auswirkungen für den Menschen mit Behinderung in keinem vernünftigen Verhältnis stünden.[18] Eine Verkürzung der Arbeitszeit des schwerbehinderten Arbeitnehmers wäre für den Arbeitgeber beispielsweise dann unzumutbar, wenn durch die Verkürzung der Arbeitszeit andere Arbeitnehmer unzumutbar schwer belastet würden oder die Tätigkeit des schwerbehinderten Arbeitnehmers per se nicht als Teilzeittätigkeit ausgeübt werden könnte. Sofern die Verkürzung der Arbeitszeit für den Arbeitgeber als unzumutbar angesehen wird, hat der schwerbehinderte Arbeitnehmer die Möglichkeit, sich dafür zu entscheiden, mit ungekürzter Arbeitszeit weiterzuarbeiten. Hat er sich hierfür entschieden, so kann er gewöhnlich vom Arbeitgeber nicht aufgrund seiner gesundheitlichen Beeinträchtigung entlassen werden. Dies ist – wenn überhaupt – nur dann möglich, wenn seine Leistungsfähigkeit extrem vermindert ist. Denn nach Auffassung des Bundesarbeitsgerichts ist der Arbeitgeber

---

16 Vgl. Preis, Arbeitsrecht, § 40 IV 3.

17 Vgl. Junker, Grundkurs Arbeitsrecht, Rn. 119g.

18 Vgl. Pallasch, Arbeitsrecht, S. 92.

nicht berechtigt, einen schwerbehinderten Arbeitnehmer „aus Fürsorge" zu kündigen.[19] Ist hingegen der schwerbehinderte Arbeitnehmer nicht bereit, in Vollbeschäftigung weiterzuarbeiten, obwohl es dem Arbeitgeber nicht zugemutet werden kann, die Arbeitszeit zu reduzieren, so besteht für den Arbeitgeber das Recht, den schwerbehinderten Arbeitnehmer – natürlich erst nach Einholung der Zustimmung des Integrationsamts – personenbedingt zu kündigen.

Der Anspruch auf Verkürzung der Arbeitszeit bedarf nicht der vorherigen Zustimmung des Arbeitgebers. Der Anspruch besteht vielmehr unmittelbar, wenn die gesetzlich vorgesehenen Voraussetzungen vorliegen. Ist dies der Fall, kann der schwerbehinderte Arbeitnehmer – ohne, dass er eine etwaige Frist einhalten muss – jederzeit formlos eine Verkürzung der Arbeitszeit verlangen. Allerdings ist er, sofern der Arbeitgeber hierauf besteht, verpflichtet, durch ein ärztliches Zeugnis nachzuweisen, dass seine Behinderung eine Verkürzung der Arbeitszeit erfordert. Es versteht sich von selbst, dass – sofern die Arbeitszeit des schwerbehinderten Arbeitnehmers tatsächlich verkürzt wird – dieser nur noch einen Anspruch auf ein entsprechend vermindertes Entgelt hat.[20]

---

[19] Vgl. BAG, Urteil vom 17.02.1998, 9 AZR 130/97, AP § 618 BGB Nr. 27.

[20] Vgl. BAG, Urteil vom 14.10.2003, 9 AZR 100/03, NZA 2004, 614.

13 Betriebliches Eingliederungsmanagement

Bevor dem Arbeitnehmer durch den Arbeitgeber wegen Krankheit oder körperlichen Gebrechen gekündigt werden kann, muss der Arbeitgeber zuvor überlegen, ob ein betriebliches Eingliederungsmanagement durchgeführt worden ist. Dieses ist für alle Arbeitnehmer – unabhängig vom Vorliegen einer Behinderung – durchzuführen. Diese Maßnahme hat Präventionscharakter. Gemeinsam mit dem Arbeitgeber werden mögliche Maßnahmen identifiziert, um die Arbeitsfähigkeit von erkrankten Mitarbeitern wieder herzustellen bzw. die Arbeitsfähigkeit aufrechtzuerhalten. Das betriebliche Eingliederungsmanagement ist seit Mai 2004 gesetzlich geregelt. § 84 Abs. 2 S. 1 SGB IX lautet:

> *„Sind Beschäftigte innerhalb eines Jahres länger als sechs Wochen ununterbrochen oder wiederholt arbeitsunfähig, klärt der Arbeitgeber mit der zuständigen Interessenvertretung im Sinne des § 93, bei schwerbehinderten Menschen außerdem mit der Schwerbehindertenvertretung, mit Zustimmung und Beteiligung der betroffenen Person die Möglichkeiten, wie die Arbeitsunfähigkeit möglichst überwunden werden und mit welchen Leistungen oder Hilfen erneuter Arbeitsunfähigkeit vorgebeugt und der Arbeitsplatz erhalten werden kann (betriebliches Eingliederungsmanagement).“*

Ziel der Vorschrift ist es, Arbeitsunfähigkeit zu überwinden, erneuter Arbeitsunfähigkeit vorzubeugen und den Arbeitsplatz zu erhalten. In den letzten Jahren haben sowohl die Arbeits- als auch die Verwaltungsgerichte eine Reihe von Entscheidungen zum betrieblichen Eingliederungsmanagement (BEM) getroffen. Nachfolgend wird zuerst die arbeitsgerichtliche und im Anschluss die verwaltungsgerichtliche Rechtsprechung dargestellt.[1] Da das Integrationsamt bei einer personenbedingten bzw. krankheitsbedingten Kündigung

[1] Vgl. Rudow, Die gesunde Arbeit, S. 434 ff.

gemäß § 85 SGB IX – wie bereits ausgeführt – dieselbe Prüfung wie die Arbeitsgerichte vornimmt, sind für seine Entscheidung beide Gerichtszweige relevant.[2]

13.1 Arbeitsgerichtliche Rechtsprechung zum betrieblichen Eingliederungsmanagement

Nach der arbeitsgerichtlichen Rechtsprechung handelt es sich beim betrieblichen Eingliederungsmanagement (BEM) um eine Rechtspflicht des Arbeitgebers. Kündigt der Arbeitgeber einem Arbeitnehmer aus krankheitsbedingten Gründen, ohne zuvor das BEM durchgeführt zu haben, führt dies nicht ohne weiteres zur Unwirksamkeit der Kündigung. Die Durchführung eines BEM ist keine formelle Wirksamkeitsvoraussetzung für eine personenbedingte Kündigung aus krankheitsbedingten Gründen. Die gesetzliche Regelung ist aber auch nicht nur ein bloßer Programmsatz, sondern Ausprägung des – das Kündigungsrecht beherrschenden – Verhältnismäßigkeitsgrundsatzes.[3] Führt der Arbeitgeber kein BEM durch, kann dies Folgen für die Darlegungs- und Beweislast im Rahmen der Prüfung der betrieblichen Auswirkungen von erheblichen Fehlzeiten haben. Der Arbeitgeber kann sich dann nicht pauschal darauf berufen, ihm seien keine alternativen, der Erkrankung angemessenen Einsatzmöglichkeiten bekannt.[4]

Ein Verstoß des Arbeitgebers gegen seine Verpflichtung zur Durchführung eines BEM kann nicht folgenlos bleiben. Die öffentlich-rechtliche Präventionspflicht des Arbeitgebers löst insofern zugleich arbeitsvertragliche Pflichten aus. Vor einer krankheitsbedingten Kündigung muss der Arbeitgeber daher zunächst alle ihm zumutbaren Möglichkeiten ausschöpfen, den Arbeitsplatz behinderungs- bzw. leidensgerecht auszugestalten oder die betroffene Person auf einem anderen Arbeitsplatz ggf. auch zu geänderten Arbeitsbedingungen weiter zu beschäftigen.[5] Das BEM gibt ihm das Verfahren, um die Möglichkeiten und Hilfen für eine Weiterbeschäftigung der gesundheitsgefährdeten betroffenen Person zu klären.[6]

Das Fehlen eines BEM nach § 84 Abs. 2 SGB IX führt dann nicht zur Unwirksamkeit der krankheitsbedingten Kündigung, wenn feststeht, dass die Wiederherstellung der Arbeitsfähigkeit eines Arbeitnehmers ungewiss ist und eine Versetzungsmöglichkeit auf einen anderen leidensgerechten Arbeitsplatz nicht besteht.[7] Sofern der Arbeitgeber kein BEM anbietet, kann sich dies auf die Darlegungs- und Beweislast auswirken.[8] Der Arbeit-

---

[2] Vgl. weiterführend auch Ulich/Wülser, Gesundheitsmanagement in Unternehmen, S. 301.

[3] Vgl. Kohte/Faber/Feldhoff (Hrsg.), Gesamtes Arbeitsschutzrecht, § 84 SGB IX Rn. 7 f.

[4] Vgl. BAG, Urteil vom 10.12.2009 – 2 AZR 400/08; BAG, Urteil vom 12.7.2007 – 2 AZR 716/06.

[5] Vgl. Rudow, Die gesunde Arbeit, S. 434 ff.

[6] Vgl. LAG Hamm, Urteil vom 24.1.2007 – 2 Sa 991/06.

[7] Vgl. LAG Hamm, Urteil vom 29.3. 2006 – 18 Sa 2104/05; BAG, Urteil vom 10.12.2009 – 2 AZR 400/08.

[8] Zu der Begrifflichkeit der Arbeitsfähigkeit siehe weiterführend Rudow, Die gesunde Arbeit, S. 24 ff.

geber kann sich dann nicht pauschal darauf berufen, ihm seien keine alternativen, der Erkrankung angemessenen Einsatzmöglichkeiten bekannt.[9] Der Arbeitgeber hat vielmehr von sich aus denkbare oder vom Arbeitnehmer (außergerichtlich) bereits genannte Alternativen zu würdigen und im Einzelnen darzulegen, aus welchen Gründen sowohl eine Anpassung des bisherigen Arbeitsplatzes an dem Arbeitnehmer zuträgliche Arbeitsbedingungen als auch die Beschäftigung auf einem anderen – leidensgerechten – Arbeitsplatz ausscheiden. Erst dann ist es Sache des Arbeitnehmers, sich hierauf substantiiert einzulassen und darzulegen, wie er sich selbst eine leidensgerechte Beschäftigung vorstellt.[10]

Hat das BEM zu einem positiven Ergebnis geführt, ist der Arbeitgeber grundsätzlich verpflichtet, vor Ausspruch einer krankheitsbedingten Kündigung die empfohlene Maßnahme – soweit diese in seiner alleinigen Macht steht – als milderes Mittel umzusetzen. Kündigt er, ohne sie umgesetzt zu haben, muss er im Einzelnen und konkret darlegen, warum die Maßnahme entweder trotz Empfehlung undurchführbar war oder selbst bei einer Umsetzung diese keinesfalls zu einer Vermeidung oder Reduzierung von Arbeitsunfähigkeitszeiten geführt hätte. Dem wird der Arbeitnehmer regelmäßig mit einem einfachen Bestreiten entgegentreten können. Setzt die betroffene Person die im Rahmen des BEM gefundene Maßnahme nicht um, muss der Arbeitgeber sie darauf hinweisen, dass sie im Weigerungsfall mit einer Kündigung rechnen muss. Lehnt die betroffene Person die Maßnahme dennoch ab oder bleibt sie trotz Aufforderung untätig, braucht der Arbeitgeber die Maßnahme vor Ausspruch einer krankheitsbedingten Kündigung nicht mehr als milderes Mittel zu berücksichtigen.[11]

Führt das BEM zu dem Ergebnis, dass es keine Möglichkeit gibt, die Arbeitsunfähigkeit zu überwinden oder künftig zu vermeiden, ist dies ebenfalls bei einer eventuellen krankheitsbedingten Kündigung zu berücksichtigen. Der Arbeitgeber genügt seiner arbeitsgerichtlichen Darlegungslast, wenn er auf diesen Umstand hinweist und behauptet, es bestünden keine anderen Beschäftigungsmöglichkeiten. Der nunmehr darlegungspflichtige Arbeitnehmer genügt seiner Darlegungslast grundsätzlich nicht dadurch, dass er auf alternative Beschäftigungsmöglichkeiten verweist, die während des BEM behandelt und verworfen worden sind. Auch der Verweis auf im BEM nicht behandelte Alternativen wird grundsätzlich ausgeschlossen sein. Der Arbeitnehmer muss diese bereits in das BEM einbringen. Er kann allenfalls auf Möglichkeiten verweisen, die sich erst nach Abschluss des BEM bis zum Zeitpunkt der Kündigung ergeben haben.[12] Ebenso verhält es sich, wenn das im BEM gefundene Ergebnis fehlschlägt. Der Arbeitgeber muss jedoch dafür sorgen, dass der Arbeitnehmer die realistische Möglichkeit zur Umsetzung erhält und darf zum Beispiel bei einer stufenweisen Wiedereingliederung (§ 28 SGB IX) nicht einen ungeeigneten

---

[9] Vgl. BAG, Urteil vom 12.7.2007 – 2 AZR 716/06.

[10] Vgl. BAG, Urteil vom 10.12.2009 – 2 AZR 400/08 und Urteil vom 10.12.2009 – 2 AZR 198/09; außerdem LAG Niedersachsen, Urteil vom 2.2.2009 – 6 Sa 62/09, LAG Rheinland-Pfalz, Urteil vom 24.4.2009 – 9 Sa 683/08 und LAG Mecklenburg-Vorpommern, Urteil vom 13.5.2009 – 2 Sa 15/09; weiterführend auch: Ulich / Wülser, Gesundheitsmanagement in Unternehmen, S. 301.

[11] Vgl. BAG, Urteil vom 10.12.2009 – 2 AZR 400/08.

[12] Vgl. BAG, Urteil vom 10.12.2009 – 2 AZR 400/08.

Arbeitsplatz zur Verfügung stellen oder bereits nach wenigen Tagen eine volle Arbeitsleistung verlangen.[13]

13.2 Prüfung des durchzuführenden BEM-Verfahrens durch das Integrationsamt

Bei einem Antrag des Arbeitgebers auf Zustimmung zur Kündigung (§ 87 Abs. 1 Satz 1 SGB IX) durch das Integrationsamt ist stets darauf zu achten, ob zuvor eine Prävention (§ 84 Abs. 1 SGB IX) oder ein BEM (§ 84 Abs. 2 SGB IX) stattgefunden hat. Ein Präventionsverfahren ist durch den Arbeitgeber bei eintretenden Schwierigkeiten, die auf personenbedingten, verhaltensbedingten oder betriebsbedingten Gründen beruhen können, durchzuführen. Ein BEM knüpft hingegen allein an Zeiten der Arbeitsunfähigkeit und damit an einen personenbedingten Grund an.

Für das Verhältnis zwischen § 84 Abs. 1 und Abs. 2 SGB IX ist davon auszugehen, dass das BEM nach dem Grundsatz der Spezialität dem Präventionsverfahren dann vorgeht, wenn es um die mehr als sechswöchige krankheitsbedingte Arbeitsunfähigkeit eines schwerbehinderten bzw. gleichgestellten Beschäftigten geht. Die krankheitsbedingte Arbeitsunfähigkeit stellt einen Sonderfall der personenbedingten Schwierigkeiten im Sinne des Absatzes 1 dar.[14] Für die Prüfung des Antrages bedeutet dies Folgendes:

Wurde ein BEM durchgeführt, ist das Ergebnis im Verfahren zu berücksichtigen. Hat zuvor außerdem eine Prävention nach § 84 Abs. 1 SGB IX stattgefunden, ist auch dies zu berücksichtigen. Ist hingegen zuvor keine Prävention erfolgt, ist dies nicht zum Nachteil des Arbeitgebers zu werten; vielmehr ist allein auf das BEM abzustellen. Bei der Berücksichtigung des Ergebnisses des BEM ist darauf zu achten, dass nach der dargestellten Rechtsprechung des BAG der Arbeitnehmer alternative Beschäftigungsmöglichkeiten bereits im BEM vorzubringen hat und später mit entsprechenden Einwänden ausgeschlossen ist. Dies gilt für das Zustimmungsverfahren beim Integrationsamt grundsätzlich ebenfalls. Jedoch ist darauf zu achten, dass es stets möglich ist, nach Abschluss des BEM-Verfahrens sich ergebende andere Beschäftigungsmöglichkeiten vorzubringen und zu berücksichtigen.

Wurde kein BEM durchgeführt, kann das Integrationsamt bei einem Antrag auf Zustimmung zur ordentlichen Kündigung das Verfahren aussetzen, um dem Arbeitgeber die Gelegenheit zu geben, ein BEM-Verfahren nachzuholen, oder er kann das BEM-Verfahren während des laufenden Kündigungsschutzverfahrens durchführen. Beide Verfahrensweisen stimmen streng genommen nicht mit dem Wortlaut des § 84 Abs. 2 SGB IX überein, da im ersten Fall das BEM nachgeholt wird, obwohl der Arbeitgeber schon die Kündigung beantragt hat, und im zweiten Fall hinzukommt, dass die im Rahmen des BEM durchzuführenden Ermittlungen nicht durch den Arbeitgeber sondern durch das Integrationsamt erfolgen. Jedoch unterscheidet sich die Situation beim Antragsverfahren nach

[13] Vgl. Rudow, Die gesunde Arbeit, S. 434 ff.

[14] Vgl. Trenk-Hinterberger in HK-SGB IX, § 84 Rz. 27.

§ 85 SGB IX grundlegend von dem arbeitsgerichtlichen Kündigungsschutzprozess, weil in diesem die Kündigung des Arbeitsverhältnisses bereits erfolgt ist, während sie im Verfahren vor dem Integrationsamt noch vermieden werden kann, so dass das BEM zumindest im Vorfeld einer – gegebenenfalls nach erteilter Zustimmung ausgesprochenen Kündigung – noch erfolgen bzw. nachgeholt werden kann.

Handelt es sich jedoch um einen Antrag auf Zustimmung zur außerordentlichen Kündigung (mit sozialer Auslauffrist), so wird in den meisten Fällen die Zustimmung zu versagen sein, da ein Nachholen des BEM in der Zweiwochenfrist des § 91 Abs. 3 SGB IX in aller Regel nicht möglich ist. Eine denkbare Ausnahme hiervon stellt lediglich der Fall dar, dass innerhalb der Zweiwochenfrist das Integrationsamt im Rahmen seiner Amtsermittlungspflicht zu der Überzeugung gelangt, dass ein BEM nicht in der Lage gewesen wäre, ein positives Ergebnis zu erbringen.

Sowohl zu dem zuvor Gesagten als auch im Rahmen der sich anschließenden Erörterung zur Minderleistung sollte stets daran gedacht werden, die Unterstützungs- und Hilfsmöglichkeiten des Integrationsfachdienstes in Erwägung zu ziehen und in das Verfahren einzubinden.[15] Vielfach lässt sich auf diesem Wege das Arbeitsverhältnis stabilisieren und die Kündigung im Ergebnis abwenden.

Eine Minderleistung kann sowohl personenbedingt als auch verhaltensbedingt sein. Im ersten Fall will der Arbeitnehmer die geschuldete Arbeitsleistung erbringen, kann es aber krankheits- bzw. behinderungsbedingt nicht bzw. nicht im vollen Umfang. Im zweiten Fall könnte er seine Arbeitsleistung erbringen, will es aber nicht. Die Rechtsprechung hat zur Minderleistung unter anderem folgendes ausgeführt: Kann ein Arbeitnehmer aus gesundheitlichen Gründen einen Teil der vertraglich geschuldeten Arbeit nicht mehr leisten, so ist eine darauf gestützte Kündigung des Arbeitgebers im Allgemeinen nur dann sozial gerechtfertigt, wenn eine anderweitige Beschäftigung nicht möglich oder zumutbar ist. Dies darzulegen, obliegt zunächst dem Arbeitgeber. Behauptet dieser pauschal, keine anderweitige Beschäftigungsmöglichkeit zu haben, so muss der betroffene Arbeitnehmer darlegen, wie er sich seine weitere Beschäftigung vorstellt. Hingegen kann nicht ohne weiteres verlangt werden, dass er bestimmte offene Arbeitsplätze in einem größeren Betrieb oder in anderen Betrieben des Unternehmens benennt.[16] Auch die krankheitsbedingte Minderung der Leistungsfähigkeit des Arbeitnehmers kann einen in der Person des Arbeitnehmers liegenden Grund zur sozialen Rechtfertigung einer ordentlichen Kündigung im Sinne des § 1 Abs. 2 Satz 1 KSchG abgeben, wenn sie zu einer erheblichen Beeinträchtigung der betrieblichen Interessen führt.[17] Auf Pflichtverletzungen beruhende Minderleistungen des Arbeitnehmers können geeignet sein, eine ordentliche Kündigung aus verhaltensbedingten Gründen zu rechtfertigen. Der Arbeitnehmer muss unter angemessener Ausschöpfung seiner persönlichen Leistungsfähigkeit arbeiten. Kennt der Arbeitgeber lediglich die

---

[15] Vgl. BIH (Hrsg.), ABC Behinderung & Beruf, Handbuch für die betriebliche Praxis, S. 67 f.

[16] Vgl. BAG, Urteil vom 5.8.1976 – 3 AZR 110/75.

[17] Vgl. BAG, Urteil vom 26.9.1991 – 2 AZR 132/91; Bestätigung der bisherigen Rechtsprechung; BAG Urteil vom 5. August 1976 – 3 AZR 110/75 – AP Nr. 1 zu § 1 KSchG 1969 Krankheit.

objektiv messbaren Arbeitsergebnisse, so genügt er im Kündigungsschutzprozess seiner Darlegungslast, wenn er Tatsachen vorträgt, aus denen ersichtlich ist, dass die Leistungen des Arbeitnehmers deutlich hinter denen vergleichbarer Arbeitnehmer zurückbleiben, also die Durchschnittsleistung erheblich unterschreiten. Alsdann ist es Sache des Arbeitnehmers, hierauf zu entgegnen, z.B. darzulegen, warum er mit seiner deutlich unterdurchschnittlichen Leistung dennoch seine persönliche Leistungsfähigkeit ausschöpft. Trägt der Arbeitnehmer derartige Umstände nicht vor, gilt das schlüssige Vorbringen des Arbeitgebers als zugestanden (§ 138 Abs. 3 ZPO). Es ist dann davon auszugehen, dass der Arbeitnehmer seine Leistungsfähigkeit nicht ausschöpft.

Eine personenbedingte Kündigung wegen Minderleistungen setzt nicht voraus, dass der Arbeitnehmer gegen die subjektiv zu bestimmende Leistungspflicht verstößt. Es kommt darauf an, ob die Arbeitsleistung die berechtigte Erwartung des Arbeitgebers von der Gleichwertigkeit der beiderseitigen Leistungen in einem Maße unterschreitet, dass für ihn ein Festhalten an dem (unveränderten) Arbeitsvertrag unzumutbar wird.[18]

Die verhaltensbedingte Kündigung gegenüber einem leistungsschwachen Arbeitnehmer kann nach § 1 Abs. 2 KSchG gerechtfertigt sein, wenn der Arbeitnehmer seine arbeitsvertraglichen Pflichten dadurch vorwerfbar verletzt, dass er fehlerhaft arbeitet. Ein Arbeitnehmer genügt – mangels anderer Vereinbarungen – seiner Vertragspflicht, wenn er unterhalb einer angemessenen Ausschöpfung seiner persönlichen Leistungsfähigkeit arbeitet. Er verstößt gegen seine Arbeitspflicht nicht allein dadurch, dass er die durchschnittliche Fehlerhäufigkeit aller Arbeitnehmer überschreitet. Allerdings kann die längerfristige deutliche Überschreitung der durchschnittlichen Fehlerquote je nach tatsächlicher Fehlerzahl, Art, Schwere und Folgen der fehlerhaften Arbeitsleistung ein Anhaltspunkt dafür sein, dass der Arbeitnehmer vorwerfbar seine vertraglichen Pflichten verletzt. Legt der Arbeitgeber dies im Prozess dar, so muss der Arbeitnehmer erläutern, warum er trotz erheblich unterdurchschnittlicher Leistungen seine Leistungsfähigkeit ausschöpft.[19] Durch die Sachbearbeiter des Integrationsamtes sind demnach folgende Punkte zu prüfen: Die Arbeitsleistung des schwerbehinderten Menschen wird betrachtet. Anhaltspunkte hierfür können die durchschnittliche übliche Arbeitsleistung anderer vergleichbarer Arbeitnehmer, etwaige Leistungsvorgaben des Arbeitgebers oder arbeitsvertragliche Regelungen bieten, die den Umfang der geschuldeten Arbeitsleistung näher umreißen. Als nächstes werden die Ursachen für die Minderleistung eruiert. Hierbei ist zu prüfen, ob der schwerbehinderte Mensch die geforderte Arbeitsleistung überhaupt erbringen kann. Zu diesem Zweck wird das Fähigkeitsprofil des schwerbehinderten Menschen dem – für die Arbeitsstelle vorgesehenen – Anforderungsprofil gegenübergestellt. Hierbei sind auch altersbedingte Leistungsdefizite, Beeinträchtigungen durch Krankheit, aber auch betriebliche Umstände, zu berücksichtigen. Gegebenenfalls sind hierfür ärztliche oder fachdienstliche Stellungnahmen einholen. Es muss die Frage geklärt werden, ob ein Zusammenhang zwischen der anerkannten Behinderung und der Leistungseinschränkung besteht. Wenn kein

---

[18] Vgl. BAG, Urteil vom 11.11.2003 – 2 AZR 667/02.

[19] Vgl. BAG, Urteil vom 17.1.2008 – 2 AZR 536/06.

Zusammenhang besteht oder keine objektiven Gründe für die Minderleistung vorliegen, sollte gegebenenfalls nach den Grundsätzen einer verhaltensbedingten Kündigung geprüft werden, da der schwerbehinderte Beschäftigte seine arbeitsvertraglichen Pflichten möglicherweise vorwerfbar verletzt – es wird also nach einem Verschulden des Arbeitnehmers gefragt. Die Grundsätze der verhaltensbedingten Kündigung werden gleich im Anschluss behandelt. Bei einer personenbedingten Kündigung – die ja dadurch gekennzeichnet ist, dass die Minderleistung nicht auf ein Fehlverhalten des Arbeitnehmers zurückgeht, sondern von ihm nicht beeinflusst werden kann – stellen sich folgende Fragen:

- Ist eine Einschaltung des (Betriebs-)Arztes bereits erfolgt?
- Hat der schwerbehinderte Mensch bereits Reha-Maßnahmen durchgeführt; liegen Empfehlungen bzw. Gutachten anderer Träger vor und ist eine stufenweise Wiedereingliederung möglich?
- Wurden Fehler bzw. wurde die Minderleistung bereits erörtert?
- Hilfsmöglichkeiten sind zu prüfen (technische Ausstattung, finanzielle Leistungen oder persönliche Hilfen bzw. Unterstützung für den schwerbehinderten Beschäftigten).
- Beschäftigungsalternativen sind zu prüfen (z.B. Umsetzung, Änderungskündigung, andere Lohnmodelle, tarifvertragliche Regelungen).
- Welche Auswirkungen bzw. Konsequenzen haben Fehler oder Minderleistung? (Zu beachten sind hierbei beispielsweise auch Kundenbeziehungen, Qualitätsanforderungen, zusätzliche Produktionskosten, zusätzlicher Personalaufwand, drohende Auftragsverluste).
- Prüfung der wirtschaftlichen Belastungen bzw. betrieblichen Beeinträchtigungen des Arbeitgebers.

Bei verhaltensbedingten Kündigungen stellt sich ein anderer Prüfumfang. Verhaltensbedingte Kündigungen sind dadurch gekennzeichnet, dass sie – wie es der Name bereits ausdrückt – auf ein Fehlverhalten des Arbeitnehmers zurückzuführen sind. Beantragt ein Arbeitgeber eine ordentliche verhaltensbedingte Kündigung, die nicht im Zusammenhang mit der Behinderung des Arbeitnehmers steht, so trifft das Integrationsamt eine Ermessensentscheidung gemäß § 85 SGB IX. Dabei wägt das Integrationsamt das Interesse des schwerbehinderten Arbeitnehmers am Erhalt des Arbeitsplatzes gegen das Interesse des Arbeitgebers an der Beendigung des Arbeitsverhältnisses ab.

Grundsätzlich ist alles aufzuklären, was für die Abwägung der gegenseitigen Interessen erforderlich ist, da ansonsten eine sachgerechte Interessenabwägung nicht erfolgen kann. Eine reine Schlüssigkeitsprüfung ist nicht ausreichend, das Integrationsamt muss sich eine eigene Meinung zum Sachverhalt verschaffen.[20] Das Integrationsamt hat demnach nach Ansicht des OVG Münster eine Amtsermittlungspflicht und kann nicht von der konkreten

[20] Vgl. BVerwG, Urteil vom 19.10.1995, Ziffer 5 C 24.93.

Feststellung des vorgeworfenen Fehlverhaltens absehen und zur abschließenden Klärung, ob tatsächlich ein Fehlverhalten stattgefunden hat, auf die Arbeitsgerichte verweisen.[21]

Nach anderer Ansicht obliegt dem Integrationsamt bei einer verhaltensbedingten Kündigung ohne Zusammenhang zur anerkannten Schwerbehinderung nicht die Prüfung, ob der vom Arbeitgeber vorgetragene Sachverhalt zutreffend ist – es sei denn, er ist offensichtlich vorgeschoben, also „völlig aus der Luft gegriffen"- und ob der vom Arbeitgeber vorgetragene Sachverhalt geeignet ist, eine ordentliche verhaltensbedingte Kündigung zu rechtfertigen, also in rechtlicher Hinsicht einen verhaltensbedingten Kündigungsgrund darstellen könnte.[22] Unter Abwägung der widerstreitenden Interessen hat das Integrationsamt zu entscheiden, ob eine Weiterbeschäftigung des Arbeitnehmers für den Arbeitgeber zumutbar ist. Die Frage der Zumutbarkeit der Weiterbeschäftigung hängt immer von der Art und dem Umfang des vorgeworfenen Fehlverhaltens ab. Leitgedanke bei der Ermessensentscheidung ist stets: Liegt kein Fehlverhalten vor, besteht kein schützenswertes Interesse des Arbeitgebers an der Beendigung des Arbeitsverhältnisses.

Die Entscheidung des Integrationsamtes ist ermessensfehlerhaft, wenn diese auf einem unzureichend ermittelten und damit unvollständigen Sachverhalt beruht. Eine Heilung des Aufklärungsmangels kommt im gerichtlichen Verfahren regelmäßig nicht in Betracht.[23] Mögliche Konsequenzen bei einer ermessensfehlerhaften Entscheidung: Wird die Zustimmung des Integrationsamtes zu einer Kündigung durch das Verwaltungsgericht aufgehoben, führt dies zur Unwirksamkeit der auf dieser Grundlage ausgesprochenen Kündigung (Möglichkeit der Restitutionsklage). Verweigert das Integrationsamt zu Unrecht die Zustimmung, wird diese in aller Regel nicht durch das Verwaltungsgericht erteilt, sondern der Fall für eine erneute Ermessensentscheidung an das Integrationsamt zurückverwiesen.

Bei einer verhaltensbedingten Kündigung, auch ohne Zusammenhang mit der Behinderung, hat das Integrationsamt grundsätzlich nach dem Beschluss des Oberverwaltungsgerichts Nordrhein-Westfahlen vom 2. Februar 2009 zu prüfen:[24]

- Liegt ein Fehlverhalten vor?
- Wie sind die für die Bewertung der Schwere des Fehlverhaltens unerlässlichen Begleitumstände?
- Gibt es Verantwortungsanteile des Arbeitgebers oder von Kollegen?

Bei widersprechenden Aussagen des Arbeitgebers und des Arbeitnehmers sind zur Sachverhaltsaufklärung substantiierte Vorträge erforderlich. Bei unsubstantiierten Vorträgen oder bei pauschalem Bestreiten eines Sachverhaltes ist die entsprechende Partei aufzufordern, den Vortrag durch konkrete Angaben zu substantiieren. Der Sachvortrag

---

21 OVG NRW, Beschluss vom 2.2.2009 – 12 A 2431/08.

22 Vgl. OVG Lüneburg, Urteil vom 12.07.1989 – 4 L 21/89 und VG Oldenburg, Urteil vom 06.08.2010 – 13 A 3067/09.

23 Vgl. OVG NRW, Beschluss vom 2.2.2009 – 12 A 2431/08.

24 Vgl. OVG NRW, Beschluss vom 2.2.2009 – 12 A 2431/08.

der Parteien muss vom Integrationsamt soweit wie möglich aufgeklärt werden. Darüber hinaus muss auf den substantiierten Vortrag einer Partei immer eingegangen werden.

Für die Aufklärung des Sachverhaltes bedient sich das Integrationsamt der Beweismittel, die es nach pflichtgemäßem Ermessen zur Ermittlung des Sachverhaltes für erforderlich hält (§ 21 Abs. 1 SGB X). Zur Sachverhaltsermittlung können unter anderem auch Zeugen angehört werden. Ob diese schriftlich oder gegebenenfalls auch mündlich, z.B. im Rahmen einer Kündigungsschutzverhandlung angehört werden, liegt im Handlungsspielraum der Sachbearbeiterin bzw. des Sachbearbeiters beim Integrationsamt.

Beruft sich der Arbeitgeber auf die Zerrüttung des Arbeitsverhältnisses und die Unzumutbarkeit der Weiterbeschäftigung des Arbeitnehmers, so ist aufzuklären, ob tatsächlich eine Zerrüttung vorliegt oder wer dafür verantwortlich ist. Hier müssen gegebenenfalls auch Zeugen gehört werden.[25] Begründet der Arbeitgeber seinen Kündigungsantrag mit Störung des Vertrauensverhältnisses, ist vom Integrationsamt zu prüfen, wer überwiegend für die Störung verantwortlich ist.[26] Grundsätzlich hat das Integrationsamt den jeweils vorgetragenen Sachverhalt soweit aufzuklären, bis er zur Überzeugung des entscheidenden Sachbearbeiters feststeht bzw. er sich eine eigene Meinung zum vorgeworfenen Fehlverhalten bilden kann. Darauf basierend ist dann unter Einbeziehung der schwerbehindertenrechtlichen Aspekte eine Interessenabwägung nach § 85 SGB IX vorzunehmen.

Steht nach Abschluss der Ermittlungen für das Integrationsamt ausnahmsweise der Kündigungsgrund jedoch nicht fest, bleibt der Arbeitgebervortrag insoweit eine bloße Behauptung (z.B. vorgeworfene Beleidigung des Arbeitnehmers gegenüber dem Arbeitgeber ohne beteiligte Zeugen). Dies wird allerdings eine Ausnahme darstellen, da überwiegend durch die zur Verfügung stehenden Beweismittel eine Überzeugungsbildung möglich sein wird. Bestehen begründete Zweifel an dem Vorliegen des vorgetragenen Sachverhalts durch den Arbeitgeber, ist die Zustimmung zur Kündigung nicht zu erteilen. Die Frage, ob begründete Zweifel bestehen bzw. ob der Kündigungsgrund zur Überzeugung des Sachbearbeiters feststeht, wird immer nur im konkreten Einzelfall zu treffen sein. Eine allgemeine Richtschnur kann es hierfür nicht geben. Letztlich zu klären ist der Fall im Widerspruchsverfahren sowie im verwaltungsgerichtlichen Klageverfahren.

Trotz der umfassenden Aufklärungspflicht des Integrationsamtes ist jedoch zu beachten, dass das Integrationsamt keine arbeitsrechtliche Prüfung vorzunehmen hat. Die Zustimmung zur Kündigung ist jedoch dennoch zu versagen, wenn die Kündigung nach arbeitsrechtlichen Kriterien offensichtlich unwirksam ist. Zum Beispiel ist Kündigungsgrund der nicht vom Arbeitnehmer bestrittene Sachverhalt, er sei erstmalig einige Minuten zu spät zur Arbeit erschienen. Oder der Arbeitgeber hat das behauptete Fehlverhalten, wegen dem er die Zustimmung zur Kündigung beantragt, zuvor bereits abgemahnt und damit seine arbeitsrechtlichen Sanktionsmöglichkeiten verbraucht.

Anders verhält es sich bei einer ordentlichen verhaltensbedingten Kündigung, die im Zusammenhang mit der Behinderung steht. Steht das Fehlverhalten im Zusammenhang

[25] Vgl. VGH Baden-Württemberg, Urteil vom 4.3.2002 – 7 S 1651/01.

[26] Vgl. BVerwG, Urteil vom 2.7.1992 – 5 C 51/90.

mit der Behinderung des Arbeitnehmers, ist der Schwerbehindertenschutz in erhöhtem Maße zu gewähren. Rechtlich erheblich sind in diesem Zusammenhang nur die Behinderungen, die förmlich festgestellt worden sind.[27] Die Frage, ob ein Zusammenhang zwischen festgestellter Behinderung und Fehlverhalten vorliegt, ist seitens des Integrationsamtes, gegebenenfalls durch Einschaltung des Integrationsfachdienstes in vollem Umfang aufzuklären. Im Interesse einer effektiven Sachverhaltsaufklärung sollten dabei die Mitarbeiter der Fachdienste mit der Klärung konkreter Fragen beauftragt werden.

Bei festgestelltem Zusammenhang wird das Integrationsamt versuchen, durch Gespräche und gegebenenfalls Einschaltung des Integrationsfachdienstes auf den schwerbehinderten Menschen einzuwirken und Maßnahmen zu entwickeln, damit das Fehlverhalten in Zukunft vermieden wird. Einer Kündigung wird es nur dann zustimmen, wenn dem Arbeitgeber eine Weiterbeschäftigung auch unter Berücksichtigung seiner gegenüber seinem schwerbehinderten Arbeitnehmer bestehenden besonderen Fürsorgepflicht unzumutbar ist. Zusammenfassend ist demnach festzustellen: Beantragt der Arbeitgeber beim Integrationsamt die Zustimmung zur ordentlichen verhaltensbedingten Kündigung und liegt kein Zusammenhang zwischen dem vorgetragenen Kündigungsgrund und der Schwerbehinderung des Arbeitnehmers vor, so hat das Integrationsamt den streitigen Sachverhalt aufzuklären, um eine sachgerechte Abwägung der widerstreitenden Interessen nach § 85 SGB IX vornehmen zu können. Bestätigt sich der Vorwurf nach Beweiserhebung nicht, ist die Zustimmung zur Kündigung zu versagen. Bei einer ordentlichen verhaltensbedingten Kündigung mit Zusammenhang gilt dies ebenso, jedoch ist bei der Entscheidung nach Ermessensgesichtspunkten die besondere Fürsorgepflicht des Arbeitgebers mit zu berücksichtigen.

Neben den Fällen der ordentlichen Kündigung können aber auch Fälle bestehen, in denen der Arbeitgeber außerordentlich aus wichtigem Grund kündigt. Im Folgenden wird die außerordentliche verhaltensbedingte Kündigung ohne Zusammenhang mit der Behinderung dargestellt. Gemäß § 91 Abs. 4 SGB IX soll das Integrationsamt die Zustimmung zur Kündigung erteilen, wenn sie aus einem Grund erfolgt, der nicht im Zusammenhang mit der Schwerbehinderung des Arbeitnehmers steht. Das Bundesverwaltungsgericht hat mit Urteil vom 2.7.1992 zum Prüfungsumfang des Integrationsamtes bei einer außerordentlichen, nicht im Zusammenhang mit der Schwerbehinderung des Arbeitnehmers stehenden Kündigung ausgeführt, dass das Integrationsamt im Regelfall die Zustimmung zu erteilen hat.[28] Das Integrationsamt hat danach nicht zu prüfen, ob die beantragte außerordentliche Kündigung nach arbeitsrechtlichen Grundsätzen gerechtfertigt ist.[29] Aus der Rechtsprechung ergibt sich, dass das Integrationsamt bei fehlendem Zusammenhang zwischen Kündigungsgrund und der Schwerbehinderung nicht berechtigt ist, den Sachverhalt aufzuklären. Sowohl die Aufklärung des Sachverhaltes in tatsächlicher Hinsicht als auch

[27] Vgl. VGH Baden-Württemberg, Urteil vom 3.5.1993 – 7 S 2773/92; BayVGH, Beschluss vom 6.10.1997 – 12 B 94.2091; OVG Niedersachsen, Urteil vom 27.7.1994 – 4 L 1547/94.

[28] Vgl. BVerwG, Urteil vom 2.7.1992 – 5 C 39/90.

[29] Vgl. Junker, Grundkurs Arbeitsrecht, Rn. 399.

die Frage, ob der vorgetragene Sachverhalt eine außerordentliche Kündigung rechtfertigt, bleibt daher dem Arbeitsgericht vorbehalten.[30] Hiervon unberührt bleibt, dass das Integrationsamt bei Unklarheit über einen Zusammenhang mit der anerkannten Behinderung auch innerhalb der kurzen Zweiwochenfrist im Rahmen der Amtsermittlungspflicht versuchen muss, den diesbezüglichen Sachverhalt zu ermitteln.

Wenn offensichtlich kein wichtiger Grund für eine Kündigung besteht, hat das Integrationsamt bei einer offensichtlichen Rechtswidrigkeit der beantragten Kündigung die Zustimmung zu versagen. Das Integrationsamt kann nicht einer außerordentlichen Kündigung zustimmen, die offensichtlich nach arbeitsrechtlichen Kriterien unwirksam ist.[31] Nach der Rechtsprechung liegt eine offensichtlich ungerechtfertigte außerordentliche Kündigung vor, wenn die Rechtswidrigkeit ohne jeden vernünftigen Zweifel und ohne Beweiserhebung in rechtlicher und tatsächlicher Hinsicht offen zu Tage tritt und sich jedem Kundigen geradezu aufdrängt.[32]

Das Ermessen des Integrationsamtes ist dann nicht eingeschränkt, wenn ein atypischer Fall vorliegt. Um einen derartigen atypischen Fall handelt es sich, wenn die außerordentliche Kündigung den schwerbehinderten Arbeitnehmer besonders hart trifft und ihm im Vergleich zu den Belastungen, die schwerbehinderten Arbeitnehmern im Fall einer außerordentlichen Kündigung allgemein zugemutet werden, ein Sonderopfer abverlangt.[33] Dazu reichen allerdings die allgemeinen Schwierigkeiten schwerbehinderter Arbeitnehmer auf dem allgemeinen Arbeitsmarkt, ein fortgeschrittenes Lebensalter oder langjährige Betriebszugehörigkeit nicht aus.[34] Erst wenn der Kündigungssachverhalt Besonderheiten zugunsten des schwerbehinderten Menschen aufweist, die eine Verweigerung der Zustimmung ausnahmsweise rechtfertigen, verbleibt dem Integrationsamt ein so genanntes Restermessen. Ein solcher Ausnahmefall liegt z.B. vor, wenn bei einem Antrag auf Zustimmung zu einer verhaltensbedingten Kündigung der Arbeitgeber ein „erkennbares beständiges intensives Bemühen" zeigt, das Arbeitsverhältnis mit dem schwerbehinderten Arbeitnehmer zu beenden.[35]

Zusammengefasst ist also festzustellen, dass, wenn beim Integrationsamt die Zustimmung zu einer außerordentlichen Kündigung durch den Arbeitgeber beantragt wird, welche nicht im Zusammenhang mit der Schwerbehinderung des Arbeitnehmers steht, der streitige Sachverhalt nicht weiter aufzuklären ist. Das Integrationsamt kann die Zustimmung zur Kündigung nur versagen, wenn ein Kündigungsgrund offensichtlich nicht gegeben ist. In allen anderen Fällen ist der Sachverhalt umfassend zu ermitteln.

---

30 Vgl. BVerwG, Urteil vom 2.7.1992 - 5 C 39/90.

31 Vgl. OVG NRW, Urteil vom 8.3.1996 - 24 A 3340/93.

32 Vgl. BAG, Beschluss vom 27.02.1985 - GS 1/84.

33 Vgl. BVerwG, Urteil vom 10.9.1992 - 5 C 80/88.

34 Vgl. BVerwG, Entscheidung vom 2.7.1992 - 5 C 51.90.

35 VG Ansbach, Urteil vom 2.6.2005 - AN 14 K 04.00302.

13.3 Zusammenhang zwischen der Entscheidung des Integrationsamtes nach § 85 SGB IX und dem arbeitsgerichtlichen Verfahren

Das Integrationsamt ist gehalten, im Rahmen seines jeweils durch die §§ 85 ff. SGB IX vorgegebenen Prüfungsumfanges, den Sachverhalt und seine eventuellen Begleitumstände umfassend aufzuklären. Es unterliegt hierbei dem Amtsermittlungsgrundsatz, d.h. es muss von Amts wegen all das ermitteln, was für seine Entscheidung erforderlich ist. Die Entscheidung des Integrationsamtes hat Auswirkungen auf das bei erteilter Zustimmung zur Kündigung nachfolgende arbeitsgerichtliche Kündigungsschutzverfahren.[36] Wenn das Integrationsamt nach eingehender Prüfung die Zustimmung zur Kündigung erteilt hat, kann das im arbeitsgerichtlichen Verfahren nicht unberücksichtigt bleiben. Dementsprechend kann nur bei Vorliegen besonderer Anhaltspunkte im arbeitsgerichtlichen Verfahren davon ausgegangen werden, ein Präventionsverfahren nach § 84 Abs. 1 SGB IX hätte die Kündigung verhindern können, wenn das Integrationsamt nach eingehender Prüfung zu dem Ergebnis gelangt ist, dass die Zustimmung zur Kündigung zu erteilen ist.[37] Wenn sich schon das Integrationsamt veranlasst sehen musste, die beantragte Zustimmung zu erteilen, kann im arbeitsgerichtlichen Verfahren davon ausgegangen werden, dass auch ein BEM keine Möglichkeit aufgezeigt hätte, den Arbeitsplatz des langzeiterkrankten schwerbehinderten Mitarbeiters zu erhalten.[38]

13.4 Verwaltungsgerichtliche Rechtsprechung

Das Bundesverwaltungsgericht hat sich bisher zum BEM noch nicht ausdrücklich geäußert. Es hat jedoch zwischenzeitlich in einem Verfahren, in dem es um eine betriebsbedingte Änderungskündigung ging, entschieden, dass die Durchführung eines Präventionsverfahrens nach § 84 Abs. 1 SGB IX keine Rechtmäßigkeitsvoraussetzung für die Zustimmungsentscheidung des Integrationsamtes nach §§ 85 ff. SGB IX ist. Obwohl das Verwaltungsgericht München zuvor die Berufung wegen grundsätzlicher Bedeutung dieser Frage zugelassen hatte, ließ der Bayerische Verwaltungsgerichtshof in seiner zweitinstanzlichen Entscheidung die Revision nicht zu.[39] Die hiergegen eingelegte Beschwerde wies das BVerwG als unbegründet zurück, da sich die Antwort ohne eingehenden Begründungsbedarf aus dem Gesetz ergebe. Der § 84 Abs. 1 SGB IX gebe dem Arbeitgeber auf, frühzeitig die Schwerbehindertenvertretung und die in § 93 SGB IX genannten Vertretungen sowie das Integrationsamt einzuschalten. Diese Verpflichtung des Arbeitgebers sei aber weder in § 84 noch in den §§ 85 ff. SGB IX mit der Aufgabe des Integrationsamtes,

---

[36] Vgl. zum besonderen Kündigungsschutz vertiefend Junker, Grundkurs Arbeitsrecht, Rn. 351 f.

[37] Vgl. BAG, Urteil vom 7.12.2006 – 2 AZR 182/06.

[38] Vgl. LAG Nürnberg, Urteil vom 21.6.2006 – 4 (9) Sa 933/05.

[39] Vgl. Bayerischer VGH, Urteil vom 14.11.2006 – 9 BV 06.1431.

über die Zustimmung zur Kündigung eines schwerbehinderten Menschen zu entscheiden, verknüpft. Einer solchen Verknüpfung bedürfe es auch nicht, weil im Kündigungsschutzverfahren als eigenständige Aufgabe des Integrationsamtes bestimmt sei, dass dieses eine Stellungnahme des Betriebsrates oder Personalrates und der Schwerbehindertenvertretung einholt und den schwerbehinderten Menschen anhört sowie in jeder Lage des Verfahrens auf eine gütliche Einigung hinwirkt (§ 87 Abs. 2 und 3 SGB IX). Auch wenn die Durchführung eines Präventionsverfahrens keine Rechtmäßigkeitsvoraussetzung für die Zustimmungsentscheidung des Integrationsamtes sei, könne dieses doch im Rahmen seiner Ermessensentscheidung über die Erteilung der Zustimmung gegebenenfalls zu Lasten des Arbeitgebers berücksichtigen, wenn bei gehöriger Durchführung des Präventionsverfahrens die Möglichkeit bestanden hätte, die Kündigung zu vermeiden.[40]

Das Bundesverwaltungsgericht hat damit für das Verwaltungsverfahren denselben rechtlichen Ansatz zur Einordnung der dem Arbeitgeber nach § 84 SGB IX aufgegebenen Präventionsmaßnahmen gewählt wie das Bundesarbeitsgericht. Die Begründung seiner Entscheidung lässt darauf schließen, dass es – ebenso wie das BAG – auch für das BEM nach § 84 Abs. 2 SGB IX die Ansicht vertritt, dass ein durchgeführtes BEM vor einem Antrag auf Zustimmung zur personenbedingten Kündigung nach § 85 SGB IX keine Rechtmäßigkeitsvoraussetzung für die Zustimmungsentscheidung des Integrationsamtes darstellt.[41]

Das OVG Münster hat unter Bezug auf die zitierte Entscheidung des BVerwG ausgeführt, dass das Unterlassen von Präventionsmaßnahmen nur dann das Ergebnis der angefochtenen Entscheidung des Integrationsamtes in Frage stellen kann, wenn die Annahme gerechtfertigt ist, dass das Ergreifen von Präventionsmaßnahmen im konkreten Fall die Kündigung als „ultima ratio" hätte verhindern können. Streitentscheidend sei daher die Frage, welche Maßnahmen im Einzelnen im Rahmen eines Präventionsverfahrens hätten durchgeführt werden können und müssen und ob bei gehöriger Durchführung eines Präventionsverfahrens der Gesundheitszustand des schwerbehinderten Arbeitnehmers soweit hätte wiederhergestellt werden können, dass er wieder seiner bisherigen Tätigkeit dauerhaft hätte nachgehen können. Mit Blick auf die Darlegungsobliegenheiten nach § 124 Abs. 4 Satz 4 VwGO bedürfe es der substantiierten Darlegung der im konkreten Fall gebotenen und zumutbaren einzelnen Präventionsmaßnahmen und ihrer Auswirkungen auf die Aufrechterhaltung der Beschäftigung des schwerbehinderten Menschen im jeweiligen Bereich.

Eine solche substantiierte Darlegung sah das Gericht nicht als gegeben an. Sie wäre jedoch nach seinen Ausführungen schon deshalb erforderlich gewesen, weil die Beratende Ingenieurin des Integrationsamtes in ihrer fachdienstlichen Beurteilung die Möglichkeit einer Umsetzung des schwerbehinderten Arbeitnehmers in Ermangelung der

---

40 Vgl. BVerwG, Beschluss vom 29.8.2007 – 5 B 77.07 – br 2007, 193, unter Bezugnahme auf BAG, Urteil vom 7.12.2006 – 2 AZR 182/06.

41 Vgl. VG Gelsenkirchen, Urteil vom 22.9.2006 – 11 K 3597/05 und VG Köln, Urteil vom 24.9.2009 – 26 K 7579/08.

erforderlichen Qualifikation bzw. mit Blick auf die an den übrigen Arbeitsplätzen bestehenden „noch schwereren" körperlichen Belastungen verneint und im Übrigen eine konkrete behinderungsgerechte Arbeitsplatzausstattung vorgeschlagen hatte. Dass allein diese technische Maßnahmen dazu führen würden, dass der Arbeitnehmer trotz des bei ihm festgestellten „degenerativen Krankheitsbildes von Wirbelsäule und Schultergelenk und den beginnenden rheumatischen Veränderungen im Bereich der Hände" in Zukunft seine Arbeit auf seinem bisherigen Arbeitsplatz ohne die in der Vergangenheit aufgetretenen gesundheitlichen Beeinträchtigungen und den hieraus resultierenden Fehlzeiten werde erledigen können, sei nicht dargelegt. Ebenso fehle jede Darlegung zu weiteren konkreten Maßnahmen, die zur „gehörigen Durchführung des Präventionsverfahrens" hätten ergriffen werden können und müssen, und inwieweit derartige Maßnahmen geeignet gewesen wären, zur weiteren Beschäftigung des Klägers auf seinem bisherigen Arbeitsplatz zu führen.[42]

Wurde ein Präventionsverfahren nach § 84 Abs. 1 oder ein BEM nach Abs. 2 SGB IX nicht durchgeführt und stellt das Integrationsamt in seine Ermessenserwägungen nicht mit ein, ob mit einem derartigen Verfahren eine drohende Kündigung hätte vermieden werden können, so kann das dazu führen, dass seine Entscheidung ermessensfehlerhaft und damit rechtswidrig ist.[43]

---

[42] Vgl. OVG Münster, Beschluss vom 5.3.2009 - 12 A 122/09 sowie Beschlüsse vom 25.4.2008 - 12 A 395/08 und vom 9.10.2007 - 12 A 2484/07.

[43] Vgl. VG Düsseldorf, Urteil vom 18.7.2008 - 19 K 2035/08.

14 Besonderer Kündigungsschutz

Das Integrationsamt entscheidet gem. § 85 SGB IX über den Antrag auf Zustimmung zur ordentlichen Kündigung grundsätzlich nach pflichtgemäßem Ermessen, d.h. unter Berücksichtigung von Sinn und Zweck des angewendeten Gesetzes. Die Entscheidung erfordert eine Abwägung zwischen den Interessen des Arbeitgebers an der Lösung des Arbeitsverhältnisses und den Interessen des Arbeitnehmers an der Aufrechterhaltung seines Beschäftigungsverhältnisses. Nur in einigen Konstellationen ist eine Zustimmung des Integrationsamtes überhaupt nicht erforderlich. Diese Konstellationen sind in der folgenden Grafik dargestellt.

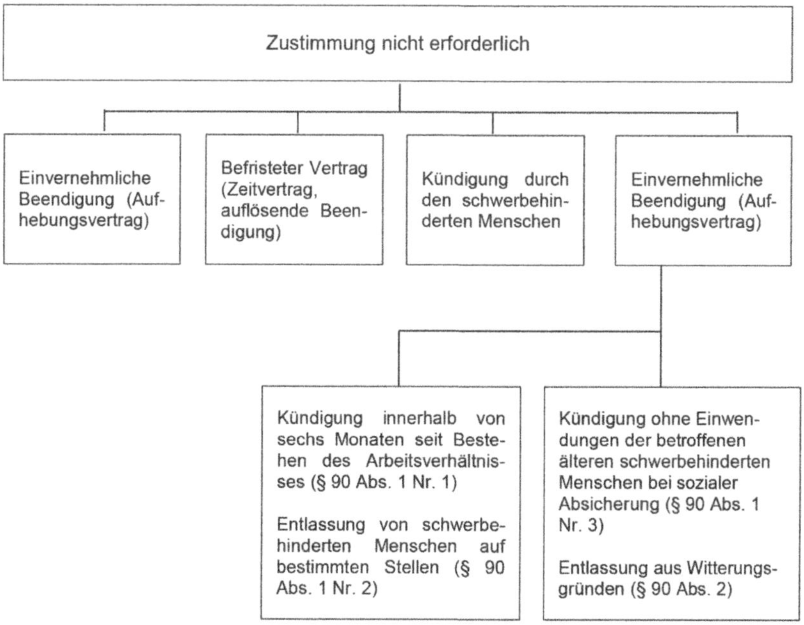

Das Kündigungsschutzverfahren nach den §§ 85 ff SGB IX ist ein Verwaltungsverfahren, für das der Amtsermittlungsgrundsatz des § 20 SGB X gilt. Danach bestimmt das Integrationsamt Art und Umfang der Ermittlungen und hat alle für den Einzelfall bedeutsamen Umstände zu ermitteln. Durch den Sonderkündigungsschutz sollen die Nachteile, die der schwerbehinderte Mensch auf Grund seiner Schwerbehinderung auf dem allgemeinen Arbeitsmarkt erfährt, ausgeglichen werden. Der Zweck des § 85 SGB IX geht also dahin, den schwerbehinderten Menschen vor den besonderen Gefahren, denen er wegen seiner Behinderung auf dem Arbeitsmarkt ausgesetzt ist, zu bewahren und sicherzustellen, dass er gegenüber den gesunden Arbeitnehmern nicht ins Hintertreffen gerät. Der Untersuchungsgrundsatz ist im Zehnten Buch des Sozialgesetzbuchs geregelt, in welchem das Sozialverwaltungsverfahren und der Sozialdatenschutz normiert sind. Die Vorschrift lautet:

§ 20 SGB X Untersuchungsgrundsatz

(1) *Die Behörde ermittelt den Sachverhalt von Amts wegen. Sie bestimmt Art und Umfang der Ermittlungen; an das Vorbringen und an die Beweisanträge der Beteiligten ist sie nicht gebunden.*
(2) *Die Behörde hat alle für den Einzelfall bedeutsamen, auch die für die Beteiligten günstigen Umstände zu berücksichtigen.*
(3) *Die Behörde darf die Entgegennahme von Erklärungen oder Anträgen, die in ihren Zuständigkeitsbereich fallen, nicht deshalb verweigern, weil sie die Erklärung oder den Antrag in der Sache für unzulässig oder unbegründet hält.*

Bei der Abwägung der widerstreitenden Interessen ist zu prüfen, ob der Arbeitgeber im Rahmen des ihm Möglichen und Zumutbaren dem Anspruch des behinderten Menschen auf eine seinen Fähigkeiten gerecht werdende Beschäftigung Rechnung trägt. Das Integrationsamt muss prüfen, ob und inwieweit die Kündigung die besondere, durch seine Schwerbehinderung bedingte Stellung des einzelnen Arbeitnehmers im Wirtschaftsleben berührt. Zu beachten ist aber, dass die Entscheidung des Integrationsamtes keine arbeitsrechtliche Vorprüfung ist. Denn es ist nicht Aufgabe des Integrationsamtes, die allgemeinen sozialen Interessen des schwerbehinderten Menschen zu wahren. Eine sachgerechte Abwägung der widerstreitenden Interessen setzt aber auch die Gewichtung der Arbeitgeberinteressen voraus. Dies erfordert es, die vorgetragenen Kündigungsgründe zumindest im Sinne einer Offensichtlichkeitsprüfung dahingehend zu überprüfen, ob sie aus arbeitsrechtlicher Sicht eine Kündigung überhaupt rechtfertigen können. Es wäre nicht sachgerecht, wenn das Integrationsamt einem Antrag zustimmen würde, der einer arbeitsrechtlichen Prüfung offensichtlich nicht standhalten würde. Haben die zur Kündigung des Arbeitsverhältnisses führenden Gründe in der Behinderung selbst ihre Ursache, stellt der Schwerbehindertenschutz besondere Anforderungen an die bei der Interessenabwägung immer zu berücksichtigende Zumutbarkeitsgrenze beim Arbeitgeber.

Liegt ein Zusammenhang zwischen Kündigungsgrund und Behinderung nicht vor, verliert der besondere Kündigungsschutz nach dem Schwerbehindertenrecht an Schutzwirkung. In diesen Fällen sollen schwerbehinderte Arbeitnehmer nicht besser gestellt werden als nicht schwerbehinderte Arbeitnehmer.[1] Es ist nämlich nicht Sinn des Sonderkündigungsschutzes, dem schwerbehinderten Menschen die Unannehmlichkeiten und Belastungen eines arbeitsgerichtlichen Kündigungsrechtsstreits mit dem Arbeitgeber abzunehmen. Welche Kriterien zu berücksichtigen sind und in welchem Umfang der der Kündigung zugrundeliegenden Sachverhalt aufzuklären ist, hängt maßgeblich von dem vorgetragenen Kündigungsgrund ab. Zu unterscheiden sind personenbedingte, betriebsbedingte und verhaltensbedingte Kündigungsgründe. Das Integrationsamt kann sich zur Ermittlung des Sachverhalts sämtlicher Beweismittel bedienen, die das SGB X vorsieht. Eine Aufzählung der zulässigen Beweismittel findet sich in § 21 SGB X. Diese Vorschrift lautet:

§ 21 SGB X Beweismittel

(1) *Die Behörde bedient sich der Beweismittel, die sie nach pflichtgemäßem Ermessen zur Ermittlung des Sachverhalts für erforderlich hält. Sie kann insbesondere*

8. *Auskünfte jeder Art, auch elektronisch und als elektronisches Dokument, einholen,*
9. *Beteiligte anhören, Zeugen und Sachverständige vernehmen oder die schriftliche oder elektronische Äußerung von Beteiligten, Sachverständigen und Zeugen einholen,*
10. *Urkunden und Akten beiziehen,*
11. *den Augenschein einnehmen.*

(2) *Urkunden und Akten können auch in elektronischer Form beigezogen werden, es sei denn, durch Rechtsvorschrift ist etwas anderes bestimmt.*

(3) *Die Beteiligten sollen bei der Ermittlung des Sachverhalts mitwirken. Sie sollen insbesondere ihnen bekannte Tatsachen und Beweismittel angeben. Eine weitergehende Pflicht, bei der Ermittlung des Sachverhalts mitzuwirken, insbesondere eine Pflicht zum persönlichen Erscheinen oder zur Aussage, besteht nur, soweit sie durch Rechtsvorschrift besonders vorgesehen ist.*

(4) *Für Zeugen und Sachverständige besteht eine Pflicht zur Aussage oder zur Erstattung von Gutachten, wenn sie durch Rechtsvorschrift vorgesehen ist. Eine solche Pflicht besteht auch dann, wenn die Aussage oder die Erstattung von Gutachten im Rahmen von § 407 der Zivilprozessordnung zur Entscheidung über die Entstehung, Erbringung, Fortsetzung, das Ruhen, die Entziehung oder den Wegfall einer Sozialleistung sowie deren Höhe unabweisbar ist. Die Vorschriften der Zivilprozessordnung über das Recht, ein Zeugnis oder ein Gutachten zu verweigern, über die Ablehnung von Sachverständigen sowie über die Vernehmung von Angehörigen*

---

[1] Vgl. BIH (Hrsg.), ABC Behinderung & Beruf, Handbuch für die betriebliche Praxis, S. 17.

des öffentlichen Dienstes als Zeugen oder Sachverständige gelten entsprechend. Falls die Behörde Zeugen, Sachverständige und Dritte herangezogen hat, erhalten sie auf Antrag in entsprechender Anwendung des Justizvergütungs- und entschädigungsgesetzes eine Entschädigung oder Vergütung; mit Sachverständigen kann die Behörde eine Vergütung vereinbaren.

(5) Die Finanzbehörden haben, soweit es im Verfahren nach diesem Gesetzbuch erforderlich ist, Auskunft über die ihnen bekannten Einkommens- oder Vermögensverhältnisse des Antragstellers, Leistungsempfängers, Erstattungspflichtigen, Unterhaltsverpflichteten, Unterhaltsberechtigten oder der zum Haushalt rechnenden Familienmitglieder zu erteilen.

Das Integrationsamt nutzt gemäß § 21 Abs. 1 Satz 1 SGB X die Beweismittel, die es nach pflichtgemäßem Ermessen zur Ermittlung des Sachverhalts für erforderlich hält. Es kann insbesondere Auskünfte jeder Art einholen, Beteiligte anhören, Zeugen und Sachverständige vernehmen oder die schriftliche oder elektronische Äußerung von Beteiligten, Sachverständigen und Zeugen einholen, Urkunden und Akten beiziehen sowie den Augenschein einnehmen (§ 21 Abs. 1 Satz 2 Nr. 1 bis 4 SGB X). Die Beteiligten sollen bei der Ermittlung des Sachverhalts mitwirken (§ 21 Abs. 2 Satz 1 SGB X). Ausdrücklich im SGB IX erwähnt ist, dass die Arbeitgeber dem Integrationsamt auf Verlangen die Auskünfte zu erteilen haben, die zur Durchführung der besonderen Regelungen zur Teilhabe schwerbehinderter und ihnen gleichgestellter behinderter Menschen am Arbeitsleben notwendig sind (§ 80 Abs. 5 SGB IX). In diesem Zusammenhang haben die Arbeitgeber den Beauftragten des Integrationsamtes auf Verlangen Einblick in ihren Betrieb oder ihre Dienststelle zu geben, soweit es im Interesse der schwerbehinderten Menschen erforderlich ist und Betriebs- oder Dienstgeheimnisse nicht gefährdet werden.

Der besondere Kündigungsschutz für Schwerbehinderte und Schwerbehinderten gleichgestellten Menschen ist im SGB IX geregelt.[2] Hierbei ist zwischen ordentlicher und außerordentlicher Kündigung zu differenzieren. Bei einer ordentlichen Kündigung sollte das Integrationsamt innerhalb von 4 Wochen eine Entscheidung getroffen haben. Anders sieht es bei einer außerordentlichen Kündigung aus. Hier muss das Integrationsamt innerhalb einer 2-Wochenfrist eine Entscheidung getroffen haben, da ansonsten von einer Zustimmung ausgegangen werden muss (Fiktion). Die folgende Grafik gibt einen Überblick über die verwaltungsinternen Abläufe im Rahmen der Sachverhaltsaufklärung durch das Integrationsamt.

[2] Vgl. BIH (Hrsg.), ABC Behinderung & Beruf, Handbuch für die betriebliche Praxis, S. 16 f.

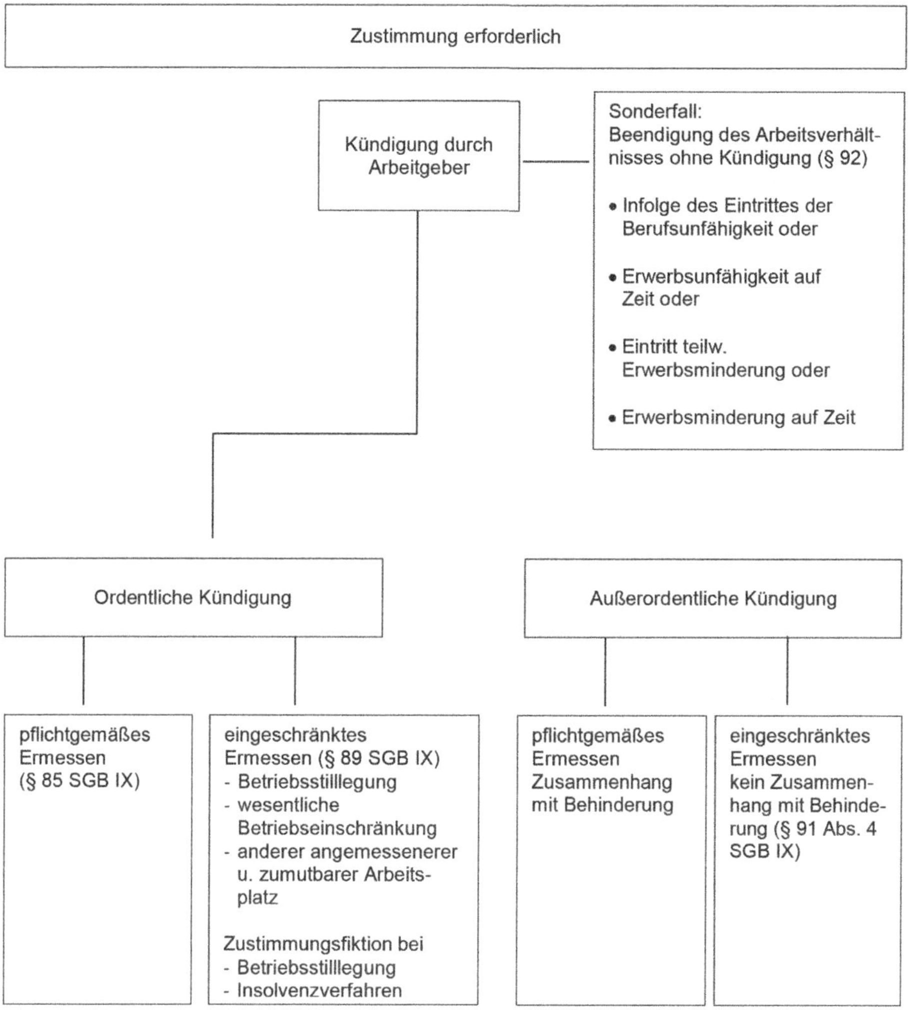

Ursprünglich geschaffen worden ist der Kündigungsschutz allein für schwerbehinderte Menschen. Schwerbehinderte Menschen im Sinne des Schwerbehindertenrechts sind Personen mit einem Grad der Behinderung von wenigstens 50. Dies ist durch einen Ausweis des Versorgungsamtes nachzuweisen.[3] Personen mit einem Grad der Behinderung von 30 oder 40 können von der Agentur für Arbeit auf Antrag den schwerbehinderten Menschen gleichgestellt werden, wenn die Voraussetzungen nach SGB IX hierfür vorliegen. Kündigungsschutz besteht grundsätzlich erst dann, wenn die Schwerbehinderteneigenschaft nachgewiesen werden kann.[4] Soweit noch keine Entscheidung des Versorgungs-

3 Vgl. Bundesministerium für Arbeit und Soziales, Ratgeber für Menschen mit Behinderung, S. 12.

4 Vgl. hierzu vertiefend: Preis, Arbeitsrecht, § 68 I.

amtes zur Schwerbehinderteneigenschaft vorliegt, besteht der Kündigungsschutz aber auch, wenn die im Einzelfall geltende Bearbeitungsfrist für das Feststellungsverfahren des Versorgungsamtes bereits abgelaufen ist und der schwerbehinderte Arbeitnehmer seinen Mitwirkungspflichten nachgekommen ist. Schwerbehinderte Personen kommen im Rahmen einer Kündigung also erst dann in den Genuss des in §§ 85 ff. SGB IX normierten Kündigungsschutzes, wenn ihr Arbeitsverhältnis im Sinne des § 90 Abs. 1 Nr. 1 SGB IX länger als sechs Monate ununterbrochen Bestand gehabt hat und ihre Eigenschaft als Schwerbehinderter gemäß § 90 Abs. 2a SGB IX – beispielsweise durch einen Bescheid des für sie zuständigen Versorgungsamtes – zum Kündigungszeitpunkt nachgewiesen wurde. Nach § 86 SGB IX beträgt die Kündigungsfrist gegenüber einem Schwerbehinderten, dessen Arbeitsverhältnis bereits länger als sechs Monate besteht (vgl. § 90 Abs. 1 Nr. 1 SGB IX) mindestens vier Wochen. Im Rahmen der Kündigung eines schwerbehinderten Arbeitnehmers ist es sowohl bei der ordentlichen als auch bei der außerordentlichen Kündigung notwendig, zuvor die Zustimmung des Integrationsamts einzuholen. Sofern das Integrationsamt der Kündigung zuvor nicht zugestimmt hat, ist gemäß § 85 SGB IX die Kündigung eines schwerbehinderten Arbeitnehmers unwirksam. Hier ist es allerdings für den Arbeitgeber wichtig zu wissen, dass in Fällen, in welchen die Schwerbehinderteneigenschaft für den Arbeitgeber offensichtlich ist oder in Fällen, in welchen dem Arbeitgeber Gesundheitsstörungen des Arbeitnehmers bekannt sind, welche auf eine Schwerbehinderteneigenschaft schließen lassen, für ihn nicht mehr die Möglichkeit besteht, sich darauf zu berufen, dass der Arbeitnehmer es unterlassen hat, ihm die Schwerbehinderteneigenschaft mitzuteilen. Das Kündigungsschutzverfahren ist im folgenden Schaubild schematisch dargestellt.

Der Arbeitgeber beabsichtigt bei einem schwerbehinderten bzw. gleichgestellten Menschen eine:

Änderungskündigung | Ordentliche Kündigung | Außerordentliche Kündigung

Arbeitgeber informiert
- Schwerbehindertenvertretung
- Betriebs- / Personalrat

und beantragt Zustimmung zur Kündigung beim Integrationsamt

Integrationsamt ermittelt den Sachverhalt und hört dazu an / holt Stellungnahme ein:

Schwerbehinderten / gleichgestellten Menschen | Schwerbehinderten-vertretung | BR / PR

Kündigungsverhandlung

mündliche Verhandlung des Integrationsamtes mit den Beteiligten, um:

1. den Sachverhalt aufklären
2. eine „gütliche Einigung" zu erzielen,
- einvernehmliche Beendigung
- Rücknahme des Antrags durch den AG

3. ggf. das Verfahren auszusetzen, um weiter Informationen oder Entwicklungen abzuwarten

Integrationsamt schaltet, falls erforderlich, Fachleute ein, z.B.

Technischer Beratungsdienst des Integrationsamtes | Arbeits-, Fachmediziner, Gesundheitsamt | Integrationsfachdienst (IFD)

Sofern eine gütliche Einigung nicht zustanden kommt, entscheidet das Integrationsamt in den Grenzen des ihm zustehenden Ermessens unter Abwägung der Interessen

des Arbeitgebers an der wirtschaftlichen Ausnutzung des Arbeitsplatzes | an der Erhaltung des Arbeitsverhältnisses

Die Zustimmung des Integrationsamtes ist nicht erforderlich, wenn das Arbeitsverhältnis aus einem der im Folgenden genannten Gründe endet:

- wenn der schwerbehinderte Arbeitnehmer selbst kündigt;
- bei einer Kündigung durch den Arbeitgeber, sofern diese aus witterungsbedingten Gründen erfolgt. Dieses gilt aber nur dann, wenn sichergestellt ist, dass der schwerbehinderte Arbeitnehmer bei Wiederaufnahme der Arbeit wieder eingestellt wird;
- gemäß § 90 Abs. 1 Ziff. 3 SGB IX wenn der Arbeitgeber das Arbeitsverhältnis kündigt, sofern der Arbeitnehmer das 58. Lebensjahr vollendet und Anspruch auf eine Abfindung, Entschädigung oder ähnliche Leistung aufgrund eines Sozialplans hat und der Arbeitgeber dem schwerbehinderten Arbeitnehmer die Kündigungsabsicht rechtzeitig mitgeteilt und dieser nicht der beabsichtigten Kündigung bis zu deren Ausspruch widersprochen hat;
- bei einer Kündigung durch den Arbeitgeber, sofern diese innerhalb der ersten sechs Monate des Arbeitsverhältnisses erfolgt (§ 90 Abs. 1 Ziff. 1 SGB IX);
- bei Ablauf eines befristeten Arbeitsvertrages – weil hier keine Kündigung vorliegt.

Anders verhält es sich aber nach § 90 Abs. 1 Ziff. 1 SGB IX in dem Zeitraum der ersten sechs Monate des Arbeitsverhältnisses. Damit ein schwerbehinderter Arbeitnehmer sich überhaupt auf den Kündigungsschutz, welchen das SGB IX im bietet, berufen kann, müssen folgende Kriterien erfüllt sein: die Schwerbehinderung des Arbeitnehmers muss bereits beantragt bzw. anerkannt worden sein, wenn ihm die Kündigung zugeht. Sofern eine Anerkennung im Zeitpunkt der Kündigung noch nicht vorlag, sondern lediglich beantragt worden ist, kann nach Ansicht des Bundesarbeitsgerichts eine Unwirksamkeit der Kündigung aufgrund fehlender Zustimmung des Integrationsamtes lediglich dann entstehen, wenn der Antrag mindestens drei Wochen vor Zugang der Kündigung gestellt worden ist.[5] Innerhalb von drei Wochen nach Zugang der Kündigung – also innerhalb der in § 4 KSchG genannten Frist – muss der Arbeitnehmer die Schwerbehinderung oder zumindest die Antragstellung in der Kündigungsschutzklage geltend machen. Tut er dies nicht, so steht ihm auch nicht der rechtliche Schutz des § 85 SGB IX zur Seite.[6]

Sofern ein Arbeitnehmer bereits vor der Kündigung die Feststellung seiner Schwerbehinderung beantragt hat, so kann er durch eine spätere Feststellung seiner Schwerbehinderung nur dann einen rückwirkenden Kündigungsschutz erreichen, wenn der Arbeitgeber innerhalb eines Monats nach Kündigung über die Stellung seines Antrags unterrichtet wurde und er gemäß § 90 Abs. 2a SGB IX durch fehlende Mitwirkung keine Verzögerung des Verfahrens herbeigeführt hat. Sinn dieser Regelung ist es, zu verhindern, dass gesunde Arbeitnehmer, welche eine Kündigung befürchten, missbräuchliche Anträge auf Feststellung einer Schwerbehinderung stellen. Im Rahmen des § 90 Absatz 2a SGB IX trägt der Arbeitgeber für die Nichterfüllung der Mitwirkungspflichten gegenüber dem Integrationsamt durch den Arbeitnehmer die Beweislast. Er trägt die Beweislast auch dafür, dass durch diese Nichterfüllung eine Verzögerung der Entscheidung des Integrationsamtes

[5] Vgl. BAG, Urt. Vom 01.03.2007, 2 AZR 217/06.

[6] Vgl. Dütz / Thüsing, Arbeitsrecht, § 9 Rn. 484.

eingetreten ist. Nur so kann der Arbeitgeber erreichen, dass der Kündigungsschutz nach § 90 Absatz 2a SGB IX nicht zum Tragen kommt.[7]

Im Rahmen der Zustimmung durch das Integrationsamt ist zu beachten, dass das Integrationsamt einer geplanten Kündigung nur dann zustimmen muss bzw. nur dann zustimmen soll, wenn die in § 89 SGB IX geregelten Voraussetzungen vorliegen.[8] Diese Vorschrift lautet:

§ 89 SGB IX Einschränkungen der Ermessensentscheidung

(1) Das Integrationsamt erteilt die Zustimmung bei Kündigungen in Betrieben und Dienststellen, die nicht nur vorübergehend eingestellt oder aufgelöst werden, wenn zwischen dem Tage der Kündigung und dem Tage, bis zu dem Gehalt oder Lohn gezahlt wird, mindestens drei Monate liegen. Unter der gleichen Voraussetzung soll es die Zustimmung auch bei Kündigungen in Betrieben und Dienststellen erteilen, die nicht nur vorübergehend wesentlich eingeschränkt werden, wenn die Gesamtzahl der weiterhin beschäftigten schwerbehinderten Menschen zur Erfüllung der Beschäftigungspflicht nach § 71 ausreicht. Die Sätze 1 und 2 gelten nicht, wenn eine Weiterbeschäftigung auf einem anderen Arbeitsplatz desselben Betriebes oder derselben Dienststelle oder auf einem freien Arbeitsplatz in einem anderen Betrieb oder einer anderen Dienststelle desselben Arbeitgebers mit Einverständnis des schwerbehinderten Menschen möglich und für den Arbeitgeber zumutbar ist.

(2) Das Integrationsamt soll die Zustimmung erteilen, wenn dem schwerbehinderten Menschen ein anderer angemessener und zumutbarer Arbeitsplatz gesichert ist.

(3) Ist das Insolvenzverfahren über das Vermögen des Arbeitgebers eröffnet, soll das Integrationsamt die Zustimmung erteilen, wenn

1. *der schwerbehinderte Mensch in einem Interessenausgleich namentlich als einer der zu entlassenden Arbeitnehmer bezeichnet ist (§ 125 der Insolvenzordnung),*
2. *die Schwerbehindertenvertretung beim Zustandekommen des Interessenausgleichs gemäß § 95 Abs. 2 beteiligt worden ist,*
3. *der Anteil der nach dem Interessenausgleich zu entlassenden schwerbehinderten Menschen an der Zahl der beschäftigten schwerbehinderten Menschen nicht größer ist als der Anteil der zu entlassenden übrigen Arbeitnehmer an der Zahl der beschäftigten übrigen Arbeitnehmer und*
4. *die Gesamtzahl der schwerbehinderten Menschen, die nach dem Interessenausgleich bei dem Arbeitgeber verbleiben sollen, zur Erfüllung der Beschäftigungspflicht nach § 71 ausreicht.*

---

[7] Vgl. hierzu vertiefend Preis, Arbeitsrecht, § 68 I.

[8] Vgl. Preis, Arbeitsrecht, § 22 III 3; siehe hierzu auch: Bundesministerium für Arbeit und Soziales, Ratgeber für Menschen mit Behinderung, S. 56.

Nach § 87 SGB IX ist das Integrationsamt gehalten, vor seiner Entscheidung den Betriebsrat bzw. Personalrat, die Schwerbehindertenvertretung und den betroffenen schwerbehinderten Arbeitnehmer zunächst anzuhören.[9] Der betroffene schwerbehinderte Arbeitnehmer hat die Möglichkeit, gegen die Zustimmung des Integrationsamts Widerspruch einzulegen bzw. vor dem Verwaltungsgericht Anfechtungsklage hiergegen zu erheben. Nach § 88 Abs. 4 SGB IX haben Widerspruch bzw. Anfechtungsklage jedoch keine aufschiebende Wirkung. Sofern das Integrationsamt seine Zustimmung verweigert, besteht für den Arbeitgeber die Möglichkeit, vor Gericht durch eine Verpflichtungsklage die Zustimmung zu erstreiten. Er ist allerdings an einer erneuten Kündigung gehindert, bis über seine Klage rechtskräftig entschieden worden ist. Gemäß § 88 Abs. 3 SGB IX hat der Arbeitgeber, nachdem ihm die Zustimmung zur Kündigung durch das Integrationsamt zugegangen ist, lediglich einen Monat Zeit, um die beabsichtigte Kündigung auszusprechen.

Im Rahmen der außerordentlichen Kündigung eines schwerbehinderten Arbeitnehmers ist gemäß § 91 Abs. 1 SGB IX ebenfalls die vorherige Zustimmung des Integrationsamtes erforderlich. Für derartige Kündigungen stellt der § 91 SGB IX in seinen Absätzen 2 bis 5 detaillierte Sonderregelungen auf. So muss im Rahmen einer außerordentlichen Kündigung das Integrationsamt nach § 91 Abs. 3 SGB IX bereits innerhalb einer Frist von zwei Wochen über den Antrag des Arbeitgebers entschieden haben.[10] Sofern die Behörde in dieser Zeitspanne keine Entscheidung getroffen hat, gilt gemäß § 91 Abs. 3 Satz 2 SGB IX die Zustimmung des Integrationsamts als erteilt.[11] Eine interessante Frage, die sich im Rahmen der Zustimmung auftut, ist die Frage, inwiefern sich eine einmal erteilte Zustimmung des Integrationsamtes aufbrauchen kann. Für Arbeitgeber kann insofern die Kenntnis des folgenden Urteils des Bundesarbeitsgerichtes interessant sein:

BAG, Urteil vom 8. November 2007 – 2 AZR 425/06 –

Im November 2007 hatte das Bundesarbeitsgericht (BAG) einen Fall zu entscheiden, bei dem Formalien eine zentrale Rolle spielten. Die Kündigung des mit einem schwerbehinderten Arbeitnehmer bestehenden Arbeitsverhältnisses bedarf der vorhergehenden Zustimmung des Integrationsamts. Eine ohne eine solche Zustimmung erklärte Kündigung ist unwirksam. Hat das Integrationsamt der Kündigung zugestimmt, kann der Arbeitgeber innerhalb eines Monats kündigen. In dem vom BAG zu entscheidenden Fall hatte das Integrationsamt der – auf eine langwierige Erkrankung der schwerbehinderten Arbeitnehmerin gestützten – Kündigung des Arbeitsverhältnisses mit Bescheid vom 06.10.2004 zugestimmt. Die Arbeitgeberin kündigte daraufhin mit Schreiben vom 02.11.2004. Gegen die Wirksamkeit dieser Kündigung bestanden (aus hier nicht interessierenden Gründen)

[9] Vgl. Dütz / Thüsing, Arbeitsrecht, § 9 Rn. 420 ff.

[10] Vgl. Junker, Grundkurs Arbeitsrecht, Rn. 399.

[11] Vgl. hierzu vertiefend: Preis, Arbeitsrecht, § 68 I.

erhebliche Bedenken, weshalb die Arbeitgeberin am 04.11.2004 vorsorglich eine erneute Kündigung aussprach. Die klagende Arbeitnehmerin berief sich darauf, dass die Zustimmung des Integrationsamts durch die Kündigung vom 02.11.2004 „verbraucht" sei, sodass die Arbeitgeberin vor dem Ausspruch der Kündigung vom 04.11.2004 erneut eine Zustimmung des Integrationsamts hätte einholen müssen. Dies sah das BAG anders und hat die Klage - wie bereits die Vorinstanzen - abgewiesen.

Aus diesem Urteil ergibt sich die Erkenntnis, dass eine einmal ausgesprochene Kündigung nicht dazu führt, dass weitere Kündigung durch den Arbeitgeber einer erneuten Zustimmung des Integrationsamts bedürfen, sofern auch sie innerhalb der Monatsfrist erfolgen.

14.1 Antragsverfahren beim Integrationsamt

Die Zustimmung des Integrationsamts muss der Arbeitgeber schriftlich beim Integrationsamt beantragen. Zwar ist für die Antragstellung die Verwendung von Antragsformularen nicht vorgeschrieben, doch bietet es sich an, Antragsformulare des Integrationsamts für die Antragstellung zu verwenden. Die erforderlichen Formulare kann der Arbeitgeber beim Integrationsamt erhalten.

Name, Anschrift - Antragstellerin

Landesamt für Soziales und Versorgung
Integrationsamt
Lipezker Str. 45 Haus 5
03048 Cottbus

Aktenzeichen des Integrationsamtes – soweit bekannt

Betriebsnummer:

Antrag auf Zustimmung
nach § 85 ff. Neuntes Buch Sozialgesetzbuch – SGB IX
(BGBl I S. 1046 vom 19.06.2001 in der jeweils geltenden Fassung)
zur

☐ ordentlichen Kündigung ☐ außerordentlichen Kündigung ☐ Betriebseinstellung § 89 (1) S.1
☐ Änderungskündigung ☐ Beendigung nach § 92 SGB IX ☐ Insolvenz § 89 (3)

des Arbeitsverhältnisses mit
☐ **dem schwerbehinderten Menschen** ☐ **einem schwerbehinderten Menschen gleichgestellten**

Name, Vorname Anschrift, Telefon			
Geburtsdatum Familienstand			
Grad der Behinderung			
Schwerbehinderteneigenschaft/ Gleichstellung, nachgewiesen durch			
Beschäftigung beim Arbeitgeber	seit	Zuletzt ausgeübte Tätigkeit	
Bruttogehalt	monatlich €		
betriebliche Altersversorgung	☐ besteht nicht	☐ besteht	
Anspruch des schwerbehinderten Menschen auf diese Altersversorgung	☐ besteht nicht	☐ besteht	ab

Angaben zum Arbeitgeber (AG)

Name, Anschrift – AG -		
Name, Anschrift der Beschäftigungsstelle nur ausfüllen bei AG mit mehreren Betrieben/Dienststellen		
Art der Beschäftigungsstelle	☐ Betrieb (§ 87 Abs. 1, S.2 SGB IX) →	Wirtschaftszweig
	☐ Dienststelle (§ 87 Abs. 1, S. 2 SGB IX)	
	Zuständige/r Personalsachbearbeiter/in, Telefon	
Anzahl der Arbeitsplätze im Gesamtunternehmen (§ 73 SGB IX)		
Anzahl der mit schwerbehinderten/ schwerbehinderten gleichgestellten Menschen besetzten Pflichtplätze	→	Das entspricht einer Pflichtquotenerfüllung von %

LASV-11/2009 Antrag auf Zustimmung nach §§ 85 ff SGB IX

Helfer (Aufgabenträger) nach dem SGB IX in Betrieb/Dienststelle

Name, Telefon des/der Beauftragten des AG	
Name, Telefon des/der Betriebs-/ Personalratsvorsitzenden	
Name, Telefon der Schwerbehindertenvertretung	

Angaben zum Verfahren

geltender Tarifvertrag	
ordentliche Kündigung ausgeschlossen durch Tarifvertrag	
Kündigungsfrist	
Betriebliche Leistungen wegen der Kündigung (z.B. Sozialplan)	

Ist die Schwerbehindertenvertretung über den Sachverhalt rechtzeitig und umfassend unterrichtet und vor der Antragstellung gehört worden?
☐ ja ☐ nein

Wurde ein Gespräch im Sinne des § 84 Abs. 1 SGB IX (Prävention) geführt? ☐ ja ☐ nein

Wurde im Falle einer krankheitsbedingten Kündigung ein betriebliches Eingliederungsmanagement nach § 84 Abs. 2 SGB IX durchgeführt/eingeleitet? ☐ ja ☐ nein

Begründung des Zustimmungsantrages

→ Fortsetzung auf neutralem Blatt

Ich bin darüber unterrichtet, dass die von mir erbetenen Angaben zur Erfüllung der Aufgaben des Integrationsamtes erforderlich sind und zum Teil karteimäßig erfasst oder maschinell gespeichert und verarbeitet werden (Bundesdatenschutzgesetz vom 27.01.1977 - BGBl. I S.201). Die Erhebung der personenbezogenen Daten erfolgt auf der Grundlage der §§ 35 SGB I, 67 ff. SGB X.

Unterschrift des Antragstellers/der Antragstellerin, Datum

LASV-11/2009 Antrag auf Zustimmung nach §§ 85 ff SGB IX

Im Rahmen des Antrages sollte der Arbeitgeber eine ausführliche Begründung aufführen.[12] Darüber hinaus sind folgende Informationen für das Integrationsamt derart wichtig, dass sie ebenfalls im Antrag enthalten sein sollten:

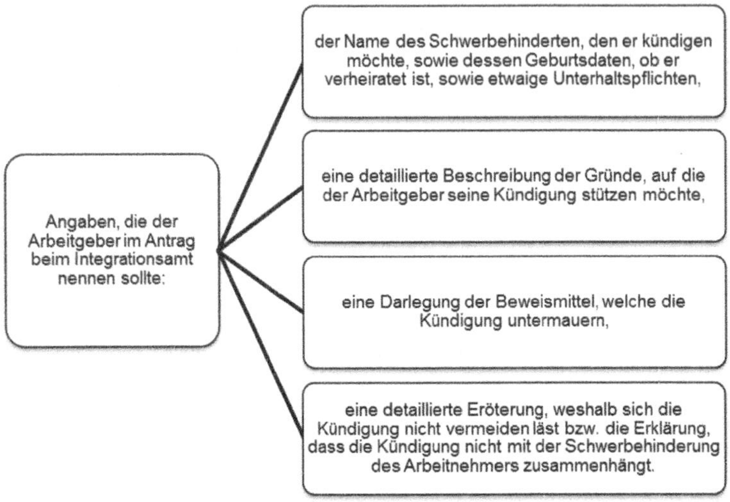

Im weiteren Entscheidungsprozess vergewissert sich das Integrationsamt vor seiner Entscheidung bezüglich der Umstände, indem es sowohl den schwerbehinderten Arbeitnehmer anhört, der gekündigt werden soll, als auch eine Stellungnahme der Agentur für Arbeit sowie eines etwaigen im Unternehmen bestehenden Betriebsrats einholt.[13]

Die Zustimmungsbedürftigkeit gilt für alle Arten von Kündigungen – für die ordentliche Kündigung, die außerordentliche Kündigung ebenso wie für eine Änderungskündigung. Eine Zustimmungsbedürftigkeit des Integrationsamts ist allerdings nicht erforderlich für die einvernehmliche Beendigung eines Arbeitsverhältnisses – also für einen Aufhebungsvertrag.[14] Es empfiehlt sich dennoch in einem solchen Fall neben der Schwerbehindertenvertretung auch das Integrationsamt vor dem Abschluss eines Aufhebungsvertrages einzubeziehen.[15] Geregelt ist das Antragsverfahren in § 87 SGB IX. Diese Vorschrift lautet:

12 Vgl. hierzu vertiefend Preis, Arbeitsrecht, § 68 I.

13 Vgl. Dütz / Thüsing, Arbeitsrecht, §9 Rn. 420 ff.

14 Vgl. Dütz / Thüsing, Arbeitsrecht, §9 Rn. 347.

15 Vgl. hierzu vertiefend: Preis, Arbeitsrecht, § 68 I.

§ 87 SGB IX Antragsverfahren

(1) *Die Zustimmung zur Kündigung beantragt der Arbeitgeber bei dem für den Sitz des Betriebes oder der Dienststelle zuständigen Integrationsamt schriftlich. Der Begriff des Betriebes und der Begriff der Dienststelle im Sinne des Teils 2 bestimmen sich nach dem Betriebsverfassungsgesetz und dem Personalvertretungsrecht.*

(2) *Das Integrationsamt holt eine Stellungnahme des Betriebsrates oder Personalrates und der Schwerbehindertenvertretung ein und hört den schwerbehinderten Menschen an.*

(3) *Das Integrationsamt wirkt in jeder Lage des Verfahrens auf eine gütliche Einigung hin.*

Der Arbeitgeber hat die Zustimmung zur Kündigung nach § 87 SGB IX beim Integrationsamt schriftlich in doppelter Ausfertigung zu beantragen. Nach Eingang eines Kündigungsantrages hat das Integrationsamt den schwerbehinderten Menschen gegebenenfalls in Form einer mündlichen Verhandlung anzuhören. Es hat ferner eine Stellungnahme des Betriebs- bzw. des Personalrates und der Schwerbehindertenvertretung - soweit vorhanden - einzuholen.[16] Das Integrationsamt soll die Entscheidung bei ordentlichen Kündigungen nach § 88 SGB IX innerhalb eines Monats vom Tage des Eingangs des Antrages an treffen. Sachlich begründete Überschreitungen dieser Frist - z.B. wegen Anforderung ärztlicher, technischer oder anderer Gutachten - sind zulässig. Die Entscheidung wird dem Arbeitgeber und dem schwerbehinderten Menschen zugestellt. Der Bundesagentur für Arbeit wird eine Abschrift der Entscheidung übersandt. Erteilt das Integrationsamt die Zustimmung zur Kündigung, so kann der Arbeitgeber diese nur innerhalb eines Monats nach Zustellung des Bescheides erklären. Widerspruch und Anfechtungsklage gegen die Zustimmungen haben keine aufschiebende Wirkung. Weitergehende gesetzliche, tarifliche oder arbeitsvertragliche Kündigungsfristen bleiben unberührt.

Der Arbeitgeber hat nach § 86 SGB IX eine Kündigungsfrist von mindestens vier Wochen einzuhalten.[17] Spricht der Arbeitgeber eine Kündigung aus, ohne vorher die Zustimmung des Integrationsamtes eingeholt zu haben, so ist die Kündigung nichtig. Der schwerbehinderte Arbeitnehmer kann dann beim Arbeitsgericht Klage erheben, um feststellen zu lassen, dass das Arbeitsverhältnis durch die Kündigung nicht aufgelöst ist. Die Klageerhebung erscheint allein schon zur Vermeidung von Sperrzeiten beim Bezug von Arbeitslosengeld ratsam. Schwerbehinderten Arbeitnehmern wird empfohlen, vor diesem Schritt den Arbeitgeber um Rücknahme der Kündigung zu ersuchen.

Die Zustimmung des Integrationsamtes ist u.a. nicht erforderlich bei schwerbehinderten Arbeitnehmern, deren Arbeitsverhältnis im Zeitpunkt des Zugangs der

[16] Vgl. Dütz/Thüsing, Arbeitsrecht, §9 Rn. 420 ff.

[17] Vgl. Junker, Grundkurs Arbeitsrecht, Rn. 384.

Kündigungserklärung ohne Unterbrechung noch nicht länger als sechs Monate besteht. Die Zustimmung ist auch nicht erforderlich, wenn bei Vollendung des 58. Lebensalters das Arbeitsverhältnis durch Kündigung beendet wird und Anspruch auf eine Abfindung, Entschädigung oder ähnliche Leistungen auf Grund eines Sozialplans besteht. Hierbei hat der Arbeitgeber die Kündigungsabsicht rechtzeitig mitzuteilen und der beabsichtigten Kündigung darf bis zu deren Ausspruch durch den schwerbehinderten Arbeitnehmer nicht widersprochen werden.

Zeitlich befristete Beschäftigungsverhältnisse enden nach Ablauf ohne Kündigung und bedürfen keiner Zustimmung des Integrationsamtes. Ferner ist die Zustimmung des Integrationsamtes nicht erforderlich bei Entlassungen, die aus Witterungsgründen vorgenommen werden, sofern die Wiedereinstellung der schwerbehinderten Arbeitnehmer bei Wiederaufnahme der Arbeit gewährleistet ist. Besondere Bestimmungen sind in folgenden Fällen zu beachten:

Betriebsschließung, Betriebseinschränkung oder Insolvenz: Bei Kündigungen in Betrieben und Dienststellen, die nicht nur vorübergehend eingestellt oder aufgelöst werden, hat das Integrationsamt nach § 89 Abs. 1 S. 1 SGB IX die Zustimmung zu erteilen, wenn zwischen dem Tag der Kündigung und dem Tage, bis zu dem Gehalt oder Lohn gezahlt wird, mindestens drei Monate liegen. Zu beachten ist, dass es sich bei der Drei-Monatsfrist um keine Kündigungsfrist handelt, sondern dass innerhalb dieser Frist der Arbeitgeber dem schwerbehinderten Arbeitnehmer noch Lohn oder Gehalt zahlen muss; auch wenn das Arbeitsverhältnis im Rahmen der ordentlichen Kündigungsfrist schon vorher beendet sein sollte. Allerdings ist während dieser Zeit einer etwaigen Aufforderung des Arbeitgebers, die Arbeit aufzunehmen, Folge zu leisten.

Bei einer Kündigungsfrist von drei Monaten oder mehr ist die erwähnte Lohnzahlung über drei Monate somit ohne Bedeutung. Daneben soll die Zustimmung auch erteilt werden, wenn das Insolvenzverfahren über das Vermögen des Arbeitgebers eröffnet wurde und der schwerbehinderte Mensch in einem Interessenausgleich namentlich als einer der zu entlassenden Arbeitnehmer bezeichnet ist (§ 125 Insolvenzordnung), die Schwerbehindertenvertretung beim Zustandekommen des Interessenausgleichs beteiligt worden ist, der Anteil der nach dem Interessenausgleich zu entlassenden schwerbehinderten Menschen an der Zahl der beschäftigten schwerbehinderten Menschen nicht größer ist als der Anteil der zu entlassenden übrigen Arbeitnehmer an der Zahl der beschäftigten übrigen Arbeitnehmer und die Gesamtzahl der schwerbehinderten Menschen, die nach dem Interessenausgleich bei dem Arbeitgeber verbleiben sollen zur Erfüllung der Beschäftigungspflicht nach § 71 ausreicht, § 89 Abs. 3.[18]

Im Falle des Vorliegens der Voraussetzungen der o.g. Vorschriften bei Betriebseinstellung bzw. bei Betriebsauflösung sowie Insolvenz gilt nach § 88 Abs. 5 SGB IX, dass die Entscheidung innerhalb eines Monats vom Tage des Eingangs des Antrags zu treffen ist. Wird innerhalb dieser Frist keine Entscheidung getroffen, so gilt die Zustimmung als erteilt.

[18] Vgl. Pallasch, Arbeitsrecht, S. 125 f.

Bei einer nicht nur vorübergehenden wesentlichen Betriebseinschränkung soll die Zustimmung erteilt werden, wenn außerdem die Gesamtzahl der verbleibenden schwerbehinderten Menschen zur Erfüllung der Beschäftigungspflicht von wenigstens fünf Prozent der Arbeitsplätze ausreicht (vgl. § 89 Abs. 1 S. 2 SGB IX). Grundlage bietet der § 89 SGB IX. Dieser lautet:

§ 89 SGB IX Einschränkungen der Ermessensentscheidung

(1) Das Integrationsamt erteilt die Zustimmung bei Kündigungen in Betrieben und Dienststellen, die nicht nur vorübergehend eingestellt oder aufgelöst werden, wenn zwischen dem Tage der Kündigung und dem Tage, bis zu dem Gehalt oder Lohn gezahlt wird, mindestens drei Monate liegen. Unter der gleichen Voraussetzung soll es die Zustimmung auch bei Kündigungen in Betrieben und Dienststellen erteilen, die nicht nur vorübergehend wesentlich eingeschränkt werden, wenn die Gesamtzahl der weiterhin beschäftigten schwerbehinderten Menschen zur Erfüllung der Beschäftigungspflicht nach § 71 ausreicht. Die Sätze 1 und 2 gelten nicht, wenn eine Weiterbeschäftigung auf einem anderen Arbeitsplatz desselben Betriebes oder derselben Dienststelle oder auf einem freien Arbeitsplatz in einem anderen Betrieb oder einer anderen Dienststelle desselben Arbeitgebers mit Einverständnis des schwerbehinderten Menschen möglich und für den Arbeitgeber zumutbar ist.

(2) Das Integrationsamt soll die Zustimmung erteilen, wenn dem schwerbehinderten Menschen ein anderer angemessener und zumutbarer Arbeitsplatz gesichert ist.

(3) Ist das Insolvenzverfahren über das Vermögen des Arbeitgebers eröffnet, soll das Integrationsamt die Zustimmung erteilen, wenn

1. *der schwerbehinderte Mensch in einem Interessenausgleich namentlich als einer der zu entlassenden Arbeitnehmer bezeichnet ist (§ 125 der Insolvenzordnung),*
2. *die Schwerbehindertenvertretung beim Zustandekommen des Interessenausgleichs gemäß § 95 Abs. 2 beteiligt worden ist,*
3. *der Anteil der nach dem Interessenausgleich zu entlassenden schwerbehinderten Menschen an der Zahl der beschäftigten schwerbehinderten Menschen nicht größer ist als der Anteil der zu entlassenden übrigen Arbeitnehmer an der Zahl der beschäftigten übrigen Arbeitnehmer und*
4. *die Gesamtzahl der schwerbehinderten Menschen, die nach dem Interessenausgleich bei dem Arbeitgeber verbleiben sollen, zur Erfüllung der Beschäftigungspflicht nach § 71 ausreicht.*

Dies gilt nicht, wenn eine Weiterbeschäftigung auf einem anderen Arbeitsplatz desselben Betriebes oder derselben Dienststelle oder auf einem freien Arbeitsplatz in einem anderen Betrieb oder einer anderen Dienststelle desselben Arbeitgebers mit Einverständnis des schwerbehinderten Menschen möglich und für den Arbeitgeber zumutbar ist.

Die Zustimmung zu einer außerordentlichen – bzw. fristlosen – Kündigung kann nach § 91 SGB IX nur innerhalb von zwei Wochen nach dem für die Kündigung maßgebenden Ereignis beim Integrationsamt beantragt werden. Die Frist beginnt mit dem Zeitpunkt, in dem der Arbeitgeber von den für die Kündigung maßgebenden Tatsachen Kenntnis erlangt hat. Das Integrationsamt hat die Entscheidung innerhalb von zwei Wochen vom Tag des Eingangs des Antrages an zu treffen. Wird innerhalb dieser Frist eine Entscheidung nicht getroffen, gilt die Zustimmung als erteilt.[19] Das Integrationsamt soll die Zustimmung erteilen, wenn die außerordentliche Kündigung aus einem Grund erfolgt, der nicht im Zusammenhang mit der Behinderung steht. Geregelt ist dies in § 91 SGB IX. Dieser lautet:

§ 91 SGB IX Außerordentliche Kündigung

(4) Die Vorschriften dieses Kapitels gelten mit Ausnahme von § 86 auch bei außerordentlicher Kündigung, soweit sich aus den folgenden Bestimmungen nichts Abweichendes ergibt.

(5) Die Zustimmung zur Kündigung kann nur innerhalb von zwei Wochen beantragt werden; maßgebend ist der Eingang des Antrages bei dem Integrationsamt. Die Frist beginnt mit dem Zeitpunkt, in dem der Arbeitgeber von den für die Kündigung maßgebenden Tatsachen Kenntnis erlangt.

(6) Das Integrationsamt trifft die Entscheidung innerhalb von zwei Wochen vom Tage des Eingangs des Antrages an. Wird innerhalb dieser Frist eine Entscheidung nicht getroffen, gilt die Zustimmung als erteilt.

(7) Das Integrationsamt soll die Zustimmung erteilen, wenn die Kündigung aus einem Grunde erfolgt, der nicht im Zusammenhang mit der Behinderung steht.

(8) Die Kündigung kann auch nach Ablauf der Frist des § 626 Abs. 2 Satz 1 des Bürgerlichen Gesetzbuchs erfolgen, wenn sie unverzüglich nach Erteilung der Zustimmung erklärt wird.

(9) Schwerbehinderte Menschen, denen lediglich aus Anlass eines Streiks oder einer Aussperrung fristlos gekündigt worden ist, werden nach Beendigung des Streiks oder der Aussperrung wieder eingestellt.

[19] Vgl. Junker, Grundkurs Arbeitsrecht, Rn. 399.

14.2 Zusammenhang zwischen Kündigungsgrund und anerkannter Behinderung

Nach einer Entscheidung des VGH Baden-Württemberg können in die Prüfung, ob ein Zusammenhang zwischen Kündigungsgrund und Behinderung besteht, nur solche Behinderungen einbezogen werden, die amtlich anerkannt sind.[20] Hat ein Arbeitnehmer die Feststellung seiner Schwerbehinderteneigenschaft oder Gleichstellung beantragt, genießt er nach Ablauf der dreiwöchigen Vorfrist den vorläufigen Kündigungsschutz. Bei der Prüfung eines eventuell bestehenden Zusammenhangs zwischen Kündigungsgrund und (noch nicht festgestellter) Behinderung sind die Gesundheitsstörungen zu berücksichtigen, die von der Versorgungsverwaltung als Behinderungen anerkannt wurden bzw. anerkannt werden sollen. Das heißt: Bei einem Erstantrag sind die Antragsunterlagen im Anerkennungsverfahren beim Versorgungsamt mit Einwilligung der betroffenen Person beizuziehen und zu berücksichtigen. Handelt es sich um einen Antrag auf Neufeststellung bzw. Änderung, sind die bereits anerkannten und die neu vorgebrachten Einschränkungen zu berücksichtigen.

---

[20] Vgl. VGH Baden-Württemberg, Urteil vom 3.5.1993 - 7 S 2773/92; BayVGH, Beschluss vom 6.10.1997 - 12 B 94.2091; OVG Niedersachsen, Urteil vom 27.7.1994 - 4 L 1547/94.

LAND BRANDENBURG

Landesamt
für Soziales und Versorgung
Schwerbehindertenrecht

Landesamt für Soziales und Versorgung | PF 10 01 23 | 03001 Cottbus

Lipezker Str. 45
03048 Cottbus

GZ.:
GZ. bitte bei Rückantwort angeben!
Service-Nr: (0355) 2893-800
Fax: (0331) 27548-4523
Internet: www.lasv.brandenburg.de
service@lasv.brandenburg.de

Bus 16 bis Poznaner Str./BTU
Tram 2, 4 bis Gelsenkirchener Platz
Anschluss: Bus 13,14
bis Lipezker Str./ Schwarzheider Str.
oder Tram 2, 4 bis Schwarzheider Str.

Herrn
Max Mustermann

Cottbus, den

Neufeststellungsbescheid

Sehr geehrter Herr Mustermann,

auf Ihren am eingegangenen Antrag ergeht folgende Entscheidung:

Ihr Grad der Behinderung (**GdB**) beträgt **80**.

Ein höherer GdB konnte nicht festgestellt werden.

Die gesundheitlichen Voraussetzungen für folgende(s) Merkzeichen liegen vor:

G Erhebliche Gehbehinderung

Sie gehören zum Personenkreis der schwerbehinderten Menschen und haben **Anspruch** auf einen **Schwerbehindertenausweis**.

Diese Entscheidung ist **wirksam ab** .

Die gesundheitlichen Voraussetzungen für folgende(s) Merkzeichen liegen nicht vor:
RF Rundfunkbeitragsermäßigung

Der Bescheid vom wird entsprechend aufgehoben.

Besucheranschrift	**Besuchszeiten**	**Telefonische Servicezeiten**
Bürgerservice	Mo 9 bis 12 Uhr	Mo, Mi, Do 8 bis 16 Uhr
Lipezker Str. 45, Haus 6	Di 9 bis 18 Uhr	Di 8 bis 18 Uhr
03048 Cottbus	Do 9 bis 16 Uhr	Fr 8 bis 14 Uhr

Zertifikat seit 2009
audit berufundfamilie

- 2 -

Begründung

Die Auswirkungen aller vorliegenden Gesundheitsstörungen und die damit verbundene Beeinträchtigung der Teilhabe am Leben in der Gesellschaft bestimmen die Höhe des GdB (§ 69 Sozialgesetzbuch Neuntes Buch -SGB IX-).

Behinderungen sind nicht nur vorübergehende Funktionsbeeinträchtigungen, die auf einem regelwidrigen körperlichen, geistigen oder seelischen Zustand beruhen und einen GdB von wenigstens 10 erreichen. Regelwidrig ist der Zustand, der nicht für das Lebensalter typisch ist. Als nicht nur vorübergehend gilt ein Zeitraum von mehr als 6 Monaten.

Liegen mehrere Beeinträchtigungen vor, so ist der GdB nach den Auswirkungen der Beeinträchtigungen in ihrer Gesamtheit unter Berücksichtigung ihrer wechselseitigen Beziehungen festzustellen (§ 69 Abs. 3 SGB IX). Rein rechnerische Methoden dürfen zur Bestimmung des GdB nicht angewandt werden.

Gemäß § 48 SGB X in Verbindung mit § 69 Abs. 1 SGB IX ist ein Verwaltungsakt mit Dauerwirkung für die Zukunft aufzuheben, soweit in den tatsächlichen oder rechtlichen Verhältnissen eine wesentliche Änderung eintritt. In diesem Fall ist ein Verwaltungsakt zu erlassen, der dieser Änderung Rechnung trägt.

Wesentlich ist eine Änderung nur dann, wenn sich der Grad der Behinderung durch Verschlechterung oder Besserung der Gesundheitsstörung um wenigstens 10 nach oben oder unten ändert oder wenn die Voraussetzungen eines Nachteilsausgleiches nachträglich eintreten oder wegfallen.

Die Änderung der Verhältnisse muss entweder eine tatsächliche (Änderung der medizinischen Befunde) oder eine rechtliche (Änderung des Gesetzes) sein.

- 3 -

Die Grundlage der Entscheidung sind die Bewertungskriterien der Versorgungsmedizin-Verordnung (VersMedV). Unter Einbeziehung unseres Ärztlichen Dienstes erfolgt eine Auswertung der vorliegenden medizinischen Unterlagen.

Durch das Dezernat Schwerbehindertenrecht erfolgte die abschließende Würdigung der Schwerbehindertenangelegenheit anhand der gesetzlichen Bestimmungen.

Folgende Gesundheitsstörung(en) wurde(n) berücksichtigt:

-
-
-
-
-

Unter Beachtung der vorgenannten allgemeinen Grundsätze ist die Behinderung daher mit einem Gesamt-GdB von 80 zu bewerten.

Die Feststellung eines höheren GdB als 80 lässt sich nicht begründen.

Die Gesundheitsstörung .... kann nicht in die Bewertung des GdB einbezogen werden, weil sie für sich allein keinen Einzel-GdB von wenigstens 10 bedingt.

Sie haben Merkzeichen beantragt:

RF Rundfunkbeitragsermäßigung

Die gesundheitlichen Voraussetzungen für die Rundfunkbeitragsermäßigung (Merkzeichen RF) sind im Fünfzehnten Staatsvertrag zur Änderung rundfunkrechtlicher Staatsverträge (gültig ab 01.01.2013) geregelt. Danach kann das Merkzeichen RF nur festgestellt werden bei

1. blinden oder nicht nur vorübergehend wesentlich sehbehinderten Menschen mit einem GdB von wenigstens 60 allein wegen der Sehbehinderung oder

2. hörgeschädigten Menschen, die gehörlos sind oder denen eine ausreichende Verständigung über das Gehör auch mit Hörhilfen nicht möglich ist, wobei Letzteres der Fall ist, wenn an beiden Ohren mindestens eine hochgradige kombinierte Schwerhörigkeit oder eine hochgradige Innenohrschwerhörigkeit vorliegt und allein dafür ein GdB von wenigstens 50 anzusetzen ist oder

- 4 -

3. behinderten Menschen, deren GdB nicht nur vorübergehend wenigstens 80 beträgt und die infolge ihres Leidens ständig nicht an öffentlichen Veranstaltungen teilnehmen können.

Zu dem Personenkreis der schwerbehinderten Menschen mit einem Grad der Behinderung von wenigstens 80, die eine Rundfunkbeitragsermäßigung erhalten können, gehören insbesondere diejenigen, bei denen schwere Bewegungsstörungen - auch durch innere Leiden (schwere Herzleistungsschwäche, schwere Lungenfunktionsstörung) - bestehen, oder die unter häufigen hirnorganischen Anfällen leiden.

Die behinderten Menschen müssen allgemein von öffentlichen Veranstaltungen ausgeschlossen sein. Es genügt nicht, dass sich die Teilnahme an einzelnen, nur gelegentlich stattfindenden Veranstaltungen bestimmter Art verbietet. Behinderte Menschen, die noch in nennenswertem Umfang an öffentlichen Veranstaltungen teilnehmen können, erfüllen die Voraussetzungen nicht.

Ist die Teilnahme nur an bestimmten Veranstaltungen nicht möglich (z. B. weil sie im Freien oder in geschlossenen Räumen stattfinden, weil geraucht wird, weil es nur Stehplätze gibt oder weil ein großes Gedränge zu erwarten ist), rechtfertigt dies nicht die Erteilung der Beitragsermäßigung.

Die Voraussetzungen für die Beitragsermäßigung sind auch dann zu verneinen, wenn der schwerbehinderte Mensch öffentliche Veranstaltungen mit Hilfe von Begleitpersonen oder mit technischen Hilfsmitteln (z.B. Rollstuhl) in zumutbarer Weise besuchen kann.

Das Vorliegen der Voraussetzungen für das Merkzeichen RF kann nicht festgestellt werden.

Ausweisausstellung

Es steht ein Ausweis zu, der durch einen orangefarbenen Flächenaufdruck gekennzeichnet ist.

Sofern Sie einen Schwerbehindertenausweis wünschen, reichen Sie bitte ein Passbild der Größe 35 x 45 mm ein. Auf der Rückseite dieses Bildes vermerken Sie bitte den Vor- und Zunamen, das Geburtsdatum sowie das Geschäftszeichen. Das Passbild wird gespeichert und verbleibt in digitaler Form im LASV. Es wird nach der Speicherung nicht zurückgesendet, sondern datenschutzgerecht vernichtet, sofern Sie innerhalb von 3 Wochen keine Einwände dagegen vorbringen. Der Ausweis wird unbefristet ausgestellt.

- 5 -

Rechtsbehelf

Gegen diesen Bescheid kann innerhalb eines Monats nach seiner Bekanntgabe Widerspruch erhoben werden. Der Widerspruch ist beim

Landesamt für Soziales und Versorgung - Schwerbehindertenrecht -
Lipezker Str. 45, Haus 6
03048 Cottbus

schriftlich oder zur Niederschrift einzulegen.

Hinweise

Ein Merkblatt über die unentgeltliche Beförderung schwerbehinderter Menschen im öffentlichen Personenverkehr bzw. Kfz-Steuerermäßigung ist beigefügt.

Besondere Hinweise zur Mitwirkung

Sie sind verpflichtet, uns folgende Änderungen mitzuteilen:

- Besserung oder Wegfall einer Gesundheitsstörung
- Feststellung einer Minderung der Erwerbsfähigkeit (MdE) aufgrund eines anerkannten Arbeitsunfalles oder anerkannter Berufskrankheit durch eine andere Dienststelle
- Namenswechsel
- Änderung der Wohnanschrift im Inland, Verzug ins Ausland
- Änderung der Staatsangehörigkeit
- bei Ausländern und Staatenlosen: Entziehung oder Änderung des Aufenthaltsstatus

Mit freundlichen Grüßen

Landesamt für Soziales und Versorgung

Dieses Dokument wurde maschinell erstellt und ist ohne Unterschrift gültig.

Ein Zusammenhang von Behinderung und Kündigungsgrund ist nach einer Ansicht bereits dann gegeben, wenn zwischen Behinderung und kündigungsauslösendem Verhalten eine Kausalität besteht, nach der sich ein Zusammenhang zwischen dem Verhalten und der Behinderung nicht völlig ausschließen lässt.[21] Das Bestehen eines solchen Zusammenhangs ist nicht streng nach Kausalitätsgrundsätzen zu prüfen. Es kann vielmehr auch nach allgemeiner Lebensanschauung aufgrund einer weiten Auslegung dieses Begriffes vermutet werden. Dies gilt insbesondere für eine verhaltensbedingte Kündigung bei festgestellter psychischer Behinderung.

Nach einer anderen Ansicht[22] ist der Zusammenhang enger zu beurteilen. Es reicht nicht jedweder Einfluss der Behinderung auf das Verhalten des Behinderten aus. Der erforderliche Zusammenhang ist vielmehr erst dann gegeben, wenn die jeweilige Behinderung unmittelbar oder mittelbar zu Defiziten in der Einsichtsfähigkeit bzw. der Verhaltenssteuerung des schwerbehinderten Arbeitnehmers geführt hat, denen behinderungsbedingt nicht entgegengewirkt werden konnte, und wenn das einer Kündigung aus wichtigem Grund zugrunde liegende Verhalten des schwerbehinderten Arbeitnehmers gerade auf diese behinderungsbedingte, mangelhafte Verhaltenssteuerung zurückzuführen ist.

Der zuletzt genannten Auffassung des OVG NRW sollte grundsätzlich der Vorzug gegeben werden, da es sich bei den §§ 85 ff. SGB IX um einen Sonderkündigungsschutz handelt, der allein darauf abzielt, die aufgrund einer anerkannten Behinderung bestehenden Nachteile auszugleichen. Gerade bei einer – im Folgenden ausführlich behandelten – psychischen Behinderung ist jedoch im wohlverstandenen Interesse des antragstellenden Arbeitgebers unter Umständen ein Zusammenhang auch dann anzunehmen, wenn die strengeren Kriterien des OVG Münster nicht einschlägig oder zumindest zweifelhaft sind, da ansonsten eventuell eine Aufhebung der zustimmenden Entscheidung durch die Verwaltungsgerichte droht.

Sowohl ein unmittelbarer als auch ein mittelbarer Zusammenhang ist ausreichend, damit das Integrationsamt nach pflichtgemäßem Ermessen gemäß § 85 SGB IX entscheidet. Unmittelbar ist der Zusammenhang, wenn er sich als direkter Ausfluss aus der Behinderung ergibt.

Beispiel für einen unmittelbaren Zusammenhang

Ein schwerbehinderter Mitarbeiter kann aufgrund seiner körperlichen Einschränkung seine Tätigkeit nicht ordnungsgemäß verrichten bzw. eine Maschine bedienen.

Ein mittelbarer Zusammenhang liegt hingegen bei einem Sachverhalt vor, der nicht zwangsläufig aus der Behinderung resultiert.

---

[21] Vgl. VGH Baden-Württemberg, Urteil vom 5.7.1989, BB 1989, 2400.

[22] Vgl. OVG NRW, Beschluss vom 22.01.2009 – 12 A 2094/08.

Beispiel für einen mittelbaren Zusammenhang
Der behinderte Mitarbeiter wird wegen seiner Behinderung gemobbt und begeht deswegen eine Tätlichkeit.

Besonderheiten bestehen insbesondere im Rahmen des Zusammenhangs bei psychischen, seelischen oder geistigen Behinderungen. Gerade auch bei psychischen, seelischen oder geistigen Behinderungen kommt ein Zusammenhang zwischen der anerkannten Behinderung des Arbeitnehmers und dem Kündigungsgrund in Betracht. Er äußert sich beispielsweise in Beleidigungen, Belästigungen, Drohungen, häufigem Fehlen, Zuspätkommen, aber auch durch Antriebsschwäche, Schlechtleistung oder Unkonzentriertheit. Im Zusammenhang mit der Behinderung stehen die Gründe der Kündigung dann, wenn sich das Verhalten des schwerbehinderten Menschen bei natürlicher Betrachtung zwanglos aus der Behinderung ergibt und der Zusammenhang nicht nur ein entfernter ist.[23] Abzustellen ist stets auf den Arbeitgebervortrag. Daher ist ein Zusammenhang auch dann zu prüfen, wenn das Vorliegen des Kündigungsgrundes vom schwerbehinderten Menschen bestritten wird. Hieraus ergibt sich folgendes Prüfungsschema:

A. *Der unmittelbare bzw. mittelbare Zusammenhang ist für das Integrationsamt offensichtlich:*
Dabei ist es unerheblich, ob der Zusammenhang vom schwerbehinderten Menschen vorgetragen wird. Eine weitere, z.B. medizinische, fachdienstliche Aufklärung kann unterbleiben. Hier genügt die begründbare Überzeugung durch das Integrationsamt.
B. *Der unmittelbare bzw. mittelbare Zusammenhang ist für das Integrationsamt fraglich:*
Wird ein Zusammenhang vom schwerbehinderten Menschen vorgetragen, muss diese Frage durch eine weitere, z.B. medizinische oder fachdienstliche Aufklärung geklärt werden. Das Ergebnis ist Grundlage für die Überzeugung des Integrationsamtes. Es kann aber Fälle geben, in denen ein vorgetragener Zusammenhang als Schutzbehauptung zu werten ist. Hier ist diese Überzeugung entsprechend zu begründen; eine weitere Sachaufklärung kann dann unterbleiben.

Wenn das Integrationsamt Zweifel hat, ob ein Zusammenhang besteht, muss eine weitere, z.B. medizinische oder fachdienstliche Aufklärung durchgeführt werden. Wird ein Zusammenhang nicht vorgetragen, bestehen aus Sicht des Integrationsamtes hierfür jedoch Anhaltspunkte, muss diese Frage ebenfalls durch weitere Ermittlungen geklärt werden. Das Ergebnis führt dann gegebenenfalls zu einer Überzeugung des Integrationsamtes. Wird ein Zusammenhang nicht vorgetragen und bestehen keine Zweifel, dass kein Zusammenhang besteht, muss das Integrationsamt dennoch hierzu – wenn auch kurze – Ausführungen machen. Dies kann nach Überzeugung des Integrationsamtes geschehen mit der Begründung, es sei nicht behinderungsspezifisch zwangsläufig, dass ein Zusammenhang

[23] Vgl. BAG, Urteil vom 25.2.1963 – 2 AZR 313/62; Trenk-Hinterberger in HK-SGB IX, § 91 Rn. 31.

besteht („Nicht jeder psychisch behinderte Mensch verhält sich so; insbesondere, da das Beschäftigungsverhältnis bisher unauffällig war“).

Bei der beantragten Zustimmung zu einer außerordentlichen Kündigung ergibt sich nachfolgende Besonderheit: Bei der außerordentlichen Kündigung obliegt es dem Integrationsamt im Rahmen der Amtsaufklärung und innerhalb der Zweiwochenfrist des § 91 Abs. 3 SGB IX aufzuklären, ob ein Zusammenhang zwischen der anerkannten Behinderung und dem Kündigungsgrund besteht. Angesichts der begrenzten Zeit, die der Behörde zur Aufklärung des Sachverhalts zur Verfügung steht, ist es diesbezüglich ebenfalls ausreichend, dass ein mittelbarer Zusammenhang besteht oder zumindest nicht ausgeschlossen werden kann. Es ist nicht erforderlich, dass die Behinderung die einzige oder zumindest die wesentliche Ursache des Kündigungsgrundes ist. Die objektive Feststellungslast für das Fehlen eines Zusammenhangs trägt der Arbeitgeber.[24] Im Zustimmungs- bzw. im Widerspruchsverfahren nach §§ 85 ff. SGB IX trägt damit das Integrationsamt die Beweislast für den fehlenden Zusammenhang zwischen Kündigungsgrund und anerkannter Behinderung. Geht es zu Unrecht von einem fehlenden Zusammenhang aus, so führt dies in aller Regel aufgrund eines Ermessensfehlers zur Aufhebung der angegriffenen Bescheide im verwaltungsgerichtlichen Verfahren. Kann die Frage des Zusammenhangs innerhalb der Zweiwochenfrist nicht abschließend geklärt werden (Amtsermittlungspflicht nach § 20 Abs. 1 SGB X), muss in jedem konkreten Einzelfall auf der Grundlage des bis dahin ermittelten Sachverhaltes entschieden werden. Nur ausnahmsweise kann der gesetzliche Eintritt der Fiktion in Frage kommen.

14.3 Prüfungsumfang zu § 84 Abs. 1 SGB IX

Der Arbeitgeber schaltet gemäß § 84 Abs. 1 SGB IX bei Eintreten von personen-, verhaltens- oder betriebsbedingten Schwierigkeiten im Arbeits- oder sonstigen Beschäftigungsverhältnis, die zur Gefährdung dieses Verhältnisses führen können, möglichst frühzeitig die Schwerbehindertenvertretung und die in § 93 SGB IX genannten Vertretungen sowie das Integrationsamt ein, um mit ihnen alle Möglichkeiten und alle zur Verfügung stehenden Hilfen zur Beratung und mögliche finanzielle Leistungen zu erörtern, mit denen die Schwierigkeiten beseitigt werden können und das Arbeits- oder sonstige Beschäftigungsverhältnis möglichst dauerhaft fortgesetzt werden kann. Die Gerichte haben zu § 84 Abs. 1 SGB IX folgendes festgestellt:

- Die Durchführung des Präventionsverfahrens nach § 84 Abs. 1 SGB IX ist keine formelle Wirksamkeitsvoraussetzung für den Ausspruch einer Kündigung gegenüber einem schwerbehinderten Menschen. Die Vorschrift stellt lediglich eine Konkretisierung des

[24] Vgl. OVG Lüneburg, Urt. v. 9.3.1994 – 4 L 3927/92 –, juris.

dem gesamten Kündigungsschutzrecht innewohnenden Verhältnismäßigkeitsgrundsatzes dar.[25]

- Die Durchführung eines Präventionsverfahrens nach § 84 SGB IX ist auch keine Rechtmäßigkeitsvoraussetzung für die Zustimmungsentscheidung des Integrationsamtes nach §§ 85 ff. SGB IX.[26] Das Integrationsamt darf jedoch im Rahmen seiner Ermessensentscheidung gegebenenfalls zu Lasten des Arbeitgebers berücksichtigen, wenn bei gehöriger Durchführung des Präventionsverfahrens die Möglichkeit bestanden hätte, die Kündigung zu vermeiden.[27]

Macht der schwerbehinderte Arbeitnehmer die Ansprüche nach § 81 Abs. 4 SGB IX geltend, so hat er nach den allgemeinen Regeln grundsätzlich die Darlegungs- und Beweislast für die anspruchsbegründenden Voraussetzungen. Diese Anforderungen an die Darlegungslast des schwerbehinderten Arbeitnehmers gelten allerdings nicht, wenn der Arbeitgeber seinen Pflichten zur rechtzeitigen Beteiligung des Integrationsamts und der Schwerbehindertenvertretung im Präventionsverfahren nach § 84 Abs. 1 SGB IX nicht nachgekommen ist. Dem Arbeitgeber wird damit eine aktive Rolle für Eingliederung und gegen Ausgliederung des schwerbehinderten Arbeitnehmers zugewiesen. Fand eine Erörterung nach § 84 Abs. 1 SGB IX allerdings statt und kamen die fachkundigen Stellen unter Beteiligung der Schwerbehindertenvertretung zu dem Ergebnis, es gäbe keine Möglichkeiten zur Sicherung der Beschäftigung des Arbeitnehmers, bleibt es bei der primären Darlegungslast des schwerbehinderten Arbeitnehmers.[28] Das Integrationsamt hat seiner Prüfung daher folgende allgemeine Annahme zugrunde zu legen: Prävention nach § 84 Abs. 1 SGB IX bedeutet keine formellen Wirksamkeitsvoraussetzung. Hierbei ist lediglich die möglichst frühzeitige Einschaltung der Schwerbehindertenvertretung, des Betriebs- bzw. Personalrats oder der Mitarbeitervertretung und des Integrationsamts durch den Arbeitgeber bei personen-, verhaltens- oder betriebsbedingten Schwierigkeiten zu prüfen. Es muss dabei eruiert werden, ob der Arbeitgeber vor dem Zustimmungsantrag überhaupt präventive Maßnahmen durchgeführt hat. Sofern dies nicht geschehen ist, schließt sich die Frage an, warum es unterblieben ist. Die Darlegungslast liegt hierbei beim Arbeitgeber.

14.4 Erweiterter Beendigungsschutz, Rente und Ruhestand

Bei Eintritt einer teilweisen Erwerbsminderung, der Erwerbsminderung auf Zeit, der Berufsunfähigkeit oder der Erwerbsunfähigkeit auf Zeit bedarf die Beendigung des Arbeitsverhältnisses eines schwerbehinderten Menschen nach § 92 SGB IX auch dann der vorherigen Zustimmung des Integrationsamtes, wenn sie ohne Kündigung erfolgt.

[25] Vgl. BAG, Urteil vom 7.12.2006, 2 AZR 182/06.

[26] Vgl. BVerwG, Urteil vom 29.8.2007 - 2 AZR 182/06.

[27] Vgl. OVG NRW, Urteil vom 5.3.2009 - 12 A 122/09.

[28] Vgl. BAG, Urteil vom 4.10.2005 - 9 AZR 632/04.

Ergänzend hierzu sind die entsprechenden vertraglichen oder tarifvertraglichen Regelungen zu beachten, insbesondere bei Zeitrenten.[29]

Behinderte Menschen unterliegen für die Berechtigung zum Bezug einer Rente wegen Erwerbs- oder Berufsunfähigkeit gewöhnlich denselben Regelungen wie nichtbehinderte Menschen. Die Voraussetzungen sind im SGB VI geregelt. Die so genannte Erwerbsunfähigkeitsrente erhalten allerdings nur noch Personen, deren Rentenbeginn vor dem Jahr 2001 lag. Die Erwerbsunfähigkeitsrente ist für Personen, die erst nach 2001 die Voraussetzungen erreichen mit der Rentenreform zum 1.1.2001 abgeschafft worden. Allerdings sieht auch das neue Recht gemäß § 240 SGB VI für Personen, die vor dem 2. Januar 1961 geboren sind, eine Art Vertrauensschutz vor, nach welchem auch weiterhin im Falle der Berufsunfähigkeit Rentenansprüche entstehen können. Nunmehr gibt es für Personen, deren Rentenbeginn nach dem 31.12.2000 liegt eine zweistufige Erwerbsminderungsrente. Im Rahmen der Rente wegen Erwerbsminderung wird nach § 43 SGB VI zwischen der Rente wegen teilweiser Erwerbsminderung und der Rente wegen voller Erwerbsminderung differenziert.

Als teilweise erwerbsgemindert werden Personen angesehen, welche aus gesundheitlichen Gründen – sei es aufgrund einer Krankheit oder sei es aufgrund von Behinderung – nur noch in der Lage sind, zwar mindestens drei Stunden, aber weniger als sechs Stunden täglich unter den üblichen Bedingungen des allgemeinen Arbeitsmarktes einer Erwerbstätigkeit nachzugehen. Als voll erwerbsgemindert hingegen werden Personen angesehen, welche gesundheitsbedingt nur noch weniger als drei Stunden täglich unter den üblichen Bedingungen des allgemeinen Arbeitsmarktes einer Erwerbstätigkeit nachgehen können.

Damit diese Personenkreise die Erwerbsminderungsrente in Anspruch nehmen können, müssen neben der Erwerbsminderung als weitere Voraussetzung für den Rentenanspruch in den vorangegangenen fünf Jahren für mindestens drei Jahre Beiträge gezahlt und darüber hinaus die Wartezeit von fünf Jahren erfüllt worden sein.

Darüber hinaus haben auch Personen einen Anspruch auf Rente wegen voller Erwerbsminderung, die bereits vor Erfüllung der allgemeinen Wartezeit voll erwerbsgemindert waren und seitdem ununterbrochen voll erwerbsgemindert sind, sofern sie die in § 43 Abs. 6 SGB VI normierte Wartezeit von 20 Jahren erfüllt haben. Die Auszahlung der Rente wegen Erwerbsminderung setzt einen Antrag voraus. Um einen Rentenbezug ab der erreichten Frist sicherzustellen, sollte der Antrag innerhalb von drei Monaten ab Vollendung des Monats, in welchem die 20-Jahres-Frist erreicht wurde, gestellt werden (§ 99 Abs. 1 SGB VI). Eine spätere Antragstellung führt dazu, dass der Rentenabzug erst ab dem Monat des Antrags beginnt. In Einzelfällen kann eine derartige spätere Antragstellung sinnvoll sein, wenn man damit einen erhöhten Rentenbezug erreichen kann. Nach § 43 Abs. 2 Satz 3 Nr. 1 SGB VI werden als voll erwerbsgemindert Personen angesehen, die in Werkstätten für behinderte Menschen beschäftigt sind und wegen der Art und Schwere der Behinderung nicht auf dem allgemeinen Arbeitsmarkt arbeiten können.

---

[29] Vgl. Bundesministerium für Arbeit und Soziales, Ratgeber für Menschen mit Behinderung, S. 65 f.

Die Höhe der zu erzielenden Rente ist abhängig vom – nach der Rentenformel des § 64 SGB VI zu berechnenden – Monatsbetrag der Rente und berücksichtigt auch bestehende Hinzuverdienstgrenzen des § 96a Abs. 2 SGB VI. Zu beachten ist hierbei, dass der so ermittelte Wert lediglich die Bruttorente darstellt. Der dem Rentenbezugsberechtigten verbleibende Betrag ergibt sich erst nach Abzug der Sozialabgaben für die Kranken- und Pflegeversicherung.

Die Rente wegen verminderter Erwerbsfähigkeit darf gemäß § 102 Abs. 2 SGB VI ab Rentenbeginn längstens für drei Jahre – also nur zeitlich beschränkt – erbracht werden. Diese Frist kann allerdings für weitere drei Jahre nach dem Ablauf der vorherigen Frist verlängert werden. Eine unbefristete Rentenzahlung kann – bei Renten, auf die ein Anspruch unabhängig von der jeweiligen Arbeitsmarktlage besteht – dann erfolgen, wenn unwahrscheinlich ist, dass die Minderung der Erwerbsfähigkeit behoben werden kann. Nach einer Gesamtdauer der Befristung von neun Jahren ist hiervon auszugehen. Sofern jemand Rente wegen Erwerbsminderung bezieht, wird bei Überschreiten der so genannten Regelaltersgrenze nach § 115 Abs. 3 Satz 1 SGB VI von Amts wegen auf die Rente wegen Alters umgestellt.

14.5 Betriebsbedingte Kündigung

Erforderlich ist das Vorliegen dringender außerbetrieblicher Gründe wie z.B. Auftragsmangel, Umsatzrückgang oder aber innerbetrieblicher Gründe. Bestreitet der Arbeitnehmer das Vorliegen betriebsbedingter Gründe, beispielsweise den Umsatzrückgang, fordert das Integrationsamt den Arbeitgeber auf, seine Umsatzentwicklung anhand von konkreten Zahlen zu belegen. Unzweifelhaft handelt es sich bei diesen Zahlen um geschützte Betriebs- und Geschäftsgeheimnisse im Sinne des § 35 SGB I.[30]

Es ist stets zu prüfen, ob ein Zusammenhang zwischen anerkannter Behinderung und Kündigungsgrund gegeben ist, aus dem eine besondere Fürsorgepflicht des Arbeitgebers resultiert. Ist ein zumindest mittelbarer Zusammenhang nach Prüfung nicht gegeben, sind im Rahmen der Ermessensentscheidung geringere Anforderungen an die Fürsorgepflicht des Arbeitgebers und an die Zumutbarkeit der Aufrechterhaltung des Arbeitsverhältnisses zu stellen, da der besondere Kündigungsschutz keinen Nachteilsausgleich mehr darstellen würde.[31] Wegen ununterbrochener oder wiederholter Fehlzeiten wegen Arbeitsunfähigkeit wird auf die Ausführungen zum BEM verwiesen. In diesen Fällen geht das BEM nach § 84 Abs. 2 SGB IX einer Prävention nach § 84 Abs. 1 SGB IX vor. Die erforderliche Prävention bei einer Minderung der Leistungsfähigkeit wird als eigenständiger Kündigungsgrund dargestellt.[32] Wurde eine Prävention durchgeführt, so sind die Ergebnisse im Rahmen des

---

30 Vgl. Zur Erhebung und Nutzung der Daten vertiefend auch Mrozynski, SGB I, § 35 Rn. 37 ff.

31 Vgl. BIH (Hrsg.), ABC Behinderung & Beruf, Handbuch für die betriebliche Praxis, S. 16 f.

32 Vgl. hierzu vertiefend Kohte/Faber/Feldhoff (Hrsg.), Gesamtes Arbeitsschutzrecht, § 84 SGB IX Rn. 52 f.

Zustimmungsverfahrens zu berücksichtigen. Da die Prävention nach § 84 Abs. 1 SGB IX grundsätzlich weniger formal stattfinden wird als ein BEM, ist es – entgegen dem zu § 84 Abs. 2 SGB IX Gesagten – auch nicht grundsätzlich ausgeschlossen, dass vor dem Integrationsamt auch noch alternative Beschäftigungsmöglichkeiten eine Rolle spielen können, die bei der Prävention zuvor bereits erörtert wurden. Für die Prüfung des Sachbearbeiters im Integrationsamt bedeutet dies in einem Zustimmungsverfahren nach §§ 85 ff. SGB IX für eine betriebsbedingte Kündigung folgendes:

- Wegfall aller Arbeitsplätze: Prävention ist in der Regel entbehrlich, insbesondere bei Entscheidungen nach § 89 Abs. 1 SGB IX, da grundsätzlich keine Benachteiligung wegen der anerkannten Behinderungen vorliegt.[33]
- Wegfall mehrerer Arbeitsplätze oder des Arbeitsplatzes des schwerbehinderten Arbeitnehmers: Es muss bei entsprechendem bestrittenem Vortrag geprüft werden, ob vergleichbare Arbeitsplätze gegebenenfalls vor dem Zustimmungsantrag besetzt wurden. Hätte gegebenenfalls eine frühzeitige Weiterqualifizierung des schwerbehinderten Menschen erfolgen können? War die Entwicklung bis zum Arbeitsplatzwegfall absehbar? Die Zustimmung kann unter Umständen versagt werden, wenn der Arbeitgeber nicht darlegen kann, dass es auch bei Durchführung der Prävention keine Möglichkeit gegeben hätte, das Arbeitsverhältnis zu erhalten. Dies gilt auch, wenn der Arbeitgeber durch treuwidriges Verhalten (§ 162 BGB) die Weiterbeschäftigung auf einem anderen Arbeitsplatz vereitelt hat.

14.5.1 Prüfungsumfang

Eine betriebsbedingte Kündigung liegt vor, wenn der Arbeitgeber einem veränderten Arbeitsbedarf Rechnung tragen und deshalb das Personal an den Arbeitsbedarf anpassen will. Nur dringende betriebliche Erfordernisse können die betriebsbedingte Kündigung rechtfertigen. Diese Erfordernisse können ihre Ursache in außerbetrieblichen Gründen wie z. B. Auftragsmangel oder Umsatzrückgang aber auch in innerbetrieblichen Gründen haben. Innerbetriebliche Gründe können nur dann eine Kündigung rechtfertigen, wenn der Arbeitgeber die Ertragslage zum Anlass nimmt, zur Kostenersparnis durch technische oder organisatorische innerbetriebliche Maßnahmen die Zahl der Arbeitsplätze zu verringern.

Bestreitet der schwerbehinderte Arbeitnehmer das Vorliegen der dringenden betrieblichen Gründe, beispielsweise den Umsatzrückgang, ist der Arbeitgeber aufzufordern, diesen zu belegen. Dies kann er beispielsweise durch Einreichen einer Bescheinigung seines Steuerberaters. Der Arbeitgeber muss auch darlegen, welche organisatorischen oder technischen Maßnahmen er angeordnet hat und wie sie sich auf den Arbeitsplatz des betroffenen Arbeitsnehmers auswirken. Ob tatsächlich eine unternehmerische Entscheidung

---

[33] Vgl. Nollert-Borasio / Perreng, Allgemeines Gleichbehandlungsgesetz, § 1 Rn. 26.

vorliegt, deren Umsetzung zu einem Wegfall der bisherigen Beschäftigungsmöglichkeiten des schwerbehinderten Menschen führt, ist seitens des Integrationsamtes voll überprüfbar. Dies gilt jedoch nicht für die Zweckmäßigkeit der beabsichtigten Maßnahme. Diese darf das Integrationsamt nur daraufhin überprüfen, ob sie offensichtlich unsachlich oder willkürlich ist.

14.5.2 Betriebsstilllegung nach § 89 Abs. 1 Satz 1 SGB IX

Das Integrationsamt muss die Zustimmung zu einer Kündigung erteilen, wenn ein Betrieb oder eine Dienststelle nicht nur vorübergehend eingestellt oder aufgelöst wird und wenn zwischen dem Tag der Kündigung und dem Tag, bis zu dem Gehalt oder Lohn gezahlt wird, mindestens 3 Monate liegen. Der Arbeitgeber hat bei Vorliegen der Voraussetzungen von § 89 Abs. 1 Satz 1 SGB IX einen Anspruch auf Zustimmung durch das Integrationsamt.

Die unternehmerische Entscheidung, den Betrieb stillzulegen, setzt einen ernsthaften und endgültigen Entschluss des Unternehmers voraus, die gesamte Betriebs- und Produktionstätigkeit für einen seiner Dauer nach unbestimmten, wirtschaftlich nicht unerheblichen Zeitraum aufzugeben. Gleichzusetzen ist der Fall der Verlagerung des Betriebes ins Ausland oder an einen räumlich weit entfernt liegenden inländischen Standort, z. B. von Aachen nach Zwickau oder von Hamburg nach Passau. Soweit die Tatsache der Betriebsstilllegung streitig ist, muss das Integrationsamt den Sachverhalt aufklären. Anhaltspunkte für eine beabsichtigte Betriebsstilllegung können beispielsweise ein entsprechender Gesellschafterbeschluss, die Kundgabe der beabsichtigten Betriebsstilllegung gegenüber Geschäftspartnern oder eine Massenentlassungsanzeige des Arbeitgebers an die Agentur für Arbeit gem. § 17 KSchG sein. Auch die Tatsache, dass nur Auftragsabwicklungen und keine Hereinnahme von Neuaufträgen mehr erfolgen, kann ein entsprechendes Indiz sein. Die Gründe, die den Unternehmer zur Betriebsstilllegung veranlassen, sind dabei unerheblich. Im Bereich des öffentlichen Dienstes entspricht der Betriebsstilllegung die Auflösung einer Dienststelle. Sie liegt vor, wenn die vorgesetzte Dienststelle aufgrund ihrer Organisationsgewalt eine Behörde, eine selbständige Verwaltungsstelle oder einen öffentlichen Betrieb aufhebt.

Erforderlich ist es, dass der Arbeitgeber eine dauerhafte Betriebsstilllegung plant. Daran fehlt es, wenn er die Betriebsweiterführung nur kurzfristig unterbricht. Der bloße Wechsel des Betriebsinhabers stellt grundsätzlich keine Betriebsstilllegung dar. Es liegt dann ein Betriebsübergang nach § 613a BGB vor. Denn der Betriebserwerber tritt gemäß § 613a BGB in die Arbeitsverhältnisse mit dem bisherigen Betriebsinhaber ein. Obwohl die Betriebsstilllegung, wie oben dargestellt wurde, ein Tatbestandsmerkmal des § 89 Abs. 1 SGB IX ist, wird dieser Frage durch die Integrationsämter nicht nachgegangen, d.h. es wird die Frage der Betriebsstilllegung unter Außerachtlassung der Frage eines möglichen Betriebsübergangs geprüft. Denn es handelt sich um eine rein arbeitsrechtliche Frage, deren Prüfung die Integrationsämter nicht vornehmen können. Die Frage, ob tatsächlich ein Betriebsübergang vorliegt, erfolgt deshalb grundsätzlich im arbeitsgerichtlichen

Verfahren. Das Integrationsamt kann nämlich nicht rechtsverbindlich klären, ob ein Arbeitsverhältnis auf einen anderen Unternehmer übergegangen ist. Nur in den Fällen, in denen der Betriebsübergang zwischen den Parteien unstreitig vorgetragen wird oder offensichtlich erfolgt ist, kann das Integrationsamt von einem Betriebsübergang ausgehen und formell die Antragsbefugnis des den Antrag stellenden Arbeitgebers verneinen. In den weitaus häufigeren Fällen, in denen die Frage des Betriebsübergangs streitig ist, sind weitere detaillierte Sachverhaltsermittlungen im Rahmen des besonderen Kündigungsschutzes nach dem SGB IX nicht anzustellen. Soweit der Arbeitnehmer also darauf hinweist, eine dauerhafte Betriebsstilllegung sei nicht geplant, der Arbeitgeber führe zurzeit Übernahmeverhandlungen mit einem anderen Unternehmen, muss das Integrationsamt diesem Einwand nicht nachgehen. Über die Frage des Bestehens oder Nichtbestehens des Arbeitsverhältnisses entscheiden vielmehr allein die Arbeitsgerichte. In diesen Fällen hat das Integrationsamt daher zu unterstellen, dass der jeweilige Antragsteller noch Arbeitgeber, also auch antragsbefugt ist und materiell rechtlich eine Stilllegung des Betriebes geplant ist. Ein Rechtschutzbedürfnis für diesen vorsorglichen Antrag, für den Fall, dass kein Betriebsübergang vorliegt, ist zu bejahen.

Löst der Arbeitgeber lediglich eine Betriebsabteilung auf, handelt es sich nicht um eine Betriebsstilllegung im Sinne des § 89 Abs. 1 Satz 1 SGB IX. Allerdings kann es sich um eine wesentliche Betriebseinschränkung handeln (vgl. dazu unten). Der Betriebsstilllegung steht nicht entgegen, dass der Arbeitgeber zur Erhaltung der Betriebseinrichtung und der Warenbestände oder zu Aufräumarbeiten noch einzelne Arbeitnehmer beschäftigt.

Zwischen dem Tag der Kündigung und dem Tag, bis zu dem Lohn oder Gehalt gezahlt wird, müssen nach § 89 Abs. 1 Satz 1 SGB IX wenigstens drei Monate liegen. Die 3-Monatsklausel soll gewährleisten, dass der schwerbehinderte Arbeitnehmer noch mindestens für drei Monate Lohn oder Gehalt erhält. Soweit die Kündigungsfrist im Einzelfall weniger als drei Monate beträgt, kann der Arbeitgeber selbst durch eine verbindliche Erklärung, eine Kündigungsfrist von drei Monaten einhalten und für diesen Zeitraum Lohn bzw. Gehalt zu leisten, und so die Tatbestandsvoraussetzungen nach Satz 1 herbeiführen. Lohnersatzleistungen wie beispielsweise das von der Krankenkasse zu zahlende Krankengeld[34] und das Urlaubsentgelt reichen aus. Nicht ausreichend sind hingegen das Insolvenz- oder Arbeitslosengeld nach § 116 SGB III und die Urlaubsabgeltung nach § 7 Abs. 4 BUrlG.

Da das Integrationsamt im Zeitpunkt der Entscheidung über den Antrag auf Zustimmung zur Kündigung nicht prüfen kann, ob dem Arbeitnehmer tatsächlich Lohn bzw. Gehalt für drei Monate nach Zugang der Kündigung gezahlt werden, kann nur auf einen Anspruch auf Lohnzahlung abgestellt werden. Ein solcher Anspruch ergibt sich aus den gesetzlichen bzw. tarifvertraglichen Kündigungsfristen. Die dreimonatige Lohnfortzahlung ist Tatbestandsvoraussetzung für die Ermessensbindung des Integrationsamtes und darf ohne Vergewisserung beim Arbeitgeber nicht „von Amts wegen" durch Aufnahme

---

[34] Vgl. LAG Düsseldorf, Urteil vom 6.9.1989 - 11 Sa 782/89 n.v.; VG Gelsenkirchen, Urteil vom 3.12.2004 - 11K 1489/03, n.v.

einer entsprechenden Auflage in den Zustimmungsbescheid geschaffen werden.[35] Im Insolvenzverfahren ist gegenüber dem Insolvenzverwalter nach der dreimonatigen Lohnfortzahlung gesondert zu fragen. Insolvenzgeld ist auch eine Lohnersatzleistung (§ 183 InsO). Seine Berücksichtigung kann jedoch daran scheitern, dass es schon vor Ausspruch der beantragten Kündigung gezahlt wird.

Im Rahmen des § 89 Abs. 1 Satz 3 SGB IX hat das Integrationsamt zu prüfen, ob eine Weiterbeschäftigung des schwerbehinderten Arbeitnehmers auf einem freien Arbeitsplatz in einem anderen Betrieb oder in einer anderen Dienststelle des Arbeitgebers möglich und für ihn zumutbar ist. Das Integrationsamt hat der Frage nach Weiterbeschäftigungsmöglichkeiten von Amtswegen nachzugehen und dementsprechende Ermittlungen, beispielsweise durch Nachfragen beim Betriebsrat, anzustellen. Etwas anderes gilt, wenn Weiterbeschäftigungsmöglichkeiten auf Grund der geringen Größe des Unternehmens für den schwerbehinderten Arbeitnehmer offensichtlich nicht gegeben sind.[36]

Gibt es Weiterbeschäftigungsmöglichkeiten, kann die Entscheidung nicht auf die einschränkende Ermessensnorm des § 89 SGB IX gestützt werden. In diesem Zusammenhang ist zu ermitteln, ob es überhaupt weitere Betriebe bzw. Dienststellen desselben Arbeitgebers gibt. Wenn ja, ist zu prüfen, ob dort freie oder während der Kündigungsfrist frei werdende Arbeitsplätze vorhanden sind, auf denen der schwerbehinderte Mensch, gegebenenfalls nach zumutbaren inner- oder außerbetrieblichen Schulungs- bzw. Qualifizierungsmaßnahmen beschäftigt werden kann. Zumutbar ist eine solche Maßnahme jedenfalls dann, wenn sie innerhalb der Kündigungsfrist absolviert werden könnte. Es ist auch zu prüfen, ob der Arbeitgeber möglicherweise bereit ist, einen neuen Arbeitsplatz in einem anderen Betrieb einzurichten und der schwerbehinderte Mensch bereit ist, den neuen Arbeitsplatz gegebenenfalls zu besetzen. Eine Pflicht des Arbeitgebers, einen anderen Arbeitsplatz in einem seiner Betriebe neu einzurichten oder freizumachen, besteht dagegen nicht.

14.5.3 Betriebseinschränkung

Anders als bei der Betriebsstilllegung ist bei der wesentlichen Betriebseinschränkung das Ermessen des Integrationsamtes nicht auf null reduziert, sondern nur erheblich eingeschränkt. Für die Frage, was eine wesentliche Einschränkung ist, kann auf die für Massenentlassungen geltenden Schwellenwerte des § 17 Abs. 1 KSchG zurückgegriffen werden. Der § 17 Abs. 1 KSchG legt hier eine Anzeigepflicht bei Betrieben mit gewöhnlich mehr als 20 und weniger als 60 Arbeitnehmer fest, wenn mehr als 5 Arbeitnehmer innerhalb von 30 Kalendertagen entlassen werden. Bei Betrieben mit gewöhnlich mindestens 60 und weniger als 500 Arbeitnehmern ist der Schwellenwert zehn Prozent oder mehr als 25 Arbeitnehmer; und bei Betrieben mit gewöhnlich mindestens 500 Arbeitnehmern liegt der Schwellenwert bei 30 Arbeitnehmern.

[35] Vgl. VG Bayreuth, Beschluss vom 11.06.2007 – B 3 K 05.142.

[36] Vgl. Dütz/Thüsing, Arbeitsrecht, §9 Rn. 420 ff.

Auch eine Personalausdünnung kann eine wesentliche Einschränkung darstellen. Hierfür kann § 112a BetrVG herangezogen werden. Das Integrationsamt soll die Zustimmung zur Kündigung erteilen, wenn der Betrieb wesentlich eingeschränkt wird, soweit zwischen dem Tag der Kündigung und dem Tag, bis zu dem Gehalt oder Lohn gezahlt wird, mindestens drei Monate liegen, und soweit die Gesamtzahl der weiterhin beschäftigten schwerbehinderten Menschen zur Erfüllung der Beschäftigungspflicht nach § 71 SGB IX ausreicht. Da es sich bei dieser Bestimmung um eine Sollvorschrift handelt, kann das Integrationsamt seine Zustimmung im Einzelfall aus besonderen Gründen verweigern, auch wenn die gesetzlichen Voraussetzungen der Ermessenseinschränkung vorliegen.

Voraussetzung des eingeschränkten Ermessens ist außerdem, dass der Arbeitgeber weiterhin seine, ihm nach dem SGB IX obliegende, Pflichtquote erfüllt.[37] Dabei ist für die Berechnung der Pflichtzahl die Belegschaftsstärke nach der Betriebseinschränkung maßgeblich. Die Beschäftigungsquote orientiert sich nach § 71 SGB IX nicht am Betriebsbegriff, sondern errechnet sich betriebsübergreifend für sämtliche Betriebe desselben Arbeitgebers.[38] Dementsprechend kommt es im Rahmen des § 89 Abs. 1 Satz 2 SGB IX in diesem Zusammenhang nur darauf an, ob der Arbeitgeber auch nach Entlassung der Mitarbeiter mindestens 5 % schwerbehinderte Arbeitnehmer beschäftigt. Entfällt die Beschäftigungspflicht, weil der Arbeitgeber nicht mehr über mindestens 20 Arbeitsplätze verfügt, ist § 89 Abs. 1 Satz 2 SGB IX auch anwendbar. Wer nach dem Gesetz schon nicht mehr beschäftigungspflichtig ist, darf beim Kündigungsschutz nicht schlechter gestellt werden als ein Arbeitgeber, der seine Beschäftigungspflicht erfüllt. Denn beide handeln gesetzeskonform. Besteht hingegen eine Beschäftigungspflicht im Sinne des § 71 SGB IX und reicht die Gesamtzahl der verbleibenden schwerbehinderten Menschen zur Erfüllung der Beschäftigungsquote nicht mehr aus, ist § 89 Abs. 1 Satz 2 SGB IX nicht anwendbar. Das Integrationsamt hat die Entscheidung dann nach der freien Ermessensnorm des § 85 SGB IX zu treffen.

Bei einer wesentlichen Betriebseinschränkung darf das Integrationsamt seine Zustimmung wie bei einer Betriebsstilllegung dann nicht erteilen, wenn eine Weiterbeschäftigung des schwerbehinderten Menschen möglich ist. Die Weiterbeschäftigungsmöglichkeit kann entweder auf einem anderen Arbeitsplatz desselben Betriebes oder auf einem freien Arbeitsplatz in einem anderen Betrieb desselben Arbeitgebers denkbar und muss für den Arbeitgeber zumutbar sein.

Das Integrationsamt hat zu überprüfen, ob es möglich ist, den schwerbehinderten Arbeitnehmer auf einem anderen Arbeitsplatz desselben Betriebes weiter zu beschäftigen. Dies kann ein freier Arbeitsplatz im bisherigen Betrieb sein, oder aber auch ein anderer, gegenwärtig besetzter Arbeitsplatz. Es handelt sich um eine Frage der Zumutbarkeit, ob der Arbeitgeber den anderen, nicht behinderten Arbeitnehmer aufgrund seines Direktionsrechts versetzen kann. Zu prüfen ist, ob mit Einverständnis des Arbeitgebers

---

[37] Vgl. vertiefend: Junker, Grundkurs Arbeitsrecht, Rn. 184.

[38] Vgl. Pallasch, Arbeitsrecht, S. 125 f.

gegebenenfalls ein neuer Arbeitsplatz – eventuell nach Förderung gemäß § 15 Abs. 1, Ziff. 1e SchwbAV und § 24 SchwbAV – geschaffen werden kann.

Eine Weiterbeschäftigungsmöglichkeit in einem anderen Betrieb des Arbeitgebers setzt voraus, dass dort ein freier Arbeitsplatz vorhanden ist (§ 89 Abs. 1 Satz 3 SGB IX). Dieser muss bei demselben Arbeitgeber, d.h. im selben Unternehmen, bestehen. Arbeitsplätze in einem Betrieb eines anderen Unternehmens desselben Konzerns oder der Muttergesellschaft sind hierbei nicht zu berücksichtigen. Maßgebliche Bedeutung kommt dem Arbeitsvertrag zu.

Frei ist der Arbeitsplatz dann, wenn er zum Zeitpunkt der Kündigungsentscheidung oder während der Kündigungsfrist frei wird. Die Weiterbeschäftigung muss dem Arbeitgeber möglich und zumutbar sein. Dies setzt voraus, dass der andere Arbeitsplatz für den Arbeitnehmer, gegebenenfalls nach inner- oder außerbetrieblichen zumutbaren Schulungs- und Qualifizierungsmaßnahmen sowohl gesundheitlich als auch fachlich geeignet ist. Kommt eine behinderungsgerechte Arbeitsplatzgestaltung in Betracht, kann sich der Arbeitgeber nicht auf die Unzumutbarkeit der Weiterbeschäftigung berufen.[39]

14.5.4 Insolvenzverfahren nach § 89 Abs. 3 SGB IX

Die Eröffnung des Insolvenzverfahrens über das Vermögen des Arbeitgebers hat auf den Bestand der mit ihm abgeschlossenen Arbeitsverhältnisse keinen Einfluss. Mit der Insolvenzeröffnung ist auch nicht notwendigerweise eine Betriebsstilllegung verbunden. Der Betrieb kann auch im Insolvenzverfahren vom Insolvenzverwalter weiter fortgeführt werden. Mit der Verfahrenseröffnung, die durch den amtsgerichtlichen Eröffnungsbeschluss dokumentiert wird, verliert der Schuldner die Verwaltungs- und Verfügungsbefugnis. Der Insolvenzverwalter tritt damit gemäß § 80 Abs. 1 Insolvenzordnung (InsO) an die Stelle des Arbeitgebers ein. Dies bedeutet, dass ihn ab diesem Zeitpunkt alle Verpflichtungen aus den begründeten Arbeitsverhältnissen treffen. Der Gemeinschuldner (Arbeitgeber) ist nicht mehr verfügungsberechtigt. Der Antrag auf Zustimmung zur Kündigung kann nur noch vom Insolvenzverwalter gestellt werden. Im vorläufigen Insolvenzverfahren wird der Antrag weiterhin vom Arbeitgeber gestellt, soweit das Insolvenzgericht keine andere Regelung getroffen hat.

Im vorläufigen Insolvenzverfahren ist zwischen dem starken und dem schwachen Insolvenzverwalter zu unterscheiden. Der starke vorläufige Insolvenzverwalter ist zur Kündigung der Arbeitsverhältnisse berechtigt. Er ist antragsbefugt im Rahmen des besonderen Kündigungsschutzverfahrens nach dem SGB IX.[40] Demgegenüber ist der schwache vorläufige Insolvenzverwalter grundsätzlich nicht kündigungsberechtigt und damit nicht antragsbefugt im besonderen Kündigungsschutzverfahren für schwerbehinderte

[39] Vgl. Pallasch, Arbeitsrecht, S. 249.

[40] Vgl. Pallasch, Arbeitsrecht, S. 311.

Menschen. Es sollte in jedem Fall der Beschluss des Insolvenzgerichts angefordert werden, um zu prüfen, über welche Befugnisse der Insolvenzverwalter verfügt.

Auch in der Insolvenz des Arbeitgebers kann ein Arbeitsverhältnis nur aufgelöst werden, wenn ein Kündigungsgrund vorliegt. Der Insolvenzverwalter muss, wie der Arbeitgeber zuvor auch, im Rahmen der betriebsbedingten Kündigung einen betrieblichen Kündigungsgrund schlüssig und substantiiert darlegen. Die Insolvenzeröffnung selbst begründet für sich allein noch keinen Kündigungsgrund. Ein solcher lässt sich insbesondere auch nicht aus § 113 Abs. 1 InsO herleiten. Die Bedeutung des § 113 InsO liegt darin, die vertraglich vereinbarten Kündigungsfristen auf höchstens drei Monate zu reduzieren.

Als Besonderheit im Rahmen eines Insolvenzverfahrens ist zu beachten, dass der Insolvenzverwalter ohne Verstoß gegen § 613a Abs. 4 BGB auf der Grundlage eines Erwerberkonzeptes kündigen darf, wenn ein verbindliches Konzept oder ein verbindlicher Sanierungsplan des potentiellen Erwerbers vorliegt, dessen Durchführung im Zeitpunkt des Zugangs der Kündigung bereits greifbare Formen angenommen hat. Der Zulassung einer solchen Kündigung steht der Schutzgedanke des § 613a Abs. 4 BGB nicht entgegen, denn diese Regelung bezweckt keine künstliche Verlängerung des Arbeitsverhältnisses bei einer vorhersehbar fehlenden Beschäftigungsmöglichkeit des Arbeitnehmers bei dem Erwerber. Für die Wirksamkeit der betriebsbedingten Kündigung durch den Insolvenzverwalter nach dem Erwerberkonzept kommt es nicht darauf an, ob das Konzept auch noch durch den Insolvenzverwalter selbst hätte durchgeführt werden können.[41]

Ist ein Insolvenzverfahren eröffnet worden, soll das Integrationsamt unter den in § 89 Abs. 3 SGB IX aufgeführten Voraussetzungen, die kumulativ – also alle zusammen – vorliegen müssen, die Zustimmung zur Kündigung des schwerbehinderten Arbeitnehmers erteilen. Das Ermessen des Integrationsamtes ist deshalb dann eingeschränkt, wenn

a) der schwerbehinderte Mensch in einem Interessenausgleich namentlich als einer der zu entlassenden Arbeitnehmer bezeichnet wird (§ 125 InsO),
b) die Schwerbehindertenvertretung beim Zustandekommen des Interessenausgleichs gemäß § 95 Abs. 2 SGB IX beteiligt worden ist,
c) der Anteil der nach dem Interessenausgleich zu entlassenden schwerbehinderten Menschen an der Zahl der beschäftigten schwerbehinderten Menschen nicht größer ist als der Anteil der zu entlassenden übrigen Arbeitnehmer an der Zahl der beschäftigten übrigen Arbeitnehmer und
d) die Gesamtzahl der schwerbehinderten Menschen, die nach dem Interessenausgleich bei dem Arbeitgeber verbleiben sollen, zur Erfüllung der Beschäftigungspflicht nach § 71 SGB IX ausreicht.

Ist keine Schwerbehindertenvertretung gewählt oder liegt eine der genannten Voraussetzungen nicht vor, ist § 89 Abs. 3 SGB IX nicht anwendbar. Möglich ist hier aber eine gebundene Entscheidung des Integrationsamtes nach § 89 Abs. 1 SGB IX bei Vorliegen der

---

[41] Vgl. BAG, Urteil vom 20.3.2003 – 8 AZR 97/02.

Voraussetzungen. Andernfalls entscheidet das Integrationsamt im Rahmen des § 85 SGB IX nach freiem, pflichtgemäßem Ermessen. Gemäß § 125 Abs. 1 Nr. 2 InsO ist bei einer Sozialauswahl in der Insolvenz die Schwerbehinderung nicht gesondert zu berücksichtigen.

14.5.5 Fiktionsregelung des § 88 Abs. 5 SGB IX

Für bestimmte Fälle der ordentlichen Kündigung wurde durch das Gesetz zur Förderung der Ausbildung und Beschäftigung schwerbehinderter Menschen vom 23.4.2004 die Fiktionsregelung des § 88 Abs. 5 SGB IX eingeführt. Danach gilt in den Fällen des § 89 Abs. 1 Satz 1 SGB IX (Fall der Betriebsstilllegung) und § 89 Abs. 3 SGB IX (Insolvenzfall) die Frist des § 88 Abs. 1 SGB IX mit der Maßgabe, dass die Zustimmung als erteilt gilt, wenn nicht innerhalb eines Monats nach Antragstellung eine Entscheidung getroffen wird.

Der Fiktionstatbestand im Sinne des § 89 Abs. 1 Satz 1 SGB IX liegt vor, wenn ein Betrieb oder eine Dienststelle nicht nur vorübergehend eingestellt oder aufgelöst wird und zwischen dem Tag der Kündigung und dem Tag, bis zu dem Lohn oder Gehalt gezahlt wird, mindestens drei Monate liegen. Bei der Prüfung der Frage, ob das Integrationsamt innerhalb eines Monats eine Entscheidung zu treffen hat, andernfalls die Zustimmung als erteilt gilt, ist es nicht erforderlich, das Vorliegen der Voraussetzungen des § 89 Abs. 1 Satz 3 SGB IX zu prüfen.

Liegt ein Insolvenzverfahren vor und ist die Zustimmung zur betriebsbedingten Kündigung beantragt, so gilt die Fiktionsregelung nur dann, wenn sämtliche Voraussetzungen des § 89 Abs. 3 SGB IX kumulativ – also alle zusammen – vorliegen (siehe das Wort „und“ am Ende von Abs. 3 Nr. 3). Der § 88 Abs. 5 SGB IX bestimmt, dass die Entscheidung innerhalb eines Monats vom Tag des Eingangs des Antrags an getroffen werden muss. Die Frist beginnt mit dem Eingang des Antrags beim zuständigen Integrationsamt. Die Entscheidung muss innerhalb eines Monats getroffen sein. Wie bei § 91 Abs. 3 SGB IX reicht für das Treffen einer Entscheidung jede Art der Bekanntgabe der Entscheidung aus – auch mündlich, telefonisch oder per Telefax. Soweit ein schriftlicher Bescheid innerhalb der Frist ergeht, genügt es zur Fristwahrung, wenn dieser rechtzeitig den Machtbereich des Integrationsamtes verlassen hat.

14.5.6 Die pflichtgemäße Ermessensentscheidung nach § 85 SGB IX

Liegen die Voraussetzungen der eingeschränkten Ermessensnorm des § 89 SGB IX nicht vor, entscheidet das Integrationsamt nach pflichtgemäßem Ermessen. Im Rahmen dieser Ermessensentscheidung sind die Interessen des Arbeitgebers an einem reibungslosen Betriebsablauf und an der wirtschaftlichen Nutzung seiner Arbeitsplätze gegen die Interessen des schwerbehinderten Arbeitnehmers an der Aufrechterhaltung seines Arbeitsverhältnisses abzuwägen.

Dabei ist zu berücksichtigen, dass die auf betriebsbedingte Gründe gestützte Kündigung keinen Zusammenhang mit der Schwerbehinderung des Arbeitnehmers aufweist. Da der Sonderkündigungsschutz den schwerbehinderten Arbeitnehmer gegenüber dem gesunden Arbeitnehmer nicht besser stellen will, sondern lediglich seine behinderungsbedingten Nachteile auszugleichen bezweckt, verliert der besondere Kündigungsschutz nach dem Schwerbehinderungsrecht in diesen Fällen an Schutzwirkung.[42] Auch hier ist zu berücksichtigen, dass die Entscheidung des Integrationsamtes keine arbeitsrechtliche Vorprüfung ist. Da das Integrationsamt jedoch nicht sehenden Auges einer Kündigung zustimmen kann, die vor dem Arbeitsgericht offensichtlich keinen Bestand haben würde, nimmt das Integrationsamt eine Offensichtlichkeitsprüfung vor. Die Zustimmung zur Kündigung ist deshalb zu versagen, wenn die betriebsbedingte Kündigung offensichtlich nach arbeitsrechtlichen Kriterien rechtswidrig ist.[43]

Ausgehend von dem Gedanken, dass es auch bei Prüfung einer betriebsbedingten Kündigung im Rahmen des Kündigungsschutzes schwerbehinderter Menschen darum geht, die allgemeinen schwerbehindertenrechtlichen Belange des schwerbehinderten Arbeitnehmers im Verfahren vor dem Integrationsamt zu wahren, muss wie bei der Prüfung der Voraussetzungen des § 89 SGB IX auch im Rahmen der Prüfung des § 85 SGB IX von einer offensichtlichen Rechtswidrigkeit ausgegangen werden, wenn die Schwerbehinderung des Arbeitnehmers bei der Sozialauswahl überhaupt nicht berücksichtigt wurde. Dasselbe gilt für die Gleichstellung eines Arbeitnehmers.

14.5.7 Sozialauswahl

Hat der Arbeitgeber zwischen den beschäftigten Arbeitnehmern eine soziale Auswahl getroffen, so ist die Prüfung der Frage, ob diese Sozialauswahl rechtmäßig ist, Sache der Arbeitsgerichte. Die soziale Auswahl hat betriebsbezogen zu erfolgen. Nur horizontal vergleichbare Arbeitnehmer sind in die Sozialauswahl einzubeziehen. Zu den sozialen Auswahlkriterien gehören: Dauer der Betriebszugehörigkeit, das Lebensalter, die Unterhaltspflichten und die Schwerbehinderung des Arbeitnehmers. In die soziale Auswahl sind Arbeitnehmer nicht einzubeziehen, deren Weiterbeschäftigung insbesondere wegen ihrer Kenntnisse, Fähigkeiten und Leistungen oder zur Sicherung einer ausgewogenen Personalstruktur des Betriebes im betrieblichen Interesse liegt.

Das Integrationsamt hat die soziale Auswahl nur auf offensichtliche Fehlerhaftigkeit zu überprüfen. Im Rahmen der Offensichtlichkeitsprüfung ist insbesondere zu ermitteln, ob der Arbeitgeber bei der Sozialauswahl die Schwerbehinderung oder die Gleichstellung des Arbeitnehmers gebührend berücksichtigt hat. Dies gilt auch dann, wenn der Arbeitnehmer, wie häufig der Fall, in einem Interessenausgleich namentlich benannt ist. Vom

[42] Vgl. BIH (Hrsg.), ABC Behinderung & Beruf, Handbuch für die betriebliche Praxis, S. 16 f.

[43] Vgl. OVG Münster, Urteil vom 8.3.1996 - 24 A 3340/93; BAG, Beschluss vom 27.2.1985 - GS 1/84 -, BAGE 48, 122/152).

Integrationsamt ist der Interessenausgleich mit Namensliste anzufordern. Vor Weitergabe der Unterlagen an den schwerbehinderten Mitarbeiter sind die Sozialdaten der übrigen Beschäftigten auf der Namensliste aus Datenschutzgründen zu schwärzen (siehe Ausführungen zum Datenschutz). Wurden die Schwerbehinderung bzw. die Gleichstellung des Arbeitnehmers bei der Sozialauswahl entweder generell im Interessenausgleich oder aber im Einzelfall bei der Punktevergabe auf der Grundlage des Interessenausgleichs nicht berücksichtigt, so ist die Sozialauswahl offensichtlich fehlerhaft. Sonstige, nicht mit der Schwerbehinderung im Zusammenhang stehende Fehler bei der Sozialauswahl sind vom Integrationsamt nicht im Einzelnen aufzuklären bzw. zu würdigen. Eine offensichtlich fehlerhafte Sozialauswahl kann aber bei eklatanten Verstößen gegen die sozialen Auswahlkriterien angenommen werden. Das ist beispielsweise dann der Fall, wenn sich herausstellt, dass der Arbeitgeber der sozialen Auswahl falsche Grunddaten zugrunde gelegt hat, die im Übrigen unstreitig sind – beispielsweise Alter oder Betriebszugehörigkeitsdauer. Schließlich kann ausnahmsweise dann von einem offensichtlichen Fehler gesprochen werden, wenn die Gruppenbildung, innerhalb derer der Arbeitgeber die Sozialauswahl vorgenommen hat, ersichtlich falsch ist, weil er z. B. die Reinigungskraft mit dem Sachbearbeiter verglichen hat. Auch ein extremes Missverhältnis bei der Vergabe der Sozialpunkte – wie beispielsweise Betriebszugehörigkeit pro Beschäftigungsjahr 50 Punkte, Schwerbehinderung 1 Punkt – kann eine offensichtlich fehlerhafte Sozialauswahl begründen.

Alle anderen Fragen, wie beispielsweise:

- Mit wem ist der schwerbehinderte Arbeitnehmer horizontal vergleichbar?
- Wurden Arbeitnehmer zu Recht aus der sozialen Auswahl herausgenommen?
- Hat auch der schwerbehinderte Arbeitnehmer besondere Kenntnisse, die zu berücksichtigen wären?
- Wurde die Sozialauswahl betriebsbezogen durchgeführt?

sind grundsätzlich im arbeitsgerichtlichen Verfahren zu prüfen. Eine dahingehende Sachverhaltsermittlung hat das Integrationsamt deshalb nicht vorzunehmen.

14.6 Personenbedingte Kündigung

Bei einer ordentlichen personenbedingten Kündigung ist der Kündigungsgrund dahingehend zu prüfen, ob ein Zusammenhang mit der anerkannten Schwerbehinderung besteht. Das Integrationsamt wird deshalb beim schwerbehinderten Arbeitnehmer den Feststellungsbescheid und ärztliche Gutachten oder Aufstellungen der Krankenkassen oder Abschlussberichte von Rehabilitationsträgern und Kliniken anfordern, aus denen sich die gesundheitliche Situation des schwerbehinderten Arbeitnehmers sowie eine Prognose bezüglich zu erwartender Fehlzeiten ergeben.

Es ist erforderlich, dass der schwerbehinderte Arbeitnehmer eine Erklärung über die Entbindung von der ärztlichen Schweigepflicht gegenüber dem Integrationsamt und den örtlichen Fachstellen (beispielsweise IfD) abgibt, die die betreffenden Stellen berechtigt, diese Informationen über die gesundheitliche Situation des schwerbehinderten Menschen an das Integrationsamt weiterzugegeben (§ 76 SGB X).

Es wird geprüft, ob eine Weiterbeschäftigung an einem anderen Arbeitsplatz möglich ist. Der Arbeitnehmer kann verlangen, dass im Rahmen einer zumutbaren Umorganisation, die der Arbeitgeber durch Ausübung seines Direktionsrechts veranlassen könnte (z.B. Ringtausch), eine Umbesetzung erfolgt, wenn er auf diese Weise an einem anderen geeigneten Arbeitsplatz weiterbeschäftigt werden könnte. Hier ist es im Einzelfall erforderlich, dass der Arbeitgeber vorträgt, welcher Arbeitnehmer an dem in Frage kommenden Arbeitsplatz beschäftigt wird. Da der Arbeitnehmer nicht verlangen kann, dass der Arbeitgeber für ihn einen anderen Arbeitsplatz durch Kündigung freimacht, ist es in diesem Fall nicht erforderlich, Sozialdaten des auf dem anderen Arbeitsplatz beschäftigten Arbeitnehmers einzuholen.

Es ist stets zu prüfen, ob ein Zusammenhang zwischen der anerkannten Behinderung und dem Kündigungsgrund gegeben ist, aus dem eine besondere Fürsorgepflicht des Arbeitgebers resultiert. Ist ein zumindest mittelbarer Zusammenhang nach Prüfung nicht gegeben, sind im Rahmen der Ermessensentscheidung geringere Anforderungen an die Fürsorgepflicht des Arbeitgebers und an die Zumutbarkeit der Erhaltung des Arbeitsverhältnisses zu stellen, da der besondere Kündigungsschutz keinen Nachteilsausgleich mehr darstellen würde.[44] Wegen ununterbrochener oder wiederholter Fehlzeiten wegen Arbeitsunfähigkeit wird auf die Ausführungen zum BEM verwiesen. In diesen Fällen geht das BEM nach § 84 Abs. 2 SGB IX einer Prävention nach § 84 Abs. 1 SGB IX vor. Die erforderliche Prävention bei einer Minderung der Leistungsfähigkeit wird im Rahmen des Kündigungsgrundes „personenbedingte Kündigung" dargestellt.[45]

Wurde eine Prävention durchgeführt, so sind die Ergebnisse im Rahmen des Zustimmungsverfahrens zu berücksichtigen. Da die Prävention nach § 84 Abs. 1 SGB IX grundsätzlich weniger formal stattfinden wird als ein BEM, ist es entgegen dem zu § 84 Abs. 2 SGB IX Gesagten auch nicht grundsätzlich ausgeschlossen, dass vor dem Integrationsamt auch noch alternative Beschäftigungsmöglichkeiten eine Rolle spielen können, die bei der Prävention zuvor bereits erörtert wurden.

---

[44] Vgl. BIH (Hrsg.), ABC Behinderung & Beruf, Handbuch für die betriebliche Praxis, S. 16 f.

[45] Vgl. hierzu vertiefend Kohte/Faber/Feldhoff (Hrsg.), Gesamtes Arbeitsschutzrecht, § 84 SGB IX Rn. 52 f.

14.6.1 Änderungskündigung nach § 89 Abs. 2 SGB I

Bei einer Änderungskündigung kündigt der Arbeitgeber das bestehende Arbeitsverhältnis und bietet dem Arbeitnehmer im Zusammenhang mit der Kündigung die Fortsetzung des Arbeitsverhältnisses zu geänderten Arbeitsbedingungen an.[46] Geregelt ist dies in § 2 Satz 1 KSchG. Diese Vorschrift lautet:

> ***§ 2 KSchG Änderungskündigung***
>
> *Kündigt der Arbeitgeber das Arbeitsverhältnis und bietet er dem Arbeitnehmer im Zusammenhang mit der Kündigung die Fortsetzung des Arbeitsverhältnisses zu geänderten Arbeitsbedingungen an, so kann der Arbeitnehmer dieses Angebot unter dem Vorbehalt annehmen, dass die Änderung der Arbeitsbedingungen nicht sozial ungerechtfertigt ist (§ 1 Abs. 2 Satz 1 bis 3, Abs. 3 Satz 1 und 2). Diesen Vorbehalt muss der Arbeitnehmer dem Arbeitgeber innerhalb der Kündigungsfrist, spätestens jedoch innerhalb von drei Wochen nach Zugang der Kündigung erklären.*

Es ist darauf zu achten, dass eine Änderungskündigung bei einer Weiterbeschäftigungsmöglichkeit stets ein milderes Mittel als eine Beendigungskündigung darstellt und deshalb einer Beendigungskündigung vorgeht. Der Arbeitgeber ist hierauf hinzuweisen.[47] Hierzu hat das BAG folgendes ausgeführt:

Eine ordentlichen Beendigungskündigung ist nach dem Grundsatz der Verhältnismäßigkeit ausgeschlossen, wenn die Möglichkeit besteht, den Arbeitnehmer auf einem anderen freien Arbeitsplatz auch zu geänderten Arbeitsbedingungen weiter zu beschäftigen. Spricht der Arbeitgeber ohne vorheriges oder gleichzeitiges Angebot der geänderten Arbeitsbedingungen sofort eine Beendigungskündigung aus, so ist diese Kündigung regelmäßig sozialwidrig.[48] Eine Änderungskündigung kann nur in „Extremfällen" unterbleiben, das heißt wenn der Arbeitgeber bei vernünftiger Betrachtung nicht mit einer Annahme des neuen Vertragsangebotes durch den Arbeitnehmer rechnen konnte und ein derartiges Angebot vielmehr beleidigenden Charakter haben würde. Allein die hierarchische Rückstufung und die zu erwartenden erheblichen Vergütungseinbußen vermögen einen solchen Extremfall noch nicht zu begründen.[49]

Dies gilt auch, wenn der Arbeitnehmer das ihm unterbreitete Angebot einer Weiterbeschäftigung abgelehnt und auch gegenüber dem Integrationsamt unter anderem als unzumutbar bezeichnet hat. Dafür, dass der Arbeitnehmer definitiv und endgültig das

---

[46] Vgl. Dütz/Thüsing, Arbeitsrecht, §9 Rn. 490.

[47] Vgl. Dütz/Thüsing, Arbeitsrecht, §9 Rn. 490.

[48] BAG, Urteil vom 21.4.2005 - 2 AZR 132/04.

[49] Vgl. BAG, Urteil vom 21.9.2006 - 2 AZR 607/05.

Änderungsangebot abgelehnt hat, trägt der Arbeitgeber im arbeitsgerichtlichen Kündigungsschutzverfahren die Beweislast.[50]

Gem. § 89 Abs. 2 SGB IX soll das Integrationsamt die Zustimmung erteilen, wenn ein anderer angemessener und zumutbarer Arbeitsplatz gesichert ist. Dies schließt ein, dass zuerst die vom Arbeitgeber vorgebrachten Gründe für die beantragte Änderungskündigung im Rahmen der Amtsermittlung überprüft werden (z. B. Wegfall des alten Arbeitsplatzes, Minderleistung).[51] Werden die Kündigungsgründe nicht nachgewiesen, ist die Zustimmung zu versagen.

Danach ist wie folgt vorzugehen:

- gesicherter Arbeitsplatz: Ist der Arbeitgeber zum Abschluss eines im Einzelnen bestimmten Arbeitsvertrages bereit? Der vorbereitete neue (soweit bereits vorhanden) sowie der alte Arbeitsvertrag sind bei begründeten Zweifeln vorzulegen.
- Angemessenheit der Tätigkeit und des Entgeltes: Entspricht die Art der Tätigkeit den Fähigkeiten und den behinderungsbedingten Einsatzmöglichkeiten? Stimmt das Verhältnis zwischen Leistung und Gegenleistung (entspricht das Entgelt der angebotenen Tätigkeit bzw. der Bezahlung von Mitarbeitern mit ähnlichen/gleichen Aufgaben)?

Die Angemessenheit des anderen Arbeitsplatzes beurteilt sich nach den Bedingungen der Arbeit und der Arbeitsstätte an sich. Verhält sich das dem Arbeitnehmer zu gewährende Entgelt im Rahmen der üblicherweise zu erwartenden Entlohnung, ist der andere Arbeitsplatz für sich gesehen angemessen. Ein Vergleich mit dem früheren Arbeitsplatz verbietet sich, denn nicht ein gleichwertiger Arbeitsplatz mit beispielsweise gleichwertigem Einkommen, sondern nur ein angemessener Arbeitsplatz muss gesichert sein.[52] Das neue Gehalt ist jedoch dann als unangemessen anzusehen, wenn es sich nur noch auf Hartz-IV-Niveau bewegt.[53] Ist die neue Tätigkeit mit der subjektiven Interessenlage des schwerbehinderten Menschen vereinbar – beispielsweise die Verhältnisse am neuen Arbeitsplatz, die Arbeitsumgebung, die zu erwartende kollegiale Zusammenarbeit und der Weg von und zur Arbeitsstelle? Die Zumutbarkeit des Arbeitsplatzes beurteilt sich einmal nach der Angemessenheit des Arbeitsplatzes, weil ein unangemessener Arbeitsplatz zugleich unzumutbar ist, zum anderen nach weiteren Umständen. Dies können eine Überforderung aufgrund Vorbildung und/oder Schwerbehinderung oder auch die allgemeinen Verhältnisse wie verändertes Arbeitsplatzumfeld, der Weg zur Arbeit, die Zusammenarbeit mit Kollegen sowie die soziale Betreuung sein.[54]

Anders als die Angemessenheit, die sich nur auf die Bedingungen der Arbeit und des Arbeitsplatzes selbst bezieht, stellt die Zumutbarkeit auf alle Umstände ab, also auch auf

---

50 Vgl. LAG Köln, Urteil vom 8.6.2006 – 5 Sa 299/06.

51 Vgl. BIH (Hrsg.), ABC Behinderung & Beruf, Handbuch für die betriebliche Praxis, S. 67 f.

52 OVG Münster, Urteil vom 23.1.1992 – 13 A 107/91.

53 OVG Münster, Beschluss vom 3.2.2009 – 12 A 2931/08.

54 Vgl. OVG Münster, Urteil vom 23.1.1992 – 13 A 107/91.

die Verhältnisse in der neuen Umgebung wie die zu erwartende Zusammenarbeit und die Betreuung des schwerbehinderten Menschen an seinem neuen Arbeitsplatz, die verkehrsmäßige Verbindung zur neuen Arbeitsstätte, die Folgekosten und nicht zuletzt die finanzielle, soziale und familiäre Situation des schwerbehinderten Menschen. Es kommt darauf an, ob dem schwerbehinderten Menschen die mit dem neuen Arbeitsplatz verbundene Lohneinbuße zugemutet werden kann.[55]

Wenn die oben genannten Tatbestandsvoraussetzungen zutreffen, ist das Ermessen des Integrationsamtes eingeschränkt und die Zustimmung gemäß § 89 Abs. 2 SGB IX zu erteilen, es sei denn, es liegt ein begründeter Ausnahmefall vor. Sollte einer der Punkte nicht erfüllt sein, ist gemäß § 85 SGB IX eine Ermessensentscheidung zu treffen. Hierbei sind die Interessen des Arbeitgebers an der Änderung der Arbeitsbedingungen gegen die Interessen des Arbeitnehmers an der Beibehaltung der bisherigen Arbeitssituation umfassend gegeneinander abzuwägen. Zu achten ist darauf, dass allein der Umstand, das Beschäftigungsverhältnis bleibe im Ergebnis erhalten, eine Zustimmung nach § 85 SGB IX nicht zu rechtfertigen vermag. Eine solche Begründung ist nur tragfähig, wenn das Integrationsamt geprüft hat, ob die erforderliche Zustimmung zu einer Beendigungskündigung hätte erteilt werden können.[56] Die Zustimmung zur Änderungskündigung umfasst zugleich die Zustimmung zur Beendigungskündigung für den Fall, dass der Arbeitnehmer das Angebot zur Fortsetzung des Arbeitsverhältnisses zu geänderten Arbeitsbedingungen nicht annimmt.[57] Bei einer beantragten Zustimmung zur Änderungskündigung nach § 89 Abs. 2 SGB IX tritt gemäß § 88 Abs. 5 Satz 1 SGB IX die Fiktion nach Ablauf der Monatsfrist nicht ein.

14.6.2 Prüfungsumfang

Die Integrationsämter entscheiden bei einem Antrag auf Zustimmung zur personen- bzw. krankheitsbedingten Kündigung im Rahmen des – nur durch Sinn und Zweck des Gesetzes eingeschränkten – Ermessens nach § 85 SGB IX. Sie haben insoweit dieselbe Prüfung mit demselben Umfang vorzunehmen wie die Arbeitsgerichte. Daher ist von ihnen die arbeitsgerichtliche Rechtsprechung sowohl zur personenbedingten Kündigung als auch die Rechtsprechung zu § 84 Abs. 2 SGB IX umfassend zu berücksichtigen. Die Vorschrift des § 84 SGB IX lautet:

---

[55] Vgl. OVG Koblenz, Urteil vom 28.11.1996 – 12 A 10457/96 und VG Göttingen, Urteil vom 22.06.2006 – 2 A 200/05.

[56] Vgl. OVG Münster, Beschluss vom 3.2.2009 – 12 A 2931/08.

[57] Vgl. Dütz / Thüsing, Arbeitsrecht, § 9 Rn. 490.

§ 84 SGB IX Prävention

(1) Der Arbeitgeber schaltet bei Eintreten von personen-, verhaltens- oder betriebsbedingten Schwierigkeiten im Arbeits- oder sonstigen Beschäftigungsverhältnis, die zur Gefährdung dieses Verhältnisses führen können, möglichst frühzeitig die Schwerbehindertenvertretung und die in § 93 genannten Vertretungen sowie das Integrationsamt ein, um mit ihnen alle Möglichkeiten und alle zur Verfügung stehenden Hilfen zur Beratung und mögliche finanzielle Leistungen zu erörtern, mit denen die Schwierigkeiten beseitigt werden können und das Arbeits- oder sonstige Beschäftigungsverhältnis möglichst dauerhaft fortgesetzt werden kann.

(2) Sind Beschäftigte innerhalb eines Jahres länger als sechs Wochen ununterbrochen oder wiederholt arbeitsunfähig, klärt der Arbeitgeber mit der zuständigen Interessenvertretung im Sinne des § 93, bei schwerbehinderten Menschen außerdem mit der Schwerbehindertenvertretung, mit Zustimmung und Beteiligung der betroffenen Person die Möglichkeiten, wie die Arbeitsunfähigkeit möglichst überwunden werden und mit welchen Leistungen oder Hilfen erneuter Arbeitsunfähigkeit vorgebeugt und der Arbeitsplatz erhalten werden kann (betriebliches Eingliederungsmanagement). Soweit erforderlich wird der Werks- oder Betriebsarzt hinzugezogen. Die betroffene Person oder ihr gesetzlicher Vertreter ist zuvor auf die Ziele des betrieblichen Eingliederungsmanagements sowie auf Art und Umfang der hierfür erhobenen und verwendeten Daten hinzuweisen. Kommen Leistungen zur Teilhabe oder begleitende Hilfen im Arbeitsleben in Betracht, werden vom Arbeitgeber die örtlichen gemeinsamen Servicestellen oder bei schwerbehinderten Beschäftigten das Integrationsamt hinzugezogen. Diese wirken darauf hin, dass die erforderlichen Leistungen oder Hilfen unverzüglich beantragt und innerhalb der Frist des § 14 Abs. 2 Satz 2 erbracht werden. Die zuständige Interessenvertretung im Sinne des § 93, bei schwerbehinderten Menschen außerdem die Schwerbehindertenvertretung, können die Klärung verlangen. Sie wachen darüber, dass der Arbeitgeber die ihm nach dieser Vorschrift obliegenden Verpflichtungen erfüllt.

(3) Die Rehabilitationsträger und die Integrationsämter können Arbeitgeber, die ein betriebliches Eingliederungsmanagement einführen, durch Prämien oder einen Bonus fördern.

In den allermeisten Fällen ist ein Zusammenhang zwischen der anerkannten Behinderung und dem personen- bzw. dem krankheitsbedingten Kündigungsgrund gegeben. Dies entbindet jedoch nicht von einer jeweiligen Prüfung im Rahmen der Amtsermittlungspflicht. Ein Zusammenhang liegt ausnahmsweise z.B. dann nicht vor, wenn die anerkannte Schwerbehinderung auf einer Hauterkrankung beruht, die lang andauernde Erkrankung jedoch auf ein Rückenleiden zurückzuführen ist.

Bei einer beantragten Anerkennung einer Schwerbehinderung sind ärztliche Unterlagen aus dem Antragsverfahren anzufordern, um eine Zusammenhangsprüfung vornehmen zu können. Nach § 90 Abs. 2a SGB IX besteht der besondere Kündigungsschutz auch im laufenden Verfahren auf Anerkennung der Schwerbehinderung. Voraussetzung ist aber, dass zwischen dem Tag der Antragstellung auf Anerkennung und dem Ausspruch der Kündigung mehr als drei Wochen liegen.[58] Der § 90 SGB IX lautet:

§ 90 SGB IX Ausnahmen

(1) Die Vorschriften dieses Kapitels gelten nicht für schwerbehinderte Menschen,
   1. deren Arbeitsverhältnis zum Zeitpunkt des Zugangs der Kündigungserklärung ohne Unterbrechung noch nicht länger als sechs Monate besteht oder
   2. die auf Stellen im Sinne des § 73 Abs. 2 Nr. 2 bis 5 beschäftigt werden oder
   3. deren Arbeitsverhältnis durch Kündigung beendet wird, sofern sie
      a. das 58. Lebensjahr vollendet haben und Anspruch auf eine Abfindung, Entschädigung oder ähnliche Leistung auf Grund eines Sozialplanes haben oder
      b. Anspruch auf Knappschaftsausgleichsleistung nach dem Sechsten Buch oder auf Anpassungsgeld für entlassene Arbeitnehmer des Bergbaus haben,

(2) wenn der Arbeitgeber ihnen die Kündigungsabsicht rechtzeitig mitgeteilt hat und sie der beabsichtigten Kündigung bis zu deren Ausspruch nicht widersprechen.

(3) Die Vorschriften dieses Kapitels finden ferner bei Entlassungen, die aus Witterungsgründen vorgenommen werden, keine Anwendung, sofern die Wiedereinstellung der schwerbehinderten Menschen bei Wiederaufnahme der Arbeit gewährleistet ist.

(4) (2a) Die Vorschriften dieses Kapitels finden ferner keine Anwendung, wenn zum Zeitpunkt der Kündigung die Eigenschaft als schwerbehinderter Mensch nicht nachgewiesen ist oder das Versorgungsamt nach Ablauf der Frist des § 69 Abs. 1 Satz 2 eine Feststellung wegen fehlender Mitwirkung nicht treffen konnte.

(5) Der Arbeitgeber zeigt Einstellungen auf Probe und die Beendigung von Arbeitsverhältnissen schwerbehinderter Menschen in den Fällen des Absatzes 1 Nr. 1 unabhängig von der Anzeigepflicht nach anderen Gesetzen dem Integrationsamt innerhalb von vier Tagen an.

Es gibt drei Gründe einer personen- bzw. krankheitsbedingten Kündigung:

- lange Krankheit bzw. Dauererkrankung (mindestens 6 Monate);

[58] Vgl. BIH (Hrsg.), ABC Behinderung & Beruf, Handbuch für die betriebliche Praxis, S. 16 f.

- viele Fehlzeiten (in den letzten drei Jahren und jeweils mehr als sechs Wochen sowie Wiederholungsgefahr);
- mangelnde gesundheitliche Eignung (eignet sich gar nicht mehr) bzw. Minderleistung (bereits bei 2/3 der Normalleistung).

Eine personenbedingte Kündigung wegen krankheitsbedingter Fehlzeiten setzt nach der Rechtsprechung des Bundesarbeitsgerichts voraus, dass Fehlzeiten vorliegen, die erhebliche betriebliche Beeinträchtigungen hervorrufen, und dass es dem Arbeitgeber nicht zuzumuten ist, die Beeinträchtigungen hinzunehmen. Ihm darf kein milderes Mittel als der Ausspruch einer Kündigung zur Verfügung stehen, um die Beeinträchtigungen abzuwenden. Als milderes Mittel gegenüber einer Kündigung kommt insbesondere die Weiterbeschäftigung auf einem freien Arbeitsplatz oder zu geänderten Arbeitsbedingungen in Betracht. Insofern gilt für die Kündigung das Verhältnismäßigkeitsprinzip.[59] Die Prüfung erfolgt daher in folgenden drei Schritten: als erstes eine negative Prognose hinsichtlich des voraussichtlichen Gesundheitszustandes; als zweites wird geprüft, ob eine erhebliche Beeinträchtigung der betrieblichen Interessen vorliegt und als drittes findet eine Interessenabwägung statt. Falls der Arbeitgeber eine krankheitsbedingte Kündigung aussprechen will, muss er somit Tatsachen zu den drei oben genannten Punkten darlegen (Fehlzeiten, Beeinträchtigungen, keine milderen Mittel). Im Hinblick auf den letzten Punkt ist es grundsätzlich ausreichend, wenn der Arbeitgeber pauschal vorträgt, dass mildere Mittel nicht ersichtlich seien und eine Weiterbeschäftigungsmöglichkeit auf einem freien Arbeitsplatz oder zu geänderten Arbeitsbedingungen nicht bestehe. Erst dann, wenn der Arbeitnehmer seinerseits im Kündigungsschutzprozess konkrete Weiterbeschäftigungsmöglichkeiten aufzeigt, muss der Arbeitgeber sich hierzu äußern und darlegen, dass die genannten Weiterbeschäftigungsmöglichkeiten nicht in Betracht kommen.[60] Im Zustimmungsverfahren beim Integrationsamt reicht ein solcher Vortrag des Arbeitgebers nicht aus, da hier das Amtsermittlungsprinzip greift. Handelt es sich um einen schwerbehinderten Arbeitnehmer, werden diese Grundsätze modifiziert: Es genügt, wenn der schwerbehinderte Arbeitnehmer Beschäftigungsmöglichkeiten aufzeigt, die seinem infolge der Behinderung eingeschränkten Leistungsvermögen und seinen Fähigkeiten und Kenntnissen entsprechen. Der Arbeitgeber hat sich hierauf substantiiert einzulassen und Tatsachen vorzutragen, aus denen sich ergibt, dass solche behinderungsgerechte Beschäftigungsmöglichkeiten nicht bestehen oder deren Zuweisung ihm unzumutbar ist. Hierzu gehört auch die Darlegung, dass kein entsprechender freier Arbeitsplatz vorhanden ist und auch nicht durch Versetzung freigemacht werden kann.[61] Der Arbeitgeber ist jedoch dann nicht zur Beschäftigung des schwerbehinderten Menschen verpflichtet, wenn ihm die Beschäftigung unzumutbar oder eine solche nur mit unverhältnismäßig hohen Aufwendungen

---

[59] Vgl. BAG, Urteile vom 8.11.2007 – 2 AZR 292/06 zur Kündigung wegen häufiger Kurzerkrankungen sowie 2 AZR 425/06 zur Kündigung wegen einer Langzeiterkrankung.

[60] Vgl. BAG, Urteil vom 12.7.2007 – 2 AZR 716/06.

[61] Vgl. BAG, Urteil vom 10.5.2005 – 9 AZR 230/04 sowie Urteil vom 14.3.2006 – 9 AZR 411/05.

verbunden ist. Der Arbeitgeber ist auch nicht verpflichtet, für den schwerbehinderten Menschen einen zusätzlichen Arbeitsplatz einzurichten.[62]

14.6.3 Betriebliches Eingliederungsmanagement nach § 84 Abs. 2 SGB IX

Das betriebliche Eingliederungsmanagement (BEM) ist seit Mai 2004 gesetzlich geregelt. Es findet seine gesetzliche Ausgestaltung in § 84 Abs. 2 SGB IX. Der § 84 Abs. 2 S. 1 SGB IX lautet: „Sind Beschäftigte innerhalb eines Jahres länger als sechs Wochen ununterbrochen oder wiederholt arbeitsunfähig, klärt der Arbeitgeber mit der zuständigen Interessenvertretung im Sinne des § 93, bei schwerbehinderten Menschen außerdem mit der Schwerbehindertenvertretung, mit Zustimmung und Beteiligung der betroffenen Person die Möglichkeiten, wie die Arbeitsunfähigkeit möglichst überwunden werden und mit welchen Leistungen oder Hilfen erneuter Arbeitsunfähigkeit vorgebeugt und der Arbeitsplatz erhalten werden kann (betriebliches Eingliederungsmanagement)." Ziel der Vorschrift ist es, Arbeitsunfähigkeit zu überwinden, erneuter Arbeitsunfähigkeit vorzubeugen und den Arbeitsplatz zu erhalten.

In den letzten Jahren haben sowohl die Arbeits- als auch die Verwaltungsgerichte eine Reihe von Entscheidungen zum betrieblichen Eingliederungsmanagement getroffen. Nachfolgend wird zuerst die arbeitsgerichtliche und im Anschluss die verwaltungsgerichtliche Rechtsprechung dargestellt. Da das Integrationsamt bei einer personen- bzw. krankheitsbedingten Kündigung gemäß § 85 SGB IX, wie bereits ausgeführt, dieselbe Prüfung wie die Arbeitsgerichte vornimmt, sind für seine Entscheidung beide Gerichtszweige relevant.[63]

Nach der arbeitsgerichtlichen Rechtsprechung handelt es sich beim BEM um eine Rechtspflicht des Arbeitgebers. Kündigt der Arbeitgeber einem Arbeitnehmer aus krankheitsbedingten Gründen, ohne zuvor das BEM durchgeführt zu haben, führt dies nicht ohne weiteres zur Unwirksamkeit der Kündigung. Die Durchführung eines BEM ist keine formelle Wirksamkeitsvoraussetzung für eine personenbedingte Kündigung aus krankheitsbedingten Gründen. Die gesetzliche Regelung ist aber auch nicht nur ein bloßer Programmsatz, sondern Ausprägung des das Kündigungsrecht beherrschenden Verhältnismäßigkeitsgrundsatzes. Führt der Arbeitgeber kein BEM durch, kann dies Folgen für die Darlegungs- und Beweislast im Rahmen der Prüfung der betrieblichen Auswirkungen von erheblichen Fehlzeiten haben. Der Arbeitgeber kann sich dann nicht pauschal darauf berufen, ihm seien keine alternativen, der Erkrankung angemessenen Einsatzmöglichkeiten bekannt.[64]

---

[62] Vgl. BAG, Urteil vom 14.03.2006 – 9 AZR 411/05.

[63] Vgl. Rudow, Die gesunde Arbeit, S. 434 ff.

[64] Vgl. BAG, Urteil vom 12.7.2007 – 2 AZR 716/06.

Ein Verstoß des Arbeitgebers gegen seine Verpflichtung zur Durchführung eines BEM kann nicht folgenlos bleiben. Die öffentlich-rechtliche Präventionspflicht des Arbeitgebers löst insofern zugleich arbeitsvertragliche Pflichten aus. Vor einer krankheitsbedingten Kündigung muss der Arbeitgeber daher zunächst alle ihm zumutbaren Möglichkeiten ausschöpfen, den Arbeitsplatz behinderungs- bzw. leidensgerecht auszugestalten oder die betroffene Person auf einem anderen Arbeitsplatz ggf. auch zu geänderten Arbeitsbedingungen weiter zu beschäftigen. Das BEM gibt ihm das Verfahren, die Möglichkeiten und Hilfen für eine Weiterbeschäftigung der gesundheitsgefährdeten betroffenen Person zu klären.[65] Das Fehlen eines BEM nach § 84 Abs. 2 SGB IX führt dann nicht zur Unwirksamkeit der krankheitsbedingten Kündigung, wenn feststeht, dass die Wiederherstellung der Arbeitsfähigkeit eines Arbeitnehmers ungewiss ist und eine Versetzungsmöglichkeit auf einen anderen leidensgerechten Arbeitsplatz nicht besteht.[66] Führt der Arbeitgeber kein BEM durch, kann dies Folgen für die Darlegungs- und Beweislast im Rahmen der Prüfung der betrieblichen Auswirkungen von erheblichen Fehlzeiten haben.[67] Der Arbeitgeber kann sich dann nicht pauschal darauf berufen, ihm seien keine alternativen, der Erkrankung angemessenen Einsatzmöglichkeiten bekannt.[68] Der Arbeitgeber hat vielmehr von sich aus denkbare oder vom Arbeitnehmer (außergerichtlich) bereits genannte Alternativen zu würdigen und im Einzelnen darzulegen, aus welchen Gründen sowohl eine Anpassung des bisherigen Arbeitsplatzes an dem Arbeitnehmer zuträgliche Arbeitsbedingungen als auch die Beschäftigung auf einem anderen – leidensgerechten – Arbeitsplatz ausscheiden. Erst dann ist es Sache des Arbeitnehmers, sich hierauf substantiiert einzulassen und darzulegen, wie er sich selbst eine leidensgerechte Beschäftigung vorstellt.[69] Hat das BEM zu einem positiven Ergebnis geführt, ist der Arbeitgeber grundsätzlich verpflichtet, vor Ausspruch einer krankheitsbedingten Kündigung die empfohlene Maßnahme – soweit diese in seiner alleinigen Macht steht – als milderes Mittel umzusetzen. Kündigt er, ohne sie umgesetzt zu haben, muss er im Einzelnen und konkret darlegen, warum die Maßnahme entweder trotz Empfehlung undurchführbar war oder selbst bei einer Umsetzung diese keinesfalls zu einer Vermeidung oder Reduzierung von Arbeitsunfähigkeitszeiten geführt hätte. Dem wird der Arbeitnehmer regelmäßig mit einem einfachen Bestreiten entgegentreten können.[70] Setzt die betroffene Person die im Rahmen des BEM gefundene Maßnahme nicht um, muss der Arbeitgeber sie darauf hinweisen, dass sie im Weigerungsfall mit einer Kündigung rechnen muss. Lehnt die betroffene Person die Maßnahme dennoch ab oder bleibt

---

65 Vgl. LAG Hamm, Urteil vom 24.1.2007 – 2 Sa 991/06.

66 Vgl. LAG Hamm, Urteil vom 29.3. 2006 – 18 Sa 2104/05; BAG, Urteil vom 10.12.2009 – 2 AZR 400/08.

67 Zu der Begrifflichkeit der Arbeitsfähigkeit siehe weiterführend Rudow, Die gesunde Arbeit, S. 24 ff.

68 So zuerst BAG, Urteil vom 12.7.2007 – 2 AZR 716/06.

69 Vgl. BAG, Urteil vom 10.12.2009 – 2 AZR 400/08 und Urteil vom 10.12.2009 – 2 AZR 198/09; außerdem LAG Niedersachsen, Urteil vom 2.2.2009 – 6 Sa 62/09, LAG Rheinland-Pfalz, Urteil vom 24.4.2009 – 9 Sa 683/08 und LAG Mecklenburg-Vorpommern, Urteil vom 13.5.2009 – 2 Sa 15/09.

70 Vgl. BAG, Urteil vom 10.12.2009 – 2 AZR 400/08.

sie trotz Aufforderung untätig, braucht der Arbeitgeber die Maßnahme vor Ausspruch einer krankheitsbedingten Kündigung nicht mehr als milderes Mittel zu berücksichtigen.[71]

Führt das BEM zu dem Ergebnis, dass es keine Möglichkeit gibt, die Arbeitsunfähigkeit zu überwinden oder künftig zu vermeiden, ist dies ebenfalls bei einer eventuellen krankheitsbedingten Kündigung zu berücksichtigen. Der Arbeitgeber genügt seiner arbeitsgerichtlichen Darlegungslast, wenn er auf diesen Umstand hinweist und behauptet, es bestünden keine anderen Beschäftigungsmöglichkeiten. Der nunmehr darlegungspflichtige Arbeitnehmer genügt seiner Darlegungslast grundsätzlich nicht dadurch, dass er auf alternative Beschäftigungsmöglichkeiten verweist, die während des BEM behandelt und verworfen worden sind. Auch der Verweis auf im BEM nicht behandelte Alternativen wird grundsätzlich ausgeschlossen sein. Der Arbeitnehmer muss diese bereits in das BEM einbringen. Er kann allenfalls auf Möglichkeiten verweisen, die sich erst nach Abschluss des BEM bis zum Zeitpunkt der Kündigung ergeben haben.[72] Ebenso verhält es sich, wenn das im BEM gefundene Ergebnis fehlschlägt. Der Arbeitgeber muss jedoch dafür sorgen, dass der Arbeitnehmer die realistische Möglichkeit zur Umsetzung erhält und darf zum Beispiel bei einer stufenweisen Wiedereingliederung (§ 28 SGB IX) nicht einen ungeeigneten Arbeitsplatz zur Verfügung stellen oder bereits nach wenigen Tagen eine volle Arbeitsleistung verlangen.[73]

Das Integrationsamt ist gehalten, im Rahmen seines jeweils durch die §§ 85 ff. SGB IX vorgegebenen Prüfungsumfanges, den Sachverhalt und seine eventuellen Begleitumstände umfassend aufzuklären. Es unterliegt hierbei dem Amtsermittlungsgrundsatz, d.h. es muss von Amts wegen all das ermitteln, was für seine Entscheidung erforderlich ist. Die Entscheidung des Integrationsamtes hat Auswirkungen auf das bei erteilter Zustimmung zur Kündigung nachfolgende arbeitsgerichtliche Kündigungsschutzverfahren. Wenn das Integrationsamt nach eingehender Prüfung die Zustimmung zur Kündigung erteilt hat, kann das im arbeitsgerichtlichen Verfahren nicht unberücksichtigt bleiben. Dementsprechend kann nur bei Vorliegen besonderer Anhaltspunkte im arbeitsgerichtlichen Verfahren davon ausgegangen werden, ein Präventionsverfahren nach § 84 Abs. 1 SGB IX hätte die Kündigung verhindern können, wenn das Integrationsamt nach eingehender Prüfung zu dem Ergebnis gelangt ist, dass die Zustimmung zur Kündigung zu erteilen ist.[74] Wenn sich schon das Integrationsamt veranlasst sehen musste, die beantragte Zustimmung zu erteilen, kann im arbeitsgerichtlichen Verfahren davon ausgegangen werden, dass auch ein BEM keine Möglichkeit aufgezeigt hätte, den Arbeitsplatz des langzeiterkrankten schwerbehinderten Mitarbeiters zu erhalten.[75]

---

[71] Vgl. BAG, Urteil vom 10.12.2009 – 2 AZR 400/08.

[72] Vgl. BAG, Urteil vom 10.12.2009 – 2 AZR 400/08.

[73] Zu den Modellen der betrieblichen Eingliederung siehe weiterführend Rudow, Die gesunde Arbeit, S. 443 ff.

[74] Vgl. BAG, Urteil vom 7.12.2006 – 2 AZR 182/06.

[75] Vgl. LAG Nürnberg, Urteil vom 21.6.2006 – 4 (9) Sa 933/05.

Das Bundesverwaltungsgericht hat sich bisher zum BEM noch nicht ausdrücklich geäußert. Es hat jedoch zwischenzeitlich in einem Verfahren, in dem es um eine betriebsbedingte Änderungskündigung ging, entschieden, dass die Durchführung eines Präventionsverfahrens nach § 84 Abs. 1 SGB IX keine Rechtmäßigkeitsvoraussetzung für die Zustimmungsentscheidung des Integrationsamtes nach §§ 85 ff. SGB IX ist.[76] Obwohl das Verwaltungsgericht München zuvor die Berufung wegen grundsätzlicher Bedeutung dieser Frage zugelassen hatte, ließ der Bayerische Verwaltungsgerichtshof in seiner zweitinstanzlichen Entscheidung die Revision nicht zu.[77] Die hiergegen eingelegte Beschwerde wies das BVerwG als unbegründet zurück, da sich die Antwort ohne eingehenden Begründungsbedarf aus dem Gesetz ergebe. Der § 84 Abs. 1 SGB IX gebe dem Arbeitgeber auf, frühzeitig die Schwerbehindertenvertretung und die in § 93 SGB IX genannten Vertretungen sowie das Integrationsamt einzuschalten. Diese Verpflichtung des Arbeitgebers sei aber weder in § 84 noch in den §§ 85 ff. SGB IX mit der Aufgabe des Integrationsamtes, über die Zustimmung zur Kündigung eines schwerbehinderten Menschen zu entscheiden, verknüpft. Einer solchen Verknüpfung bedürfe es auch nicht, weil im Kündigungsschutzverfahren als eigenständige Aufgabe des Integrationsamtes bestimmt sei, dass dieses eine Stellungnahme des Betriebsrates oder Personalrates und der Schwerbehindertenvertretung einholt und den schwerbehinderten Menschen anhört sowie in jeder Lage des Verfahrens auf eine gütliche Einigung hinwirkt (§ 87 Abs. 2 und 3 SGB IX).[78] Auch wenn die Durchführung eines Präventionsverfahrens keine Rechtmäßigkeitsvoraussetzung für die Zustimmungsentscheidung des Integrationsamtes sei, könne es dieses doch im Rahmen seiner Ermessensentscheidung über die Erteilung der Zustimmung gegebenenfalls zu Lasten des Arbeitgebers berücksichtigen, wenn bei gehöriger Durchführung des Präventionsverfahrens die Möglichkeit bestanden hätte, die Kündigung zu vermeiden.[79] Die Vorschrift, welche die neben der Schwerbehindertenvertretung und dem Integrationsamt einzubeziehenden Vertretungen darstellt, ist § 93 SGB IX. Diese Vorschrift lautet:

§ 93 SGB IX Aufgaben des Betriebs-, Personal-, Richter-, Staatsanwalts- und Präsidialrates

Betriebs-, Personal-, Richter-, Staatsanwalts- und Präsidialrat fördern die Eingliederung schwerbehinderter Menschen. Sie achten insbesondere darauf, dass die dem Arbeitgeber nach den §§ 71, 72 und 81 bis 84 obliegenden Verpflichtungen erfüllt werden; sie wirken auf die Wahl der Schwerbehindertenvertretung hin.

---

[76] Vgl. Dütz / Thüsing, Arbeitsrecht, §9 Rn. 490.

[77] Vgl. Bayerischer VGH, Urteil vom 14.11.2006 - 9 BV 06.1431.

[78] Vgl. Dütz / Thüsing, Arbeitsrecht, §9 Rn. 420 ff.

[79] Vgl. BVerwG, Beschluss vom 29.8.2007 - 5 B 77.07 - br 2007, 193, unter Bezugnahme auf BAG, Urteil vom 7.12.2006 - 2 AZR 182/06.

Das Bundesverwaltungsgericht hat damit für das Verwaltungsverfahren denselben rechtlichen Ansatz zur Einordnung der dem Arbeitgeber nach § 84 SGB IX aufgegebenen Präventionsmaßnahmen gewählt wie das Bundesarbeitsgericht. Die Begründung seiner Entscheidung lässt darauf schließen, dass es – ebenso wie das BAG – auch für das BEM nach § 84 Abs. 2 SGB IX die Ansicht vertritt, dass ein durchgeführtes BEM vor einem Antrag auf Zustimmung zur personenbedingten Kündigung nach § 85 SGB IX keine Rechtmäßigkeitsvoraussetzung für die Zustimmungsentscheidung des Integrationsamtes darstellt.[80]

Das OVG Münster hat unter Bezug auf die zitierte Entscheidung des BVerwG ausgeführt, dass das Unterlassen von Präventionsmaßnahmen nur dann das Ergebnis der angefochtenen Entscheidung des Integrationsamtes in Frage stellen kann, wenn die Annahme gerechtfertigt ist, dass das Ergreifen von Präventionsmaßnahmen im konkreten Fall die Kündigung als „ultima ratio" hätte verhindern können.[81] Streitentscheidend sei daher die Frage, welche Maßnahmen im Einzelnen im Rahmen eines Präventionsverfahrens hätten durchgeführt werden können und müssen und ob bei gehöriger Durchführung eines Präventionsverfahrens der Gesundheitszustand des schwerbehinderten Arbeitnehmers soweit hätte wiederhergestellt werden können, dass er wieder seiner bisherigen Tätigkeit dauerhaft hätte nachgehen können. Mit Blick auf die Darlegungsobliegenheiten nach § 124 Abs. 4 Satz 4 VwGO bedürfe es der substantiierten Darlegung der im konkreten Fall gebotenen und zumutbaren einzelnen Präventionsmaßnahmen und ihrer Auswirkungen auf die Aufrechterhaltung der Beschäftigung des schwerbehinderten Menschen im jeweiligen Bereich. Die Vorschrift § 124 VwGO lautet:

§ 124 VwGO Statthaftigkeit der Berufung; Zulassungsgründe

(1) Gegen Endurteile einschließlich der Teilurteile nach § 110 und gegen Zwischenurteile nach den §§ 109 und 111 steht den Beteiligten die Berufung zu, wenn sie von dem Verwaltungsgericht oder dem Oberverwaltungsgericht zugelassen wird.

(2) Die Berufung ist nur zuzulassen,

1. *wenn ernstliche Zweifel an der Richtigkeit des Urteils bestehen,*
2. *wenn die Rechtssache besondere tatsächliche oder rechtliche Schwierigkeiten aufweist,*
3. *wenn die Rechtssache grundsätzliche Bedeutung hat,*
4. *wenn das Urteil von einer Entscheidung des Oberverwaltungsgerichts, des Bundesverwaltungsgerichts, des gemeinsamen Senats der obersten Gerichtshöfe des Bundes oder des Bundesverfassungsgerichts abweicht und auf dieser Abweichung beruht oder*

---

[80] So auch VG Gelsenkirchen, Urteil vom 22.9.2006 – 11 K 3597/05 und VG Köln, Urteil vom 24.9.2009 – 26 K 7579/08.

[81] Vgl. OVG Münster, Beschluss vom 5.3.2009 – 12 A 122/09 sowie Beschlüsse vom 25.4.2008 – 12 A 395/08 und vom 9.10.2007 – 12 A 2484/07.

5. *wenn ein der Beurteilung des Berufungsgerichts unterliegender Verfahrensmangel geltend gemacht wird und vorliegt, auf dem die Entscheidung beruhen kann.*

Eine solche substantiierte Darlegung sah das Gericht nicht als gegeben an. Sie wäre jedoch nach seinen Ausführungen schon deshalb erforderlich gewesen, weil die beratende Ingenieurin des Integrationsamtes in ihrer fachdienstlichen Beurteilung die Möglichkeit einer Umsetzung des schwerbehinderten Arbeitnehmers in Ermangelung der erforderlichen Qualifikation bzw. mit Blick auf die an den übrigen Arbeitsplätzen bestehenden „noch schwereren" körperlichen Belastungen verneint und im Übrigen eine konkrete behinderungsgerechte Arbeitsplatzausstattung vorgeschlagen hatte. Dass allein diese technische Maßnahmen dazu führen würden, dass der Arbeitnehmer trotz des bei ihm festgestellten „degenerativen Krankheitsbildes von Wirbelsäule und Schultergelenk und den beginnenden rheumatischen Veränderungen im Bereich der Hände" in Zukunft seine Arbeit auf seinem bisherigen Arbeitsplatz ohne die in der Vergangenheit aufgetretenen gesundheitlichen Beeinträchtigungen und den hieraus resultierenden Fehlzeiten werde erledigen können, sei nicht dargelegt. Ebenso fehle jede Darlegung zu weiteren konkreten Maßnahmen, die zur „gehörigen Durchführung des Präventionsverfahrens" hätten ergriffen werden können und müssen, und inwieweit derartige Maßnahmen geeignet gewesen wären, zur weiteren Beschäftigung des Klägers auf seinem bisherigen Arbeitsplatz zu führen.[82] Wurde ein Präventionsverfahren nach § 84 Abs. 1 oder ein BEM nach Abs. 2 SGB IX nicht durchgeführt und schießt das Integrationsamt in seine Ermessenserwägungen nicht mit ein, ob mit einem derartigen Verfahren eine drohende Kündigung hätte vermieden werden können, kann das dazu führen, dass seine Entscheidung ermessensfehlerhaft und damit rechtswidrig ist.[83]

14.7 Verhaltensbedingte Kündigung

Bei einer ordentlichen verhaltensbedingten Kündigung ist zu prüfen, ob ein Zusammenhang zwischen dem vorgeworfenen Verhalten und der festgestellten Behinderung besteht. Das Integrationsamt wird deshalb den Feststellungsbescheid beim schwerbehinderten Arbeitnehmer anfordern und gegebenenfalls ärztliche Stellungnahmen und/oder eine Einschätzung des in das Verfahren eingeschalteten Mitarbeiters des Integrationsfachdienstes einholen. Auch hier ist es erforderlich, dass der schwerbehinderte Arbeitnehmer die ihn behandelnden Ärzte gegenüber dem Integrationsamt, der örtlichen Fachstelle und

[82] Vgl. OVG Münster, Beschluss vom 5.3.2009 - 12 A 122/09 sowie Beschlüsse vom 25.4.2008 - 12 A 395/08 und vom 9.10.2007 - 12 A 2484/07.

[83] Vgl. VG Düsseldorf, Urteil vom 18.7.2008 - 19 K 2035/08.

gegebenenfalls gegenüber dem Integrationsfachdienst von der Schweigepflicht entbindet. Die jeweiligen Daten nach § 67 a Abs. 2 Satz 1 SGB X sind grundsätzlich bei dem Betroffenen zu erheben. Die Frage, ob der zu kündigende Arbeitnehmer überhaupt schwerbehindert ist und welche Behinderungen gegebenenfalls vorliegen, ist also grundsätzlich beim schwerbehinderten Arbeitnehmer zu erfragen.

Da der Sonderkündigungsschutz des SGB IX allein dem Schutz des schwerbehinderten Menschen dient und er selbst entscheiden kann, inwieweit er sich auf den Schutz des SGB IX berufen möchte, ist eine Erfragung der Schwerbehinderteneigenschaft und der festgestellten Behinderungen bei der für die Feststellung der Schwerbehinderteneigenschaft zuständigen Stelle zu unterlassen. Das gilt auch, wenn der Arbeitgeber nicht weiß, ob der zu kündigende Arbeitnehmer schwerbehindert ist und vorsorglich einen Antrag auf Zustimmung stellt. Verweigert der schwerbehinderte Arbeitnehmer diese Auskunft, so geht das Integrationsamt davon aus, dass eine Schwerbehinderung nicht vorliegt. Es wird also einen Negativattest erteilen.

Anders ist es, wenn der Arbeitgeber Kenntnis davon hat, dass der schwerbehinderte Arbeitnehmer bei der zuständigen Stelle einen Antrag auf Feststellung der Schwerbehinderteneigenschaft gestellt hat. Hier ist das Integrationsamt berechtigt, dieser Frage bei der zuständigen Stelle nach zu gehen. Die Frage, ob ein entsprechender Antrag gestellt wurde, beinhaltet nicht die Befugnis zum Einholen geschützter Daten. Das Integrationsamt wird im Hinblick auf § 90 Abs. 2a SGB IX nur nachfragen, wann der Arbeitnehmer den entsprechenden Antrag gestellt hat, ob schon eine Entscheidung getroffen wurde und ob der schwerbehinderte Arbeitnehmer gegebenenfalls seinen Mitwirkungspflichten nicht nachgekommen ist.

Beruft sich der schwerbehinderte Arbeitnehmer auf die nachgewiesene Schwerbehinderteneigenschaft, gibt aber keine Auskünfte über die Art seiner Behinderung, geht das Integrationsamt von einem fehlenden Zusammenhang zwischen Kündigungsgrund und den festgestellten Behinderungen aus.

Sofern derart schwerwiegende sowie wiederholte Pflichtverletzungen vorliegen, dass eine Abmahnung entbehrlich ist, können die Schwierigkeiten im Arbeitsverhältnis nicht mehr beseitigt werden, da der Kündigungsgrund bereits feststeht und das Vertrauensverhältnis gestört ist (ein „sinnentleertes" Präventionsverfahren ist in der Regel nicht erforderlich). *Das BAG hat hierzu ausgeführt:*

Nach dem Gesetz sollen die präventiven Maßnahmen eine Gefährdung des Arbeitsverhältnisses verhindern, also der Gefährdung und damit dem Entstehen von Kündigungsgründen zuvorkommen. Sind solche Gründe aber bereits entstanden, so können sie nicht mehr verhindert werden. Das Arbeitsverhältnis ist dann bereits "kündigungsreif" und nicht etwa nur von Gefährdung bedroht.[84]

Die Zustimmung wird in aller Regel auch ohne ein durchgeführtes Verfahren nach § 84 Abs. 1 SGB IX zu erteilen sein. Gegebenenfalls kann es in besonderen Fällen zu einer anderen Beurteilung kommen, wenn bei einem Behinderungszusammenhang das Verhalten

---

[84] BAG, Urteil vom 7.12.2006 – 2 AZR 182/06.

durch frühzeitige Unterstützung fachkundiger Stellen hätte beeinflusst bzw. vermieden werden können.

Sofern eine geringere Pflichtverletzung vorliegt, bei der eine vorherige Abmahnung erforderlich ist, ist folgendes zu prüfen:

- Handelt es sich um ein wiederholtes Fehlverhalten?
- Ist eine Abmahnung an den schwerbehinderten Menschen erfolgt?
- Besteht oder könnte ein Behinderungszusammenhang bestehen (gegebenenfalls personenbedingte Gründe) – wenn ja, konnte der schwerbehinderte Mensch sein Fehlverhalten erkennen bzw. beeinflussen?
- Warum ist eine frühzeitige Einschaltung des Integrationsamtes, der Schwerbehindertenvertretung sowie des Betriebs-/Personalrates oder anderer Stellen (Integrationsfachdienst, Betriebsarzt, Suchtberater) unterblieben?
- „Ultima-Ratio-Prinzip“ beachten, ggfs. zu Lasten des Arbeitgebers bei fehlender Einschaltung des Integrationsamtes
- Zumutbarkeit der Weiterbeschäftigung für den Arbeitgeber prüfen.
- Es sollte stets geprüft werden, ob eventuell unterbliebene Schritte / Maßnahmen nachgeholt werden können. Dies kann sowohl im Zustimmungsverfahren als auch im Wege der Aussetzung des Verfahrens erfolgen. Gegebenenfalls kommt die Ablehnung des Antrages in Betracht. Im Ergebnis ist dem Antrag jedoch dann stets stattzugeben, wenn ein Präventionsverfahren nicht geeignet gewesen wäre, die Kündigung zu vermeiden und eine Weiterbeschäftigung für den Arbeitgeber nicht zumutbar ist. Dies ist jedoch vom Arbeitgeber darzulegen. Das Integrationsamt hat sich eine eigene Überzeugung von der Richtigkeit des Arbeitgebervortrages auf der Grundlage seiner Amtsermittlungspflicht zu verschaffen.

Kündigungsschutzklage 15

Ebenso wie nichtbehinderte Arbeitnehmer, so können auch behinderte Arbeitnehmer eine Kündigung durch den Arbeitgeber vor den Arbeitsgerichten auf ihre Rechtmäßigkeit hin überprüfen lassen. Aus diesem Grunde wird in diesem Kapitel das Verfahren vor den Arbeitsgerichten näher dargestellt. Denn Konflikte unterschiedlicher Art aus dem Arbeitsleben können Anlass für Rechtsstreitigkeiten vor dem Gericht sein. Hierbei können Arbeitgeber und Arbeitnehmer als Anspruchsteller auftreten. Bevor die beteiligten Parteien ihren Streit vor Gericht tragen, erscheint es jedoch besonders bei Auseinandersetzungen im Arbeitsverhältnis sinnvoll, eine außergerichtliche Einigung zu erzielen. Betriebsräte oder auch einzelne Mediatoren können bei solchen gütlichen Streitbeilegungen behilflich sein. Allerdings sind außergerichtliche Einigungsversuche keine erforderliche Voraussetzung für eine Klageerhebung vor dem Arbeitsgericht. Zwischen Privatrecht und öffentlichem Recht nimmt das Arbeitsrecht eine Zwischenstellung ein. Für Streitigkeiten im Rahmen des Arbeitsrechts sind daher nicht die Zivilgerichte, sondern die spezielleren Arbeitsgerichte zuständig.[1] Das Arbeitsgerichtsgesetz (ArbGG) regelt zusammen mit der Zivilprozessordnung (ZPO) das Prozessrecht der Arbeitsgerichtsbarkeit. Bei der Einarbeitung in dieses Thema ist es also erforderlich, ein aktuelles Gesetz zu besitzen. Wofür die Arbeitsgerichte konkret zuständig sind, ist im § 2 ArbGG festgelegt. So sind Streitigkeiten zwischen Arbeitgebern und Arbeitnehmern aus dem Arbeitsverhältnis heraus, wie z.B. wegen Lohn und Gehaltsansprüchen oder Kündigungen, vor dem Arbeitsgericht auszutragen. Ebenso sind die Arbeitsgerichte auch für Streitigkeiten zwischen Tarifvertragsparteien über die Gültigkeit von Tarifverträgen und den daraus abgeleiteten Ansprüchen zuständig. Angelegenheiten aus dem Betriebsverfassungs- und dem Mitbestimmungsgesetz fallen ebenfalls in den Zuständigkeitsbereich der Arbeitsgerichte. Aus der Tätigkeit der Tarifvertragsparteien heraus entstehende Streitigkeiten, die mit einem Arbeitskampf zusammenhängen, sind im § 2 ArbGG als Rechtsstreitigkeiten aufgeführt, die vor dem Arbeitsgericht auszutragen

---

[1] Vgl. hierzu vertiefend Dütz / Thüsing, Arbeitsrecht, § 9 Rn. 484.

sind. Bei Arbeitskonflikten mit Auszubildenden ist zu beachten, dass vor Klageerhebung beim Arbeitsgericht grundsätzlich der Schlichtungsausschuss der Industrie- und Handelskammer anzurufen ist. Als Arbeitnehmer im Sinne des ArbGG sind Arbeiter und Angestellte sowie die zu ihrer Berufsausbildung Beschäftigten zu verstehen. Beamte und Organe juristischer Personen (z.B. Mitglieder des Vorstands einer Aktiengesellschaft) hingegen sind nach § 5 ArbGG nicht als Arbeitnehmer definiert.

Wird eine Klage im Rahmen der oben genannten Streitigkeiten beim Arbeitsgericht eingereicht, so ist die Aufgliederung der Instanzen zu beachten. Arbeitsgerichte gliedern sich in drei Instanzen auf. Nach § 8 ArbGG ist das Arbeitsgericht die erste Instanz, die Landesarbeitsgerichte stellen die zweite Instanz und das Bundesarbeitsgericht (BAG) in Erfurt stellt die dritte Instanz dar.

Das gerichtliche Verfahren ist vor dem Arbeitsgericht in der ersten Instanz in zwei Abschnitte geteilt. Als erstes findet eine so genannte Güteverhandlung statt. Diese wird allein vom Berufsrichter durchgeführt. Ziel dieses Verfahrensabschnitts ist es, die Parteien durch Abschluss eines Vergleichs gütlich zu einigen. Kann kein Vergleich erzielt werden, so findet vor dem Berufsrichter und den beiden Laienrichtern eine mündliche Verhandlung statt. Vor den Arbeitsgerichten besteht in der ersten Instanz kein Anwaltszwang. Das bedeutet, dass eine Partei sich dort auch selbst vertreten darf. Berufungsinstanz wäre das Landesarbeitsgericht. Zulässig ist eine Berufung, sofern der Streitwert über 600 Euro liegt. Die Berufungsinstanz ist eine Tatsacheninstanz. Hier kann der Sachverhalt erneut geprüft werden. Allerdings besteht in dieser zweiten Instanz Anwaltszwang. Einer Partei ist es also nicht möglich, sich vor dem Landesarbeitsgericht ohne Anwalt selbst zu vertreten. Die dritte Instanz wird auch als Revisionsinstanz bezeichnet. Zuständig für Revisionsverfahren ist das Bundesarbeitsgericht mit Sitz in Erfurt. Revision bedeutet, dass keine Tatsachenfeststellung mehr durch das Gericht erfolgt. Es wird lediglich geprüft, ob die Vorinstanzen das Gesetz richtig angewandt haben. Eine Rechtstreitigkeit kann nur bis zur Revisionsinstanz gelangen, sofern die Vorinstanz wegen grundsätzlicher Bedeutung der Rechtsfrage eine Revision zugelassen hat.

Das Arbeitsgericht wird nicht von Amtswegen, sondern nur auf ein Rechtsschutzbegehren einer Partei tätig. Dieses Rechtsschutzbegehren wird in den meisten Fällen durch eine Klage verfolgt, welche durch eine in den Rechten verletzte Person erhoben werden kann. Die Klage wendet sich an das Gericht, aber auch an den Gegner, der nach Klageerhebung auch als Beklagter bezeichnet wird. Die schriftliche Klage muss in einem eigenen Schriftsatz an das zuständige Gericht gesandt werden. In der ersten Instanz ist eine Vertretung durch einen Rechtsanwalt nicht zwingend vorgeschrieben. Jede Partei darf sich dementsprechend in der ersten Instanz vor den Arbeitsgerichten selbst vertreten. Sofern die Partei jedoch einen rechtlichen Vertreter nutzen möchte, so kann sie sich entweder eines Rechtsanwalts oder eines Gewerkschaftsvertreters bzw. eines Vertreters eines Arbeitgeberverbandes bedienen. Anders verhält es sich vor den höheren Instanzen. So schreibt § 11 Abs. 2 ArbGG vor, dass vor dem Landesarbeitsgericht sowie vor dem Bundesarbeitsgericht ein Anwaltszwang herrscht. Jeder Rechtsanwalt, der bei einem deutschen Gericht zugelassen ist, ist hier vertretungsberechtigt. Vor dem Landesarbeitsgericht können an ihrer Stelle aber auch Vertreter der Gewerkschaften bzw. der Arbeitgeberverbände auftreten. Wurde einer Partei im Vorfeld des Verfahrens Prozesskostenhilfe bewilligt, so erhält diese Partei vor dem Landesarbeitsgericht und dem Bundesarbeitsgericht einen Rechtsanwalt von Amts wegen gestellt. Bei Verfahren vor dem Arbeitsgericht ist dies auf Antrag der Partei entsprechend § 11a ArbGG nur dann der Fall, wenn diese Partei nicht durch einen Vertreter der Gewerkschaft bzw. des Arbeitgeberverbandes vertreten werden kann und hinzukommt, dass die gegnerische Partei ebenfalls durch einen Rechtsanwalt vertreten wird.

Im Rahmen der Klage vor dem Arbeitsgericht sind bestimmte Formalien zu beachten. In dem unterschriebenen Klageschriftsatz sind der Name und die Anschrift des Streitgegners anzugeben. Der konkrete Streitgegenstand, wie beispielsweise die genau bezifferte Lohnsumme, muss begründet in dem schriftlichen Antrag festgehalten werden. Zu beachten ist weiterhin, dass die schriftliche Klage in zweifacher Ausfertigung eingereicht wird. Ein Exemplar ist für die Gerichtsakten bestimmt und ein Exemplar für die beklagte Prozesspartei. Auch eine mündliche Klageerhebung ist möglich. Diese muss bei der Rechtsantragsstelle des Arbeitsgerichts zu Protokoll genommen und in eine rechtlich einwandfreie Form gebracht werden. Ferner kann die Klage durch einen Rechtsanwalt, bei Gewerkschaftsmitgliedern durch einen Rechtsschutzsekretär oder durch eine sonstige Person mit schriftlicher Vollmacht ausgeübt werden. Bei der Formulierung einer Klage stehen beim Amtsgericht Rechtspfleger zur kostenlosen Hilfestellung bereit. Eine rechtlich inhaltliche Beratung[2] ist hierbei allerdings nicht möglich, da eine solche nur bei den Gewerkschaften und Arbeitgeberverbänden sowie Rechtsanwälten erhältlich ist. In vielen Fällen sind die einzuhaltenden Fristen zu beachten. Diese können gesetzlich, tarifvertraglich oder individuell im jeweiligen Arbeitsvertrag festgelegt sein. Nach § 9 Abs. 1 ArbGG ist das Verfahren vor den Arbeitsgerichten in allen Rechtszügen zu beschleunigen. Ziel eines jeden Verfahrens ist es, einen gerichtlichen Titel zu erlangen. Abhängig vom jeweiligen Streitgegenstand entscheiden die Arbeitsgerichte durch ein Urteil oder einen Beschluss.

Das Urteilsverfahren ist in den §§ 2 ff. sowie den §§ 46 ff. ArbGG geregelt. Aufgrund einer gewissen Ähnlichkeit zu Zivilprozessen werden für das arbeitsgerichtliche Urteilsverfahren nach § 46 Abs. 2 ArbGG die Vorschriften der Zivilprozessordnung (ZPO) für das Verfahren vor den Amtsgerichten ergänzend angewendet, sofern das ArbGG keine besonderen Regelungen trifft. Der § 2 Abs. 1 ArbGG nennt ausdrücklich die Streitigkeiten, welche im Urteilsverfahren entschieden werden.

Neben dem eben beschriebenen Urteilsverfahren gibt es auch das so genannte Beschlussverfahren. Das Beschlussverfahren wird nach § 2a Abs. 1 Nr. 1 bis 4 ArbGG von Arbeitsgerichten angewandt, wenn es sich um Streitigkeiten handelt, die in diesem Paragraphen explizit genannt worden sind. Gegenstand des Beschlussverfahrens sind demnach Angelegenheiten aus dem Betriebsverfassungsgesetz, soweit nicht für Maßnahmen nach seinen §§ 119 bis 121 die Zuständigkeit eines anderen Gerichts gegeben ist; Angelegenheiten aus dem Sprecherausschussgesetz, soweit nicht für Maßnahmen nach seinen §§ 34 bis 36 die Zuständigkeit eines anderen Gerichts gegeben ist; Angelegenheiten aus dem

2 Vgl. zu Form und Inhalt der Beratung vertiefend Mrozynski, SGB I, § 14 Rn. 10 ff.

Mitbestimmungsgesetz, dem Mitbestimmungsergänzungsgesetz und dem Drittelbeteiligungsgesetz, soweit über die Wahl von Vertretern der Arbeitnehmer in den Aufsichtsrat und über ihre Abberufung mit Ausnahme der Abberufung nach § 103 Abs. 3 des Aktiengesetzes zu entscheiden ist; Angelegenheiten aus den §§ 94, 95, 139 des Neunten Buches Sozialgesetzbuch; Angelegenheiten aus dem Gesetz über Europäische Betriebsräte, soweit nicht für Maßnahmen nach seinen §§ 43 bis 45 die Zuständigkeit eines anderen Gerichts gegeben ist; Angelegenheiten aus § 51 des Berufsbildungsgesetzes; Angelegenheiten aus dem SE-Beteiligungsgesetz vom 22. Dezember 2004[3] mit Ausnahme der §§ 45 und 46 und nach den §§ 34 bis 39 nur insoweit, als über die Wahl von Vertretern der Arbeitnehmer in das Aufsichts- oder Verwaltungsorgan sowie deren Abberufung mit Ausnahme der Abberufung nach § 103 Abs. 3 des Aktiengesetzes zu entscheiden ist; Angelegenheiten aus dem SCE-Beteiligungsgesetz vom 14. August 2006[4] mit Ausnahme der §§ 47 und 48 und nach den §§ 34 bis 39 nur insoweit, als über die Wahl von Vertretern der Arbeitnehmer in das Aufsichts- oder Verwaltungsorgan sowie deren Abberufung zu entscheiden ist; Angelegenheiten aus dem Gesetz über die Mitbestimmung der Arbeitnehmer bei einer grenzüberschreitenden Verschmelzung vom 21. Dezember 2006[5] mit Ausnahme der §§ 34 und 35 und nach den §§ 23 bis 28 nur insoweit, als über die Wahl von Vertretern der Arbeitnehmer in das Aufsichts- oder Verwaltungsorgan sowie deren Abberufung mit Ausnahme der Abberufung nach § 103 Abs. 3 des Aktiengesetzes zu entscheiden ist; die Entscheidung über die Tariffähigkeit und die Tarifzuständigkeit einer Vereinigung.

Durch das so genannte Güteverfahren kann ein arbeitsrechtlicher Rechtsstreit auch zum Abschluss gebracht werden. Die Güteverhandlung ist eine mündliche Verhandlung, also ein Gespräch der Parteien über den Rechtsstreit, welches vor und mit dem Vorsitzenden stattfindet. Nach § 54 Abs. 1 ArbGG hat es den Zweck, den Rechtsstreit gütlich zu beenden. Kommt es zwischen den Parteien zu einer Einigung, so ist die Angelegenheit bereits an diesem Punkt erledigt. Sollte es allerdings zu keiner Einigung kommen, so folgt nach § 54 Abs. 4 ArbGG die streitige Verhandlung. Die Alternativen, die sich nun bieten, sind entweder ein zweiter Gütetermin oder das Anberaumen eines Kammertermins. Zur Vorbereitung des Kammertermins gibt das Gericht bestimmte Auflagen auf, z.B. die Gründe für eine Kündigung schriftlich genau darzulegen. Die Parteien müssen die vom Gericht gemachten Auflagen fristgerecht erfüllen, damit ihr Vorbringen berücksichtigt werden kann und sie keine Rechtsnachteile erleiden. Nach § 56 ArbGG sollte der Vorsitzende die Verhandlung so arrangieren, dass sie, wenn möglich, in einem Termin zu einem Ergebnis kommt. Aus diesem Grund sollen auch die zu vernehmenden Zeugen und Sachverständigen zu diesem Termin geladen werden. Nach § 58 ArbGG wird die Beweisaufnahme im Arbeitsgericht vor der Kammer vollzogen. Zum Schluss des letzten Verhandlungstermins werden die Urteile meist verkündet. Es dürfen zwischen dem Verhandlungstermin und

---

[3] BGBl I S. 3675, 3686.

[4] BGBl I S. 1911, 1917.

[5] BGBl I S. 3332.

dem Verkündungstermin des Urteils nach § 60 Abs. 1 ArbGG drei Wochen liegen, wenn wichtige Gründe vorliegen, die dazu führen, dass mehr Zeit erforderlich ist.

Der genaue Ablauf einer Güteverhandlung sieht folgendermaßen aus: Zu Beginn werden vom Vorsitzenden die Erfolgsaussichten der Klage nach dem derzeitigen Streitstand erörtert. Dann wird es beiden Parteien gestattet, ihre Argumente vorzutragen. Dabei werden die Argumente vom Vorsitzenden abgewogen und bewertet. Anschließend wird den Beteiligten vom Gericht ein Vergleichsvorschlag unterbreitet. Darüber hinaus darf nicht übersehen werden, dass Gütetermine zumeist unter erheblichem Zeitdruck stattfinden. In der Praxis setzt der Richter pro Verfahren gewöhnlich für den Gütetermin selten mehr als 15 Minuten an. Deshalb sollte auch darauf geachtet werden, dass in dieser knappen Zeit alle rechtlich bedeutsamen Gründe vorgetragen werden. Gewöhnlich findet der Gütetermin zwei bis vier Wochen nach der Klageerhebung statt.

Das rechtsprechende Organ des Arbeitsgerichts ist die Kammer, welche aus einem Berufsrichter und zwei ehrenamtlichen Richtern besteht, von denen einer aus dem Kreis der Arbeitgeber und der andere aus dem Kreis der Arbeitnehmer kommt. Die drei Mitglieder einer Kammer besitzen jeweils dasselbe Stimmrecht. Die ehrenamtlichen Richter werden von der zuständigen obersten Landesbehörde oder von einer von der Landesregierung durch Rechtsverordnung beauftragten Stelle auf die Dauer von fünf Jahren berufen. Um ehrenamtlicher Richter zu werden soll man nach § 43 ArbGG Arbeitnehmer oder Arbeitgeber sein und mindestens das 25. Lebensjahr vollendet haben.

Nach § 12a Abs. 1 ArbGG trägt in der ersten Instanz jede Partei ihre eigenen Kosten selbst. Diese Regelung gilt unabhängig davon, ob die Partei den Prozess gewinnt oder verliert. Betroffen sind hiervon gewöhnlich die eigenen Anwaltskosten der jeweiligen Partei. Die Gerichtskosten werden hingegen nach § 46 Abs. 2 ArbGG i.V.m. § 91 ff. ZPO von der Partei getragen, die den Prozess verloren hat. Im Gegensatz dazu hat in den höheren Instanzen, also in der Berufungs- und in der Revisionsinstanz jeweils die verlierende Partei die Anwaltskosten des Gegners zu tragen.

Dem schwerbehinderten Arbeitnehmer steht die Möglichkeit offen, gegen eine Kündigung innerhalb von drei Wochen eine Kündigungsschutzklage beim Arbeitsgericht zu erheben.[6]

[6] Vgl. zum besonderen Kündigungsschutz vertiefend Junker, Grundkurs Arbeitsrecht, Rn. 351 f.

Möchte ein schwerbehinderter Mensch Klage vor dem Arbeitsgericht erheben, wäre der Ablauf konkret folgendermaßen:

Eine anwaltliche Vertretung vor dem Arbeitsgericht ist gesetzlich nicht vorgeschrieben. Der Arbeitnehmer kann die Kündigungsschutzklage selbst verfassen und diesen Schriftsatz beim Gericht einreichen oder die Klage vor dem Arbeitsgericht bei der dortigen Rechtsantragsstelle zu Protokoll erklären. Hierzu sollte er alle wichtigen Unterlagen wie Arbeitsvertrag, Kündigungsschreiben und sonstigen Schriftverkehr mitnehmen. Der Arbeitnehmer muss die Klage vor dem zuständigen Arbeitsgericht erheben. Es ist das Arbeitsgericht zuständig, in dessen Bezirk der Arbeitgeber seinen Sitz hat. Das Verfahren vor dem Arbeitsgericht bei einer Kündigungsschutzklage begünstigt den Arbeitnehmer, denn er muss nur darlegen und beweisen, dass das Kündigungsschutzgesetz auf seinen Fall anwendbar ist.[7] Die Rechtmäßigkeit, d.h. Begründetheit der Kündigung muss hingegen der Arbeitgeber in vollem Umfang darlegen und beweisen. Wurde die Kündigungsschutzklage beim Arbeitsgericht eingereicht, so stellt das Arbeitsgericht dem Arbeitgeber eine Abschrift der Klageschrift zu und bestimmt einen Termin zur Güteverhandlung. Der Arbeitnehmer erhält ebenfalls eine Ladung zur Güteverhandlung.[8]

Die Güteverhandlung wird durch den Vorsitzenden der Kammer geleitet. Die ehrenamtlichen Richter sind bei der Güteverhandlung nicht anwesend. Es wird versucht, eine gütliche Einigung herbeizuführen, einen sogenannten Vergleich. Statistisch gesehen werden in vielen Gerichtsbezirken bis zu 90 % der Güteverhandlungen durch einen Vergleich beendet. Dieser sieht i.d.R. eine Abfindung des Arbeitnehmers vor. Mit dem Abschluss des Vergleichs ist das arbeitsgerichtliche Verfahren beendet. Die Parteien erhalten den Vergleich in schriftlicher Form vom Arbeitsgericht zugestellt. Der Vergleich ist ein Vollstreckungstitel. Für den Fall, dass der Arbeitgeber seine Verpflichtung aus dem Vergleich nicht erfüllt, so kann der Arbeitnehmer die Zwangsvollstreckung gegen den Arbeitgeber betreiben.

Kommt keine gütliche Einigung, also kein Vergleich zustande, so beraumt das Arbeitsgericht einen sog. Kammertermin an. Im Kammertermin sind der Vorsitzende der Kammer sowie die ehrenamtlichen Richter anwesend. Die Arbeitnehmerseite (Gewerkschaften) und die Arbeitgeberseite (Arbeitgeberverbände) benennen jeweils einen ehrenamtlichen Richter. Zwischen Güteverhandlung und Kammertermin liegen i.d.R. einige Monate. Nach dem Kammertermin fällt das Arbeitsgericht ein Urteil. Rechtsmittel gegen das Urteil des Arbeitsgerichts ist die Berufung, weiteres Rechtsmittel dann die Revision. Obsiegt der Arbeitnehmer im Kündigungsschutzprozess, so hat er einen Anspruch gegen den Arbeitgeber auf Beschäftigung und einen Anspruch auf das Gehalt für die Zeit von der Entlassung bis zur Wiederaufnahme der Arbeit. Dieses Gehalt ist der Annahmeverzugslohn. Auf den Annahmeverzugslohn werden ein gezahltes Arbeitslosengeld sowie ein anderweitiger Verdienst angerechnet.

---

7 Vgl. zum besonderen Kündigungsschutz vertiefend Junker, Grundkurs Arbeitsrecht, Rn. 351 f.

8 Vgl. Dütz / Thüsing, Arbeitsrecht, §9 Rn. 484.

Hatte der Arbeitgeber dem Arbeitnehmer angeboten, ihn bis zum Abschluss des Kündigungsschutzprozesses weiter zu beschäftigen und hat der Arbeitnehmer dies abgelehnt, so besteht kein Anspruch auf Annahmeverzugslohn. Ein solches Angebot gibt es bei der betriebsbedingten Kündigung i.d.R. nicht, da dies ein Widerspruch zum Kündigungsgrund wäre. Nimmt der Arbeitgeber die Kündigung zurück, so bedeutet das nicht das Ende, d.h. die Erledigung des Kündigungsschutzprozesses. Denn rechtlich gesehen kann eine Kündigung nicht zurück genommen werden. Die Rücknahme einer Kündigung ist ein Angebot des Arbeitgebers an den Arbeitnehmer, das Arbeitsverhältnis zu unveränderten Bedingungen fortzusetzen. Es obliegt dem Arbeitnehmer, das Angebot anzunehmen oder abzulehnen. Er ist keinesfalls zu einer Annahme verpflichtet, sondern kann den Kündigungsschutzprozess auch bei einer Ablehnung fortführen, denn eine Kündigungsschutzklage begehrt die Feststellung, dass die Kündigung rechtswirksam ist.[9]

Gemäß § 9 Kündigungsschutzgesetz muss das Arbeitsgericht das Arbeitsverhältnis auf Antrag des Arbeitnehmers auflösen und den Arbeitgeber zur Zahlung einer angemessenen Abfindung verurteilen, wenn feststeht, dass die Kündigung nicht rechtmäßig ist und dass dem Arbeitnehmer die Fortsetzung des Arbeitsverhältnisses nicht zuzumuten ist. Die Unzumutbarkeit der Weiterbeschäftigung muss aus konkreten Anhaltspunkten hergeleitet werden. Es reicht nicht die allgemeine Begründung, dass nach einem Kündigungsrechtsstreit das Vertrauensverhältnis zwischen den Parteien des Arbeitsvertrages zerrüttet ist. Der Auflösungsantrag kann nicht in dem Fall gestellt werden, in dem die Kündigung nur deshalb unwirksam ist, weil der Betriebsrat nicht oder fehlerhaft angehört worden ist.

Die Höhe der Abfindung, die der Arbeitgeber zu zahlen hat, richtet sich nach § 10 Kündigungsschutzgesetz. Dort ist als Obergrenze die Zahl von 12 Monatsgehältern festgelegt. Wenn der Arbeitnehmer das 50. Lebensjahr vollendet hat und das Arbeitsverhältnis wenigstens 15 Jahre bestand, stellen 15 Monatsgehälter die Obergrenze dar. 18 Monatsgehälter sind die Obergrenze der Abfindung, wenn der Arbeitnehmer das 55. Lebensjahr vollendet hat und das Arbeitsverhältnis wenigstens 20 Jahre Bestand hatte. Der § 10 KSchG lautet:

§ 10 KSchG Höhe der Abfindung

(1) *Als Abfindung ist ein Betrag bis zu zwölf Monatsverdiensten festzusetzen.*

(2) *Hat der Arbeitnehmer das fünfzigste Lebensjahr vollendet und hat das Arbeitsverhältnis mindestens fünfzehn Jahre bestanden, so ist ein Betrag bis zu fünfzehn Monatsverdiensten, hat der Arbeitnehmer das fünfundfünfzigste Lebensjahr vollendet und hat das Arbeitsverhältnis mindestens zwanzig Jahre bestanden, so ist ein Betrag bis zu achtzehn Monatsverdiensten festzusetzen. Dies gilt nicht, wenn*

[9] Vgl. Dütz / Thüsing, Arbeitsrecht, §9 Rn. 484.

der Arbeitnehmer in dem Zeitpunkt, den das Gericht nach § 9 Abs. 2 für die Auflösung des Arbeitsverhältnisses festsetzt, das in der Vorschrift des Sechsten Buches Sozialgesetzbuch über die Regelaltersrente bezeichnete Lebensalter erreicht hat.

(3) *Als Monatsverdienst gilt, was dem Arbeitnehmer bei der für ihn maßgebenden regelmäßigen Arbeitszeit in dem Monat, in dem das Arbeitsverhältnis endet (§ 9 Abs. 2), an Geld und Sachbezügen zusteht.*

Auch der Arbeitgeber kann den Auflösungsantrag nach § 9 Kündigungsschutzgesetz stellen. Es gelten hier aber verstärkte Anforderungen. Der § 9 KSchG lautet:

§ 9 KSchG Auflösung des Arbeitsverhältnisses durch Urteil des Gerichts, Abfindung des Arbeitnehmers

(1) *Stellt das Gericht fest, dass das Arbeitsverhältnis durch die Kündigung nicht aufgelöst ist, ist jedoch dem Arbeitnehmer die Fortsetzung des Arbeitsverhältnisses nicht zuzumuten, so hat das Gericht auf Antrag des Arbeitnehmers das Arbeitsverhältnis aufzulösen und den Arbeitgeber zur Zahlung einer angemessenen Abfindung zu verurteilen. Die gleiche Entscheidung hat das Gericht auf Antrag des Arbeitgebers zu treffen, wenn Gründe vorliegen, die eine den Betriebszwecken dienliche weitere Zusammenarbeit zwischen Arbeitgeber und Arbeitnehmer nicht erwarten lassen. Arbeitnehmer und Arbeitgeber können den Antrag auf Auflösung des Arbeitsverhältnisses bis zum Schluss der letzten mündlichen Verhandlung in der Berufungsinstanz stellen.*

(2) *Das Gericht hat für die Auflösung des Arbeitsverhältnisses den Zeitpunkt festzusetzen, an dem es bei sozial gerechtfertigter Kündigung geendet hätte.*

Datenschutz 16

16.1 Sozialdaten

Die Daten, welche von den Integrationsämtern bzw. Integrationsfachdiensten über behinderte Personen erhoben und gespeichert werden, unterliegen dem Datenschutz. Wichtige Gesetze, welche hierbei eine Rolle spielen, sind das Bundesdatenschutzgesetz (BDSG) sowie das SGB I und das SGB X. Um das Datenschutzrecht in Deutschland besser verstehen zu können, wird – bevor auf die speziellen Regelungen des SGB X und SGB I eingegangen wird – zunächst das allgemein gehaltene BDSG und die damit verbundenen Grundsätze vorgestellt.[1] Generell sind nach deutschen Datenschutzgesetzen so genannte personenbezogene Daten besonders schutzwürdig. Was als personenbezogene Daten anzusehen ist, wird in § 3 Abs. 1 BDSG näher definiert. Dieser Absatz lautet „personenbezogene Daten sind Einzelangaben über persönliche oder sachliche Verhältnisse einer bestimmten oder bestimmbaren natürlichen Person (Betroffener)". Anders, als man es auf den ersten Blick vermuten könnte, fallen unter personenbezogene Daten nicht nur Name, Adresse und Telefonnummer – vielmehr sind alle einer Person zuordnebaren Informationen, wie beispielsweise letzter Arztbesuch, letzter Kinobesuch etc. als personenbezogene Einzelangaben anzusehen. Der Gesetzgeber spricht ausdrücklich von einer bestimmten oder bestimmbaren Person, da es für eine Zuordnung solcher Daten nicht nur darauf ankommt, ob eine Person ausdrücklich genannt wird, sondern eine Person auch dann bestimmbar ist, wenn bestimmte Angaben die Möglichkeit geben, Rückschlüsse darauf zu ziehen, um wen es sich bei der betroffenen Person handelt. Dementsprechend kann man nur dann nicht von personenbezogenen Daten sprechen, wenn es sich um allgemeine, statistische oder zusammengefasste Informationen handelt. Allerdings gibt es auch besondere Arten personenbezogener Daten, die zu beachten sind. Das BDSG sieht neben den normalen personenbezogenen Daten einige Arten personenbezogener Daten als besonders schutzwürdig

[1] Vgl. Dütz / Thüsing, Arbeitsrecht, § 7 Rn. 302 ff.

an. Das Gesetz spricht hierbei von so genannten sensiblen Daten. Der Umgang mit ihnen unterliegt nach § 3 Abs. 9 BDSG grundsätzlich besonders hohen Anforderungen. Nach § 3 Abs. 9 BDSG sind besondere Arten personenbezogener Daten „Angaben über die rassische und ethnische Herkunft, politische Meinungen, religiöse oder philosophische Überzeugungen, Gewerkschaftszugehörigkeit, Gesundheit oder Sexualleben." Schaut man das BDSG durch, so findet man einen Schutz derartiger sensibler Daten beispielsweise in § 4a Abs. 3, § 28 Abs. 6, § 39, § 42 a Abs. 1 Nr. 1 BDSG. Vom Grundsatz her ist das BDSG als Verbot mit Erlaubnisvorbehalt ausgestaltet. Dies bedeutet, dass der Umgang mit personenbezogenen Daten grundsätzlich verboten ist, es sei denn er ist durch den Betroffenen selbst oder ausdrücklich durch das Gesetz gestattet. Darüber hinaus legt das Datenschutzrecht Wert auf eine Zweckbindung der Daten. Dies bedeutet, dass personenbezogene Daten weder auf Vorrat erhoben, noch auf Vorrat gespeichert werden dürfen. Ferner legt das Datenschutzrecht Wert auf Transparenz. Dies bedeutet, dass der Betroffene darüber informiert sein soll, was mit seinen Daten geschieht. Für die Träger der Verwaltung besteht darüber hinaus eine Bindung an den Grundsatz der Verhältnismäßigkeit; dies bedeutet, dass jedwede Maßnahme, welche eine Behörde bezüglich des Datenschutzes durchführt, geeignet, erforderlich und angemessen sein muss.

Das eben angesprochene Bundesdatenschutzgesetz ist jedoch nur subsidiär – also hilfsweise – anzuwenden, sofern keine spezielleren Regelungen zum Datenschutz existieren. Die Regelungen des SGB X zum Sozialdatenschutz sind gegenüber dem Bundesdatenschutzgesetz als sehr viel spezieller anzusehen[2], so dass sie den allgemeinen Regelungen des BDSG vorgehen und diese gegebenenfalls sogar verdrängen.[3] Auch die sozialen Einrichtungen und Behörden, welche mit Sozialdaten von behinderten Personen befasst sind, sollten bedenken, dass sie nicht unter die klassischen aus der Privatwirtschaft bekannten Schutzstufen (A bis E) fallen, sondern die spezielleren Vorschriften des Sozialgesetzbuchs – insbesondere SGB X – zu beachten haben. Die Datenschutzgesetze führen bisweilen explizit zu derartigen Anwendungen hin. So sieht das Datenschutzgesetz des Bundeslandes Brandenburg beispielsweise in § 4a BbgDSG explizit vor, dass besondere Kategorien personenbezogener Daten speziell zu schützen sind. Einen derartigen Schutz bietet das SGB X. Historisch gesehen ist der Schutz des Datengeheimnisses seit dem Jahre 1994 stark ausgeweitet worden, weil nicht nur – wie bis dahin die Übermittlung – sondern auch das schlichte nutzen sowie das erheben, das Speichern und Verwerten von Daten grundsätzlich unbefugt sind und deshalb der gesetzlichen Erlaubnis oder der Erlaubnis des Betroffenen bedürfen. Notwendig ist ein derartiger Schutz insbesondere im Hinblick auf das Grundrecht der informationellen Selbstbestimmung, welches die persönlichen Daten der Bürger erfasst und auf Entscheidungen des Bundesverfassungsgerichts zurückzuführen ist.[4]

[2] Vgl. zum Verhältnis des Sozialdatengeheimnisses zum allgemeinen Datenschutz vertiefend auch Mrozynski, SGB I, § 35 Rn. 2 ff.

[3] Vgl. Dütz / Thüsing, Arbeitsrecht, § 7 Rn. 302 ff.

[4] Vgl. BVerfG 15.12.1983, BVerfGE 65,1; 13.6.2007 – 1 BvR 1550/03); zu den Gleichheitsrechten siehe auch: Junker, Grundkurs Arbeitsrecht, Rn. 53 ff.

Eine Definition des Begriffs der Sozialdaten findet sich in § 67 Abs. 1 SGB X. Hiernach sind Sozialdaten „Einzelangaben über persönliche oder sachliche Verhältnisse einer bestimmten oder bestimmbaren natürlichen Person (Betroffener), die von einer in § 35 des ersten Buches genannten Stelle im Hinblick auf ihre Aufgaben nach diesem Gesetzbuch erhoben, verarbeitet oder genutzt werden". Derartige Sozialdaten werden durch das so genannte strenge Sozialgeheimnis im Sinne des § 35 SGB I geschützt.[5] Der Sozialdatenschutz ergibt sich insoweit aus einem Zusammenspiel von § 35 SGB I und den §§ 67 ff. SGB X. Darüber hinaus gelten für einzelne Sozialleistungsbereiche eigene, auf diese Thematik zugeschnittene Spezialregelungen, welche den allgemeinen Vorschriften vorgehen. Für den Bereich der Rehabilitation und Eingliederung behinderter Menschen ist dies § 10 Abs. 4 SGB IX.

Nach § 35 SGB I hat jede Person Anspruch darauf, dass die Leistungsträger – wie beispielsweise Sozialamt, Arbeitsamt, Krankenkassen – ihre persönlichen Daten nicht unbefugt erheben, verarbeiten oder nutzen. Im Sozialgesetzbuch sind die Befugnisse zur Erhebung, Verarbeitung und Nutzung abschließend – also enumerativ – aufgelistet. Dies ergibt sich bereits aus dem § 35 Abs. 2 SGB I, welcher explizit feststellt, dass eine Erhebung, Verarbeitung und Nutzung von Sozialdaten „nur unter den Voraussetzungen des Zweiten Kapitels des Zehnten Buches" zulässig ist. Dies bedeutet für die Weitergabe von Sozialdaten, dass eine Weitergabe nur dann zulässig ist, wenn der Betroffene entweder eingewilligt hat oder eine gesetzliche Befugnis im Sinne der §§ 67 a ff. SGB X gegeben ist. Anders als bei anderen Vorschriften zum Datenschutz geht das Sozialgeheimnis – also der Sozialdatenschutz – weit über den Schutz personenbezogener Daten hinaus. Durch die Vorschrift des § 35 Abs. 4 SGB I werden auch Betriebs- und Geschäftsgeheimnisse ohne Personenbezug mit in das Sozialgeheimnis hineingezogen; dies ergibt sich aus dem in § 35 Abs. 4 SGB I genannten kurzen Satz: „Betriebs- und Geschäftsgeheimnisse stehen Sozialdaten gleich". Beispiel: Wenn im Rahmen einer Kündigung das Integrationsamt hinzugezogen wird, so hat der Sachbearbeiter nicht nur Stillschweigen über die ihm anlässlich der Kündigung bekannt gewordenen persönlichen Angaben des Arbeitnehmers zu bewahren sondern auch über alle übrigen, ihm bekannt gewordenen Tatsachen – wie beispielsweise, dass das Unternehmen eine schlechte Auftragslage hat und deshalb Mitarbeiter entlassen muss.

Zum Sozialgeheimnis gehört es auch, dass der jeweilige Leistungsträger gemäß § 35 Abs. 1 Satz 2 SGB I dazu verpflichtet ist, innerhalb der Organisation des Leistungsträgers dafür zu sorgen, dass die Sozialdaten nur befugten Personen zugänglich sind bzw. nur an diese weitergegeben werden dürfen. Insofern entspringt auch aus § 78a SGB X eine Pflicht des Leistungsträgers, technische und organisatorische Maßnahmen zu treffen und Dienstanweisungen zu erlassen, die einen Schutz des Sozialgeheimnisses sicherstellen. So hat das Bundesarbeitsgericht diesbezüglich festgestellt, dass die Leistungsträger beispielsweise durch verschließbare Aktenschränke nur befugten Personen Zugang zu Sozialdaten gewähren darf und verhindern müssen, dass auf Dateien zugegriffen werden oder

5 Vgl. zur Erhebung und Nutzung der Daten vertiefend auch Mrozynski, SGB I, § 35 Rn. 37 ff.

Telefongespräche mitgehört werden können.[6] Innerhalb der Organisation des Leistungsträgers soll dementsprechend sichergestellt sein, dass nur diejenigen Bediensteten Zugriff auf die Sozialdaten haben, die an der Erledigung der Aufgaben beteiligt sind bzw. daran mitwirken. Dies können also beispielsweise Sachbearbeiter oder Schreibkräfte sein. Wer nicht unmittelbar mit dem Vorgang befasst ist, für den ist eine Kenntnis der Daten auch nicht erforderlich.

Alle Einzelangaben über die persönlichen und sachlichen Verhältnisse einer bestimmten oder bestimmbaren Person umfasst der Datenschutz folgende beispielhafte Punkte: Name, Titel, akademische Grade, Anschrift, Familienstand, Geburtsname, Staatsangehörigkeit, Konfession, Beruf einschließlich Ausbildung und Abschlussprüfungen, Arbeitgebername und Anschrift, Angaben zur Tätigkeit, Arbeitslosigkeit, Aufenthaltsberechtigung, Diagnosen einschließlich Namen der behandelnden Ärzte, Schwangerschaft, Mutterschutz, äußeres Erscheinungsbild, Einkommen, Beitragsgruppe, Rentenbezug, ein Kreditlimit, Schulden, vertragliche Verpflichtungen, Ausweisnummer, Sozialversicherungsnummer.

Geschützt sind außerdem Betriebs- und Geschäftsgeheimnisse, z.B. Daten über wirtschaftliche Verhältnisse wie Zahl der Mitarbeiter, Arbeitskräftebedarf, bevorstehende Kurzarbeit, Entlassungen, Beitragsrückstände der Sozialversicherung, Lohnsummen, Kundenlisten, den Krankenstand, die Betriebsstruktur, Geschäftsbücher oder auch Daten über Technologie, Produktionsmethoden, Arbeitssicherheit und Ergonomie, wie technische Arbeitsmittel, Arbeitsverfahren, Arbeitsstoffe, Arbeitsplatzgestaltung. Zu den geschützten Betriebs- und Geschäftsgeheimnissen gehören auch die Angaben des Arbeitgebers in der Arbeitgeberanzeige nach § 80 SGB IX.

Nach § 35 SGB I hat jeder Anspruch darauf, dass die ihn betreffenden Sozialdaten von den Leistungsträgern nicht unbefugt erhoben, verarbeitet oder genutzt werden.[7] Außerdem umfasst die Wahrung des Sozialgeheimnisses auch die Verpflichtung, auch innerhalb der Leistungsträger sicherzustellen, dass die Sozialdaten nur Befugten zugänglich sind oder auch nur an diese weitergegeben werden (§§ 67a f. SGB X).

16.2 Personalakten

Nach der Rechtsprechung des Bundesarbeitsgerichts sind Personalakten „eine Sammlung von Urkunden und Vorgängen, die die persönlichen und dienstlichen Verhältnisse des Bediensteten betreffen und in einem inneren Zusammenhang mit dem Dienstverhältnis stehen. Sie sollen ein möglichst wahrheitsgemäßes und vollständiges Bild über die persönlichen und dienstlichen Verhältnisse des Bediensteten geben".[8] Man differenziert zwischen der einfachen und der qualifizierten Personalakte. Zur Führung von einfachen Personalakten ist der Arbeitgeber verpflichtet. In ihr befinden sich die Dokumente, welche der

[6] Vgl. BAG, Entscheidung vom 13. Januar 1987, 1 AZR 267/85.

[7] Vgl. zur Erhebung und Nutzung der Daten vertiefend auch Mrozynski, SGB I, § 35 Rn. 37 ff.

[8] BAG-Entscheidung vom 15. November 1985, 7 AZR 921/83.

Arbeitnehmer dem Arbeitgeber aus arbeitsrechtlichen Gründen überlassen hat. In der einfachen Personalakte werden also alle gesetzlich vorgeschriebenen Dokumente – wie beispielsweise Gehaltsabrechnung, Versicherungsbescheinigung sowie Sozialversicherungsausweis – archiviert. Alle weiteren Dokumente gehören hingegen zur so genannten qualifizierten Personalakte. Dem Arbeitgeber steht es frei, ob und wie er diese Unterlagen führt. Der Inhalt der so genannten qualifizierten Personalakte ist also dem Arbeitgeber selbst überlassen. Hier kann er all diejenigen Unterlagen sammeln, welche die Entwicklung des Arbeitnehmers und seine berufliche Qualifikation dokumentieren. Der Arbeitnehmer hat keinen Anspruch darauf, dass alle Unterlagen vom Arbeitgeber gesammelt werden, wenn dieser sie nicht als wichtig oder relevant einstuft. Das Führen von Personalakten ist somit ein Recht des Arbeitgebers und keine Pflicht. Die einzige Einschränkung besteht jedoch darin, dass keine geheimen Akten angelegt werden dürfen. Qualifizierte Personalakten enthalten im allgemeinen die wichtigsten Unterlagen zur Dokumentierung und Organisation des Arbeitsverhältnisses, wie beispielsweise Bewerbungsunterlagen, Personalfragebogen, den Arbeitsvertrag, Arbeitserlaubnis, Beurteilungen, Unterlagen zu Aus- und Weiterbildungsmaßnahmen sowie Disziplinarmaßnahmen, Lohn- und Gehaltserhöhungen, Urlaubsanträge und Urlaubsgenehmigungen, Schriftwechsel zwischen Arbeitgeber und Arbeitnehmer. Dementsprechend kann eine Personalakte also aus einer Hauptakte, verschiedenen Nebenakten und Sonderakten bestehen.

Da die Führung von Personalakten gesetzlich nicht geregelt ist, gibt es auch keine rechtlichen Vorschriften, wie eine Personalakte zu führen ist. Eine Relativierung dieser Tatsache besteht lediglich darin, dass der Arbeitgeber verpflichtet ist, bestimmte Dokumente, wie Gehaltsabrechnungen und Versicherungsbescheinigungen – also diejenigen Dokumente, welche in die einfache Personalakte gehören – aufzubewahren. Die Aufbewahrung muss jedoch nicht in Form einer Akte geschehen. In der Praxis ist es oftmals so, dass der Arbeitgeber alle Unterlagen eines Mitarbeiters aufhebt und archiviert, unabhängig von der Einschätzung oder der tatsächlichen Erbringung. Die Führung der Personalakten wird jedoch von bestimmten materiellen Grundsätzen geprägt. Diese Grundsätze sind Vollständigkeit, Kontinuität, Offenheit, Wahrheit und Vertraulichkeit. Dabei besagt der Grundsatz der Vollständigkeit, dass in die Personalakte alle den Arbeitnehmer betreffenden Vorgänge gehören, die in einem inneren Zusammenhang mit dem Arbeitsverhältnis stehen. Nach dem Kontinuitätsprinzip soll sich aus der Personalakte möglichst lückenlos der berufliche und dienstliche Werdegang ergeben.

16.2.1 Erklärungen zum Inhalt der Personalakte und Anspruch auf Löschung

Der § 83 Abs. 2 BetrVG räumt den Arbeitnehmern das Recht ein, selbst schriftliche Erklärungen der Akte beizufügen. Besonders wenn es sich um die Rechtfertigung oder Erklärung besonderer Umstände von Beurteilungen handelt. Außerdem ist der Arbeitnehmer – in diesem Fall der Betroffene – berechtigt, vom Arbeitgeber eine Gegendarstellung anfertigen und beifügen zu lassen. Dieses ist besonders bei Abmahnungen, Rügen und Beurteilungen gängige Praxis. Zudem muss der Arbeitgeber falsche Informationen unverzüglich löschen oder ändern, wenn eine Speicherung unzulässig ist, es sich um Daten über rassische oder ethnische Herkunft handelt, religiöse oder philosophische Überzeugungen, Gewerkschaftszugehörigkeit, Gesundheit oder das Sexualleben. Und wenn es erwiesen ist, dass eine Speicherung nicht mehr erforderlich ist und sie keinen Zweck mehr erfüllt. Ein Anspruch auf Berichtigung oder Widerruf besteht für Arbeitnehmer auch auf der Grundlage des § 242 BGB in Verbindung mit § 1004 BGB, sofern die Akte Inhalte enthält, die einen rechtswidrigen Eingriff in die Persönlichkeitsrechte des Arbeitnehmers erkennen lassen. Ebenso kann auch die Löschung unrichtiger Angaben auf § 242 BGB in Verbindung mit § 1004 BGB und die Fürsorgepflicht des Arbeitgebers gestützt werden.

16.2.2 Einsichtsrecht in Personalakten

Nach § 83 Abs. 1 Satz 1 BetrVG hat der Arbeitnehmer das Recht auf Einsicht in seine Personalakte. Von diesem Einsichtsrecht kann der Arbeitnehmer dauerhaft Gebrauch machen – d.h. also auch wiederholt. Es sind weder eine Einwilligung des Arbeitgebers noch ein besonderer Anlass hierfür nötig.[9] Der Arbeitnehmer muss allerdings auf die Gegebenheiten des Betriebes und die Arbeitszeiten Rücksicht nehmen.[10] Dem Arbeitnehmer ist es gestattet, auf eigene Kosten Aufzeichnungen und Kopien zu erstellen. Dagegen hat er keinen Anspruch darauf, dass ihm die Personalakte überlassen wird.[11] Liegt die Personalakte in digitaler Form vor, sind die Personaldaten also elektronisch gespeichert, so ist auch diese dem Mitarbeiter zugänglich zu machen. Falls die Archivierung durch Mikrofilme vorgenommen wird, sind diese lesbar zu machen. Personaldaten, die auf andere Weise elektronisch archiviert werden, sind dem Arbeitnehmer am Bildschirm zugänglich zu machen. Weiterhin steht es dem Arbeitnehmer zu, Ausdrucke zu verlangen, wenn eine reine Bildschirmwiedergabe das Einsichtsrecht behindert.[12]

Nach § 83 Abs. 1 Satz 2 BetrVG hat der Arbeitnehmer auch Anspruch auf Hinzuziehung eines Mitgliedes des Betriebsrats. Ebenso hat nach § 95 Abs. 3 SGB IX ein schwerbehinderter Arbeitnehmer das Recht, bei Einsicht in die über ihn geführte Personalakte oder ihn betreffende Daten des Arbeitgebers die Schwerbehindertenvertretung hinzuzuziehen. Auch ein leitender Angestellter hat nach § 26 Abs. 2 Satz 2 SprAuG das Recht bei der Einsichtnahme in die über ihn geführte Personalakte ein Mitglied des Sprecherausschusses hinzuzuziehen. Es ist jedoch dem jeweiligen Mitarbeiter überlassen, welches Mitglied dieses ist und ob der Mitarbeiter überhaupt von diesem Recht Gebrauch macht. Das Betriebsratsmitglied ist – ebenso wie das Mitglied des Sprecherausschusses und die

---

[9] Vgl. Düwell, Betriebsverfassungsgesetz, § 83 Rn. 10.

[10] Vgl. Spiegelhalter, Beck´sches Personalhandbuch, Bd. I.

[11] Vgl. Düwell, Betriebsverfassungsgesetz, § 83 Rn. 11.

[12] Vgl. Bartosch, Digitale Personalakte, S. 59.

Schwerbehindertenvertretung – hinsichtlich des Inhalts der Personalakte an die Schweigepflicht gebunden.[13] Das Einsichtsrecht dient der Herstellung von Transparenz und Überprüfbarkeit. Der Arbeitnehmer kann die ihn betreffenden Dokumente auf Wahrheitsgehalt und Aktualität kontrollieren und gegebenenfalls eine Änderung veranlassen bzw. nach § 83 Abs. 2 BetrVG eigene Erklärungen einfügen lassen. Das Einsichtsrecht in die Personalakte fördert insofern den Kommunikationsprozess zwischen Arbeitnehmer und Arbeitgeber. Darüber hinaus kann das Einsichtsrecht als Spezifizierung des Persönlichkeitsrechtsschutzes gesehen werden. Denn das Sammeln und Archivieren personenbezogener Daten stellt bereits einen Eingriff in das Persönlichkeitsrecht dar, was durch die Offenlegung der entsprechenden Unterlagen relativiert werden kann, da der Arbeitnehmer auf diese Weise sieht, wie mit seinen Daten umgegangen wird.[14] Infolgedessen ist der Arbeitgeber in der Lage, den in § 75 Abs. 2 BetrVG verankerten Schutz und die Förderung des Persönlichkeitsrechts des Arbeitnehmers zu gewährleisten.

Dritten gegenüber darf der Arbeitgeber die Personalakte nur mit Zustimmung des betroffenen Arbeitnehmers zugänglich machen. Selbst dem Betriebsrat steht es nicht zu, von sich aus Einsicht in die Personalakten zu nehmen. Jedoch gibt der § 80 Abs. 2 Satz 2 BetrVG dem Betriebsrat das Recht, auf Verlangen jederzeit die zur Durchführung seiner Aufgaben erforderlichen Unterlagen zur Verfügung gestellt zu bekommen. Hierbei muss allerdings abgewogen werden, ob keine schutzwürdigen Interessen des Arbeitnehmers diesem Ansinnen entgegenstehen.

16.3 Digitale Personalakte

Mit den Fortschritten und der Weiterentwicklung in der Computer- und Informationstechnologie sind die Wirtschafts- und ebenso die Arbeitswelt vielen Neuerungen und Veränderungen unterworfen worden. Der Trend zur Technologisierung zeichnet sich auch im Personalmanagement ab. Durch immer weitere Innovationen wird versucht, den Arbeitsprozess bzw. den Arbeitsablauf stetig zu optimieren. Im Bereich der Personalakte geht die Entwicklung von der Papierakte zur digitalen Personalakte. Bei der digitalen bzw. elektronischen Personalakte werden die Dokumente der Arbeitnehmer EDV-mäßig gespeichert und aufbewahrt. Unterlagen werden durch Einscannen digital verfügbar gemacht. Die Archivierung erfolgt durch Speicherung auf bestimmten Speichermedien wie beispielsweise CD-ROM, Mikrofilmen oder so genannten WORMs-Platten (Write once read many). Dadurch ist ein Zugriff auf die Akten am Computer möglich. Die digitale Personalakte steht dann als Ergänzung oder sogar als Ersatz der traditionellen Personalakte gegenüber.[15] Für viele Unternehmen ist die Einführung einer digitalen Personalakte sehr attraktiv. Die Umsetzung dieses Unterfangens ist jedoch mit sehr hohem Aufwand

[13] Vgl. Düwell, Betriebsverfassungsgesetz, § 83 Rn. 13.

[14] Vgl. Gerhard, Die Personalakten in Arbeitsverhältnissen, S. 25.

[15] Vgl. Bartosch, Digitale Personalakte, S. 105.

verbunden. Schon das Einscannen der bestehenden Papierakten kann sich mitunter als äußerst langwierig und kostspielig gestalten. Einerseits gibt es die Möglichkeit, die Akten von Mitarbeitern der Personalabteilung einscannen zu lassen, was allerdings sehr lange dauert und wodurch weniger Zeit für andere Aufgaben verbleibt. Auf der anderen Seite könnte auch ein Dienstleister dafür angestellt werden, also eine externe Firma, die das Scannen der Unterlagen und meist auch gleich die Verwahrung und spätere Vernichtung der verbleibenden Papierakten übernimmt. Hierbei ist selbstverständlich der Datenschutz zu beachten und der Betriebsrat hat Mitbestimmungsrecht. Die Akten müssen zudem vor den Scan-Vorgängen vorbereitet werden. Auch das Auseinandernehmen, die Barcodeanbringung und die Wiedereinordnung sind recht aufwändig. Das Anbringen von Barcodes erleichtert das selbstständige Zuweisen am Computer. Meist ist die Software zur Verwaltung von digitalen Personalakten mit einem Erkennungssystem ausgestattet, durch welches die eingescannten Dokumente automatisch der Personalakte zugeordnet werden, in die sie gehören.[16] Der Aufbau des Registers der Papierakte ist maßgebend für die Struktur der digitalen Personalakte. Die Unterlagen werden auch in Dokumentklassen – ähnlich den Karteien der Papierakte – unterteilt. Einem eingehenden Dokument wird eine Dokumentklasse zugewiesen, wodurch das Auffinden der Unterlagen wiederum erleichtert wird. Ein strukturierter Aufbau der Ablage ist demgemäß Voraussetzung für eine korrekte und effiziente Verwaltung der Dokumente. Nach dem Scannen wird automatisch überprüft, ob die Dokumente lesbar und vollständig sind. Das spätere Auffinden der Dokumente wird durch so genannte Indexierung ermöglicht, indem den Dokumenten Suchbegriffe zugeordnet werden. Mit einer Suchfunktion kann sodann der Zugriff auf die Dokumente erfolgen. Man kann hierbei bestimmte Suchkriterien eingeben und alle Personalakten, die diese Kriterien erfüllen, erscheinen. Beispielsweise können alle Mitarbeiter in einem bestimmten Wohnort gefunden werden. Die Suche kann immer weiter eingeengt bzw. ausgeweitet werden. Falls bestimmte Kriterien – wie Name oder Identifikationsnummer – eingegeben werden, erscheint nur die Personalakte des betreffenden Mitarbeiters.

Die Aufbewahrung der digitalen Personalakten wird durch die Anbindung an ein Archivierungssystem bewerkstelligt. Sie werden heutzutage größtenteils auf WORMs- (Write once read many) oder auf Festplatten abgespeichert, welche dadurch Rechtssicherheit gewährleisten, dass man Daten zwar auf ihnen ablegen, diese hinterher aber nicht mehr verändern kann. Neben dem technischen und organisatorischen Aufwand, welchen das Scannen und die Gestaltung der Archivierung bei der Einführung elektronischer Personalakten verursachen, müssen dabei auch die Grundsätze der Ordnungsmäßigkeit befolgt werden, weil die Beweissicherheit der digitalen Personalakte im Falle von Auseinandersetzungen im Arbeitsrecht nur durch die Einhaltung bestimmter Bedingungen zu Stande kommt.

Da die Ansprüche an die Archivierung digitaler Personalakten nicht spezifisch reglementiert sind, ist auf Grundsätze zurückzugreifen, die im Handels- und Steuerrecht gelten. Das Bundesfinanzministerium hat mit seinem Schreiben vom 7. November 1995 in den

16 Vgl. Appel, Elektronische Personalakte, S. 292.

„Grundsätzen ordnungsmäßiger DV-gestützter Buchführungssysteme"(GoBS) generelle Regeln für die ordnungsmäßige langzeitige Aufbewahrung elektronischer Informationen und Dokumente aufgestellt. Demnach muss beim Scannen beachtet werden, dass der Inhalt des Papierdokuments auf das elektronische Dokument abgebildet wird. Dabei soll das Unternehmen regeln, welche Personen zu welchen Zeitpunkten mit bildlicher oder inhaltlicher Übereinstimmung Scannen dürfen, wie das Qualitätsmanagement erfolgt und wie Fehler aufgezeichnet werden. Der Originalzustand des Papierdokuments muss auch nach dem Scannen zu erkennen sein. Bei der Archivierung ist zu berücksichtigen, dass die Integrität der Dokumente gewährleistet sein muss. Dafür müssen elektronische Akten durch einen Index geordnet sein. Der Zugriff darauf muss jederzeit ermöglicht werden. Die Unterlagen müssen folglich jederzeit wieder herstellbar und lesbar gemacht werden können. Eine ordnungsgemäße Archivierung garantiert zudem, dass die Dokumente nicht manipulierbar sind, also revisionssicher aufbewahrt werden. Dies muss durch die Datenträger, auf denen die digitalen Personalakten gespeichert werden, sichergestellt sein. Gespeicherte Dokumente müssen unveränderbar, reproduzierbar und in angemessener Zeit verfügbar sein.[17] Bei arbeitsrechtlichen Streitigkeiten muss die digitale Personalakte als Rechtsbeweis dienen können. Dies wird nur erreicht, wenn die Anforderungen an die Ordnungsmäßigkeit erfüllt werden und durch sicheres Scannen, sichere Archivierung und sichere Wiedergabe der Dokumente eine Verwertbarkeitsgrundlage geschaffen wird. Dann ist auch die Integrität der Dokumente gesichert, welche die Basis für die Beweissicherheit der elektronischen Akten darstellt. Trotz des Beweischarakters ist umstritten, ob nach der elektronischen Archivierung der Akten die Papier-Originale vernichtet werden sollten oder nicht. Im Grunde wäre die Vernichtung aller Papierakten aufgrund von § 623 BGB nicht möglich, da dort ein Schriftformerfordernis von Kündigungen und Änderungsverträgen festgelegt wird. Die elektronische Form wird explizit ausgeschlossen. Ivo Geis argumentiert jedoch anhand der Integrität der Dokumente. Seiner Meinung nach hindert selbst § 623 BGB nicht an der Vernichtung der Papierakten. Ordnungsgemäß archivierte Dokumente seien ein Indiz dafür, dass eine Erklärung schriftlich abgegeben wurde und gegen Änderungen geschützt ist. Aus diesem Grund gelte die ordnungsmäßige, elektronische Archivierung im Rahmen der freien Beweiswürdigung als Indiz für Beweissicherheit.[18] Er führt weiterhin an, dass gescannte Papierdokumente bis auf wenige Ausnahmen durch gesetzliche Vorschriften vernichtet und entsprechend dem Sicherheitsdenken der elektronischen Kommunikation nach den Grundsätzen der Ordnungsmäßigkeit elektronisch archiviert werden sollten.[19]

Die Bundesvereinigung der Deutschen Arbeitgeberverbände spricht sich jedoch dafür aus, alle als wichtig erachteten Dokumente in Papierform aufzubewahren, da der Beweiswert eines durch Scannen erzeugten elektronischen Dokuments mit Unwägbarkeiten verbunden bliebe. Es wird aufgezeigt, dass die Beweiskraft eines elektronischen Dokuments

---

17 Vgl. Bartosch, Digitale Personalakte, S. 124.

18 Vgl. Geis, Die digitale Personalakte – rechtliche Apekte, S. 4.

19 Vgl. Geis in: Bartosch, Digitale Personalakte, S. 129.

im Sinne von § 371a ZPO nur dann greift, wenn eine qualifizierte elektronische Signatur nach § 2 SigG vorliegt.[20] Mithilfe der elektronischen Signatur kann festgestellt werden, von welcher Person ein elektronisches Dokument stammt. Das Verfahren und dessen Anwendung sind jedoch heutzutage noch sehr aufwändig und aufgrund des ungeklärten rechtlichen Ertrags in der Mehrzahl der Fälle nicht zu rechtfertigen. Abzuwägen ist also, ob sich der Aufwand der Anwendung elektronischer Signaturen lohnt, um damit über eine einwandfreie Grundlage zu verfügen oder ob es eher lohnenswert ist, bestimmte Dokumente in Papierform aufzubewahren. Ähnliches gilt auch für originär elektronische Dokumente wie beispielsweise E-Mails mit Anhang. Die maschinelle Auswertung und elektronische Archivierung für den Datenzugriff der Finanzbehörden muss nach den Grundsätzen zum Datenzugriff und zur Prüfbarkeit digitaler Unterlagen (GDPdU) sowie nach den Grundsätzen der Ordnungsmäßigkeit erfolgen. Urkundenstatus kann die E-Mail ebenfalls mittels einer elektronischen Signatur erhalten.[21] Falls keine elektronische Signatur vorliegt, würden die eingescannten Dokumente und die E-Mails nach § 371 Abs. 1 Satz 2 ZPO als Gegenstände des Augenscheins klassifiziert werden, welche vor Gericht zwar nicht so problemlos als Beweismittel, jedoch als Kopie vom Original anerkannt werden.[22]

Die digitale Personalakte unterliegt als automatisierte Datei, die durch Datenverarbeitungsanlagen genutzt und verwertet wird, dem Bundesdatenschutzgesetz. Um das Persönlichkeitsrecht von Menschen zu schützen, gilt es nach § 1 Abs. 2 BDSG für die Erhebung, Verarbeitung und Nutzung personenbezogener Daten, die eindeutig Teil einer elektronischen Personalakte sind.[23] Der Arbeitnehmer hat gemäß § 34 Abs. 1 BDSG Anspruch auf Auskunft über die zu seiner Person gespeicherten Daten, über die Empfänger an die seine Daten weitergegeben werden, und den Zweck der Speicherung. Dieses Auskunftsrecht geht über das in § 83 BetrVG festgelegte Einsichtsrecht hinaus. Bei digitalen Personalakten kann der Arbeitnehmer dementsprechend nicht nur Einsicht in die eigentliche Personalakte verlangen, sondern auch in alle Dokumente und Datenträger, die Informationen über den Arbeitnehmer enthalten.[24] Anders als in § 83 BetrVG, in dem keine spezifische Regelung hinsichtlich der Einsichtsform festgesetzt ist, hat der Arbeitgeber bei digitalen Personalakten laut § 34 Abs. 3 BDSG die Auskunft über die personenbezogenen Daten schriftlich zu erteilen. Als Ausweitung der Regelung in § 83 BetrVG, dass der Arbeitnehmer seiner Personalakte Erklärungen zufügen darf, gilt nach § 35 BDSG bei digitalen Personalakten ein Anspruch des Arbeitnehmers auf Berichtigung, Sperrung und Löschung der Daten. Nach § 3 BDSG müssen auch bei digitalen Personalakten die Prinzipien der Datensparsamkeit und der Datenvermeidung berücksichtigt werden. Die vorgeschlagene Anonymisierung könnte vor allem bei der Anbindung an Personalinformationssysteme zum Tragen kommen. Wenn Aussagen über Leistungen und Produktivität der Belegschaft

[20] Vgl. Bartosch, Digitale Personalakte, S. 128.

[21] Vgl. Geis, Die digitale Personalakte – rechtliche Aspekte, S. 4.

[22] Vgl. Mülder, Digitale Personalakte, S. 60.

[23] Vgl. Dütz / Thüsing, Arbeitsrecht, § 7 Rn. 302 ff.

[24] Vgl. Bartosch, Digitale Personalakte, S. 60.

anonymisiert getroffen werden, stoßen sie mitunter auf mehr Akzeptanz und sind weniger bedenklich.

Das Bundesarbeitsgericht hat zum Schutz des Persönlichkeitsrechts bereits in seinem Urteil vom 15.07.1987 festgelegt, dass der Arbeitgeber die Personalakten des Arbeitnehmers sorgfältig zu verwahren hat.[25] Weiterhin muss er gewisse Informationen vertraulich behandeln und für die vertrauliche Behandlung durch die Sachbearbeiter Sorge tragen – sowie den Kreis der Mitarbeiter, welche mit den Personalakten arbeiten, möglichst klein halten.[26] Da Personalakten auch besonders sensible Daten wie etwa Gesundheitsdaten der Arbeitnehmer enthalten und diese besonders zu schützen sind, müssen in diesem Sinn bestimmte Anforderungen an ein digitales Personalaktensystem erfüllt werden. Nach § 9 BDSG sind einige technische und organisatorische Maßnahmen zur Sicherung des Datenschutzes erforderlich. Mithilfe von Berechtigungs- und Zugriffskonzepten kann dies gesichert werden. Es muss festgesetzt sein, dass nur ein bestimmter Personenkreis Zugriff auf die digitalen Personalakten hat. Zudem bedarf es einer genauen Regelung, welche Person welche Veränderung vornehmen darf und welche Akten eingesehen werden können.

Die Einführung einer digitalen Personalakte kann für Unternehmen eine große Bereicherung darstellen und mit großem Nutzen verbunden sein. Welche Vorzüge elektronische Personalakten haben und was unternehmen daraus erzielen können, wird im Folgenden dargestellt. Bisher waren Personalvorgänge vorwiegend mit der sehr hohem Zeitaufwand und enormen Kosten verbunden, da die Führung von Papierakten meistens recht ineffizient ist. Die Zugriffsmöglichkeiten waren eher begrenzt, weil die Personalakten teilweise an unterschiedlichen Orten aufbewahrt wurden. Wenn eine Personalakte von einem Mitarbeiter entnommen wurde und im Umlauf war, konnte niemand anderes mehr auf sie zugreifen. Lange Liege- und Wartezeiten waren somit vorprogrammiert und unausweichlich. Der so genannte Aktentourismus stellte Mitarbeiter von Personalabteilungen vor einige Probleme, wodurch eine Kontrolle der Umläufe ebenso wenig ermöglicht werden konnte. Dies erscheint einsichtig, wenn man bedenkt, dass die Menge der Akten über Mitarbeiter in einem Unternehmen beachtlich ist und beständig wächst. Aufgrund des hohen Dokumentenaufkommens, welches dazu häufig dezentral strukturiert war, gestaltete sich die Arbeit in der Personalabteilung bisweilen als verhältnismäßig schwierig. Weiterhin waren die Akten teilweise schlecht zusammengestellt und sogar unvollständig, was die Bewältigung zusätzlich erschwerte.

Diesem Problem kann durch die Implementierung eines digitalen Personalaktensystems vorgebeugt und folglich eine Prozessoptimierung im Personalmanagement angestrebt werden. Diese Verbesserung der Abläufe kommt vor allem durch eine effizientere Auslastung der Kapazitäten zu Stande. Die digitale Personalakte gestattet einen universalen Zugriff, der von überall, von allen (die befugt sind) und zu jeder Zeit möglich ist. Damit kann über die digitale Personalakte direkt und standortunabhängig verfügt werden. Der Zugang kann gleichzeitig erfolgen, da mehrere Nutzer zur selben Zeit auf die Personalakte

---

25 Vgl. BAG-Urteil vom 15.7.1987, 5 AZR 215/86.

26 Vgl. Hunold, Optimales Office-Management, S. 725.

zugreifen können. Durch die mögliche Synchronität von Anfragen ergibt sich eine erhebliche Zeitersparnis. Die schnellere Abwicklung der Personalorganisation ist zugleich mittels rascher Recherche- und Auskunftsmöglichkeiten realisierbar, da die Informationsarbeit durch die Schlagwortverknüpfung der Dokumente erheblich vereinfacht wird. Fernerhin erleichtert die Vereinheitlichung der Personalaktenstruktur die Personalarbeit selbst. Die materielle Suche von Personalakten entfällt dementsprechend völlig. Infolgedessen muss auch nicht mehr auf sie gewartet werden, was wiederum einen Zeitvorteil mit sich bringt. Aufgrund der Redundanzvermeidung, welche die digitale Personalakte zulässt, sind zudem erhebliche Kosteneinsparungen möglich. Durch die einheitliche Aktenstruktur und der Erfassung aller Personalakten im System sowie durch hohe Geschwindigkeit der Datenübertragung verkürzen sich Warte- und Suchzeiten, Transportzeiten entfallen fast gänzlich.

Bei der Verwendung von herkömmlichen Personalakten im Papierformat sind immer die Gefahren von Verlust und Beschädigung zu bedenken. Auf Seiten der Gefahren, welche die Umwelt bereithält, lassen sich beispielsweise Brände, Überschwemmungen oder Hauseinstürze nennen. Personalakten werden zum Schutz häufig in Schränken aufbewahrt, die diesen Gefahren standhalten können. Mitarbeiterseitig sind Personalakten von (absichtlicher oder unabsichtlicher) Manipulation und Entwendung bedroht. Eine bessere Sicherung gegen solche Unzulänglichkeiten sollen digitale Personalakten bieten. Es lässt sich zwar nicht vermeiden, dass Mitarbeiter mit oder ohne Absicht Fehler bzw. falsche Eingaben machen, bei Aufdeckung von schwerwiegenden Fehlern oder gar Rechtsverletzungen können allerdings Zugriffszeiten und Zugriffspersonen nachvollzogen und somit der Verantwortliche ausgemacht werden.

Auch soll durch die digitalen Personalakten ein besserer Schutz vor dem Zugriff Unbefugter erreicht werden. Die Erhöhung der Datensicherheit und ein sicherer Zugang zu den Akten kann durch ein Verschlüsselungssystem gewährleistet werden. So wird in der Literatur beispielsweise beschrieben, dass für die Zugriffsregelung zwei Konzepte von Bedeutung sind: das Rollenkonzept und das Berechtigungskonzept. Die Rolle legt fest, welche Handlungen in der Personalakte erlaubt sind. Ein Arbeitnehmer hat nach § 83 BetrVG ein Einsichtsrecht, darf sich somit alle Dokumente seiner Akte anschauen. Ein Personalsachbearbeiter darf mehr Aktivitäten ausführen – beispielsweise die Akten verändern, löschen, drucken, Bestandteile hinzufügen und entfernen. Da auch die direkten Vorgesetzten Einsicht in die Personalakte ihrer Mitarbeiter verlangen können, werden ihnen ebenfalls bestimmte Rollen zugewiesen. Sie können dann zwar keine Veränderungen in den Akten vornehmen, aber beispielsweise Notizen einfügen und lesen. Im Berechtigungskonzept werden den Personalmitarbeitern die erlaubten Sichtbarkeitsbereiche zugewiesen. Für die Personalmitarbeiter wird festgelegt, mit welchen Personalakten sie arbeiten dürfen. Viele Personalsachbearbeiter haben nur Zugriffsrechte auf bestimmte Akten. Die Aufteilung erfolgt beispielsweise alphabetisch oder nach Region. Darüber hinaus muss für einen Personalmitarbeiter immer genau eine Akte ausgeschlossen sein – seine eigene Personalakte. Die Berechtigung in die eigene Akte einzusehen bleibt ihm zwar, während Veränderungs-, Lösch- und Druckrechte verweigert werden müssen. Wie oben bereits beschrieben, sind auch die zur Archivierung verwendeten Speichermedien zur Datensicherung und Gewährleistung des Datenschutzes sehr gut geeignet, da dort die Dokumente unveränderlich und somit auch rechtssicher abgelegt werden können. Mit diesen Sicherungssystematiken kann der Zugriff von unbefugten Dritten auf Personalakten weitgehend ausgeschlossen werden, was die Sicherheit drastisch erhöht, sowie die Gefahr von Verlust oder Manipulation erheblich einschränkt.

Bei der Erhebung der geschützten Daten ist besonders wichtig: Es dürfen im Verfahren nach den §§ 85 f. SGB IX nur diejenigen Daten erhoben werden, die für die Entscheidung benötigt werden. Das ist – je nach Kündigungsgrund – unterschiedlich.

16.4 Sozialdaten im Rahmen der Sachverhaltsaufklärung

Daneben spielen bei einer betriebsbedingten Kündigung häufig Sozialdaten anderer im Betrieb Beschäftigter eine Rolle, wenn sich der Arbeitgeber oder der Arbeitnehmer auf Fragen der Sozialauswahl beziehen. Die Integrationsämter nehmen insoweit nur eine Offensichtlichkeitsprüfung vor:

- Wurden die Schwerbehinderung oder die Gleichstellung des Arbeitnehmers bei der Sozialauswahl berücksichtigt? (beim Arbeitgeber zu erfragen)
- Wurden die sozialen Auswahlkriterien eklatant missachtet, indem der Sozialauswahl falsche Grunddaten der Arbeitnehmer zugrunde gelegt wurden oder hat der Arbeitgeber die Gruppen der zu vergleichenden Arbeitnehmer offensichtlich grob fehlerhaft gebildet? Der Arbeitgeber ist aufzufordern, soziale Eckdaten der einzelnen vergleichbaren Mitarbeiter offen zu legen, Namen der vergleichbaren Mitarbeiter brauchen nicht offenbart/erhoben zu werden.

Liegt ein Sozialplan bzw. ein Interessenausgleich vor, so ist dieser vom Integrationsamt anzufordern und zu prüfen, ob für die Schwerbehinderteneigenschaft Sozialpunkte vergeben wurden und ob der Arbeitgeber bei der Vergabe der Punkte an den schwerbehinderten Arbeitnehmer von den richtigen Grunddaten ausgegangen ist. Demgegenüber ist es nicht erforderlich, die Sozialdaten der anderen aufgelisteten Mitarbeiter zu überprüfen. Werden sie ungefragt übersandt, beispielsweise durch Übersendung einer Namensliste, sind diese Angaben in der Namensliste zu schwärzen.

Im Rahmen einer betriebsbedingten Kündigung sind gegebenenfalls auch Weiterbeschäftigungsmöglichkeiten auf einem Arbeitsplatz im selben Betrieb oder auf einem freien Arbeitsplatz in einem anderen Betrieb des Arbeitgebers zu überprüfen. Für diese Prüfung ist es erforderlich, Angaben über die vorhandenen Arbeitsplätze und die gegebenen Betriebsstrukturen zu erhalten.

Nicht erforderlich ist es in diesem Zusammenhang aber, Angaben über den auf einem möglichen Alternativarbeitsplatz beschäftigten anderen Arbeitnehmer einzuholen. Die Frage der Möglichkeit der Weiterbeschäftigung auf einem mit einem anderen

Arbeitnehmer besetzten Arbeitsplatz ist im Rahmen der betriebsbedingten Kündigung eine Frage der richtigen Ausübung der Sozialauswahl, deren Überprüfung nicht Aufgabe der Integrationsämter ist. Die Kenntnis der festgestellten Behinderungen ist bei einer Betriebsstilllegung nicht erforderlich.

Bei einer wesentlichen Betriebseinschränkung im Sinne des § 89 Abs. 2 SGB IX und einer betriebsbedingten Kündigung nach § 85 SGB IX kann etwas anderes gelten, wenn geprüft werden muss, ob der Arbeitnehmer auf einem anderen Arbeitsplatz weiterbeschäftigt werden kann oder ob der vorhandene Arbeitsplatz behindertengerecht ausgestattet werden kann. Letzteres kann dann in Frage kommen, wenn der Arbeitgeber den schwerbehinderten Arbeitnehmer mit der Begründung aus der Sozialauswahl ausgenommen hatte, er könne behinderungsbedingt die Arbeiten nicht ausüben und sei deshalb nicht mit den anderen Arbeitnehmern vergleichbar. Hier ist es unter Umständen erforderlich, die festgestellten Behinderungen des schwerbehinderten Arbeitnehmers zu kennen, um prüfen zu können, ob dieser für einen Alternativarbeitsplatz gesundheitlich geeignet ist.

Bestimmte Daten, die für die Entscheidung des Integrationsamtes erforderlich sein können (z.B. Gutachten über den Gesundheitszustand des zu kündigenden Arbeitnehmers bei personenbedingter Kündigung oder die zu erwartende wirtschaftliche Entwicklung im Rahmen einer betriebsbedingten Kündigung) kann das Integrationsamt oder die Fachstelle oder aber der Integrationsfachdienst im Rahmen der Sachverhaltsermittlung auch bei Dritten, beispielsweise den behandelnden Ärzten oder dem Steuerberater des Arbeitgebers einholen. Da diese Berufsgruppen aber gesetzlich verpflichtet sind, die ihnen anvertrauten Daten geheim zu halten, ist es erforderlich, dass der geschützte Betroffene diese von der Schweigepflicht entbindet. Erforderlich ist also in diesen Fällen eine ausdrückliche Einwilligung des Betroffenen.

Eine Übermittlung der Sozialdaten an die mit der Bearbeitung befassten Stellen ist zulässig, soweit sie zur Erfüllung einer gesetzlichen Aufgabe der übermittelnden Stelle erforderlich ist. Die Übermittlung der erforderlichen Sozialdaten vom Integrationsamt an die örtliche Fachstelle und nach Abschluss der Ermittlungen der für die Entscheidung nach § 85 ff SGB IX erforderlichen Sozialdaten von der örtlichen Fachstelle an das die Entscheidung nach §§ 85 ff SGB IX treffende Integrationsamt ist danach nach der 1. Alt. des § 69 Abs. 1 SGB X zulässig, denn sie erfolgten für die Zwecke, für die sie erhoben wurden.

Schaltet das Integrationsamt den Integrationsfachdienst in das Zustimmungsverfahren ein, damit dieser den Sachverhalt weiter aufklärt, so ist auch die Übertragung der Sozialdaten vom Integrationsamt auf den Integrationsfachdienst von § 69 Abs. 1 Nr. 1. Alt SGB X gedeckt. Das Integrationsamt schaltet den Integrationsfachdienst in der Regel ein, um zu prüfen, welche Maßnahmen zur Erhaltung des Arbeitsplatzes ergriffen werden können. Deshalb erfolgt die Übermittlung in der Regel für die Erfüllung einer Aufgabe des Integrationsamtes nach § 85 SGB IX sowie des Integrationsfachdienstes nach § 109 Abs. 1 SGB IX (Durchführung der Maßnahmen zur Teilhabe schwerbehinderter Menschen am Arbeitsleben). Sie ist deshalb insoweit nach § 69 zulässig, denn sie erfolgt an einen Dritten i.S.d. § 35 SGB I.

Ohne eine entsprechende Entbindungserklärung des schwerbehinderten Menschen dürfen die Mitarbeiter des Integrationsfachdienstes die Sozialdaten aber nicht an das Integrationsamt oder die örtliche Fachstelle weiterleiten. Denn die Mitarbeiter des Integrationsfachdienstes sind in der Regel Geheimnisträger i.S.d. § 203 Abs. 1 StGB. Denn ein Geheimnisträger ist nach § 203 StGB derjenige, dem ein zum persönlichen Lebensbereich gehörendes Geheimnis als Berufspsychologe mit staatlich anerkanntem wissenschaftlichem Abschluss (Nr. 2) oder als staatlich anerkanntem Sozialarbeiter oder staatlich anerkanntem Sozialpädagogen anvertraut wurde. Folgendes ist wichtig: Für die Übermittlung geschützter Daten an einen Verfahrensbeteiligten ist stets die Einwilligung des Betroffenen erforderlich. Selbst wenn diese vorliegt, ist insbesondere bei personenbezogenen Gesundheitsdaten kritisch zu prüfen, ob die Datenweitergabe überhaupt erforderlich ist.

Eine Verwertung der eingeholten Daten, also das Treffen einer Verwaltungsentscheidung auf der Grundlage der eingeholten Sozialdaten, ist im Verfahren nur dann möglich, wenn sich der geschützte Betroffene auch damit einverstanden erklärt, dass die für die Entscheidung erforderlichen Sozialdaten dem anderen Verfahrensbeteiligten und gegebenenfalls dem Betriebs- und Personalrat und der Schwerbehindertenvertretung zur Kenntnis gegeben werden. Dieses Erfordernis der Weitergabe der Daten an die anderen Verfahrensbeteiligten im Kündigungsverfahren ergibt sich bezogen auf den schwerbehinderten Arbeitnehmer aus § 87 Abs. 2 SGB IX, der die Anhörung des schwerbehinderten Menschen zwingend vorschreibt, und bezogen auf den Arbeitgeber aus § 24 SGB X, nach dem die Betroffenen vor Erlass des Verwaltungsaktes zu den entscheidungserheblichen Tatsachen anzuhören sind. Für den Betriebs- oder Personalrat und die Schwerbehindertenvertretung ergibt sich die Pflicht zur Anhörung aus § 87 Abs. 2 SGB IX. Wichtig und von erheblicher praktischer Bedeutung ist das Einverständnis für die im Bescheid festgestellten Behinderungen und auch die ärztlichen Stellungnahmen, die über den Gesundheitszustand des schwerbehinderten Arbeitnehmers eingeholt werden. Denn diese Daten sind nach § 76 SGB X besonders geschützt. Unzweifelhaft fallen unter den Schutz des § 76 SGB X die Anamnese-, Befund-, und Diagnosedaten, die sich in ärztlichen Stellungnahmen befinden und die im Feststellungsbescheid aufgeführten anerkannten Behinderungen. Demgegenüber enthalten zusammenfassende medizinische Bewertungen über die Einsetzbarkeit eines schwerbehinderten Arbeitnehmers oder prognostische Aussagen zur Arbeitsfähigkeit ohne Nennung der zugrunde liegenden Leiden keine schützenswerten Sozialdaten. Die Mitteilung, dass der Arbeitnehmer eine bestimmte Tätigkeit nicht mehr verrichten kann oder für diesen Arbeitsplatz gesundheitlich ungeeignet ist, lässt nämlich regelmäßig das Leiden oder die Behinderung nicht erkennen.

Die Einwilligung des betroffenen schwerbehinderten Arbeitnehmers setzt eine schriftliche Einverständniserklärung gegenüber der offenbarenden Stelle voraus. Selbst wenn diese vorliegt, ist aber zu beachten, dass gerade bei der Weitergabe personenbezogener Gesundheitsdaten des schwerbehinderten Menschen stets darauf zu achten ist, inwieweit die Datenweitergabe für das Kündigungsschutzverfahren überhaupt erforderlich ist. Kann sich das Integrationsamt in seiner Entscheidungsbegründung ausschließlich auf das Zusammenfassen der Ergebnisse der ärztlichen Stellungnahme stützen, ist die Offenbarung der dahinter stehenden Krankheiten oder Behinderungen, die in den Arztberichten zwar mitgeteilt werden, deren Mitteilung für die Entscheidung aber nicht relevant sind, nicht erforderlich und hat deshalb zu unterbleiben. Erklären sich der schwerbehinderte Arbeitnehmer oder der Arbeitgeber nicht mit der Weitergabe der erforderlichen Sozialdaten, Geschäfts- oder Betriebsgeheimnisse an den anderen Verfahrensbeteiligten einverstanden, sind diese – wie oben ausgeführt – im Verfahren nicht verwertbar. Das Integrationsamt kann diese Daten seiner Entscheidung also nicht zugrunde legen. Die entsprechenden Unterlagen sind an den Betroffenen zurück zu senden. Sind Daten nicht verwertbar, geht dies zu Lasten des Betroffenen, da dieser nach § 21 Abs. 2 SGB X bei der Ermittlung und Aufklärung des Sachverhalts mitwirken muss.

Gem. § 25 SGB X hat die Behörde den Beteiligten Einsicht in die das Verfahren betreffenden Akten zu gestatten, soweit deren Kenntnis zur Geltendmachung oder Verteidigung ihrer rechtlichen Interessen erforderlich ist. Die Behörde ist nach § 25 Abs. 3 SGB X zur Gestattung der Akteneinsicht nicht verpflichtet, soweit die Vorgänge wegen der berechtigten Interessen der Beteiligten oder dritter Personen geheim gehalten werden müssen. Beschränkungen des Akteneinsichtsrechts ergeben sich dabei insbesondere aus § 35 SGB I. Enthält die Verwaltungsakte also schützenswerte Daten anderer Verfahrensbeteiligter, so erstreckt sich das Akteneinsichtsrecht nicht auf diese Daten. Die schützenswerten Daten (z.B. ärztliche Gutachten) sind vor Gewährung der Akteneinsicht zu entfernen. Etwas anderes gilt, wenn sich der Betroffene mit einer Weitergabe seiner Sozialdaten einverstanden erklärt hat. Ein Anspruch auf Akteneinsicht kann sich für den Arbeitgeber und für den schwerbehinderten Menschen auch aus den Informationsfreiheitsgesetzen der einzelnen Länder ergeben.

Demgegenüber kann der Betroffene selbst grundsätzlich Einblick in die ihn betreffenden Daten verlangen. Gem. § 25 Abs. 2 SGB X kann die Behörde dann, wenn die Akte Angaben über gesundheitliche Verhältnisse eines Beteiligten enthält, dem Beteiligten den Inhalt der Akte durch einen Arzt vermitteln lassen. Dies sollte sie insbesondere dann tun, wenn zu befürchten ist, dass die Akteneinsicht dem Beteiligten einen unverhältnismäßigen Nachteil, insbesondere an der Gesundheit, zufügen würde. Die Regelungen zum Datenschutz sind aufgrund ihrer Komplexität nur sehr schwer verständlich. Die vorliegende Handlungsempfehlung versucht einen Überblick zu liefern, um auf die meisten datenschutzrechtlichen Fragestellungen im besonderen Kündigungsschutz Antworten zu geben.

Der Überblick erhebt keinen Anspruch auf Vollständigkeit und will die gesetzlichen Regelungen bewusst nicht umfassend darstellen. Im Zweifel hat der Datenschutz Vorrang! Datenschutz fängt bei der Erhebung der Daten an: Daten, die für die Entscheidung nicht erforderlich sind, dürfen erst gar nicht erhoben werden!

Anhang Versorgungsmedizin-Verordnung

Verordnung zur Durchführung des § 1 Abs. 1 und 3, des § 30 Abs. 1 und des § 35 Abs. 1 des Bundesversorgungsgesetzes (Versorgungsmedizin-Verordnung – (VersMedV)

„Versorgungsmedizin-Verordnung vom 10. Dezember 2008 (BGBl. I S. 2412), die zuletzt durch Artikel 1 der Verordnung vom 11. Oktober 2012 (BGBl. I S. 2122) geändert worden ist“

Stand: Zuletzt geändert durch Art. 1 V v. 11.10.2012 I 2122

Eingangsformel

Auf Grund des § 30 Abs. 17 des Bundesversorgungsgesetzes, der durch Artikel 1 Nr. 32 Buchstabe i des Gesetzes vom 13. Dezember 2007 (BGBl. I S. 2904) eingefügt worden ist, verordnet das Bundesministerium für Arbeit und Soziales im Einvernehmen mit dem Bundesministerium der Verteidigung:

§ 1 Zweck der Verordnung

Diese Verordnung regelt die Grundsätze für die medizinische Bewertung von Schädigungsfolgen und die Feststellung des Grades der Schädigungsfolgen im Sinne des § 30 Abs. 1 des Bundesversorgungsgesetzes, für die Anerkennung einer Gesundheitsstörung nach § 1 Abs. 3 des Bundesversorgungsgesetzes, die Kriterien für die Bewertung der Hilflosigkeit und der Stufen der Pflegezulage nach § 35 Abs. 1 des Bundesversorgungsgesetzes und das Verfahren für deren Ermittlung und Fortentwicklung.

§ 2 Anlage „Versorgungsmedizinische Grundsätze“

Die in § 1 genannten Grundsätze und Kriterien sind in der Anlage zu dieser Verordnung*) als deren Bestandteil festgelegt. Die Anlage wird auf der Grundlage des aktuellen Stands der medizinischen Wissenschaft unter Anwendung der Grundsätze der evidenzbasierten Medizin erstellt und fortentwickelt.

*) Die Anlage „Versorgungsmedizinische Grundsätze“ wird als Anlageband zu dieser Ausgabe des Bundesgesetzblatts ausgegeben. Abonnenten des Bundesgesetzblatts Teil I wird der Anlageband auf Anforderung gemäß den Bezugsbedingungen des Verlags übersandt.

§ 3 Beirat

(1) Beim Bundesministerium für Arbeit und Soziales wird ein unabhängiger „Ärztlicher Sachverständigenbeirat Versorgungsmedizin“ (Beirat) gebildet, der das Bundesministerium für Arbeit und Soziales zu allen versorgungsärztlichen Angelegenheiten berät und die Fortentwicklung der Anlage entsprechend dem aktuellen Stand der medizinischen Wissenschaft und versorgungsmedizinischer Erfordernisse vorbereitet.
(2) Der Beirat hat 17 Mitglieder, und zwar

1. acht versorgungsmedizinisch besonders qualifizierte Ärztinnen oder Ärzte,
2. eine Ärztin oder einen Arzt aus dem versorgungsärztlich-gutachtlichen Bereich der Bundeswehr,
3. acht wissenschaftlich besonders qualifizierte Ärztinnen oder Ärzte versorgungsmedizinisch relevanter Fachgebiete.

(3) Zu den Beratungen des Beirats können externe ärztliche Sachverständige sowie sachkundige ärztliche Vertreter von Behindertenverbänden hinzugezogen werden. Es können Arbeitsgruppen gebildet werden.
(4) Die Mitglieder des Beirats werden vom Bundesministerium für Arbeit und Soziales für die Dauer von vier Jahren berufen. Wiederwahl ist möglich. Das Bundesministerium für Arbeit und Soziales ist berechtigt, Beiratsmitglieder jederzeit ohne Angabe von Gründen abzuberufen. Ein Beiratsmitglied kann jederzeit seine Abberufung beantragen. Dem Antrag ist stattzugeben. Nach Ausscheiden eines Mitglieds erfolgt eine Neuberufung für den restlichen Zeitraum der Berufungsperiode. Der Beirat gibt sich eine Geschäftsordnung und bestimmt durch Wahl aus seiner Mitte den Vorsitz und die Stellvertretung. Die Geschäftsführung des Beirats liegt beim Bundesministerium für Arbeit und Soziales, welches zu den Sitzungen einlädt und im Einvernehmen mit dem vorsitzenden Mitglied die Tagesordnung festlegt.

(5) Die Beratungen des Beirats sind nicht öffentlich. Die Mitgliedschaft im Beirat ist ein persönliches Ehrenamt, das keine Vertretung zulässt. Die Mitglieder des Beirats unterliegen keinerlei Weisungen, üben ihre Tätigkeit unabhängig und unparteilich aus und sind nur ihrem Gewissen verantwortlich. Sie sind zur Verschwiegenheit verpflichtet; dies gilt auch für die in Absatz 3 genannten Personen.

§ 4 Beschlüsse

Die Beschlüsse des Beirats werden mit einfacher Mehrheit der anwesenden Beiratsmitglieder gefasst. Zur Beschlussfassung ist die Anwesenheit von mindestens zwölf Mitgliedern erforderlich.

§ 5 Inkrafttreten

Diese Verordnung tritt am 1. Januar 2009 in Kraft.

Schlussformel

Der Bundesrat hat zugestimmt.

Anlage zu § 2 der Versorgungsmedizin-Verordnung vom 10. Dezember 2008

(Fundstelle: Anlageband zum BGBl. I Nr. 57 vom 15. Dezember 2008, bzgl. der einzelnen Änderungen vgl. Fußnote)

Inhaltsverzeichnis

Teil A: Allgemeine Grundsätze

Teil B: GdS-Tabelle

Teil C: Begutachtung im sozialen Entschädigungsrecht

Teil D: Merkzeichen

Teil A: Allgemeine Grundsätze

Vorbemerkung:

Wenn mit dem Grad der Behinderung und dem Grad der Schädigungsfolgen das Maß für die Beeinträchtigung der Teilhabe am Leben in der Gemeinschaft gemeint ist, wird einheitlich die Abkürzung GdS benutzt.

1. Schädigungsfolgen

a)
Als Schädigungsfolge wird im sozialen Entschädigungsrecht jede Gesundheitsstörung bezeichnet, die in ursächlichem Zusammenhang mit einer Schädigung steht, die nach dem entsprechenden Gesetz zu berücksichtigen ist.

b)
Die Auswirkungen der Schädigungsfolge werden mit dem Grad der Schädigungsfolgen (GdS) bemessen.

c)
Zu den Schädigungsfolgen gehören auch Abweichungen vom Gesundheitszustand, die keinen GdS bedingen (z. B. funktionell bedeutungslose Narben, Verlust von Zähnen).

2. Grad der Schädigungsfolgen (GdS), Grad der Behinderung (GdB)

a)
GdS und GdB werden nach gleichen Grundsätzen bemessen. Beide Begriffe unterscheiden sich lediglich dadurch, dass der GdS nur auf die Schädigungsfolgen (also kausal) und der GdB auf alle Gesundheitsstörungen unabhängig von ihrer Ursache (also final) bezogen ist. Beide Begriffe haben die Auswirkungen von Funktionsbeeinträchtigungen in allen Lebensbereichen und nicht nur die Einschränkungen im allgemeinen Erwerbsleben zum Inhalt. GdS und GdB sind ein Maß für die körperlichen, geistigen, seelischen und sozialen Auswirkungen einer Funktionsbeeinträchtigung aufgrund eines Gesundheitsschadens.

b)
Aus dem GdB und aus dem GdS ist nicht auf das Ausmaß der Leistungsfähigkeit zu schließen. GdB und GdS sind grundsätzlich unabhängig vom ausgeübten oder angestrebten Beruf zu beurteilen, es sei denn, dass bei Begutachtungen im sozialen Entschädigungsrecht ein besonderes berufliches Betroffen sein berücksichtigt werden muss.

c)
GdB und GdS setzen stets eine Regelwidrigkeit gegenüber dem für das Lebensalter typischen Zustand voraus. Dies ist insbesondere bei Kindern und alten Menschen zu beachten. Physiologische Veränderungen im Alter sind bei der Beurteilung des GdB und GdS nicht zu berücksichtigen. Als solche Veränderungen

sind die körperlichen und psychischen Leistungseinschränkungen anzusehen, die sich im Alter regelhaft entwickeln, d. h. für das Alter nach ihrer Art und ihrem Umfang typisch sind. Demgegenüber sind pathologische Veränderungen, d. h. Gesundheitsstörungen, die nicht regelmäßig und nicht nur im Alter beobachtet werden können, bei der Beurteilung des GdB und GdS zu berücksichtigen, auch dann, wenn sie erstmalig im höheren Alter auftreten oder als „Alterskrankheiten" (z. B. „Altersdiabetes", „Altersstar") bezeichnet werden.

d)

Die in der GdS-Tabelle aufgeführten Werte sind aus langer Erfahrung gewonnen und stellen altersunabhängige (auch trainingsunabhängige) Mittelwerte dar. Je nach Einzelfall kann von den Tabellenwerten mit einer die besonderen Gegebenheiten darstellenden Begründung abgewichen werden.

e)

Da der GdS seiner Natur nach nur annähernd bestimmt werden kann, sind beim GdS nur Zehnerwerte anzugeben. Dabei sollen im Allgemeinen die folgenden Funktionssysteme zusammenfassend beurteilt werden: Gehirn einschließlich Psyche; Augen; Ohren; Atmung; Herz- Kreislauf; Verdauung; Harnorgane; Geschlechtsapparat; Haut; Blut einschließlich blutbildendes Gewebe und Immunsystem; innere Sekretion und Stoffwechsel; Arme; Beine; Rumpf. Die sehr wenigen in der GdS-Tabelle noch enthaltenen Fünfergrade sind alle auf ganz eng umschriebene Gesundheitsstörungen bezogen, die selten allein und sehr selten genau in dieser Form und Ausprägung vorliegen.

f)

Der GdS setzt eine nicht nur vorübergehende und damit eine über einen Zeitraum von mehr als sechs Monaten sich erstreckende Gesundheitsstörung voraus. Dementsprechend ist bei abklingenden Gesundheitsstörungen der Wert festzusetzen, der dem über sechs Monate hinaus verbliebenen – oder voraussichtlich verbleibenden – Schaden entspricht. Schwankungen im Gesundheitszustand bei längerem Leidensverlauf ist mit einem Durchschnittswert Rechnung zu tragen. Dies bedeutet: Wenn bei einem Leiden der Verlauf durch sich wiederholende Besserungen und Verschlechterungen des Gesundheitszustandes geprägt ist (Beispiele: chronische Bronchitis, Hautkrankheiten, Anfallsleiden), können die zeitweiligen Verschlechterungen – aufgrund der anhaltenden Auswirkungen auf die gesamte Lebensführung – nicht als vorübergehende Gesundheitsstörungen betrachtet werden. Dementsprechend muss in solchen Fällen bei der GdB- und GdS-Beurteilung von dem „durchschnittlichen" Ausmaß der Beeinträchtigung ausgegangen werden.

g)

Stirbt ein Antragsteller oder eine Antragstellerin innerhalb von sechs Monaten nach Eintritt einer Gesundheitsstörung, so ist für diese Gesundheitsstörung der GdS anzusetzen, der nach ärztlicher Erfahrung nach Ablauf von sechs Monaten nach Eintritt der Gesundheitsstörung zu erwarten gewesen wäre. Fallen Eintritt der Gesundheitsstörung und Tod jedoch zusammen, kann ein GdS nicht angenommen werden. Eintritt der Gesundheitsstörung und Tod fallen nicht nur zusammen, wenn beide Ereignisse im selben Augenblick eintreten. Dies ist vielmehr auch dann der Fall, wenn die Gesundheitsstörung in so rascher Entwicklung zum Tode führt, dass der Eintritt der Gesundheitsstörung und des Todes einen untrennbaren Vorgang darstellen.

h)

Gesundheitsstörungen, die erst in der Zukunft zu erwarten sind, sind beim GdS nicht zu berücksichtigen. Die Notwendigkeit des Abwartens einer Heilungsbewährung stellt eine andere Situation dar; während der Zeit dieser Heilungsbewährung ist ein höherer GdS gerechtfertigt, als er sich aus dem festgestellten Schaden ergibt.

i)

Bei der Beurteilung des GdS sind auch seelische Begleiterscheinungen und Schmerzen zu beachten. Die in der GdS-Tabelle niedergelegten Sätze berücksichtigen bereits die üblichen seelischen Begleiterscheinungen (z. B. bei Entstellung des Gesichts, Verlust der weiblichen Brust). Sind die seelischen Begleiterscheinungen erheblich höher als aufgrund der organischen Veränderungen zu erwarten wäre, so ist ein höherer GdS gerechtfertigt. Vergleichsmaßstab ist nicht der behinderte Mensch, der überhaupt nicht oder kaum unter seinem Körperschaden leidet, sondern die allgemeine ärztliche Erfahrung hinsichtlich der regelhaften Auswirkungen. Außergewöhnliche seelische Begleiterscheinungen sind anzunehmen, wenn anhaltende psychoreaktive Störungen in einer solchen Ausprägung vorliegen, dass eine spezielle ärztliche Behandlung dieser Störungen – z. B. eine Psychotherapie – erforderlich ist.

j)

Ähnliches gilt für die Berücksichtigung von Schmerzen. Die in der GdS-Tabelle angegebenen Werte schließen die üblicherweise vorhandenen Schmerzen mit ein und berücksichtigen auch erfahrungsgemäß besonders schmerzhafte Zustände. Ist nach Ort und Ausmaß der pathologischen Veränderungen eine über das übliche Maß hinausgehende Schmerzhaftigkeit nachgewiesen, die eine ärztliche Behandlung erfordert, können höhere Werte angesetzt werden. Das kommt zum Beispiel bei Kausalgien und bei stark ausgeprägten Stumpfbeschwerden nach Amputationen (Stumpfnervenschmerzen, Phantomschmerzen) in Betracht. Ein Phantomgefühl allein bedingt keinen GdS.

3. Gesamt-GdS

a)

Liegen mehrere Funktionsbeeinträchtigungen vor, so sind zwar Einzel-GdS anzugeben; bei der Ermittlung des Gesamt-GdS durch alle Funktionsbeeinträchtigungen dürfen jedoch die einzelnen Werte nicht addiert werden. Auch andere Rechenmethoden sind für die Bildung eines Gesamt-GdS ungeeignet.

Maßgebend sind die Auswirkungen der einzelnen Funktionsbeeinträchtigungen in ihrer Gesamtheit unter Berücksichtigung ihrer wechselseitigen Beziehungen zueinander.

b)

Bei der Gesamtwürdigung der verschiedenen Funktionsbeeinträchtigungen sind unter Berücksichtigung aller sozialmedizinischen Erfahrungen Vergleiche mit Gesundheitsschäden anzustellen, zu denen in der Tabelle feste GdS-Werte angegeben sind.

c)

Bei der Beurteilung des Gesamt-GdS ist in der Regel von der Funktionsbeeinträchtigung auszugehen, die den höchsten Einzel-GdS bedingt, und dann im Hinblick auf alle weiteren Funktionsbeeinträchtigungen zu prüfen, ob und inwieweit hierdurch das Ausmaß der Behinderung größer wird, ob also wegen der weiteren Funktionsbeeinträchtigungen dem ersten GdS 10 oder 20 oder mehr Punkte hinzuzufügen sind, um der Behinderung insgesamt gerecht zu werden.

d)

Um die Auswirkungen der Funktionsbeeinträchtigungen in ihrer Gesamtheit unter Berücksichtigung ihrer wechselseitigen Beziehungen zueinander beurteilen zu können, muss aus der ärztlichen Gesamtschau heraus beachtet werden, dass die Beziehungen der Funktionsbeeinträchtigungen zueinander unterschiedlich sein können:

aa)

Die Auswirkungen der einzelnen Funktionsbeeinträchtigungen können voneinander unabhängig sein und damit ganz verschiedene Bereiche im Ablauf des täglichen Lebens betreffen.

bb)

Eine Funktionsbeeinträchtigung kann sich auf eine andere besonders nachteilig auswirken. Dies ist vor allem der Fall, wenn Funktionsbeeinträchtigungen an paarigen Gliedmaßen oder Organen – also z. B. an beiden Armen oder beiden Beinen oder beiden Nieren oder beiden Augen – vorliegen.

cc)

Die Auswirkungen von Funktionsbeeinträchtigungen können sich überschneiden.

dd)

Die Auswirkungen einer Funktionsbeeinträchtigung werden durch eine hinzutretende Gesundheitsstörung nicht verstärkt.

ee)

Von Ausnahmefällen (z. B. hochgradige Schwerhörigkeit eines Ohres bei schwerer beidseitiger Einschränkung der Sehfähigkeit) abgesehen, führen zusätzliche leichte Gesundheitsstörungen, die nur einen GdS von 10 bedingen, nicht zu einer Zunahme des Ausmaßes der Gesamtbeeinträchtigung, auch nicht, wenn mehrere derartige leichte Gesundheitsstörungen nebeneinander bestehen. Auch bei leichten Funktionsbeeinträchtigungen mit einem GdS von 20 ist es vielfach nicht gerechtfertigt, auf eine wesentliche Zunahme des Ausmaßes der Behinderung zu schließen.

4. Hilflosigkeit

a)

Für die Gewährung einer Pflegezulage im sozialen Entschädigungsrecht ist Grundvoraussetzung, dass Beschädigte (infolge der Schädigung) „hilflos" sind.

b)

Hilflos sind diejenigen, die infolge von Gesundheitsstörungen – nach dem Neunten Buch Sozialgesetzbuch (SGB I X) und dem Einkommensteuergesetz „nicht nur vorübergehend" – für eine Reihe von häufig und regelmäßig wiederkehrenden Verrichtungen zur Sicherung ihrer persönlichen Existenz im Ablauf eines jeden Tages fremder Hilfe dauernd bedürfen. Diese Voraussetzungen sind auch erfüllt, wenn die Hilfe in Form einer Überwachung oder einer Anleitung zu den genannten Verrichtungen erforderlich ist oder wenn die Hilfe zwar nicht dauernd geleistet werden muss, jedoch eine ständige Bereitschaft zur Hilfeleistung erforderlich ist.

c)

Häufig und regelmäßig wiederkehrende Verrichtungen zur Sicherung der persönlichen Existenz im Ablauf eines jeden Tages sind insbesondere An- und Auskleiden, Nahrungsaufnahme, Körperpflege, Verrichten der Notdurft. Außerdem sind notwendige körperliche Bewegung, geistige Anregung und Möglichkeiten zur Kommunikation zu berücksichtigen. Hilflosigkeit liegt im oben genannten Sinne auch dann vor, wenn ein psychisch oder geistig behinderter Mensch zwar bei zahlreichen Verrichtungen des täglichen Lebens der Hilfe nicht unmittelbar bedarf, er diese Verrichtungen aber infolge einer Antriebsschwäche ohne ständige Überwachung nicht vornähme. Die ständige Bereitschaft ist z. B. anzunehmen, wenn Hilfe häufig und plötzlich wegen akuter Lebensgefahr notwendig ist.

d)

Der Umfang der notwendigen Hilfe bei den häufig und regelmäßig wiederkehrenden Verrichtungen muss erheblich sein. Dies ist der Fall, wenn die Hilfe dauernd für zahlreiche Verrichtungen, die häufig und regelmäßig wiederkehren, benötigt wird. Einzelne Verrichtungen, selbst wenn sie lebensnotwendig sind und im täglichen Lebensablauf wiederholt vorgenommen werden, genügen nicht (z. B. Hilfe beim Anziehen einzelner Bekleidungsstücke, notwendige Begleitung bei Reisen und Spaziergängen, Hilfe im Straßenverkehr, einfache Wund- oder Heilbehandlung, Hilfe bei Heimdialyse ohne Notwendigkeit weiterer Hilfeleistung). Verrichtungen, die mit der Pflege der Person nicht unmittelbar zusammenhängen (z. B. im Bereich der hauswirtschaftlichen Versorgung) müssen außer Betracht bleiben.

e)
Bei einer Reihe schwerer Behinderungen, die aufgrund ihrer Art und besonderen Auswirkungen regelhaft Hilfeleistungen in erheblichem Umfang erfordern, kann im Allgemeinen ohne nähere Prüfung angenommen werden, dass die Voraussetzungen für das Vorliegen von Hilflosigkeit erfüllt sind. Dies gilt stets
aa)
bei Blindheit und hochgradiger Sehbehinderung,
bb)
Querschnittslähmung und anderen Behinderungen, die auf Dauer und ständig – auch innerhalb des Wohnraums – die Benutzung eines Rollstuhls erfordern,
f)
in der Regel auch
aa)
bei Hirnschäden, Anfallsleiden, geistiger Behinderung und Psychosen, wenn diese Behinderungen allein einen GdS von 100 bedingen,
bb)
Verlust von zwei oder mehr Gliedmaßen, ausgenommen Unterschenkel- oder Fußamputation beiderseits. (Als Verlust einer Gliedmaße gilt der Verlust mindestens der ganzen Hand oder des ganzen Fußes).
g)
Führt eine Behinderung zu dauerndem Krankenlager, so sind stets auch die Voraussetzungen für die Annahme von Hilflosigkeit erfüllt. Dauerndes Krankenlager setzt nicht voraus, dass der behinderte Mensch das Bett überhaupt nicht verlassen kann.
h)
Stirbt ein behinderter Mensch innerhalb von sechs Monaten nach Eintritt einer Gesundheitsstörung, so ist die Frage der Hilflosigkeit analog Nummer 2 Buchstabe g zu beurteilen.

5. **Besonderheiten der Beurteilung der Hilflosigkeit bei Kindern und Jugendlichen**
a)
Bei der Beurteilung der Hilflosigkeit bei Kindern und Jugendlichen sind nicht nur die bei der Hilflosigkeit genannten „Verrichtungen" zu beachten. Auch die Anleitung zu diesen „Verrichtungen", die Förderung der körperlichen und geistigen Entwicklung (z. B. durch Anleitung im Gebrauch der Gliedmaßen oder durch Hilfen zum Erfassen der Umwelt und zum Erlernen der Sprache) sowie die notwendige Überwachung gehören zu den Hilfeleistungen, die für die Frage der Hilflosigkeit von Bedeutung sind.
b)
Stets ist nur der Teil der Hilfsbedürftigkeit zu berücksichtigen, der wegen der Behinderung den Umfang der Hilfsbedürftigkeit eines gesunden gleichaltrigen

Kindes überschreitet. Der Umfang der wegen der Behinderungen notwendigen zusätzlichen Hilfeleistungen muss erheblich sein. Bereits im ersten Lebensjahr können infolge der Behinderung Hilfeleistungen in solchem Umfang erforderlich sein, dass dadurch die Voraussetzungen für die Annahme von Hilflosigkeit erfüllt sind.

c)

Die Besonderheiten des Kindesalters führen dazu, dass zwischen dem Ausmaß der Behinderung und dem Umfang der wegen der Behinderung erforderlichen Hilfeleistungen nicht immer eine Korrelation besteht, so dass – anders als bei Erwachsenen – auch schon bei niedrigerem GdS Hilflosigkeit vorliegen kann.

d)

Bei angeborenen oder im Kindesalter aufgetretenen Behinderungen ist im Einzelnen folgendes zu beachten:

aa)

Bei geistiger Behinderung kommt häufig auch bei einem GdS unter 100 – und dann in der Regel bis zur Vollendung des 18. Lebensjahres – Hilflosigkeit in Betracht, insbesondere wenn das Kind wegen gestörten Verhaltens ständiger Überwachung bedarf. Hilflosigkeit kann auch schon im Säuglingsalter angenommen werden, z. B. durch Nachweis eines schweren Hirnschadens.

bb)

Bei tief greifenden Entwicklungsstörungen, die für sich allein einen GdS von mindestens 50 bedingen, und bei anderen gleich schweren, im Kindesalter beginnenden Verhaltens- und emotionalen Störungen mit lang andauernden erheblichen Einordnungsschwierigkeiten ist regelhaft Hilflosigkeit bis zum 18. Lebensjahr anzunehmen.

cc)

Bei hirnorganischen Anfallsleiden ist häufiger als bei Erwachsenen auch bei einem GdS unter 100 unter Berücksichtigung der Anfallsart, Anfallsfrequenz und eventueller Verhaltensauffälligkeiten die Annahme von Hilflosigkeit gerechtfertigt.

dd)

Bei sehbehinderten Kindern und Jugendlichen mit Einschränkungen des Sehvermögens, die für sich allein einen GdS von wenigstens 80 bedingen, ist bis zur Vollendung des 18. Lebensjahres Hilflosigkeit anzunehmen.

ee)

Bei Taubheit und an Taubheit grenzender Schwerhörigkeit ist Hilflosigkeit ab Beginn der Frühförderung und dann – insbesondere wegen des in dieser Zeit erhöhten Kommunikationsbedarfs – in der Regel bis zur Beendigung der Ausbildung anzunehmen. Zur Ausbildung zählen in diesem Zusammenhang: der Schul-, Fachschul- und Hochschulbesuch, eine berufliche Erstausbildung und Weiterbildung sowie vergleichbare Maßnahmen der beruflichen Bildung.

ff)
Bei Lippen-Kiefer-Gaumenspalte und kompletter Gaumensegelspalte ist bis zum Abschluss der Erstbehandlung (in der Regel ein Jahr nach der Operation) Hilflosigkeit anzunehmen. Die Kinder benötigen während dieser Zeit in hohem Maße Hilfeleistungen, die weit über diejenigen eines gesunden gleichaltrigen Kindes hinausgehen, vor allem bei der Nahrungsaufnahme (gestörte Atmung, Gefahr des Verschluckens), bei der Reinigung der Mundhöhle und des Nasen-Rachenraumes, beim Spracherwerb sowie bei der Überwachung beim Spielen.
gg)
Beim Bronchialasthma schweren Grades ist Hilflosigkeit in der Regel bis zur Vollendung des 16. Lebensjahres anzunehmen.
hh)
Bei angeborenen oder in der Kindheit erworbenen Herzschäden ist bei einer schweren Leistungsbeeinträchtigung entsprechend den in Teil B Nummer 9.1.1 angegebenen Gruppen 3 und 4 Hilflosigkeit anzunehmen, und zwar bis zu einer Besserung der Leistungsfähigkeit (z. B. durch Operation), längstens bis zur Vollendung des 16. Lebensjahres.
ii)
Bei Behandlung mit künstlicher Niere ist Hilflosigkeit bis zur Vollendung des 16. Lebensjahres anzunehmen. Bei einer Niereninsuffizienz, die für sich allein einen GdS von 100 bedingt, sind Hilfeleistungen in ähnlichem Umfang erforderlich, sodass auch hier bis zur Vollendung des 16. Lebensjahres die Annahme von Hilflosigkeit begründet ist.
jj)
Beim Diabetes mellitus ist Hilflosigkeit bis zur Vollendung des 16. Lebensjahres anzunehmen.
kk)
Bei Phenylketonurie ist Hilflosigkeit ab Diagnosestellung – in der Regel bis zum 14. Lebensjahr – anzunehmen. Über das 14. Lebensjahr hinaus kommt Hilflosigkeit in der Regel nur noch dann in Betracht, wenn gleichzeitig eine relevante Beeinträchtigung der geistigen Entwicklung vorliegt.
ll)
Bei der Mukoviszidose ist bei der Notwendigkeit umfangreicher Betreuungsmaßnahmen – im Allgemeinen bis zur Vollendung des 16. Lebensjahres -Hilflosigkeit anzunehmen. Das ist immer der Fall bei Mukoviszidose, die für sich allein einen GdS von wenigstens 50 bedingt (siehe Teil B Nummer 15.5). Nach Vollendung des 16. Lebensjahres kommt Hilflosigkeit bei schweren und schwersten Einschränkungen bis zur Vollendung des 18. Lebensjahres in Betracht.
mm)
Bei malignen Erkrankungen (z. B. akute Leukämie) ist Hilflosigkeit für die Dauer der zytostatischen Intensiv-Therapie anzunehmen.

nn)

Bei angeborenen, erworbenen oder therapieinduzierten schweren Immundefekten ist Hilflosigkeit für die Dauer des Immunmangels, der eine ständige Überwachung wegen der Infektionsgefahr erforderlich macht, anzunehmen.

oo)

Bei der Hämophilie ist bei Notwendigkeit der Substitutionsbehandlung – und damit schon bei einer Restaktivität von antihämophilem Globulin von 5 % und darunter – stets bis zur Vollendung des 6. Lebensjahres, darüber hinaus häufig je nach Blutungsneigung (zwei oder mehr ausgeprägte Gelenkblutungen pro Jahr) und Reifegrad auch noch weitere Jahre, Hilflosigkeit anzunehmen.

pp)

Bei der juvenilen chronischen Polyarthritis ist Hilflosigkeit anzunehmen, solange die Gelenksituation eine ständige Überwachung oder andauernd Hilfestellungen beim Gebrauch der betroffenen Gliedmaßen sowie Anleitungen zu Bewegungsübungen erfordert, in der Regel bis zur Vollendung des 16. Lebensjahres. Bei der systemischen Verlaufsform (Still-Syndrom) und anderen systemischen Bindegewebskrankheiten (z.B. Lupus erythematodes, Sharp-Syndrom, Dermatomyositis) ist für die Dauer des aktiven Stadiums Hilflosigkeit anzunehmen.

qq)

Bei der Osteogenesis imperfecta ist die Hilflosigkeit nicht nur von den Funktionseinschränkungen der Gliedmaßen sondern auch von der Häufigkeit der Knochenbrüche abhängig. In der Regel bedingen zwei oder mehr Knochenbrüche pro Jahr Hilflosigkeit. Hilflosigkeit aufgrund einer solchen Bruchneigung ist solange anzunehmen, bis ein Zeitraum von zwei Jahren ohne Auftreten von Knochenbrüchen abgelaufen ist, längstens jedoch bis zur Vollendung des 16. Lebensjahres.

rr)

Bei klinisch gesicherter Typ-I-Allergie gegen schwer vermeidbare Allergene (z.B. bestimmte Nahrungsmittel), bei der aus dem bisherigen Verlauf auf die Gefahr lebensbedrohlicher anaphylaktischer Schocks zu schließen ist, ist Hilflosigkeit – in der Regel bis zum Ende des 12. Lebensjahres – anzunehmen.

ss)

Bei der Zöliakie kommt Hilflosigkeit nur ausnahmsweise in Betracht. Der Umfang der notwendigen Hilfeleistungen bei der Zöliakie ist regelmäßig wesentlich geringer als etwa bei Kindern mit Phenylketonurie oder mit Diabetes mellitus.

e)

Wenn bei Kindern und Jugendlichen Hilflosigkeit festgestellt worden ist, muss bei der Beurteilung der Frage einer wesentlichen Änderung der Verhältnisse Folgendes beachtet werden: Die Voraussetzungen für die Annahme von Hilflosigkeit können nicht nur infolge einer Besserung der Gesundheitsstörungen entfallen, sondern auch dadurch, dass behinderte Jugendliche infolge des

Reifungsprozesses – etwa nach Abschluss der Pubertät – ausreichend gelernt haben, die wegen der Behinderung erforderlichen Maßnahmen selbstständig und eigenverantwortlich durchzuführen, die vorher von Hilfspersonen geleistet oder überwacht werden mussten.

6. **Blindheit und hochgradige Sehbehinderung**

a)

Blind ist ein behinderter Mensch, dem das Augenlicht vollständig fehlt. Als blind ist auch ein behinderter Mensch anzusehen, dessen Sehschärfe auf keinem Auge und auch nicht beidäugig mehr als 0,02 (1/50) beträgt oder wenn andere Störungen des Sehvermögens von einem solchen Schweregrad vorliegen, dass sie dieser Beeinträchtigung der Sehschärfe gleichzustellen sind.

b)

Eine der Herabsetzung der Sehschärfe auf 0,02 (1/50) oder weniger gleich zusetzende Sehbehinderung liegt nach den Richtlinien der Deutschen Ophthalmologischen Gesellschaft bei folgenden Fallgruppen vor:

aa)

bei einer Einengung des Gesichtsfeldes, wenn bei einer Sehschärfe von 0,033 (1/30) oder weniger die Grenze des Restgesichtsfeldes in keiner Richtung mehr als 30° vom Zentrum entfernt ist, wobei Gesichtsfeldreste jenseits von 50° unberücksichtigt bleiben,

bb)

bei einer Einengung des Gesichtsfeldes, wenn bei einer Sehschärfe von 0,05 (1/20) oder weniger die Grenze des Restgesichtsfeldes in keiner Richtung mehr als 15° vom Zentrum entfernt ist, wobei Gesichtsfeldreste jenseits von 50° unberücksichtigt bleiben,

cc)

bei einer Einengung des Gesichtsfeldes, wenn bei einer Sehschärfe von 0,1 (1/10) oder weniger die Grenze des Restgesichtsfeldes in keiner Richtung mehr als 7,5° vom Zentrum entfernt ist, wobei Gesichtsfeldreste jenseits von 50° unberücksichtigt bleiben,

dd)

bei einer Einengung des Gesichtsfeldes, auch bei normaler Sehschärfe, wenn die Grenze der Gesichtsfeldinsel in keiner Richtung mehr als 5° vom Zentrum entfernt ist, wobei Gesichtsfeldreste jenseits von 50° unberücksichtigt bleiben,

ee)

bei großen Skotomen im zentralen Gesichtsfeldbereich, wenn die Sehschärfe nicht mehr als 0,1 (1/10) beträgt und im 50°-Gesichtsfeld unterhalb des horizontalen Meridians mehr als die Hälftc ausgefallen ist,

ff)

bei homonymen Hemianopsien, wenn die Sehschärfe nicht mehr als 0,1 (1/10) beträgt und das erhaltene Gesichtsfeld in der Horizontalen nicht mehr als 30° Durchmesser besitzt,

gg)
bei bitemporalen oder binasalen Hemianopsien, wenn die Sehschärfe nicht mehr als 0,1 (1/10) beträgt und kein Binokularsehen besteht.
c)
Blind ist auch ein behinderter Mensch mit einem nachgewiesenen vollständigen Ausfall der Sehrinde (Rindenblindheit), nicht aber mit einer visuellen Agnosie oder anderen gnostischen Störungen.
d)
Für die Feststellung von Hilflosigkeit ist im Übrigen zu prüfen, ob eine hochgradige Sehbehinderung vorliegt. Hochgradig in seiner Sehfähigkeit behindert ist ein Mensch, dessen Sehschärfe auf keinem Auge und auch nicht beidäugig mehr als 0,05 (1/20) beträgt oder wenn andere hinsichtlich des Schweregrades gleich zusetzende Störungen der Sehfunktion vorliegen. Dies ist der Fall, wenn die Einschränkung des Sehvermögens einen GdS von 100 bedingt und noch keine Blindheit vorliegt.

7. **Wesentliche Änderung der Verhältnisse**
a)
Eine wesentliche Änderung im Ausmaß der Schädigungsfolgen oder der Behinderung liegt nur vor, wenn der veränderte Gesundheitszustand mehr als sechs äü angehalten hat oder voraussichtlich anhalten wird und die Änderung des GdS wenigstens 10 beträgt. Eine wesentliche Änderung ist auch gegeben, wenn die entscheidenden Voraussetzungen für weitere Leistungen im sozialen Entschädigungsrecht (z.B. Pflegezulage) oder für Nachteilsausgleiche für behinderte Menschen erfüllt werden oder entfallen sind.[1]
b)
Nach Ablauf der Heilungsbewährung ist auch bei gleichbleibenden Symptomen eine Neubewertung des GdS zulässig, weil der Ablauf der Heilungsbewährung eine wesentliche Änderung der Verhältnisse darstellt.
c)
Bei Beurteilungen im sozialen Entschädigungsrecht ist bei einer Zunahme des Leidensumfangs zusätzlich zu prüfen, ob die Weiterentwicklung noch Folge einer Schädigung ist. Auch bei gleichbleibendem Erscheinungsbild kann eine wesentliche Änderung der gesundheitlichen Verhältnisse vorliegen, wenn sich die schädigungsbedingte Störung, die dem Erscheinungsbild zunächst zugrunde lag, gebessert oder ganz zurückgebildet hat, das Leidensbild jedoch aufgrund neuer Ursachen bestehen geblieben ist („Verschiebung der Wesensgrundlage“).

---

1 Vgl. Bundesministerium für Arbeit und Soziales, Ratgeber für Menschen mit Behinderung, S. 13.

Teil B: GdS-Tabelle

1. Allgemeine Hinweise zur GdS-Tabelle

a)

Die nachstehend genannten GdS sind Anhaltswerte. Es ist unerlässlich, alle die Teilhabe beeinträchtigenden körperlichen, geistigen und seelischen Störungen im Einzelfall zu berücksichtigen. Die Beurteilungsspannen tragen den Besonderheiten des Einzelfalles Rechnung.

b)

Bei Gesundheitsstörungen, die in der Tabelle nicht aufgeführt sind, ist der GdS in Analogie zu vergleichbaren Gesundheitsstörungen zu beurteilen.

c)

Eine Heilungsbewährung ist abzuwarten nach Transplantationen innerer Organe und nach der Behandlung von Krankheiten, bei denen dies in der Tabelle vorgegeben ist. Dazu gehören vor allen bösartige Geschwulstkrankheiten. Für die häufigsten und wichtigsten solcher Krankheiten sind im Folgenden Anhaltswerte für den GdS angegeben. Sie sind auf den Zustand nach operativer oder anderweitiger Beseitigung der Geschwulst bezogen. Der Zeitraum des Abwartens einer Heilungsbewährung beträgt in der Regel fünf Jahre; kürzere Zeiträume werden in der Tabelle vermerkt. Maßgeblicher Bezugspunkt für den Beginn der Heilungsbewährung ist der Zeitpunkt, an dem die Geschwulst durch Operation oder andere Primärtherapie als beseitigt angesehen werden kann; eine zusätzliche adjuvante Therapie hat keinen Einfluss auf den Beginn der Heilungsbewährung. Der aufgeführte GdS bezieht den regelhaft verbleibenden Organ- oder Gliedmaßenschaden ein. Außergewöhnliche Folgen oder Begleiterscheinungen der Behandlung – z.B. lang dauernde schwere Auswirkungen einer wiederholten Chemotherapie – sind zu berücksichtigen. Bei den im Folgenden nicht genannten malignen Geschwulstkrankheiten ist von folgenden Grundsätzen auszugehen: Bis zum Ablauf der Heilungsbewährung – in der Regel bis zum Ablauf des fünften Jahres nach der Geschwulstbeseitigung – ist in den Fällen, in denen der verbliebene Organ- oder Gliedmaßenschaden für sich allein keinen GdS von wenigstens 50 bedingt, im allgemeinen nach Geschwulstbeseitigung im Frühstadium ein GdS von 50 und nach Geschwulstbeseitigung in höheren Stadien ein GdS von 80 angemessen. Bedingen der verbliebene Körperschaden oder die Therapiefolgen einen GdS von 50 oder mehr, ist der bis zum Ablauf der Heilungsbewährung anzusetzende GdS entsprechend höher zu bewerten.

d)

Ein Carcinoma in situ (Cis) rechtfertigt grundsätzlich kein Abwarten einer Heilungsbewährung. Ausgenommen hiervon sind das Carcinoma in situ der Harnblase und das Carcinoma in situ der Brustdrüse (intraduktales und lobuläres Carcinoma in situ), bei denen wegen klinischer Besonderheiten bei Vorliegen o. g. Voraussetzungen das Abwarten einer Heilungsbewährung begründet ist.

2. Kopf und Gesicht

2.1 Narben nach Warzenfortsatzaufmeißelung	0
Einfache Schädelbrüche ohne Komplikationen im Heilverlauf	0
Kleinere Knochenlücken, Substanzverluste (auch größere gedeckte) am knöchernen Schädel	0-10
Schädelnarben am Hirnschädel mit erheblichem Verlust von Knochenmasse ohne Funktionsstörung des Gehirns (einschließlich entstellender Wirkung)	30
Hierzu gehören insbesondere alle traumatisch entstandenen erheblichen (nicht gedeckten) Substanzverluste am Hirnschädel, die auch das innere Knochenblatt betreffen.	
Einfache Gesichtsentstellung	
nur wenig störend	10
Sonst	20-30
Hochgradige Entstellung des Gesichts	50
2.2 Sensibilitätsstörungen im Gesichtsbereich	
Leicht	0-10
ausgeprägt, den oralen Bereich einschließend	20-30
Gesichtsneuralgien (z. B. Trigeminusneuralgie)	
leicht (seltene, leichte Schmerzen)	0-10
mittelgradig (häufigere, leichte bis mittelgradige Schmerzen, schon durch geringe Reize auslösbar)	20-40
schwer (häufige, mehrmals im Monat auftretende starke Schmerzen bzw. Schmerzattacken)	50-60
besonders schwer (starker Dauerschmerz oder Schmerzattacken mehrmals wöchentlich)	70-80
2.3 Echte Migräne	
je nach Häufigkeit und Dauer der Anfälle und Ausprägung der Begleiterscheinungen.	
leichte Verlaufsform (Anfälle durchschnittlich einmal monatlich)	0-10
mittelgradige Verlaufsform (häufigere Anfälle, jeweils einen oder mehrere Tage anhaltend)	20-40
schwere Verlaufsform (lang andauernde Anfälle mit stark ausgeprägten Begleiterscheinungen, Anfallspausen von nur wenigen Tagen)	50-60

2.4 Periphere Fazialisparese	
einseitig	
kosmetisch nur wenig störende Restparese	0-10
ausgeprägtere Restparese oder Kontrakturen	20-30
komplette Lähmung oder ausgeprägte Kontraktur	40
beidseitig komplette Lähmung	50

3. Nervensystem und Psyche

3.1 Hirnschäden

a)

Ein Hirnschaden ist nachgewiesen, wenn Symptome einer organischen Veränderung des Gehirns - nach Verletzung oder Krankheit nach dem Abklingen der akuten Phase - festgestellt worden sind. Wenn bei späteren Untersuchungen keine hirnorganischen Funktionsstörungen und Leistungsbeeinträchtigungen mehr zu erkennen sind beträgt der GdS dann - auch unter Einschluss geringer z. B. vegetativer Beschwerden - 20; nach offenen Hirnverletzungen nicht unter 30.

b)

Bestimmend für die Beurteilung des GdS ist das Ausmaß der bleibenden Ausfallserscheinungen. Dabei sind der neurologische Befund, die Ausfallserscheinungen im psychischen Bereich unter Würdigung der prämorbiden Persönlichkeit und ggf. das Auftreten von zerebralen Anfällen zu beachten. Bei der Mannigfaltigkeit der Folgezustände von Hirnschädigungen kommt ein GdS zwischen 20 und 100 in Betracht.

c)

Bei Kindern ist zu berücksichtigen, dass sich die Auswirkungen eines Hirnschadens abhängig vom Reifungsprozess sehr verschieden (Besserung oder Verschlechterung) entwickeln können, so dass in der Regel Nachprüfungen in Abständen von wenigen Jahren angezeigt sind.

d)

Bei einem mit Ventil versorgten Hydrozephalus ist ein GdS von wenigstens 30 anzusetzen.

e)

Nicht nur vorübergehende vegetative Störungen nach Gehirnerschütterung (reversible und morphologisch nicht nachweisbare Funktionsstörung des Gesamthirns) rechtfertigen im ersten Jahr nach dem Unfall einen GdS von 10 bis 20.

Bei der folgenden GdS-Tabelle der Hirnschäden soll die unter Nummer 3.1.1 genannte Gesamtbewertung im Vordergrund stehen. Die unter Nummer 3.1.2 angeführten isoliert vorkommenden bzw. führenden Syndrome stellen eine ergänzende Hilfe zur Beurteilung dar.

3.1.1 Grundsätze der Gesamtbewertung von Hirnschäden

Hirnschäden mit geringer Leistungsbeeinträchtigung	30-40
Hirnschäden mit mittelschwerer Leistungsbeeinträchtigung	50-60
Hirnschäden mit schwerer Leistungsbeeinträchtigung	70-100

3.1.2 Bewertung von Hirnschäden mit isoliert vorkommenden bzw. führenden Syndromen

(bei Begutachtungen im sozialen Entschädigungsrecht auch zur Feststellung der Schwerstbeschädigtenzulage)

Hirnschäden mit psychischen Störungen	
leicht (im Alltag sich gering auswirkend)	30-40
mittelgradig (im Alltag sich deutlich auswirkend)	50-60
schwer	70-100
Zentrale vegetative Störungen als Ausdruck eines Hirndauerschadens (z. B. Störungen des Schlaf-Wach-Rhythmus, der Vasomotorenregulation oder der Schweißregulation)	
leicht	30
mittelgradig, auch mit vereinzelten synkopalen Anfällen	40
mit häufigeren Anfällen oder erheblichen Auswirkungen auf den Allgemeinzustand	50
Koordinations- und Gleichgewichtsstörungen (spino-) zerebellarer Ursache je nach dem Ausmaß der Störung der Ziel- und Feinmotorik einschließlich der Schwierigkeiten beim Gehen und Stehen (siehe hierzu auch bei Hör- und Gleichgewichtsorgan)	30-100
Hirnschäden mit kognitiven Leistungsstörungen (z. B. Aphasie, Apraxie, Agnosie)	
leicht (z. B. Restaphasie)	30-40
mittelgradig (z. B. Aphasie mit deutlicher bis sehr ausgeprägter Kommunikationsstörung)	50-80
schwer (z. B. globale Aphasie)	90-100
Zerebral bedingte Teillähmungen und Lähmungen	
leichte Restlähmungen und Tonusstörungen der Gliedmaßen	30
bei ausgeprägteren Teillähmungen und vollständigen Lähmungen ist der GdS aus Vergleichen mit dem GdS bei Gliedmaßenverlusten, peripheren Lähmungen und anderen Funktionseinbußen der Gliedmaßen abzuleiten. vollständige Lähmung von Arm und Bein (Hemiplegie)	100
Parkinson-Syndrom	
ein- oder beidseitig, geringe Störung der Bewegungsabläufe, keine Gleichgewichtsstörung, geringe Verlangsamung	30-40

deutliche Störung der Bewegungsabläufe, Gleichgewichtsstörungen, Unsicherheit beim Umdrehen, stärkere Verlangsamung	50-70
schwere Störung der Bewegungsabläufe bis zur Immobilität	80-100

Andere extrapyramidale Syndrome – auch mit Hyperkinesen – sind analog nach Art und Umfang der gestörten Bewegungsabläufe und der Möglichkeit ihrer Unterdrückung zu bewerten; bei lokalisierten Störungen (z. B. Torticollis spasmodicus) sind niedrigere GdS als bei generalisierten (z. B. choreatische Syndrome) in Betracht zu ziehen.

Epileptische Anfälle

je nach Art, Schwere, Häufigkeit und tageszeitlicher Verteilung

sehr selten (generalisierte [große] und komplex-fokale Anfälle mit Pausen von mehr als einem Jahr; kleine und einfach-fokale Anfälle mit Pausen von Monaten)	40
selten	
(generalisierte [große] und komplex-fokale Anfälle mit Pausen von Monaten; kleine und einfach-fokale Anfälle mit Pausen von Wochen)	50-60
mittlere Häufigkeit	
(generalisierte [große] und komplex-fokale Anfälle mit Pausen von Wochen; kleine und einfach-fokale Anfälle mit Pausen von Tagen)	60-80
häufig	
(generalisierte [große] oder komplex-fokale Anfälle wöchentlich oder Serien von generalisierten Krampfanfällen, von fokal betonten oder von multifokalen Anfällen; kleine und einfach-fokale Anfälle täglich)	90-100
nach drei Jahren Anfallsfreiheit bei weiterer Notwendigkeit antikonvulsiver Behandlung	30

Ein Anfallsleiden gilt als abgeklungen, wenn ohne Medikation drei Jahre Anfallsfreiheit besteht. Ohne nachgewiesenen Hirnschaden ist dann kein GdS mehr anzunehmen.

3.2 Narkolepsie

Je nach Häufigkeit, Ausprägung und Kombination der Symptome (Tagesschläfrigkeit, Schlafattacken, Kataplexien, automatisches Verhalten im Rahmen von Ermüdungserscheinungen, Schlaflähmungen – häufig verbunden mit hypnagogen Halluzinationen) ist im Allgemeinen ein GdS von 50 bis 80 anzusetzen.

3.3 Hirntumoren

Der GdS von Hirntumoren ist vor allem von der Art und Dignität und von der Ausdehnung und Lokalisation mit ihren Auswirkungen abhängig.

Nach der Entfernung gutartiger Tumoren (z. B. Meningeom, Neurinom) richtet sich der GdS allein nach dem verbliebenen Schaden.
Bei Tumoren wie Oligodendrogliom, Ependymom, Astrozytom II, ist der GdS, wenn eine vollständige Tumorentfernung nicht gesichert ist, nicht niedriger als 50 anzusetzen.
Bei malignen Tumoren (z. B. Astrozytom III, Glioblastom, Medulloblastom) ist der GdS mit wenigstens 80 zu bewerten.
Das Abwarten einer Heilungsbewährung (von fünf Jahren) kommt in der Regel nur nach der Entfernung eines malignen Kleinhirntumors des Kindesalters (z. B. Medulloblastom) in Betracht. Der GdS beträgt während dieser Zeit (im Frühstadium) bei geringer Leistungsbeeinträchtigung 50.

3.4 Beeinträchtigungen der geistigen Leistungsfähigkeit im Kindes- und Jugendalter
Die GdS-Beurteilung der Beeinträchtigungen der geistigen Entwicklung darf nicht allein vom Ausmaß der Intelligenzminderung und von diesbezüglichen Testergebnissen ausgehen, die immer nur Teile der Behinderung zu einem bestimmten Zeitpunkt erfassen können. Daneben muss stets auch die Persönlichkeitsentwicklung auf affektivem und emotionalem Gebiet, wie auch im Bereich des Antriebs und der Prägung durch die Umwelt mit allen Auswirkungen auf die sozialen Einordnungsmöglichkeiten berücksichtigt werden.

3.4.1 Entwicklungsstörungen im Kleinkindesalter
Die Beurteilung setzt eine standardisierte Befunderhebung mit Durchführung geeigneter Testverfahren voraus (Nachuntersuchung mit Beginn der Schulpflicht). Umschriebene Entwicklungsstörungen in den Bereichen Motorik, Sprache oder Wahrnehmung und Aufmerksamkeit

leicht, ohne wesentliche Beeinträchtigung der Gesamtentwicklung	0-10
sonst – bis zum Ausgleich - je nach Beeinträchtigung der Gesamtentwicklung	20-40
bei besonders schwerer Ausprägung	50

Globale Entwicklungsstörungen (Einschränkungen in den Bereichen Sprache und Kommunikation, Wahrnehmung und Spielverhalten, Motorik, Selbständigkeit, soziale Integration)
je nach Ausmaß der sozialen Einordnungsstörung und der Verhaltensstörung (z. B. Hyperaktivität, Aggressivität)

geringe Auswirkungen	30-40
starke Auswirkungen (z. B. Entwicklungsquotient [EQ] von 70 bis über 50)	50-70

schwere Auswirkungen (z. B. EQ 50 und weniger)	80-100

3.4.2 Einschränkung der geistigen Leistungsfähigkeit im Schul- und Jugendalter
Kognitive Teilleistungsschwächen (z. B. Lese-Rechtschreib-Schwäche [Legasthenie], isolierte Rechenstörung)

leicht, ohne wesentliche Beeinträchtigung der Schulleistungen	0-10
sonst – auch unter Berücksichtigung von Konzentrations- und Aufmerksamkeitsstörungen – bis zum Ausgleich	20-40
bei besonders schwerer Ausprägung (selten)	50

Einschränkung der geistigen Leistungsfähigkeit mit einem Intelligenzrückstand entsprechend einem Intelligenz-Alter (I.A.) von etwa 10 bis 12 Jahren bei Erwachsenen (Intelligenzquotient [IQ] von etwa 70 bis 60)

wenn während des Schulbesuchs nur geringe Störungen, insbesondere der Auffassung, der Merkfähigkeit, der psychischen Belastbarkeit, der sozialen Einordnung, des Sprechens, der Sprache, oder anderer kognitiver Teilleistungen vorliegen	30-40
wenn sich nach Abschluss der Schule noch eine weitere Bildungsfähigkeit gezeigt hat und keine wesentlichen, die soziale Einordnung erschwerenden Persönlichkeitsstörungen bestehen	30-40
wenn ein Ausbildungsberuf unter Nutzung der Sonderregelungen für behinderte Menschen erreicht werden kann	30-40
wenn während des Schulbesuchs die oben genannten Störungen stark ausgeprägt sind oder mit einem Schulversagen zu rechnen ist	50-70
wenn nach Abschluss der Schule auf eine Beeinträchtigung der Fähigkeit zu selbständiger Lebensführung oder sozialer Einordnung geschlossen werden kann	50-70
wenn der behinderte Mensch wegen seiner Behinderung trotz beruflicher Fördermöglichkeiten (z. B. in besonderen Rehabilitationseinrichtungen) nicht in der Lage ist, sich auch unter Nutzung der Sonderregelungen für behinderte Menschen beruflich zu qualifizieren	50-70

Intelligenzmangel mit stark eingeengter Bildungsfähigkeit, erheblichen Mängeln im Spracherwerb, Intelligenzrückstand entsprechend einem I.A. unter 10 Jahren bei Erwachsenen (IQ unter 60)

bei relativ günstiger Persönlichkeitsentwicklung und sozialer Anpassungsmöglichkeit (Teilerfolg in einer Sonderschule, selbständige Lebensführung in einigen Teilbereichen und Einordnung im allgemeinen Erwerbsleben mit einfachen motorischen Fertigkeiten noch möglich)	80-90

bei stärkerer Einschränkung der Eingliederungsmöglichkeiten mit hochgradigem Mangel an Selbständigkeit und Bildungsfähigkeit, fehlender Sprachentwicklung, unabhängig von der Arbeitsmarktlage und auf Dauer Beschäftigungsmöglichkeit nur in einer Werkstatt für Behinderte 100

3.5 Verhaltens- und emotionale Störungen mit Beginn in der Kindheit und Jugend
Die Kriterien der Definitionen der ICD 10-GM Version 2011 müssen erfüllt sein. Komorbide psychische Störungen sind gesondert zu berücksichtigen. Eine Behinderung liegt erst ab Beginn der Teilhabebeeinträchtigung vor. Eine pauschale Festsetzung des GdS nach einem bestimmten Lebensalter ist nicht möglich.

3.5.1 Tief greifende Entwicklungsstörungen (insbesondere frühkindlicher Autismus, atypischer Autismus, Asperger-Syndrom)
Bei tief greifenden Entwicklungsstörungen

- ohne soziale Anpassungsschwierigkeiten beträgt der GdS 10–20,
- mit leichten sozialen Anpassungsschwierigkeiten beträgt der GdS 30–40,
- mit mittleren sozialen Anpassungsschwierigkeiten beträgt der GdS 50–70,
- mit schweren sozialen Anpassungsschwierigkeiten beträgt der GdS 80–100.

Soziale Anpassungsschwierigkeiten liegen insbesondere vor, wenn die Integrationsfähigkeit in Lebensbereiche (wie zum Beispiel Regel-Kindergarten, Regel-Schule, allgemeiner Arbeitsmarkt, öffentliches Leben, häusliches Leben) nicht ohne besondere Förderung oder Unterstützung (zum Beispiel durch Eingliederungshilfe) gegeben ist oder wenn die Betroffenen einer über das dem jeweiligen Alter entsprechende Maß hinausgehenden Beaufsichtigung bedürfen. Mittlere soziale Anpassungsschwierigkeiten liegen insbesondere vor, wenn die Integration in Lebensbereiche nicht ohne umfassende Unterstützung (zum Beispiel einen Integrationshelfer als Eingliederungshilfe) möglich ist. Schwere soziale Anpassungsschwierigkeiten liegen insbesondere vor, wenn die Integration in Lebensbereiche auch mit umfassender Unterstützung nicht möglich ist.

3.5.2 Hyperkinetische Störungen und Aufmerksamkeitsstörungen ohne Hyperaktivität
Ohne soziale Anpassungsschwierigkeiten liegt keine Teilhabebeeinträchtigung vor.
Bei sozialen Anpassungsschwierigkeiten

- ohne Auswirkung auf die Integrationsfähigkeit beträgt der GdS 10 - 20.
- mit Auswirkungen auf die Integrationsfähigkeit in mehreren Lebensbereichen (wie zum Beispiel Regel-Kindergarten, Regel-Schule, allgemeiner Arbeitsmarkt, öffentliches Leben, häusliches Leben) oder wenn die Betroffenen einer über das dem jeweiligen Alter entsprechende Maß hinausgehenden Beaufsichtigung bedürfen, beträgt der GdS 30 - 40.
- mit Auswirkungen, die die Integration in Lebensbereiche nicht ohne umfassende Unterstützung oder umfassende Beaufsichtigung ermöglichen, beträgt der GdS 50 - 70.
- mit Auswirkungen, die die Integration in Lebensbereiche auch mit umfassender Unterstützung nicht ermöglichen, beträgt der GdS 80 - 100.

Ab dem Alter von 25 Jahren beträgt der GdS regelhaft nicht mehr als 50.

3.5.3 Störungen des Sozialverhaltens und Störungen sozialer Funktionen mit Beginn in der Kindheit und Jugend sind je nach Ausmaß der Teilhabebeeinträchtigung, insbesondere der Einschränkung der sozialen Integrationsfähigkeit und dem Betreuungsaufwand, individuell zu bewerten.

3.6 Schizophrene und affektive Psychosen

Langdauernde (über ein halbes Jahr anhaltende) Psychose im floriden Stadium je nach Einbuße beruflicher und sozialer Anpassungsmöglichkeiten	50-100
Schizophrener Residualzustand (z. B. Konzentrationsstörung, Kontaktschwäche, Vitalitätseinbuße, affektive Nivellierung) mit geringen und einzelnen Restsymptomen	
ohne soziale Anpassungsschwierigkeiten	10-20
mit leichten sozialen Anpassungsschwierigkeiten	30-40
mit mittelgradigen sozialen Anpassungsschwierigkeiten	50-70
mit schweren sozialen Anpassungsschwierigkeiten	80-100

Affektive Psychose mit relativ kurz andauernden, aber häufig wiederkehrenden Phasen	
bei 1 bis 2 Phasen im Jahr von mehrwöchiger Dauer je nach Art und Ausprägung	30-50
bei häufigeren Phasen von mehrwöchiger Dauer	60-100

Nach dem Abklingen lang dauernder psychotischer Episoden ist eine Heilungsbewährung von zwei Jahren abzuwarten.

GdS während dieser Zeit, wenn bereits mehrere manische oder manische und depressive Phasen vorangegangen sind	50
sonst	30

Eine Heilungsbewährung braucht nicht abgewartet zu werden, wenn eine monopolar verlaufene depressive Phase vorgelegen hat, die als erste Krankheitsphase oder erst mehr als zehn Jahre nach einer früheren Krankheitsphase aufgetreten ist.

3.7 Neurosen, Persönlichkeitsstörungen, Folgen psychischer Traumen

Leichtere psychovegetative oder psychische Störungen	0-20
Stärker behindernde Störungen	
mit wesentlicher Einschränkung der Erlebnis- und Gestaltungsfähigkeit (z. B. ausgeprägtere depressive, hypochondrische, asthenische oder phobische Störungen, Entwicklungen mit Krankheitswert, somatoforme Störungen)	30-40
Schwere Störungen (z. B. schwere Zwangskrankheit)	
mit mittelgradigen sozialen Anpassungsschwierigkeiten	50-70
mit schweren sozialen Anpassungsschwierigkeiten	80-100

3.8 Psychische Störungen und Verhaltensstörungen durch psychotrope Substanzen

Der schädliche Gebrauch psychotroper Substanzen ohne körperliche oder psychische Schädigung bedingt keinen Grad der Schädigungsfolgen. Die Abhängigkeit von Koffein oder Tabak sowie von Koffein und Tabak bedingt für sich allein in der Regel keine Teilhabebeeinträchtigung.

Abhängigkeit von psychotropen Substanzen liegt vor, wenn als Folge des chronischen Substanzkonsums mindestens drei der folgenden Kriterien erfüllt sind:

- starker Wunsch (Drang), die Substanz zu konsumieren,
- verminderte Kontrollfähigkeit (Kontrollverlust) den Konsum betreffend,
- Vernachlässigung anderer sozialer Aktivitäten zugunsten des Substanzkonsums,
- fortgesetzter Substanzkonsum trotz des Nachweises schädlicher Folgen,
- Toleranzentwicklung,
- körperliche Entzugssymptome nach Beenden des Substanzkonsums.

Es gelten folgende GdS-Werte:
Bei schädlichem Gebrauch von psychotropen Substanzen mit leichteren psychischen Störungen beträgt der GdS 0–20.
Bei Abhängigkeit:

- mit leichten sozialen Anpassungsschwierigkeiten beträgt der GdS 30–40,
- mit mittleren sozialen Anpassungsschwierigkeiten beträgt der GdS 50–70,
- mit schweren sozialen Anpassungsschwierigkeiten beträgt der GdS 80–100.

Ist im Fall einer Abhängigkeit, die zuvor mit einem GdS von mindestens 50 zu bewerten war, Abstinenz erreicht, muss eine Heilungsbewährung von zwei Jahren ab dem Zeitpunkt des Beginns der Abstinenz abgewartet werden. Während dieser Zeit ist ein GdS von 30 anzunehmen, es sei denn, die bleibenden psychischen oder hirnorganischen Störungen rechtfertigen einen höheren GdS. Weitere Organschäden sind unter Beachtung von Teil A Nummer 2 Buchstabe e der Versorgungsmedizinischen Grundsätze zu bewerten.
Abnorme Gewohnheiten und Störungen der Impulskontrolle sind nach Teil B Nummer 3.7 zu bewerten.

3.9 Rückenmarkschäden

Unvollständige, leichte Halsmarkschädigung mit beidseits geringen motorischen und sensiblen Ausfällen, ohne Störungen der Blasen- und Mastdarmfunktion	30-60
Unvollständige Brustmark-, Lendenmark- oder Kaudaschädigung mit Teillähmung beider Beine, ohne Störungen der Blasen- und Mastdarmfunktion	30-60

Unvollständige Brustmark-, Lendenmark- oder Kaudaschädigung mit Teillähmung beider Beine und Störungen der Blasen- und/oder Mastdarmfunktion	60-80
Unvollständige Halsmarkschädigung mit gewichtigen Teillähmungen beider Arme und Beine und Störungen der Blasen- und/oder Mastdarmfunktion	100
Vollständige Halsmarkschädigung mit vollständiger Lähmung beider Arme und Beine und Störungen der Blasen- und/ oder Mastdarmfunktion	100
Vollständige Brustmark-, Lendenmark-, oder Kaudaschädigung mit vollständiger Lähmung der Beine und Störungen der Blasen und/oder Mastdarmfunktion	100

3.10 Multiple Sklerose
Der GdS richtet sich vor allem nach den zerebralen und spinalen Ausfallserscheinungen. Zusätzlich ist die aus dem klinischen Verlauf sich ergebende Krankheitsaktivität zu berücksichtigen.

3.11 Polyneuropathien
Bei den Polyneuropathien ergeben sich die Funktionsbeeinträchtigungen aufgrund motorischer Ausfälle (mit Muskelatrophien), sensibler Störungen oder Kombinationen von beiden. Der GdS motorischer Ausfälle ist in Analogie zu den peripheren Nervenschäden einzuschätzen. Bei den sensiblen Störungen und Schmerzen ist zu berücksichtigen, dass schon leichte Störungen zu Beeinträchtigungen – z. B. bei Feinbewegungen – führen können.

4. Sehorgan

Die Sehbehinderung umfasst alle Störungen des Sehvermögens. Für die Beurteilung ist in erster Linie die korrigierte Sehschärfe maßgebend; daneben sind u. a. Ausfälle des Gesichtsfeldes und des Blickfeldes zu berücksichtigen.
Die Sehschärfe ist grundsätzlich entsprechend den Empfehlungen der Deutschen Ophthalmologischen Gesellschaft (DOG) nach DIN 58220 zu bestimmen; Abweichungen hiervon sind nur in Ausnahmefällen zulässig (zum Beispiel bei Bettlägerigkeit oder Kleinkindern). Die übrigen Partialfunktionen des Sehvermögens sind nur mit Geräten oder Methoden zu prüfen, die den Empfehlungen der DOG entsprechend eine gutachtenrelevante einwandfreie Beurteilung erlauben.

Hinsichtlich der Gesichtsfeldbestimmung bedeutet dies, dass zur Feststellung von Gesichtsfeldausfällen nur Ergebnisse der manuellkinetischen Perimetrie entsprechend der Marke Goldmann III/4e verwertet werden dürfen.
Bei der Beurteilung von Störungen des Sehvermögens ist darauf zu achten, dass der morphologische Befund die Sehstörungen erklärt.
Die Grundlage für die GdS-Beurteilung bei Herabsetzung der Sehschärfe bildet die „MdE-Tabelle der DOG".

4.1 Verlust eines Auges mit dauernder, einer Behandlung nicht zugänglichen Eiterung der Augenhöhle 40

4.2 Linsenverlust

Linsenverlust korrigiert durch intraokulare Kunstlinse oder Kontaktlinse

Linsenverlust eines Auges

Sehschärfe 0,4 und mehr	10
Sehschärfe 0,1 bis weniger als 0,4	20
Sehschärfe weniger als 0,1	25-30

Linsenverlust beider Augen

Beträgt der sich aus der Sehschärfe für beide Augen ergebende GdS nicht mehr als 60, ist dieser um 10 zu erhöhen.

Die GdS-Werte setzen die Verträglichkeit der Linsen voraus. Maßgebend ist der objektive Befund.

Bei Versorgung mit Starbrille ist der aus der Sehschärfe für beide Augen sich ergebende GdS um 10 zu erhöhen, bei Blindheit oder Verlust des anderen Auges um 20.

Bei Unkorrigierbarkeit richtet sich der GdS nach der Restsehschärfe.

4.3 Die augenärztliche Untersuchung umfasst die Prüfung der einäugigen und beidäugigen Sehschärfe. Sind die Ergebnisse beider Prüfungsarten unterschiedlich, so ist bei der Bewertung die beidäugige Sehschärfe als Sehschärfewert des besseren Auges anzusetzen.

MdE-Tabelle der DOG

Sehschärfe LA \ RA		1,0	0,8	0,63	0,5	0,4	0,32	0,25	0,2	0,16	0,1	0,08	0,05	0,02	0
		5/5	5/6	5/8	5/10	5/12	5/15	5/20	5/25	5/30	5/50	1/12	1/20	1/50	0
1,0	5/5	0	0	0	5	5	10	10	10	15	20	20	25	25	*25
0,8	5/6	0	0	5	5	10	10	10	15	20	20	25	30	30	30
0,63	5/8	0	5	10	10	10	10	15	20	20	25	30	30	30	40
0,5	5/10	5	5	10	10	10	15	20	20	25	30	30	35	40	40
0,4	5/12	5	10	10	10	20	20	25	25	30	30	35	40	50	50
0,32	5/15	10	10	10	15	20	30	30	30	40	40	40	50	50	50
0,25	5/20	10	10	15	20	25	30	40	40	40	50	50	50	60	60
0,2	5/25	10	15	20	20	25	30	40	50	50	50	60	60	70	70
0,16	5/30	15	20	20	25	30	40	40	50	60	60	60	70	80	80
0,1	5/50	20	20	25	30	30	40	50	50	60	70	70	80	90	90
0,08	1/12	20	25	30	30	35	40	50	60	60	70	80	90	90	90
0,05	1/20	25	30	30	35	40	50	50	60	70	80	90	100	100	100
0,02	1/50	25	30	30	40	50	50	60	70	80	90	90	100	100	100
0	0	*25	30	40	40	50	50	60	70	80	90	90	100	100	100

4.4 Augenmuskellähmungen, Strabismus

wenn ein Auge wegen der Doppelbilder vom Sehen ausgeschlossen werden muss 30

bei Doppelbildern nur in einigen Blickfeldbereichen bei sonst normalem Binokularsehen ergibt sich der GdS aus dem nachstehenden Schema von Haase und Steinhorst:

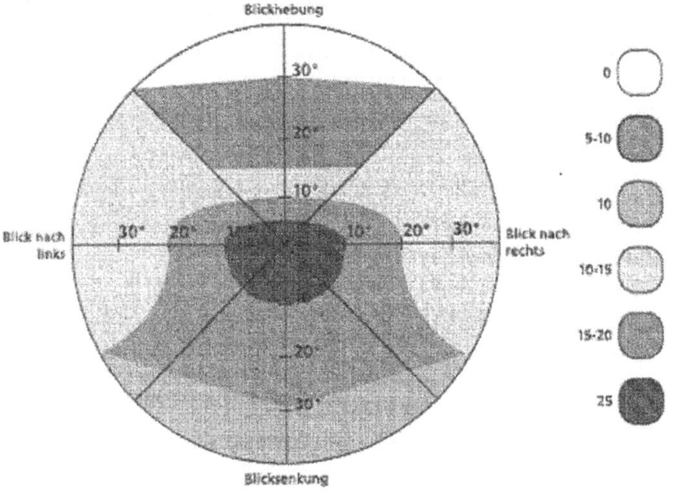

bei einseitiger Bildunterdrückung durch Gewöhnung (Exklusion) und entsprechendem Verschwinden der Doppelbilder	10
Einschränkungen der Sehschärfe (z. B. Amblyopie) oder eine erheblich entstellende Wirkung sind ggf. zusätzlich zu berücksichtigen.	
Lähmung des Oberlides mit nicht korrigierbarem, vollständigem Verschluss des Auges	30
sonst	10-20
Fehlstellungen der Lider, Verlegung der Tränenwege mit Tränenträufeln	
einseitig	0-10
beidseitig	10-20
4.5 Gesichtsfeldausfälle	
Vollständige Halbseiten- und Quadrantenausfälle	
Homonyme Hemianopsie	40
Bitemporale Hemianopsie	30
Binasale Hemianopsie	
bei beidäugigem Sehen	10
bei Verlust des beidäugigen Sehens	30
Homonymer Quadrant oben	20
Homonymer Quadrant unten	30
Vollständiger Ausfall beider unterer Gesichtsfeldhälften	60
Ausfall einer Gesichtsfeldhälfte bei Verlust oder Blindheit des anderen Auges	
nasal	60
temporal	70
Bei unvollständigen Halbseiten- und Quadrantenausfällen ist der GdS entsprechend niedriger anzusetzen.	
Gesichtsfeldeinengungen	
Allseitige Einengung bei normalem Gesichtsfeld des anderen Auges	
auf 10° Abstand vom Zentrum	10
auf 5° Abstand vom Zentrum	25
Allseitige Einengung binokular	
auf 50° Abstand vom Zentrum	10
auf 30° Abstand vom Zentrum	30
auf 10° Abstand vom Zentrum	70
auf 5° Abstand vom Zentrum	100
Allseitige Einengung bei Fehlen des anderen Auges	
auf 50° Abstand vom Zentrum	40
auf 30° Abstand vom Zentrum	60
auf 10° Abstand vom Zentrum	90
auf 5° Abstand vom Zentrum	100

Unregelmäßige Gesichtsfeldausfälle, Skotome im 50°-Gesichtsfeld unterhalb des horizontalen Meridians, binokular	
mindestens 1/3 ausgefallene Fläche	20
mindestens 2/3 ausgefallene Fläche	50
Bei Fehlen eines Auges sind die Skotome entsprechend höher zu bewerten.	
4.6 Ausfall des Farbensinns	0
Einschränkung der Dunkeladaptation (Nachtblindheit) oder des Dämmerungssehens	0-10
4.7 Nach Hornhauttransplantationen richtet sich der GdS allein nach dem Sehvermögen.	
4.8 Nach Entfernung eines malignen Augentumors ist in den ersten fünf Jahren eine Heilungsbewährung abzuwarten; GdS während dieser Zeit	
bei Tumorbegrenzung auf den Augapfel (auch bei Augapfelentfernung)	50
sonst	min. 80

5. **Hör- und Gleichgewichtsorgan**

Maßgebend für die Bewertung des GdS bei Hörstörungen ist die Herabsetzung des Sprachgehörs, deren Umfang durch Prüfung ohne Hörhilfen zu bestimmen ist. Der Beurteilung ist die von der Deutschen Gesellschaft für Hals-Nasen-Ohrenheilkunde, Kopf- und Hals-Chirurgie empfohlene Tabelle (siehe Nummer 5.2.4, Tabelle D) zugrunde zu legen. Nach Durchführung eines Ton- und Sprachaudiogramms ist der Prozentsatz des Hörverlustes aus entsprechenden Tabellen abzuleiten.
Die in der GdS-Tabelle enthaltenen Werte zur Schwerhörigkeit berücksichtigen die Möglichkeit eines Teilausgleichs durch Hörhilfen mit.
Sind mit der Hörstörung andere Erscheinungen verbunden, z. B. Ohrgeräusche, Gleichgewichtsstörungen, Artikulationsstörungen oder außergewöhnliche psychoreaktive Störungen, so kann der GdS entsprechend höher bewertet werden.

5.1 Angeborene oder in der Kindheit erworbene Taubheit oder an Taubheit grenzende Schwerhörigkeit mit Sprachstörungen	
angeboren oder bis zum 7. Lebensjahr erworben (schwere Störung des Spracherwerbs, in der Regel lebenslang)	100

später erworben (im 8. bis 18. Lebensjahr) mit schweren Sprachstörungen (schwer verständliche Lautsprache, geringer Sprachschatz) 100

sonst je nach Sprachstörung 80-90

5.2 Hörverlust

5.2.1 Zur Ermittlung des prozentualen Hörverlustes aus den Werten der sprachaudiometrischen Untersuchung (nach Boenninghaus u. Röser 1973):

Tabelle A

			Hörverlust für Zahlen ind dB										
			< 20	ab 20	ab 25	ab 30	ab 35	ab 40	ab 45	ab 50	ab 55	ab 60	ab 65	ab 70
	<	20	100	100	100	100	100	100	100	100	100	100	100	100
	ab	20	95	95	95	95	95	95	95	95	95	95	95	100
	ab	35	90	90	90	90	90	90	90	90	90	90	95	100
	ab	50	80	80	80	80	80	80	80	80	80	90	95	100
Gesamtwortverstehen	ab	75	70	70	70	70	70	70	70	70	80	90	95	100
	ab	100	60	60	60	60	60	60	60	70	80	90	95	
	ab	125	50	50	50	50	50	50	60	70	80	90		
	ab	150	40	40	40	40	40	50	60	70	80			
	ab	175	30	30	30	30	40	50	60	70				
	ab	200	20	20	20	30	40	50	60					
	ab	225	10	10	20	30	40	50						
	ab	250	0	10	20	30	40							

Das Gesamtwortverstehen wird aus der Wortverständigungskurve errechnet. Es entsteht durch Addition der Verständnisquoten bei 60, 80 und 100 dB Lautstärke (einfaches Gesamtwortverstehen). Bei der Ermittlung von Schwerhörigkeiten bis zu einem Hörverlust von 40% ist das gewichtete Gesamtwortverstehen (Feldmann 1988 anzuwenden: 3 x Verständnisquote bei 60dB + 2 x Verständnisquote bei 80 dB + 1 x Verständnisquote bei 100 dB. Summe dividiert durch 2.

5.2.2 Zur Ermittlung des prozentualen Hörverlustes aus dem Tonaudiogramm bei unregelmäßigem Verlauf der Tongehörskurve. Der prozentuale Hörverlust ergibt sich durch Addition der vier Teilkomponenten (4-Frequenztabelle nach Röser 1973)- Tabelle B nicht dargestellt.

5.2.3 Frequenztabelle nach Röser 1980 für die Beurteilung bei Hochtonverlusten vom Typ Lärmschwerhörigkeit (Tabelle C und D) nicht enthalten.

6.	**Nase**	
	6.1 Völliger Verlust der Nase	50
	Teilverlust der Nase, Sattelnase	
	wenig störend	10
	sonst	20-30
	6.2 Stinknase (Ozaena), je nach Ausmaß der Borkenbildung und des Foetors	20-40
	Verengung der Nasengänge	
	einseitig je nach Atembehinderung	0-10
	doppelseitig mit leichter bis mittelgradiger Atembehinderung	10
	doppelseitig mit starker Atembehinderung	20
	Chronische Nebenhöhlenentzündung	
	leichteren Grades (ohne wesentliche Neben- und Folgeerscheinungen)	0-10
	schweren Grades (ständige erhebliche Eiterabsonderung, Trigeminusreizerscheinungen, Polypenbildung)	20-40
	6.3 Völliger Verlust des Riechvermögens mit der damit verbundenen Beeinträchtigung der Geschmackswahrnehmung	15
	Völliger Verlust des Geschmackssinns	10
7.	**Mundhöhle, Rachenraum und obere Luftwege**	
	Verletzungs- und Erkrankungsfolgen an den Kiefern, Kiefergelenken und Weichteilen der Mundhöhle, einschließlich der Zunge und der Speicheldrüsen, sind nach dem Grad ihrer Auswirkung auf Sprech-, Kau- und Schluckvermögen zu beurteilen. Eine Gesichtsentstellung ist gesondert zu berücksichtigen.	
	7.1 Lippendefekt mit ständigem Speichelfluss	20-30
	Äußere Speichelfistel, Frey-Syndrom	
	geringe Sekretion	10
	sonst	20
	Störung der Speichelsekretion (vermehrter Speichelfluss, Mundtrockenheit)	0-20
	7.2 Schwere Funktionsstörung der Zunge durch Gewebsverlust, narbige Fixierung oder Lähmung je nach Umfang und Artikulationsstörung	30-50
	Behinderung der Mundöffnung (Schneidekantendistanz zwischen 5 und 25 mm) mit deutlicher Auswirkung auf die Nahrungsaufnahme	20-40

Kieferklemme mit Notwendigkeit der Aufnahme flüssiger oder passierter Nahrung und entsprechenden Sprechstörungen	50
7.3 Verlust eines Teiles des Unterkiefers mit schlaffer Pseudarthrose	
ohne wesentliche Beeinträchtigung der Kaufunktion und Artikulation	0-10
mit erheblicher Beeinträchtigung der Kaufunktion und Artikulation	20-50
Verlust eines Teiles des Oberkiefers	
ohne wesentliche kosmetische und funktionelle Beeinträchtigung	0-10
mit entstellender Wirkung, wesentlicher Beeinträchtigung der Nasen- und Nebenhöhlen (Borkenbildung, ständige Sekretion)	20-40
7.4 Umfassender Zahnverlust	
über 1/2 Jahr hinaus prothetisch nur unzureichend zu versorgen	10-20
Verlust erheblicher Teile des Alveolarfortsatzes mit wesentlicher, prothetisch nicht voll ausgleichbarer Funktionsbehinderung	20
7.5 Ausgedehnter Defekt des Gaumens mit gut sitzender Defektprothese	30
Verlust des Gaumens ohne Korrekturmöglichkeit durch geeignete Prothese (Störung der Nahrungsaufnahme)	50
7.6 Lippen-, Kiefer-, Gaumen- und Segelspalten bei Kindern, bis zum Abschluss der Behandlung	
Isolierte voll ausgebildete Lippenspalte (ein- oder beidseitig)	
bis zum Abschluss der Behandlung (in der Regel ein Jahr nach der Operation) je nach Trinkstörung, Beeinträchtigung der mimischen Muskulatur und Störung der Lautbildung	30-50
Lippen-Kieferspalte	
bis zum Abschluss der Erstbehandlung (in der Regel ein Jahr nach der Operation)	60-70
bis zum Verschluss der Kieferspalte	50
Lippen-Kiefer-Gaumenspalte	
bis zum Abschluss der Erstbehandlung (in der Regel ein Jahr nach der Operation) unter Mitberücksichtigung der regelhaft damit verbundenen Hörstörung (Tubenfehlbelüftung) und der Störung der Nasenatmung	100
bis zum Verschluss der Kieferspalte	50
Komplette Gaumen- und Segelspalte ohne Kieferspalte	

wegen der bis zum Abschluss der Erstbehandlung (in der Regel ein Jahr nach der Operation) bestehenden mit der Lippen-Kiefer-Gaumenspalte vergleichbaren Auswirkungen 100

Isolierte Segelspalte, submuköse Gaumenspalte bis zum Abschluss der Behandlung je nach Ausmaß der Artikulationsstörung 0-30

Ausgeprägte Hörstörungen sind ggf. zusätzlich zu berücksichtigen.

Nach Abschluss der Behandlung richtet sich der GdS immer nach der verbliebenen Gesundheitsstörung.

7.7 Schluckstörungen

ohne wesentliche Behinderung der Nahrungsaufnahme je nach Beschwerden 0-10

mit erheblicher Behinderung der Nahrungsaufnahme je nach Auswirkung (Einschränkung der Kostform, verlängerte Essdauer) 20-40

mit häufiger Aspiration und erheblicher Beeinträchtigung des Kräfte- und Ernährungszustandes 50-70

7.8 Verlust des Kehlkopfes

bei guter Ersatzstimme und ohne Begleiterscheinungen, unter Mitberücksichtigung der Beeinträchtigung der körperlichen Leistungsfähigkeit (fehlende Bauchpresse) 70

in allen anderen Fällen 80

Anhaltende schwere Bronchitiden und Beeinträchtigungen durch Nervenlähmungen im Hals- und Schulterbereich sind zusätzlich zu berücksichtigen.

Bei Verlust des Kehlkopfes wegen eines malignen Tumors ist in den ersten fünf Jahren eine Heilungsbewährung abzuwarten;

GdB bzw. GdS während dieser Zeit 100

Teilverlust des Kehlkopfes

je nach Sprechfähigkeit und Beeinträchtigung der körperlichen Leistungsfähigkeit 20-50

Bei Teilverlust des Kehlkopfes wegen eines malignen Tumors ist in den ersten fünf Jahren eine Heilungsbewährung abzuwarten;

GdS während dieser Zeit

bei Geschwulstentfernung im Frühstadium (T1 N0 M0) 50-60

sonst 80

7.9 Tracheostoma	
reizlos oder mit geringen Reizerscheinungen (Tracheitis, Bronchitis), gute Sprechstimme	40
mit erheblichen Reizerscheinungen und/oder erheblicher Beeinträchtigung der Sprechstimme bis zum Verlust der Sprechfähigkeit (z. B. bei schweren Kehlkopfveränderungen)	50-80
Einschränkungen der Atemfunktion sind ggf. zusätzlich zu berücksichtigen.	
Trachealstenose ohne Tracheostoma	
Der GdS ist je nach Atembehinderung analog der dauernden Einschränkung der Lungenfunktion zu beurteilen.	
7.10 Funktionelle und organische Stimmstörungen (z. B. Stimmbandlähmung)	
mit geringer belastungsabhängiger Heiserkeit	0-10
mit dauernder Heiserkeit	20-30
nur Flüsterstimme	40
mit völliger Stimmlosigkeit	50
Atembehinderungen sind ggf. zusätzlich zu bewerten analog der dauernden Einschränkung der Lungenfunktion.	
7.11 Artikulationsstörungen	
durch Lähmungen oder Veränderungen in Mundhöhle oder Rachen	
mit verständlicher Sprache	10
mit schwer verständlicher Sprache	20-40
mit unverständlicher Sprache	50
Stottern	
leicht	0-10
mittelgradig, situationsunabhängig	20
schwer, auffällige Mitbewegungen	30-40
mit unverständlicher Sprache	50
Außergewöhnliche psychoreaktive Störungen einschließlich somatoformer Störungen sind ggf. zusätzlich zu berücksichtigen	

8. Brustkorb, tiefere Atemwege und Lungen

Bei chronischen Krankheiten der Bronchien und des Lungenparenchyms sowie bei Brustfellschwarten richtet sich der GdS vor allem nach der klinischen Symptomatik mit ihren Auswirkungen auf den Allgemeinzustand. Außerdem sind die Einschränkung der Lungenfunktion, die Folgeerscheinungen an anderen Organsystemen (z. B. Cor pulmonale) und bei allergisch bedingten Krankheiten auch die Vermeidbarkeit der Allergene zu berücksichtigen.

8.1 Brüche und Defekte der Knochen des Brustkorbs (Rippen, Brustbein, Schlüsselbein)	
ohne Funktionsstörungen verheilt, je nach Ausdehnung des Defektes	0-10
Rippendefekte mit Brustfellschwarten	
ohne wesentliche Funktionsstörung	0-10
bei sehr ausgedehnten Defekten einschließlich entstellender Wirkung	20
Brustfellverwachsungen und -schwarten	
ohne wesentliche Funktionsstörung	0-10
Fremdkörper im Lungengewebe oder in der Brustkorbwand	
reaktionslos eingeheilt	0
8.2 Chronische Bronchitis, Bronchiektasen	
als eigenständige Krankheiten – ohne dauernde Einschränkung der Lungenfunktion, leichte Form (symptomfreie Intervalle über mehrere Monate, wenig Husten, geringer Auswurf)	0-10
schwere Form (fast kontinuierlich ausgiebiger Husten und Auswurf, häufige akute Schübe)	20-30
Pneumokoniosen (z. B. Silikose, Asbestose)	
ohne wesentliche Einschränkung der Lungenfunktion	0-10
8.3 Krankheiten der Atmungsorgane mit dauernder Einschränkung der Lungenfunktion	
geringen Grades	
das gewöhnliche Maß übersteigende Atemnot bei mittelschwerer Belastung (z. B. forsches Gehen [5-6 km/h], mittelschwere körperliche Arbeit); statische und dynamische Messwerte der Lungenfunktionsprüfung bis zu 1/3 niedriger als die Sollwerte, Blutgaswerte im Normbereich	20-40
mittleren Grades	

das gewöhnliche Maß übersteigende Atemnot bereits bei alltäglicher leichter Belastung (z. B. Spazierengehen [3-4 km/h], Treppensteigen bis zu einem Stockwerk, leichte körperliche Arbeit); statische und dynamische Messwerte der Lungenfunktionsprüfung bis zu 2/3 niedriger als die Sollwerte,
respiratorische Partialinsuffizienz 50-70
schweren Grades
Atemnot bereits bei leichtester Belastung oder in Ruhe; statische und dynamische Messwerte der Lungenfunktionsprüfung um mehr als 2/3 niedriger als die Sollwerte,
respiratorische Globalinsuffizienz
80-100

8.4 Nach einer Lungentransplantation ist eine Heilungsbewährung abzuwarten (im Allgemeinen zwei Jahre); während dieser Zeit ist ein GdS von 100 anzusetzen. Danach ist der GdS selbst bei günstigem Heilungsverlauf unter Mitberücksichtigung der erforderlichen Immunsuppression nicht niedriger als 70 zu bewerten.
Nach Entfernung eines malignen Lungentumors oder eines Bronchialtumors ist in den ersten fünf Jahren eine Heilungsbewährung abzuwarten.
GdS während dieser Zeit wenigstens 80
bei Einschränkung der Lungenfunktion
mittleren bis schweren Grades
90-100

8.5 Bronchialasthma ohne dauernde Einschränkung der Lungenfunktion,
Hyperreagibilität mit seltenen (saisonalen) und/oder leichten Anfällen 0-20
Hyperreagibilität mit häufigen (mehrmals pro Monat) und/oder schweren Anfällen 30-40
Hyperreagibilität mit Serien schwerer Anfälle 50
Eine dauernde Einschränkung der Lungenfunktion ist zusätzlich zu berücksichtigen.

8.6 Bronchialasthma bei Kindern
geringen Grades
(Hyperreagibilität mit seltenen (saisonalen) und/oder leichten Anfällen, keine dauernde Einschränkung der Atemfunktion, nicht mehr als sechs Wochen Bronchitis im Jahr) 20-40
mittleren Grades

(Hyperreagibilität mit häufigeren und/oder schweren Anfällen, leichte bis mittelgradige ständige Einschränkung der Atemfunktion, etwa 2 bis 3 Monate kontinuierliche Bronchitis im Jahr)	50-70
schweren Grades (Hyperreagibilität mit Serien schwerer Anfälle, schwere Beeinträchtigung der Atemfunktion, mehr als 3 Monate kontinuierliche Bronchitis im Jahr)	80-100

8.7 Schlaf-Apnoe-Syndrom (Nachweis durch Untersuchung im Schlaflabor)

ohne Notwendigkeit einer kontinuierlichen nasalen Überdruckbeatmung	0-10
mit Notwendigkeit einer kontinuierlichen nasalen Überdruckbeatmung	20
bei nicht durchführbarer nasaler Überdruckbeatmung	50

Folgeerscheinungen oder Komplikationen (z. B. Herzrhythmusstörungen, Hypertonie, Cor pulmonale) sind zusätzlich zu berücksichtigen.

8.8 Tuberkulose

Tuberkulöse Pleuritis

Der GdS richtet sich nach den Folgeerscheinungen.

Lungentuberkulose

ansteckungsfähig (mehr als 6 Monate andauernd)	100
nicht ansteckungsfähig	
ohne Einschränkung der Lungenfunktion	0
sonst je nach Einschränkung der Lungenfunktion.	

8.9 Sarkoidose

Der GdS richtet sich nach der Aktivität mit ihren Auswirkungen auf den Allgemeinzustand und nach den Auswirkungen an den verschiedenen Organen.

Bei chronischem Verlauf mit klinischen Aktivitätszeichen und Auswirkungen auf den Allgemeinzustand ist ohne Funktionseinschränkung von betroffenen Organen ein GdS von 30 anzunehmen.

9. Herz und Kreislauf

Für die Bemessung des GdS ist weniger die Art einer Herz- oder Kreislaufkrankheit maßgeblich als die Leistungseinbuße. Bei der Beurteilung des GdS ist zunächst von dem klinischen Bild und von den Funktionseinschränkungen im Alltag auszugehen. Ergometerdaten und andere Parameter stellen Richtwerte dar, die das klinische Bild ergänzen. Elektrokardiographische Abweichungen allein gestatten keinen Rückschluss auf die Leistungseinbuße.

9.1 Krankheiten des Herzens

9.1.1 Einschränkung der Herzleistung:

1. keine wesentliche Leistungsbeeinträchtigung (keine Insuffizienzerscheinungen wie Atemnot, anginöse Schmerzen) selbst bei gewohnter stärkerer Belastung (z. B. sehr schnelles Gehen [7-8 km/h], schwere körperliche Arbeit), keine Einschränkung der Solleistung bei Ergometerbelastung; bei Kindern und Säuglingen (je nach Alter) beim Strampeln, Krabbeln, Laufen, Treppensteigen keine wesentliche Leistungsbeeinträchtigung, keine Tachypnoe, kein Schwitzen	0-10
2. Leistungsbeeinträchtigung bei mittelschwerer Belastung (z. B. forsches Gehen [5-6 km/h], mittelschwere körperliche Arbeit), Beschwerden und Auftreten pathologischer Messdaten bei Ergometerbelastung mit 75 Watt (wenigstens 2 Minuten); bei Kindern und Säuglingen Trinkschwierigkeiten, leichtes Schwitzen, leichte Tachy- und Dyspnoe, leichte Zyanose, keine Stauungsorgane, Beschwerden und Auftreten pathologischer Messdaten bei Ergometerbelastung mit 1 Watt/kg Körpergewicht	20-40
3. Leistungsbeeinträchtigung bereits bei alltäglicher leichter Belastung (z. B. Spazierengehen [3-4 km/h], Treppensteigen bis zu einem Stockwerk, leichte körperliche Arbeit), Beschwerden und Auftreten pathologischer Messdaten bei Ergometerbelastung mit 50 Watt (wenigstens 2 Minuten); bei Kindern und Säuglingen deutliche Trinkschwierigkeiten, deutliches Schwitzen, deutliche Tachy- und Dyspnoe, deutliche Zyanose, rezidivierende pulmonale Infekte, kardial bedingte Gedeihstörungen, Beschwerden und Auftreten pathologischer Messdaten bei Ergometerbelastung mit 0,75 Watt/kg Körpergewicht	50-70
mit gelegentlich auftretenden, vorübergehend schweren Dekompensationserscheinungen	80
4. Leistungsbeeinträchtigung bereits in Ruhe (Ruheinsuffizienz, z. B. auch bei fixierter pulmonaler Hypertonie); bei Kindern und Säuglingen auch hypoxämische Anfälle, deutliche Stauungsorgane, kardiale Dystrophie	90-100

(Die für Erwachsene angegebenen Wattzahlen sind auf mittleres Lebensalter und Belastung im Sitzen bezogen.)
Liegen weitere objektive Parameter zur Leistungsbeurteilung vor, sind diese entsprechend zu berücksichtigen. Notwendige körperliche Leistungsbeschränkungen (z. B. bei höhergradiger Aortenklappenstenose, hypertrophischer obstruktiver Kardiomyopathie) sind wie Leistungsbeeinträchtigungen zu bewerten.

9.1.2 Nach operativen und anderen therapeutischen Eingriffen am Herzen ist der GdS von der bleibenden Leistungsbeeinträchtigung abhängig. Bei Herzklappenprothesen ist der GdS nicht niedriger als 30 zu bewerten; dieser Wert schließt eine Dauerbehandlung mit Antikoagulantien ein.

9.1.3 Nach einem Herzinfarkt ist der GdS von der bleibenden Leistungsbeeinträchtigung abhängig.

9.1.4 Nach Herztransplantation ist eine Heilungsbewährung abzuwarten (im Allgemeinen zwei Jahre); während dieser Zeit ist ein GdS von 100 anzusetzen. Danach ist der GdS selbst bei günstigem Heilungsverlauf unter Berücksichtigung der erforderlichen Immunsuppression nicht niedriger als 70 zu bewerten.

9.1.5 Fremdkörper im Herzmuskel oder Herzbeutel

reaktionslos eingeheilt	0
mit Beeinträchtigung der Herzleistung	siehe oben

9.1.6 Rhythmusstörungen
Die Beurteilung des GdS richtet sich vor allem nach der Leistungsbeeinträchtigung des Herzens.
Anfallsweise auftretende hämodynamisch relevante Rhythmusstörungen (z. B. paroxysmale Tachykardien) je nach Häufigkeit, Dauer und subjektiver Beeinträchtigung

bei fehlender andauernder Leistungsbeeinträchtigung des Herzens	10-30
bei bestehender andauernder Leistungsbeeinträchtigung des Herzens sind sie entsprechend zusätzlich zu bewerten.	
nach Implantation eines Herzschrittmachers	10
nach Implantation eines Kardioverter-Defibrillators	wenigstens 50
bei ventrikulären tachykarden Rhythmusstörungen im Kindesalter ohne Implantation eines Kardioverter-Defibrillators	wenigstens 60

9.2 Gefäßkrankheiten

9.2.1 Arterielle Verschlusskrankheiten, Arterienverschlüsse an den Beinen (auch nach rekanalisierenden Maßnahmen)

mit ausreichender Restdurchblutung, Pulsausfall ohne Beschwerden oder mit geringen Beschwerden (Missempfindungen in Wade und Fuß bei raschem Gehen) ein- oder beidseitig	0-10
mit eingeschränkter Restdurchblutung (Claudicatio intermittens) Stadium II	
Schmerzen ein- oder beidseitig nach Gehen einer Wegstrecke in der Ebene von mehr als 500 m	20
Schmerzen ein- oder beidseitig nach Gehen einer Wegstrecke in der Ebene von 100 bis 500 m	30-40
Schmerzen ein- oder beidseitig nach Gehen einer Wegstrecke in der Ebene von 50 bis 100 m	50-60
Schmerzen ein- oder beidseitig nach Gehen einer Wegstrecke in der Ebene von weniger als 50 m ohne Ruheschmerz	70-80
Schmerzen nach Gehen einer Wegstrecke unter 50 m mit Ruheschmerz (Stadium III) einschließlich trophischer Störungen (Stadium IV)	
einseitig	80
beidseitig	90-100

Apparative Messmethoden (z. B. Dopplerdruck) können nur eine allgemeine Orientierung über den Schweregrad abgeben.

Bei Arterienverschlüssen an den Armen wird der GdS ebenfalls durch das Ausmaß der Beschwerden und Funktionseinschränkungen – im Vergleich mit anderen Schäden an den Armen – bestimmt.

9.2.2 Nach größeren gefäßchirurgischen Eingriffen (z. B. Prothesenimplantation) mit vollständiger Kompensation einschließlich

Dauerbehandlung mit Antikoagulantien	20
Arteriovenöse Fisteln	
Der GdS richtet sich nach den hämodynamischen Auswirkungen am Herzen und/oder in der Peripherie.	
Aneurysmen (je nach Sitz und Größe)	
ohne lokale Funktionsstörung und ohne Einschränkung der Belastbarkeit	0-10
ohne oder mit nur geringer lokaler Funktionsstörung mit Einschränkung der Belastbarkeit	20-40
große Aneurysmen	wenigstens 50

Hierzu gehören immer die dissezierenden Aneurysmen der Aorta und die großen Aneurysmen der Aorta abdominalis und der großen Beckenarterien.

9.2.3 Unkomplizierte Krampfadern	0
Chronisch-venöse Insuffizienz (z. B. bei Krampfadern), postthrombotisches Syndrom ein- oder beidseitig	
mit geringem belastungsabhängigem Ödem, nicht ulzerösen Hautveränderungen, ohne wesentliche Stauungsbeschwerden	0-10
mit erheblicher Ödembildung, häufig (mehrmals im Jahr) rezidivierenden Entzündungen	20-30
mit chronischen rezidivierenden Geschwüren, je nach Ausdehnung und Häufigkeit (einschließlich arthrogenes Stauungssyndrom)	30-50
Lymphödem	
an einer Gliedmaße	
ohne wesentliche Funktionsbehinderung, Erfordernis einer Kompressionsbandage	0-10
mit stärkerer Umfangsvermehrung (mehr als 3 cm) je nach Funktionseinschränkung	20-40
mit erheblicher Beeinträchtigung der Gebrauchsfähigkeit der betroffenen Gliedmaße, je nach Ausmaß	50-70
bei Gebrauchsunfähigkeit der ganzen Gliedmaße	80

Entstellungen bei sehr ausgeprägten Formen sind ggf. zusätzlich zu berücksichtigen.

9.3 Hypertonie (Bluthochdruck)	
leichte Form	
keine oder geringe Leistungsbeeinträchtigung (höchstens leichte Augenhintergrundveränderungen)	0-10
mittelschwere Form	
mit Organbeteiligung leichten bis mittleren Grades (Augenhintergrundveränderungen – Fundus hypertonicus I-II – und/oder Linkshypertrophie des Herzens und/oder Proteinurie), diastolischer Blutdruck mehrfach über 100 mm Hg trotz Behandlung, je nach Leistungsbeeinträchtigung	20-40
schwere Form	
mit Beteiligung mehrerer Organe (schwere Augenhintergrundveränderungen und Beeinträchtigung der Herzfunktion, der Nierenfunktion und/oder der Hirndurchblutung) je nach Art und Ausmaß der Leistungsbeeinträchtigung	50-100
maligne Form	

diastolischer Blutdruck konstant über 130 mm Hg; Fundus hypertonicus III-IV (Papillenödem, Venenstauung, Exsudate, Blutungen, schwerste arterielle Gefäßveränderungen); unter Einschluss der Organbeteiligung (Herz, Nieren, Gehirn)	100
Funktionelle kardiovaskuläre Syndrome, (z. B. orthostatische Fehlregulation)	
mit leichten Beschwerden	0
mit stärkeren Beschwerden und Kollapsneigung	10-20

10. Verdauungsorgane

10.1 Speiseröhrenkrankheiten

Traktionsdivertikel je nach Größe und Beschwerden	0-10
Pulsionsdivertikel	
ohne wesentliche Behinderung der Nahrungsaufnahme je nach Größe und Beschwerden	0-10
mit erheblicher Behinderung der Nahrungsaufnahme je nach Auswirkung auf den Allgemeinzustand	20-40
Funktionelle Stenosen der Speiseröhre (Ösophagospasmus, Achalasie)	
ohne wesentliche Behinderung der Nahrungsaufnahme	0-10
mit deutlicher Behinderung der Nahrungsaufnahme	20-40
mit erheblicher Beeinträchtigung des Kräfte- und Ernährungszustandes, häufige Aspiration	50-70
Auswirkungen auf Nachbarorgane (z. B. durch Aspiration) sind zusätzlich zu bewerten.	
Organische Stenose der Speiseröhre (z. B. angeboren, nach Laugenverätzung, Narbenstenose, peptische Striktur)	
ohne wesentliche Behinderung der Nahrungsaufnahme je nach Größe und Beschwerden	0-10
mit deutlicher Behinderung der Nahrungsaufnahme je nach Auswirkung (Einschränkung der Kostform, verlängerte Essdauer)	20-40
mit erheblicher Beeinträchtigung des Kräfte- und Ernährungszustandes	50-70
Refluxkrankheit der Speiseröhre	
mit anhaltenden Refluxbeschwerden je nach Ausmaß	10-30
Auswirkungen auf Nachbarorgane sind zusätzlich zu bewerten.	
Nach Entfernung eines malignen Speiseröhrentumors ist in den ersten fünf Jahren eine Heilungsbewährung abzuwarten. GdS während dieser Zeit	
je nach Beeinträchtigung des Kräfte- und Ernährungszustandes	80-100
Speiseröhrenersatz	

Der GdS ist nach den Auswirkungen (z. B. Schluckstörungen, Reflux, Narben) jedoch nicht unter 20 zu bewerten.

10.2 Magen- und Darmkrankheiten
Bei organischen und funktionellen Krankheiten des Magen-Darmkanals ist der GdS nach dem Grad der Beeinträchtigung des Allgemeinzustandes, der Schwere der Organstörung und nach der Notwendigkeit besonderer Diätkost zu beurteilen. Bei allergisch bedingten Krankheiten ist auch die Vermeidbarkeit der Allergene von Bedeutung.

10.2.1 Magen- oder Zwölffingerdarmgeschwürsleiden (chronisch rezidivierende Geschwüre, Intervallbeschwerden)

mit Rezidiven in Abständen von zwei bis drei Jahren	0-10
mit häufigeren Rezidiven und Beeinträchtigung des Ernährungs- und Kräftezustandes	20-30
mit erheblichen Komplikationen (z. B. Magenausgangsstenose) und andauernder erheblicher Minderung des Ernährungs- und Kräftezustandes	40-50

Nach einer selektiven proximalen Vagotomie kommt ein GdS nur in Betracht, wenn postoperative Darmstörungen oder noch Auswirkungen des Grundleidens vorliegen.

Chronische Gastritis (histologisch gesicherte Veränderung der Magenschleimhaut)	0-10
Reizmagen (funktionelle Dyspepsie)	0-10
Teilentfernung des Magens, Gastroenterostomie	
mit guter Funktion, je nach Beschwerden	0-10
mit anhaltenden Beschwerden (z. B. Dumping-Syndrom, rezidivierendes Ulcus jejuni pepticum)	20-40
Totalentfernung des Magens	
ohne Beeinträchtigung des Kräfte- und Ernährungszustandes je nach Beschwerden	20-30
bei Beeinträchtigung des Kräfte- und Ernährungszustandes und/oder Komplikationen (z. B. Dumping-Syndrom)	40-50

Nach Entfernung eines malignen Magentumors ist eine Heilungsbewährung abzuwarten.

GdS während einer Heilungsbewährung von zwei Jahren nach Entfernung eines Magenfrühkarzinoms	50
GdS während einer Heilungsbewährung von fünf Jahren nach Entfernung aller anderen malignen Magentumoren je nach Stadium und Auswirkung auf den Allgemeinzustand	80-100

10.2.2 Chronische Darmstörungen (irritabler Darm, Divertikulose, Divertikulitis, Darmteilresektion)	
ohne wesentliche Beschwerden und Auswirkungen	0-10
mit stärkeren und häufig rezidivierenden oder anhaltenden Symptomen (z. B. Durchfälle, Spasmen)	20-30
mit erheblicher Minderung des Kräfte- und Ernährungszustandes	40-50
Angeborene Motilitätsstörungen des Darmes (z. B. Hirschsprung-Krankheit, neuronale Dysplasie)	
ohne wesentliche Gedeih- und Entwicklungsstörung	10-20
mit geringer Gedeih- und Entwicklungsstörung	30-40
mit mittelgradiger Gedeih- und Entwicklungsstörung	50
mit schwerer Gedeih- und Entwicklungsstörung	60-70
Kurzdarmsyndrom im Kindesalter	
mit mittelschwerer Gedeih- und Entwicklungsstörung	50-60
mit schwerer Gedeih- und Entwicklungsstörung (z. B. Notwendigkeit künstlicher Ernährung)	70-100
Colitis ulcerosa, Crohn-Krankheit (Enteritis regionalis)	
mit geringer Auswirkung (geringe Beschwerden, keine oder geringe Beeinträchtigung des Kräfte- und Ernährungszustandes, selten Durchfälle)	10-20
mit mittelschwerer Auswirkung (häufig rezidivierende oder länger anhaltende Beschwerden, geringe bis mittelschwere Beeinträchtigung des Kräfte- und Ernährungszustandes, häufiger Durchfälle)	30-40
mit schwerer Auswirkung (anhaltende oder häufig rezidivierende erhebliche Beschwerden, erhebliche Beeinträchtigung des Kräfte- und Ernährungszustandes, häufige, tägliche, auch nächtliche Durchfälle)	50-60
mit schwerster Auswirkung (häufig rezidivierende oder anhaltende schwere Beschwerden, schwere Beeinträchtigung des Kräfte- und Ernährungszustandes, ausgeprägte Anämie)	70-80
Fisteln, Stenosen, postoperative Folgezustände (z. B. Kurzdarmsyndrom, Stomakomplikationen), extraintestinale Manifestationen (z. B. Arthritiden), bei Kindern auch Wachstums- und Entwicklungsstörungen, sind zusätzlich zu bewerten.	
Zöliakie, Sprue	
ohne wesentliche Folgeerscheinungen unter diätetischer Therapie	20
bei andauerndem, ungenügendem Ansprechen auf glutenfreie Kost (selten) sind – je nach Beeinträchtigung des Kräfte- und Ernährungszustands – höhere Werte angemessen.	

Nach Entfernung maligner Darmtumoren ist eine Heilungsbewährung abzuwarten.

GdS während einer Heilungsbewährung von zwei Jahren	
nach Entfernung eines malignen Darmtumors im Stadium (T1 bis T2) N0 M0 oder von lokalisierten Darmkarzinoiden	50
mit künstlichem After (nicht nur vorübergehend angelegt)	70-80
GdS während einer Heilungsbewährung von fünf Jahren	
nach Entfernung anderer maligner Darmtumoren	wenigstens 80
mit künstlichem After (nicht nur vorübergehend angelegt)	100

10.2.3 Bauchfellverwachsungen	
ohne wesentliche Auswirkung	0-10
mit erheblichen Passagestörungen	20-30
mit häufiger rezidivierenden Ileuserscheinungen	40-50

10.2.4 Hämorrhoiden	
ohne erhebliche Beschwerden, geringe Blutungsneigung	0-10
mit häufigen rezidivierenden Entzündungen, Thrombosierungen oder stärkeren Blutungen	20
Mastdarmvorfall	
klein, reponierbar	0-10
sonst	20-40
Afterschließmuskelschwäche	
mit seltenem, nur unter besonderen Belastungen auftretendem, unwillkürlichem Stuhlabgang	10
sonst	20-40
Funktionsverlust des Afterschließmuskels	wenigstens 50
Fistel in der Umgebung des Afters	
geringe, nicht ständige Sekretion	10
sonst	20-30
Künstlicher After	
mit guter Versorgungsmöglichkeit	50
sonst (z. B. bei Bauchwandhernie, Stenose, Retraktion, Prolaps, Narben, ungünstige Position)	60-80

Bei ausgedehntem Mastdarmvorfall, künstlichem After oder stark sezernierenden Kotfisteln, die zu starker Verschmutzung führen, sind ggf. außergewöhnliche seelische Begleiterscheinungen zusätzlich zu berücksichtigen.

10.3 Krankheiten der Leber, Gallenwege und Bauchspeicheldrüse
Der GdS für Krankheiten der Leber, der Gallenwege und der Bauchspeicheldrüse wird bestimmt durch die Art und Schwere der Organveränderungen sowie der Funktionseinbußen, durch das Ausmaß der Beschwerden, die Beeinträchtigung des Allgemeinzustandes und die Notwendigkeit einer besonderen Kostform. Der serologische Nachweis von Antikörpern als Nachweis einer durchgemachten Infektion (Seronarbe) rechtfertigt allein noch keinen GdS.

10.3.1 Chronische Hepatitis
Unter dem Begriff „chronische Hepatitis" werden alle chronischen Verlaufsformen von Hepatitiden zusammengefasst (früher: „chronische Hepatitis ohne Progression" <chronisch-persistierende Hepatitis> und „chronische Hepatitis mit Progression" <chronisch aktive Hepatitis> Dazu gehören insbesondere die Virus-, die Autoimmun-, die Arzneimittel- und die kryptogene Hepatitis.
Die gutachtliche Beurteilung einer chronischen Hepatitis beruht auf dem klinischen Befund einschließlich funktionsrelevanter Laborparameter, auf der Ätiologie sowie auf dem histopathologischen Nachweis des Grades der nekroinflammatorischen Aktivität (Grading) und des Stadiums der Fibrose (Staging). Zusätzlich sind engmaschige Verlaufskontrollen und die Beachtung der Differentialdiagnose erforderlich. Dies gilt auch für geltend gemachte Verschlimmerungen im Leidensverlauf. Der GdS und die Leidensbezeichnung ergeben sich aus der nachfolgenden Tabelle, wobei bereits übliche Befindlichkeitsstörungen – nicht aber extrahepatische Manifestationen – berücksichtigt sind.

Chronische Hepatitis	
ohne (klinisch-) entzündliche Aktivität	20
ehemals: chronische Hepatitis ohne Progression	
mit geringer (klinisch-) entzündlicher Aktivität	30
ehemals: chronische Hepatitis mit Progression, gering entzündliche Aktivität	
mit mäßiger (klinisch-) entzündlicher Aktivität	40
ehemals: chronische Hepatitis mit Progression, mäßig entzündliche Aktivität	
mit starker (klinisch-) entzündlicher Aktivität	
ehemals: chronische Hepatitis mit Progression, stark entzündliche Aktivität	
je nach Funktionsstörung	50-70
Alleinige Virus-Replikation („gesunder Virusträger")	10

bei Hepatitis-C-Virus nur nach histologischem Ausschluss einer Hepatitis.

Bei Vorliegen eines histologischen Befundes gelten für die Virus-Hepatitiden folgende Besonderheiten:

Die histopathologische Bewertung der chronischen Virushepatitis umfasst die nekroinflammatorische Aktivität (Grading) und den Grad der Fibrose (Staging). Der GdS ergibt sich aus folgender Tabelle, wobei die genannten GdS-Werte die üblichen klinischen Auswirkungen mit umfassen.

nekro-inflammatorische Aktivität	Fibrose		
	null – gering	mäßig	stark
gering	20	20	30
mäßig	30	40	40
stark	50	60	70

Anmerkung:

Die Auswertung des histologischen Befundes soll sich an dem modifizierten histologischen Aktivitätsindex (HAI) ausrichten. Eine geringe nekro-inflammatorische Aktivität entspricht einer Punktzahl von 1 bis 5, eine mäßige nekro-inflammatorische Aktivität einer Punktzahl von 6 bis 10 und eine starke nekro-inflammatorische Aktivität einer Punktzahl von 11 bis 18. Eine fehlende bzw. geringe Fibrose entspricht einer Punktzahl 0 bis 2, eine mäßige Fibrose der Punktzahl 3 und eine starke Fibrose einer Punktzahl von 4 bis 5.

Für die Virushepatitis C gelten bei fehlender Histologie im Hinblick auf die chemischen Laborparameter folgende Besonderheiten:

ALAT-/GPT-Werte im Referenzbereich entsprechen bei nachgewiesener Hepatitis-C-Virus-Replikation einer chronischen Hepatitis ohne (klinisch-) entzündliche Aktivität.

ALAT-/GPT-Werte bis zum 3-fachen der oberen Grenze des Referenzbereichs entsprechen einer geringen (klinisch-) entzündlichen Aktivität

ALAT-/GPT-Werte vom 3-fachen bis zum 6-fachen der oberen Grenze des Referenzbereichs entsprechen einer mäßigen (klinisch-) entzündlichen Aktivität

ALAT-/GPT-Werte von mehr als dem 6-fachen der oberen Grenze des Referenzbereichs entsprechen einer starken (klinisch-) entzündlichen Aktivität

Diese Bewertungen sind nur zulässig, wenn sie sich in das klinische Gesamtbild des bisherigen Verlaufs einfügen.

10.3.2 Fibrose der Leber ohne Komplikationen	0-10
Leberzirrhose	
kompensiert	
inaktiv	30
gering aktiv	40
stärker aktiv	50
dekompensiert (Aszites, portale Stauung, hepatische Enzephalopathie)	60-100

10.3.3 Fettleber (auch nutritiv-toxisch) ohne Mesenchymreaktion	0-10

Toxischer Leberschaden

Der GdS ist je nach Aktivität und Verlauf analog zur chronischen Hepatitis oder Leberzirrhose zu beurteilen.

Zirkulatorische Störungen der Leber (z. B. Pfortaderthrombose)

Der GdS ist analog zur dekompensierten Leberzirrhose zu beurteilen.

Nach Leberteilresektion ist der GdS allein davon abhängig, ob und wieweit Funktionsbeeinträchtigungen verblieben sind.

10.3.4 Nach Entfernung eines malignen primären Lebertumors ist in den ersten fünf Jahren eine Heilungsbewährung abzuwarten; GdS während dieser Zeit 100

Nach Lebertransplantation ist eine Heilungsbewährung abzuwarten (im Allgemeinen zwei Jahre); GdS während dieser Zeit 100. Danach selbst bei günstigem Heilungsverlauf unter Berücksichtigung der erforderlichen Immunsuppression wenigstens 60

10.3.5 Primäre biliäre Zirrhose, primäre sklerosierende Cholangitis

GdS ist je nach Aktivität und Verlauf analog zur chronischen Hepatitis oder Leberzirrhose zu beurteilen.

Gallenblasen- und Gallenwegskrankheiten (Steinleiden, chronisch rezidivierende Entzündungen)	
mit Koliken in Abständen von mehreren Monaten, Entzündungen in Abständen von Jahren	0-10
mit häufigeren Koliken und Entzündungen sowie mit Intervallbeschwerden	20-30
mit langanhaltenden Entzündungen oder mit Komplikationen	40-50

Angeborene intra- und extrahepatische Transportstörungen der Galle (z. B. intra-, extrahepatische Gallengangsatresie), metabolische Defekte (z. B. Meulengracht-Krankheit)

ohne Funktionsstörungen, ohne Beschwerden	0-10
mit Beschwerden (Koliken, Fettunverträglichkeit, Juckreiz),	
ohne Leberzirrhose	20-40
mit Leberzirrhose	50
mit dekompensierter Leberzirrhose	60-100
Folgezustände sind zusätzlich zu bewerten.	
Verlust der Gallenblase ohne wesentliche Störungen	0
bei fortbestehenden Beschwerden wie bei Gallenwegskrankheiten	
Nach Entfernung eines malignen Gallenblasen-, Gallenwegs- oder Papillentumors ist in den ersten fünf Jahren eine Heilungsbewährung abzuwarten; GdS während dieser Zeit	
bei Gallenblasen- und Gallenwegstumor	100
bei Papillentumor	80

10.3.6 Chronische Krankheit der Bauchspeicheldrüse (exkretorische Funktion) je nach Auswirkung auf den Allgemeinzustand, Häufigkeit und Ausmaß der Schmerzen

ohne wesentlichen Beschwerden, keine Beeinträchtigung des Kräfte- und Ernährungszustandes	0-10
geringe bis erhebliche Beschwerden, geringe bis mäßige Beeinträchtigung des Kräfte- und Ernährungszustandes	20-40
starke Beschwerden, Fettstühle, deutliche bis ausgeprägte Herabsetzung des Kräfte- und Ernährungszustandes	50-80

Nach teilweiser oder vollständiger Entfernung der Bauchspeicheldrüse sind ggf. weitere Funktionsbeeinträchtigungen (z. B. bei Diabetes mellitus, Osteopathie, oder infolge chronischer Entzündungen der Gallenwege, Magenteilentfernung und Milzverlust) zusätzlich zu berücksichtigen.
Nach Entfernung eines malignen Bauchspeicheldrüsentumors ist in den ersten fünf Jahren eine Heilungsbewährung abzuwarten; GdS während dieser Zeit 100.

11. Brüche (Hernien)

11.1 Leisten- oder Schenkelbruch je nach Größe und Reponierbarkeit

ein- oder beidseitig	0-10
bei erheblicher Einschränkung der Belastungsfähigkeit	20

11.2 Nabelbruch oder Bruch in der weißen Linie	0-10
Bauchnarbenbruch, angeborene Bauchwandbrüche und -defekte	

ohne wesentliche Beeinträchtigung, je nach Größe	0-10
mit ausgedehnter Bauchwandschwäche und fehlender oder stark eingeschränkter Bauchpresse	20
mit Beeinträchtigung der Bauchorgane bei Passagestörungen ohne erhebliche Komplikationen	20-30
bei häufigen rezidivierenden Ileuserscheinungen	40-50

Bei schweren angeborenen Bauchwanddefekten mit entspechender Beeinträchtigung der Bauch- und Brustorgane kommt auch ein höherer GdS in Betracht.

11.3 Zwerchfellbrüche (einschl. Zwerchfellrelaxation)

Speiseröhrengleithernie	0-10
andere kleine Zwerchfellbrüche ohne wesentliche Funktionsstörung	0-10
größere Zwerchfellbrüche je nach Funktionsstörung	20-30

Komplikationen sind zusätzlich zu bewerten.

Angeborene Zwerchfelldefekte mit Verlagerung von inneren Organen in den Brustkorb und Minderentwicklung von Lungengewebe mit geringer Einschränkung der Lungenfunktion	40
sonst je nach Funktionsbeeinträchtigung der betroffenen Organe	50-100

12. Harnorgane

Die Beurteilung des GdS bei Schäden der Harnorgane richtet sich nach dem Ausmaß der Störungen der inkretorischen und exkretorischen Nierenfunktion und/oder des Harntransportes, das durch spezielle Untersuchungen zu erfassen ist.
Daneben sind die Beteiligung anderer Organe (z. B. Herz/Kreislauf, Zentralnervensystem, Skelettsystem), die Aktivität eines Entzündungsprozesses, die Auswirkungen auf den Allgemeinzustand und die notwendige Beschränkung in der Lebensführung zu berücksichtigen.

Unter dem im Folgenden verwendeten Begriff „Funktionseinschränkung der Nieren" ist die Retention harnpflichtiger Substanzen zu verstehen.

12.1 Nierenschäden

12.1.1 Verlust, Ausfall oder Fehlen einer Niere bei Gesundheit der anderen Niere	25
Verlust, Ausfall oder Fehlen einer Niere bei Schaden der anderen Niere, ohne Einschränkung der Nierenfunktion, mit krankhaftem Harnbefund	30

Nierenfehlbildung (z. B. Erweiterung des Nierenhohlsystems bei Ureterabgangsstenose, Nierenhypoplasie, Zystennieren, Nierenzysten, Beckenniere), Nephroptose	
ohne wesentliche Beschwerden und ohne Funktionseinschränkung	0-10
mit wesentlichen Beschwerden und ohne Funktionseinschränkung	20-30
Nierensteinleiden ohne Funktionseinschränkung der Niere	
mit Koliken in Abständen von mehreren Monaten	0-10
mit häufigeren Koliken, Intervallbeschwerden und wiederholten Harnwegsinfekten	20-30
Nierenschäden ohne Einschränkung der Nierenfunktion (z. B. Glomerulopathien, tubulointerstitielle Nephropathien, vaskuläre Nephropathien), ohne Beschwerden, mit krankhaftem Harnbefund (Eiweiß und/oder Erythrozyten- bzw. Leukozytenausscheidung)	0-10
12.1.2 Nierenschäden ohne Einschränkung der Nierenfunktion, mit Beschwerden rezidivierende Makrohämaturie, je nach Häufigkeit	10-30
Nephrotisches Syndrom	
kompensiert (keine Ödeme)	20-30
dekompensiert (mit Ödemen)	40-50
bei Systemerkrankungen mit Notwendigkeit einer immunsuppressiven Behandlung	50

12.1.3 Nierenschäden mit Einschränkung der Nierenfunktion

Eine geringfügige Einschränkung der Kreatininclearance auf 50-80 ml/min bei im Normbereich liegenden Serumkreatininwerten bedingt keinen messbaren GdS.

Nierenfunktionseinschränkung	
leichten Grades	
(Serumkreatininwerte unter 2 mg/dl [Kreatininclearance ca. 35-50 ml/min], Allgemeinbefinden nicht oder nicht wesentlich reduziert, keine Einschränkung der Leistungsfähigkeit)	20-30
(Serumkreatininwerte andauernd zwischen 2 und 4 mg/dl erhöht, Allgemeinbefinden wenig reduziert, leichte Einschränkung der Leistungsfähigkeit)	40
mittleren Grades	
(Serumkreatininwerte andauernd zwischen 4 und 8 mg/dl erhöht, Allgemeinbefinden stärker beeinträchtigt, mäßige Einschränkung der Leistungsfähigkeit)	50-70
schweren Grades	

(Serumkreatininwerte dauernd über 8 mg/dl, Allgemeinbefinden stark gestört, starke Einschränkung der Leistungsfähigkeit, bei Kindern keine normalen Schulleistungen mehr)	80-100
Verlust, Ausfall oder Fehlen einer Niere mit Funktionseinschränkung der anderen Niere	
leichten Grades	40-50
mittleren Grades	60-80
schweren Grades	90-100
Notwendigkeit der Dauerbehandlung mit Blutreinigungsverfahren (z. B. Hämodialyse, Peritonealdialyse)	100

Bei allen Nierenschäden mit Funktionseinschränkungen sind Sekundärleiden (z. B. Hypertonie, ausgeprägte Anämie [Hb-Wert unter 8 g/dl], Polyneuropathie, Osteopathie) zusätzlich zu bewerten.

12.1.4 Nach Nierentransplantation ist eine Heilungsbewährung abzuwarten (im Allgemeinen zwei Jahre); während dieser Zeit ist ein GdS von 100 anzusetzen. Danach ist der GdS entscheidend abhängig von der verbliebenen Funktionsstörung; unter Mitberücksichtigung der erforderlichen Immunsuppression ist jedoch der GdS nicht niedriger als 50 zu bewerten.
Nach Entfernung eines malignen Nierentumors oder Nierenbeckentumors ist eine Heilungsbewährung abzuwarten.
GdS während einer Heilungsbewährung von zwei Jahren

nach Entfernung eines Nierenzellkarzinoms (Hypernephrom) im Stadium T1 N0 M0 (Grading G1)	50
nach Entfernung eines Nierenbeckentumors im Stadium Ta N0 M0 (Grading G1)	50

GdS während einer Heilungsbewährung von fünf Jahren nach Entfernung eines Nierenzellkarzinoms (Hypernephrom)

im Stadium (T1 [Grading ab G2], T2) N0 M0
in höheren Stadien

nach Entfernung eines Nierenbeckentumors
im Stadium (T1 bis T2) N0 M0
in höheren Stadien

nach Entfernung eines Nephroblastoms
im Stadium I und II
in höheren Stadien

12.2 Schäden der Harnwege

12.2.1 Chronische Harnwegsentzündungen (insbesondere chronische Harnblasenentzündung)

leichten Grades (ohne wesentliche Miktionsstörungen)	0-10
stärkeren Grades (mit erheblichen und häufigen Miktionsstörungen)	20-40
chronische Harnblasenentzündung mit Schrumpfblase (Fassungsvermögen unter 100 ml, Blasentenesmen)	50-70

12.2.2 Bei Entleerungsstörungen der Blase (auch durch Harnröhrenverengung) sind Begleiterscheinungen (z. B. Hautschäden, Harnwegsentzündungen) ggf. zusätzlich zu bewerten.

Entleerungsstörungen der Blase

leichten Grades (z. B. geringe Restharnbildung, längeres Nachträufeln)	10
stärkeren Grades (z. B. Notwendigkeit manueller Entleerung, Anwendung eines Blasenschrittmachers, erhebliche Restharnbildung, schmerzhaftes Harnlassen)	20-40
mit Notwendigkeit regelmäßigen Katheterisierens, eines Dauerkatheters, eines suprapubischen Blasenfistelkatheters oder Notwendigkeit eines Urinals, ohne wesentliche Begleiterscheinungen	50

12.2.3 Nach Entfernung eines malignen Blasentumors ist eine Heilungsbewährung abzuwarten.

GdS während einer Heilungsbewährung von zwei Jahren nach	
Entfernung des Tumors im Frühstadium unter Belassung der Harnblase (Ta bis T1) N0 M0, Grading G1	50
GdS während einer Heilungsbewährung von fünf Jahren	
nach Entfernung im Stadium Tis oder T1 (Grading ab G2)	50
nach Entfernung in den Stadien (T2 bis T3a) N0 M0	60
mit Blasenentfernung einschließlich künstlicher Harnableitung	80
nach Entfernung in höheren Stadien	100

12.2.4 Harninkontinenz

relative	
leichter Harnabgang bei Belastung (z. B. Stressinkontinenz Grad I)	
Harnabgang tags und nachts (z. B. Stressinkontinenz Grad II-III)	
völlige Harninkontinenz	50
bei ungünstiger Versorgungsmöglichkeit	

nach Implantation einer Sphinkterprothese mit guter Funktion	20
Harnröhren-Hautfistel der vorderen Harnröhre bei Harnkontinenz	10
Harnweg-Darmfistel bei Analkontinenz, je nach Luft- und Stuhlentleerung über die Harnröhre	30-50
Künstliche Harnableitung (ohne Nierenfunktionsstörung)	
in den Darm	30
nach außen	
mit guter Versorgungsmöglichkeit	
sonst (z. B. bei Stenose, Retraktion, Abdichtungsproblemen)	
Darmneoblase mit ausreichendem Fassungsvermögen, ohne Harnstau, ohne wesentliche Entleerungsstörungen	30

13. Männliche Geschlechtsorgane

13.1 Verlust des Penis	
Teilverlust des Penis	50
Teilverlust der Eichel	10
Verlust der Eichel	20
Sonst	30-40
Nach Entfernung eines malignen Penistumors ist in den ersten fünf Jahren eine Heilungsbewährung abzuwarten; GdS während dieser Zeit nach Entfernung im Frühstadium (T1 bis T2) N0 M0	
bei Teilverlust des Penis	50
bei Verlust des Penis	60
mit vollständiger Entfernung der Corpora cavernosa	80
nach Entfernung in höheren Stadien	90-100
13.2 Unterentwicklung, Verlust oder Schwund eines Hodens bei intaktem anderen Hoden	0
Unterentwicklung, Verlust oder vollständiger Schwund beider Hoden	
in höherem Lebensalter (etwa ab 8. Lebensjahrzehnt)	10
sonst je nach Ausgleichbarkeit des Hormonhaushalts durch Substitution	20-30
vor Abschluss der körperlichen Entwicklung	20-40
Verlust oder Schwund eines Nebenhodens	0
Verlust oder vollständiger Schwund beider Nebenhoden und/oder Zeugungsunfähigkeit (Impotentia generandi)	0
in jüngerem Lebensalter bei noch bestehendem Kinderwunsch	20
Impotentia coeundi bei nachgewiesener erfolgloser Behandlung	20

13.3 Hydrozele (sog. Wasserbruch)	0-10
Varikozele (sog. Krampfaderbruch)	0-10

13.4 Nach Entfernung eines malignen Hodentumors ist eine Heilungsbewährung abzuwarten.

GdS während einer Heilungsbewährung von zwei Jahren	
nach Entfernung eines Seminoms oder nichtseminomatösen Tumors im Stadium (T1 bis T2) N0 M0	50
GdS während einer Heilungsbewährung von fünf Jahren nach Entfernung	
eines Seminoms im Stadium (T1 bis T2) N1 M0 bzw. T3 N0 M0	50
nach Entfernung eines nichtseminomatösen Tumors im Stadium (T1 bis T2) N1 M0 bzw. T3 N0 M0	60
in höheren Stadien	80

13.5 Chronische bakterielle Entzündung der Vorsteherdrüse oder abakterielle Prostatopathie

ohne wesentliche Miktionsstörung	0-10
mit andauernden Miktionsstörungen und Schmerzen	20

Prostataadenom

Der GdS richtet sich nach den Harnentleerungsstörungen und der Rückwirkung auf die Nierenfunktion.

13.6 Nach Entfernung eines malignen Prostatatumors ist eine Heilungsbewährung abzuwarten.

GdS während einer Heilungsbewährung von zwei Jahren	
nach Entfernung im Stadium T1a N0 M0 (Grading G1)	50
GdS während einer Heilungsbewährung von fünf Jahren	
nach Entfernung in den Stadien T1a N0 M0 (Grading ab G2) und (T1b bis T2) N0 M0	50
nach Entfernung in höheren Stadien	wenigstens 80
Maligner Prostatatumor	
ohne Notwendigkeit einer Behandlung	50
auf Dauer hormonbehandelt	wenigstens 60

14. Weibliche Geschlechtsorgane

14.1 Verlust der Brust (Mastektomie)	
einseitig	30
beidseitig	40
Segment- oder Quadrantenresektion der Brust	0-20

Funktionseinschränkungen im Schultergürtel, des Armes oder der Wirbelsäule als Operations- oder Bestrahlungsfolgen (z. B. Lymphödem, Muskeldefekte, Nerven-läsionen, Fehlhaltung) sind ggf. zusätzlich zu berücksichtigen.

Aufbauplastik zur Wiederherstellung der Brust mit Prothese je nach Ergebnis (z. B. Kapselfibrose, Dislokation der Prothese, Symmetrie)

nach Mastektomie

einseitig

beidseitig

nach subkutaner Mastektomie

einseitig

beidseitig

Nach Aufbauplastik zur Wiederherstellung der Brust mit Eigengewebe kommt ein geringerer GdS in Betracht.

Nach Entfernung eines malignen Brustdrüsentumors ist in den ersten fünf Jahren eine Heilungsbewährung abzuwarten.

GdS während dieser Zeit

bei Entfernung im Stadium (T1 bis T2) pN0 M0	50
bei Entfernung im Stadium (T1 bis T2) pN1 M0	60
in höheren Stadien	wenigstens 80

Bedingen die Folgen der Operation und gegebenenfalls anderer Behandlungsmaßnahmen einen GdS von 50 oder mehr, ist der während der Heilungsbewährung anzusetzende GdS entsprechend höher zu bewerten.

Nach Entfernung eines Carcinoma in situ der Brustdrüse ist in den ersten zwei Jahren eine Heilungsbewährung abzuwarten. Der GdS beträgt während dieser Zeit 50.

14.2 Verlust der Gebärmutter und/oder Sterilität	0
in jüngerem Lebensalter bei noch bestehendem Kinderwunsch	20

Nach Entfernung eines malignen Gebärmuttertumors ist eine Heilungsbewährung abzuwarten.

GdS während einer Heilungsbewährung von zwei Jahren nach Entfernung eines Zervixtumors (Mikrokarzinom) im Stadium T1a N0 M0	50
nach Entfernung eines Korpustumors im Frühstadium (Grading G1, Infiltration höchstens des inneren Drittels des Myometrium)	50

GdS während einer Heilungsbewährung von fünf Jahren

nach Entfernung eines Zervixtumors

im Stadium (T1b bis T2a) N0 M0	50

im Stadium T2b N0 M0	60
in höheren Stadien	80
nach Entfernung eines Korpustumors	
im Stadium T1 N0 M0 (Grading ab G2, Infiltration über das innere Drittel des Myometrium hinaus)	50
im Stadium T2 N0 M0	60
in höheren Stadien	80
14.3 Verlust eines Eierstockes	0
Unterentwicklung, Verlust oder Ausfall beider Eierstöcke, ohne Kinderwunsch und ohne wesentliche Auswirkung auf	
den Hormonhaushalt – immer in der Postmenopause	10
im jüngeren Lebensalter bei noch bestehendem Kinderwunsch oder bei unzureichender Ausgleichbarkeit des Hormonausfalls durch Substitution	20-30
vor Abschluss der körperlichen Entwicklung je nach Ausgleichbarkeit des Hormonausfalls	20-40
Endokrin bedingte Funktionsstörungen der Eierstöcke sind gut behandelbar, so dass im Allgemeinen anhaltende Beeinträchtigungen nicht zu erwarten sind. Selten auftretende Komplikationen (z. B. Sterilität, abnormer Haarwuchs) sind gesondert zu beurteilen.	
Nach Entfernung eines malignen Eierstocktumors ist in den ersten fünf Jahren eine Heilungsbewährung abzuwarten; GdS während dieser Zeit	
nach Entfernung im Stadium T1 N0 M0	50
in anderen Stadien	80
14.4 Chronischer oder chronisch-rezidivierender entzündlicher Prozess der Adnexe und/oder der Parametrien je nach Art, Umfang und Kombination der Auswirkungen (z. B. Adhäsionsbeschwerden, chronische Schmerzen, Kohabitationsbeschwerden)	10-40
14.5 Endometriose	
leichten Grades (geringe Ausdehnung, keine oder nur geringe Beschwerden)	0-10
mittleren Grades	20-40
schweren Grades (z. B. Übergreifen auf die Nachbarorgane, starke Beschwerden, erhebliche Beeinträchtigung des Allgemeinzustandes, Sterilität)	50-60
14.6 Scheidenfisteln	
Harnweg-Scheidenfistel	50-60

Mastdarm-Scheidenfistel	60-70
Harnweg-Mastdarm-Scheidenfistel (Kloakenbildung)	100
Fisteln mit geringer funktioneller Beeinträchtigung sind entsprechend niedriger zu bewerten.	
Senkung der Scheidenwand, Vorfall der Scheide und/oder der Gebärmutter	
ohne Harninkontinenz oder mit geringer Stressinkontinenz (Grad I)	0-10
mit stärkerer Harninkontinenz und/oder stärkeren Senkungsbeschwerden	20-40
mit völliger Harninkontinenz	50-60
bei ungünstiger Versorgungsmöglichkeit	70
Ulzerationen sind ggf. zusätzlich zu bewerten.	
Isolierte Senkung der Scheidenhinterwand mit leichten Defäkationsstörungen	0-10
Scheiden-Gebärmutteraplasie, ohne Plastik, nach Vollendung des 14. Lebensjahres (einschließlich Sterilität)	40
Kraurosis vulvae	
geringen Grades (keine oder nur geringe Beschwerden)	0-10
mäßigen Grades (erhebliche Beschwerden, keine Sekundärveränderungen)	20-30
stärkeren Grades (starke Beschwerden, therapeutisch schwer beeinflussbare Sekundärveränderungen)	40
Vollständige Entfernung der Vulva	40
Nach Beseitigung eines malignen Scheidentumors ist in den ersten fünf Jahren eine Heilungsbewährung abzuwarten; GdS während dieser Zeit	
nach Beseitigung im Stadium T1 N0 M0	60
in höheren Stadien	80
Nach Entfernung eines malignen Tumors der äußeren Geschlechtsteile ist in den ersten fünf Jahren eine Heilungsbewährung abzuwarten; GdS während dieser Zeit	
nach Entfernung im Stadium (T1 bis T2) N0 M0	50
sonst	80

15. Stoffwechsel, innere Sekretion

In diesem Abschnitt nicht erwähnte angeborene Stoffwechselstörungen sind analog und unter Berücksichtigung ihrer vielfältigen Auswirkungen zu beurteilen. Normabweichungen der Laborwerte bedingen für sich allein noch keinen GdS.

15.1 Zuckerkrankheit (Diabetes mellitus)
Die an Diabetes erkrankten Menschen, deren Therapie regelhaft keine Hypoglykämie auslösen kann und die somit in der Lebensführung kaum beeinträchtigt sind, erleiden auch durch den Therapieaufwand keine Teilhabebeeinträchtigung, die die Feststellung eines GdS rechtfertigt. Der GdS beträgt 0.

Die an Diabetes erkrankten Menschen, deren Therapie eine Hypoglykämie auslösen kann und die durch Einschnitte in der Lebensführung beeinträchtigt sind, erleiden durch den Therapieaufwand eine signifikante Teilhabebeeinträchtigung. Der GdS beträgt 20.
Die an Diabetes erkrankten Menschen, deren Therapie eine Hypoglykämie auslösen kann, die mindestens einmal täglich eine dokumentierte Überprüfung des Blutzuckers selbst durchführen müssen und durch weitere Einschnitte in der Lebensführung beeinträchtigt sind, erleiden je nach Ausmaß des Therapieaufwands und der Güte der Stoffwechseleinstellung eine stärkere Teilhabebeeinträchtigung. Der GdS beträgt 30 bis 40.
Die an Diabetes erkrankten Menschen, die eine Insulintherapie mit täglich mindestens vier Insulininjektionen durchführen, wobei die Insulindosis in Abhängigkeit vom aktuellen Blutzucker, der folgenden Mahlzeit und der körperlichen Belastung selbständig variiert werden muss, und durch erhebliche Einschnitte gravierend in der Lebensführung beeinträchtigt sind, erleiden auf Grund dieses Therapieaufwands eine ausgeprägte Teilhabebeeinträchtigung. Die Blutzuckerselbstmessungen und Insulindosen (beziehungsweise Insulingaben über die Insulinpumpe) müssen dokumentiert sein. Der GdS beträgt 50.
Außergewöhnlich schwer regulierbare Stoffwechsellagen können jeweils höhere GdS-Werte bedingen.

15.2 Gicht
Bei der Beurteilung des GdS sind die Funktionseinschränkungen der betroffenen Gelenke, Schmerzen, Häufigkeit und Schwere der entzündlichen Schübe und eine Beteiligung der inneren Organe zu berücksichtigen.

15.3 Fettstoffwechselkrankheit
Der GdS ist grundsätzlich abhängig von dem Ausmaß der Folgekrankheiten. Bei Notwendigkeit einer LDL-Apherese 30
Alimentäre Fettsucht, Adipositas

Die Adipositas allein bedingt keinen GdS. Nur Folge- und Begleitschäden (insbesondere am kardiopulmonalen System oder am Stütz- und Bewegungsapparat) können die Annahme eines GdS begründen. Gleiches gilt für die besonderen funktionellen Auswirkungen einer Adipositas permagna.

15.4 Phenylketonurie

ohne fassbare Folgeerscheinungen

im Kindesalter bis zur Vollendung des 16. Lebensjahres	30
danach bei Notwendigkeit weiterer Diäteinnahme	10

Beim Vorliegen eines Hirnschadens ist der GdS vor allem vom Ausmaß der geistigen Behinderung und weiterer Folgen (z. B. hirnorganische Anfälle) abhängig.

15.5 Mukoviszidose (zystische Fibrose)

unter Therapie Aktivitäten, Gedeihen und Ernährung altersgemäß	20
unter Therapie Aktivitäten und Lungenfunktion leicht eingeschränkt, Gedeihen und Ernährung noch altersgemäß	30-40
Aktivitäten und Lungenfunktion deutlich eingeschränkt, häufig Gedeih- und Entwicklungsstörungen, Schulbesuch und Erwerbstätigkeit in der Regel noch möglich	50-70
schwere bis schwerste Einschränkung der Aktivitäten, der Lungenfunktion und des Ernährungszustandes	80-100

Folgekrankheiten (z. B. Diabetes mellitus, Impotenz, Leberzirrhose) sind ggf. zusätzlich zu berücksichtigen.

15.6 Schilddrüsenkrankheiten

Schilddrüsenfunktionsstörungen sind gut behandelbar, so dass in der Regel anhaltende Beeinträchtigungen nicht zu erwarten sind. Selten auftretende Organkomplikationen (z. B. Exophthalmus, Trachealstenose) sind gesondert zu beurteilen. Bei der nicht operativ behandelten Struma richtet sich der GdS nach den funktionellen Auswirkungen.

Nach Entfernung eines malignen Schilddrüsentumors ist in den ersten fünf Jahren eine Heilungsbewährung abzuwarten; GdS während dieser Zeit

nach Entfernung eines papillären oder follikulären Tumors, ohne Lymphknotenbefall	50
sonst	80

Bedingt der nach der Entfernung verbliebene Organschaden einen GdS von 50 oder mehr, ist der während der Heilungsbewährung anzusetzende GdS entsprechend höher zu bewerten.

Tetanie
Sie ist gut behandelbar, so dass in der Regel dauernde Beeinträchtigungen nicht zu erwarten sind.

15.7 Chronische Nebennierenrindeninsuffizienz (Addison-Syndrom)
Sie ist gut behandelbar, so dass in der Regel dauernde Beeinträchtigungen nicht zu erwarten sind. Selten auftretende Funktionsstörungen sind analogen funktionellen Beeinträchtigungen (z. B. orthostatische Fehlregulation) entsprechend zu beurteilen.
Cushing-Syndrom
Der GdS wird bestimmt von der Muskelschwäche und den Auswirkungen an den verschiedenen Organsystemen (Hypertonie, Herzinsuffizienz, Diabetes mellitus, Osteoporose, psychische Veränderungen).

15.8 Porphyrien

Erythropoetische Porphyrie (Günther-Krankheit)	100
Hepatische Porphyrien	
akut-intermittierende Porphyrie	30
Porphyria cutanea tarda ohne wesentliche Beschwerden	10

Organkomplikationen sind jeweils zusätzlich zu berücksichtigen.

16. Blut, blutbildende Organe, Immunsystem

Die Höhe des GdS bei Krankheiten des Blutes, der blutbildenden Organe und des Immunsystems richtet sich nach der Schwere der hämatologischen Veränderungen, nach den Organfunktionsstörungen, nach den Rückwirkungen auf andere Organe, nach der Auswirkung auf den Allgemeinzustand und der Häufigkeit von Infektionen.

16.1 Verlust der Milz

bei Verlust im frühen Kindesalter, dann bis zur Vollendung des 8. Lebensjahres	20
danach oder bei späterem Verlust	10

16.2 Hodgkin-Krankheit

im Stadium I bis IIIA	
bei mehr als sechs Monate andauernder Therapie, bis zum Ende der Intensiv-Therapie je nach Auswirkung auf den Allgemeinzustand	60-100
nach Vollremission GdS für die Dauer von drei Jahren (Heilungsbewährung)	50

im Stadium IIIB und IV	
bis zum Ende der Intensiv-Therapie	100
nach Vollremission GdS für die Dauer von drei Jahren (Heilungsbewährung)	60
16.3 Non-Hodgkin-Lymphome	
16.3.1 Chronische lymphatische Leukämie und andere generalisierte niedrigmaligne Non-Hodgkin-Lymphome	
mit geringen Auswirkungen (keine wesentlichen Beschwerden, keine Allgemeinsymptome, keine Behandlungsbedürftigkeit, keine wesentliche Progredienz)	30-40
mit mäßigen Auswirkungen (Behandlungsbedürftigkeit)	50-70
mit starken Auswirkungen, starke Progredienz (z. B. schwere Anämie, ausgeprägte Thrombozytopenie, rezidivierende Infektionen, starke Milzvergrößerung)	80-100
Lokalisierte niedrigmaligne Non-Hodgkin-Lymphome	
nach Vollremission (Beseitigung des Tumors) für die Dauer von drei Jahren (Heilungsbewährung)	50
16.3.2 Hochmaligne Non-Hodgkin-Lymphome	
bis zum Ende der Intensiv-Therapie	100
nach Vollremission GdS für die Dauer von drei Jahren (Heilungsbewährung)	80
16.4 Plasmozytom (Myelom)	
mit geringen Auswirkungen (keine wesentliche Auswirkung auf den Allgemeinzustand, keine Behandlungsbedürftigkeit, ohne Beschwerden, keine wesentliche Progredienz)	30-40
mit mäßigen Auswirkungen (Behandlungsbedürftigkeit)	50-70
mit starken Auswirkungen (z. B. schwere Anämie, starke Schmerzen, Nierenfunktionseinschränkung)	80-100

16.5 Myeloproliferative und myelodysplastische/myeloproliferative Neoplasien

Auswirkungen auf andere Organsysteme sind zusätzlich zu bewerten.

16.5.1 Chronische myeloische Leukämie, BCR/ABL-positiv

Im Stadium der kompletten hämatologischen, kompletten zytogenetischen und molekularen Remission beträgt der GdS 10 - 20.

Im Stadium der kompletten hämatologischen Remission je nach Ausmaß der zytogenetischen Remission beträgt der GdS 30 - 40.

Im chronischen Stadium, auch bei Krankheitsbeginn (im ersten Jahr der Therapie), bei fehlender Remission oder bei Rezidiv je nach Organvergrößerung, Anämie, Thrombozytenzahl und in Abhängigkeit von der Intensität der Therapie beträgt der GdS 50 - 80.
In der akzelerierten Phase oder in der Blastenkrise beträgt der GdS 100.

16.5.2 Atypische chronische myeloische Leukämie, BCR/ABL-negativ; chronische Neutrophilen-Leukämie; chronische myelomonozytäre Leukämie

Im Stadium der kompletten hämatologischen Remission beträgt der GdS 40.
Im chronischen Stadium, auch bei Krankheitsbeginn (im ersten Jahr der Therapie), ist die Teilhabebeeinträchtigung insbesondere abhängig vom Ausmaß der Organvergrößerung und Anämie, der Thrombozytenzahl und der Intensität der Therapie. Der GdS beträgt 50 - 80.
In der akzelerierten Phase oder in der Blastenkrise beträgt der GdS 100.

16.5.3 Primäre Myelofibrose (Chronische idiopathische Myelofibrose)

Bei geringen Auswirkungen (keine Behandlungsbedürftigkeit) beträgt der GdS 10 - 20.
Bei mäßigen Auswirkungen (Behandlungsbedürftigkeit) beträgt der GdS 30 - 40.
Bei stärkeren Auswirkungen (insbesondere mäßige Anämie, geringe Thrombozytopenie, ausgeprägte Organomegalie) beträgt der GdS 50 - 70.
Bei starken Auswirkungen (insbesondere schwere Anämie, ausgeprägte Thrombozytopenie, exzessive Organomegalie) beträgt der GdS 80 - 100.

16.5.4 Chronische Eosinophilen-Leukämie/ Hypereosinophilie-Syndrom

Die Teilhabebeeinträchtigung ist insbesondere abhängig vom Ausmaß der Organomegalie, Hautbeteiligung, Blutbildveränderungen und Nebenwirkungen der Therapie. Der GdS beträgt mindestens 50.

16.5.5 Polycythaemia vera

Bei Behandlungsbedürftigkeit
- mit regelmäßigen Aderlässen. Der GdS beträgt 10.
- mit zytoreduktiver Therapie ist die Teilhabebeeinträchtigung insbesondere abhängig vom Ausmaß der Nebenwirkungen der Therapie. Der GdS beträgt 30 – 40.

Übergänge zu anderen myeloproliferativen Erkrankungen sind analog zu diesen zu bewerten.

16.5.6 Essentielle Thrombozythämie

Bei Behandlungsbedürftigkeit
- mit Thrombozytenaggregationshemmern. Der GdS beträgt 10.
- mit zytoreduktiver Therapie ist die Teilhabebeeinträchtigung insbesondere abhängig vom Ausmaß der Nebenwirkungen der Therapie. Der GdS beträgt 30 - 40.

Übergänge zu anderen myeloproliferativen Erkrankungen sind analog zu diesen zu bewerten.

16.5.7 Die juvenile myelomonozytäre Leukämie ist analog zur akuten myeloischen Leukämie zu bewerten.

16.6 Akute Leukämien

Im ersten Jahr nach Diagnosestellung (Erstdiagnose oder Rezidiv; insbesondere während der Induktionstherapie, Konsolidierungstherapie, Erhaltungstherapie) beträgt der GdS 100.

Nach dem ersten Jahr
- bei unvollständiger klinischer Remission: Der GdS beträgt weiterhin 100,
- bei kompletter klinischer Remission unabhängig von der durchgeführten Therapie: Der GdS beträgt 80 für die Dauer von drei Jahren (Heilungsbewährung).

Danach ist der GdS nach den verbliebenen Auswirkungen (insbesondere chronische Müdigkeit, Sterilität, Neuropathien, Beeinträchtigung der Entwicklung und kognitiver Funktionen) zu bewerten.

16.7 Myelodysplastische Syndrome

mit geringen Auswirkungen (ausgeglichen und ohne wesentliche Allgemeinstörungen)	10-20
mit mäßigen Auswirkungen (z. B. gelegentliche Transfusionen)	30-40
mit stärkeren Auswirkungen (z. B. andauernde Transfusionsbedürftigkeit, rezidivierende Infektionen)	50-80

mit starken Auswirkungen (z. B. andauernde Transfusionsbedürftigkeit, häufige Infektionen, Blutungsneigung, leukämische Transformation)	100
Aplastische Anämie (auch Panmyelopathie), Agranulozytose	
Der GdS bei aplastischer Anämie oder Agranulozytose ist auch nach Therapie analog zu den myelodysplastischen Syndromen zu bewerten.	

16.8 Knochenmark- und Stammzelltransplantation

Nach autologer Knochenmark- oder Blutstammzelltransplantation ist der GdS entsprechend der Grundkrankheit zu beurteilen.	
Nach allogener Knochenmarktransplantation für die Dauer von drei Jahren (Heilungsbewährung)	100

Danach ist der GdS nach den verbliebenen Auswirkungen und dem eventuellen Organschaden, jedoch nicht niedriger als 30, zu bewerten.

16.9 Anämien

Symptomatische Anämien (z. B. Eisenmangelanämie, vitaminabhängige Anämien) sind in der Regel gut behandelbar und nur vorübergehender Natur.

Therapierefraktäre Anämien (z. B. bestimmte hämolytische Anämien, Thalassämie, Erythrozytenenzymdefekte)

mit geringen Auswirkungen (ausgeglichen und ohne wesentliche Allgemeinstörungen)	0-10
mit mäßigen Auswirkungen (z. B. gelegentliche Transfusionen)	20-40
mit starken Auswirkungen (z. B. andauernde Transfusionsbedürftigkeit)	50-70

16.10 Hämophilie und entsprechende plasmatische Blutungskrankheiten (je nach Blutungsneigung)

leichte Form	
mit Restaktivität von antihämophilem Globulin (AHG) über 5 %	20
mittelschwere Form – mit 1-5 % AHG	
mit seltenen Blutungen	30-40
mit häufigen (mehrfach jährlich) ausgeprägten Blutungen	50-80
schwere Form – mit weniger als 1 % AHG	80-100
Sonstige Blutungsleiden	
ohne wesentliche Auswirkungen	10
mit mäßigen Auswirkungen	20-40
mit starken Auswirkungen (starke Blutungen bereits bei leichten Traumen)	50-70

mit ständiger klinisch manifester Blutungsneigung (Spontanblutungen, Gefahr lebensbedrohlicher Blutungen)	80-100

Eine Behandlung mit Antikoagulantien ist bei der Grundkrankheit (z. B. bei Herzklappen- und Gefäßprothesen, Thrombophilie) berücksichtigt. Wenn die Grundkrankheit nicht mehr besteht bzw. keinen GdS mehr bedingt, aber eine Weiterbehandlung mit Antikoagulantien erforderlich ist, kann – analog den sonstigen Blutungsleiden – in der Regel ein GdS von 10 angenommen werden.

16.11 Immundefekte

Angeborene Defekte der humoralen und zellulären Abwehr (z. B. Adenosindesaminase-Defekt, DiGeorge-Syndrom, permanente B-Zell-Defekte, septische Granulomatose)

ohne klinische Symptomatik	0
trotz Therapie erhöhte Infektanfälligkeit, aber keine außergewöhnlichen Infektionen	20-40
trotz Therapie neben erhöhter Infektanfälligkeit auch außergewöhnliche Infektionen (ein bis zwei pro Jahr)	50

Bei schwereren Verlaufsformen kommt ein höherer GdS in Betracht.

Erworbenes Immunmangelsyndrom (HIV-Infektion)

HIV-Infektion ohne klinische Symptomatik	10

HIV-Infektion mit klinischer Symptomatik

geringe Leistungsbeeinträchtigung (z. B. bei Lymphadenopathie syndrom [LAS])	30-40
stärkere Leistungsbeeinträchtigung (z. B. bei AIDS-related complex [ARC])	50-80
schwere Leistungsbeeinträchtigung (AIDS-Vollbild)	100

17. Haut

Bei der Beurteilung des GdS von Hautkrankheiten sind Art, Ausdehnung, Sitz, Auswirkungen auf den Allgemeinzustand, Begleiterscheinungen (wie Jucken, Nässen, Brennen, unangenehme und abstoßende Gerüche) und die Rezidivbereitschaft bzw. die Chronizität sowie die Notwendigkeit wiederholter stationärer Behandlung zu berücksichtigen. Bei Hautkrankheiten mit stark schwankendem Leidensverlauf kommt ein Durchschnitts-GdS in Betracht. Bei Kindern können sich Hautkrankheiten schwerer auswirken als bei Erwachsenen.

Narben können durch Ausdehnung, Beschaffenheit (z. B. Verhärtung, Verdünnung, Narbenzüge), Sitz oder Einwirkung auf ihre Umgebung zu Störungen führen. Bei flächenhaften Narben nach Verbrennungen, Verätzungen und ähnlichem muss außerdem die Beeinträchtigung der Haut als Schutz-, Ausscheidungs- und Sinnesorgan berücksichtigt werden. Diese Störungen bestimmen die Höhe des GdS.
Bei Entstellungen ist zu berücksichtigen, dass sich Schwierigkeiten im Erwerbsleben, Unannehmlichkeiten im Verkehr mit fremden Menschen sowie seelische Konflikte ergeben können.

17.1 Ekzeme	
Kontaktekzeme (z. B. irritatives und allergisches Kontaktekzem)	
geringe Ausdehnung und bis zu zweimal im Jahr für wenige Wochen auftretend	0-10
Sonst	20-30
Atopisches Ekzem („Neurodermitis constitutionalis", „endogenes Ekzem")	
geringe, auf die Prädilektionsstellen begrenzte Ausdehnung bis zu zweimal im Jahr für wenige Wochen auftretend	0-10
bei länger dauerndem Bestehen	20-30
mit generalisierten Hauterscheinungen, insbesondere Gesichtsbefall	40
mit klinischer oder vergleichbar intensiver ambulanter Behandlungsnotwendigkeit mehrmals im Jahr	50
Seborrhoisches Ekzem	
geringe Ausdehnung und Beschränkung auf die Prädilektionsstellen	0-10
sonst, je nach Ausdehnung	20-30

17.2 Chronisch rezidivierende Urtikaria/Quincke-Ödem	
selten, bis zu zweimal im Jahr auftretend, leicht vermeidbare Noxen oder Allergene	0-10
häufiger auftretende Schübe, schwer vermeidbare Noxen oder Allergene	20-30
schwerer chronischer, über Jahre sich hinziehender Verlauf	40-50
Eine systemische Beteiligung z. B. des Gastrointestinaltraktes oder des Kreislaufs ist ggf. zusätzlich zu berücksichtigen.	

17.3 Akne	
Acne vulgaris	
leichteren bis mittleren Grades	0-10
schweren Grades mit vereinzelter Abszess- und Knotenbildung und entsprechender erheblicher kosmetischer Beeinträchtigung	20-30

Acne conglobata	
auf die Prädilektionsstellen begrenzte häufige Abszess- und Fistelbildungen und lokalisationsbedingte Beeinträchtigungen	30-40
schwerste Formen mit rezidivierenden eitrigen, vernarbenden axilläringuinalen und nuchalen Abszessen (Acne triade) und ggf. zusätzlicher Beteiligung des Pilonidalsinus (Acne tetrade)	wenigstens 50

17.4 Rosazea, Rhinophym	
geringe Ausdehnung, kosmetisch nur wenig störend	0-10
stärkere Ausdehnung, entstellende Wirkung	20-30

17.5 Hautveränderungen bei Autoimmunkrankheiten des Bindegewebes (z. B. Lupus erythematodes, Dermatomyositis, progressive systemische Sklerodermie)	
auf die Prädilektionsstellen begrenzt bei geringer Ausdehnung	0-10
auf die Prädilektionsstellen begrenzt bei stärkerer Ausdehnung, je nach kosmetischer und funktioneller Auswirkung	20-40
über die Prädilektionsstellen hinausgehend, ggf. Ulzerationen	50-70

17.6 Blasenbildende Hautkrankheiten (z. B. Pemphigus, Pemphigoide)	
bei begrenztem Haut- und Schleimhautbefall mit geringer Ausdehnung	10
sonst	20-40
bei generalisiertem Haut- und Schleimhautbefall	50-80
in fortgeschrittenen Stadien bei schwerer Beeinträchtigung des Allgemeinzustandes auch höher.	

17.7 Psoriasis vulgaris	
auf die Prädilektionsstellen beschränkt	0-10
ausgedehnter, aber erscheinungsfreie Intervalle von Monaten	20
bei andauerndem ausgedehnten Befall oder stark beeinträchtigendem lokalen Befall (z. B. an den Händen)	30-50
Eine außergewöhnliche Nagelbeteiligung (mit Zerstörung der Nagelplatten) sowie eine Gelenk- und Wirbelsäulenbeteiligung sind zusätzlich zu bewerten.	

17.8 Erythrodermien	
bei leichter Intensität des Krankheitsprozesses	40
bei mittlerer Intensität des Krankheitsprozesses ohne wesentliche Auswirkung auf den Allgemeinzustand	50-60
mit stärkerer Auswirkung auf den Allgemeinzustand	70-80

17.9 Ichthyosis	
leichte Form, auf Stamm und Extremitäten weitgehend begrenzt, mit trockener Haut, mäßiger Schuppung, ohne wesentliche Verfärbung	0-10
mittlere Form auf Stamm und Extremitäten weitgehend begrenzt, mit stärkerer Schuppung und Verfärbung	20-40
schwere Form mit ausgeprägter Schuppung und Verfärbung der gesamten Haut, insbesondere der Gelenkbeugen und des Gesichts	50-80
17.10 Mykosen	
bei begrenztem Hautbefall	0-10
bei Befall aller Finger- und Fußnägel, ggf. mit Zerstörung von Nagelplatten	20
Chronisch rezidivierendes Erysipel	
ohne bleibendes Lymphödem	10
sonst, je nach Ausprägung des Lymphödems	20-40
Chronisch rezidivierender Herpes simplex	
geringe Ausdehnung, bis zu dreimal im Jahr rezidivierend	0-10
größere Ausdehnung, häufiger rezidivierend	20
17.11 Totaler Haarausfall (mit Fehlen von Augenbrauen und Wimpern)	30
17.12 Naevus	
Der GdS richtet sich allein nach dem Ausmaß einer eventuellen Entstellung.	
Pigmentstörungen (z. B. Vitiligo)	
an Händen und/oder Gesicht	
gering	10
ausgedehnter	20
sonst	0
17.13 Nach Entfernung eines malignen Tumors der Haut ist in den ersten fünf Jahren eine Heilungsbewährung abzuwarten (Ausnahmen: z. B. Basalzellkarzinome, Bowen-Krankheit, Melanoma in situ); GdS während dieser Zeit	
nach Entfernung eines Melanoms im Stadium I ([pT1 bis T2] pN0 M0) oder eines anderen Hauttumors in den Stadien (pT1 bis T2) pN0 bis N2 M0	50
in anderen Stadien	80

18. Haltungs- und Bewegungsorgane, rheumatische Krankheiten

18.1 Allgemeines

Dieser Abschnitt umfasst Haltungsschäden, degenerative Veränderungen, osteopenische Krankheiten, posttraumatische Zustände, chronische Osteomyelitis, entzündlich-rheumatische Krankheiten, Kollagenosen und Vaskulitiden sowie nichtentzündliche Krankheiten der Weichteile.

Der GdS für angeborene und erworbene Schäden an den Haltungs- und Bewegungsorganen wird entscheidend bestimmt durch die Auswirkungen der Funktionsbeeinträchtigungen (Bewegungsbehinderung, Minderbelastbarkeit) und die Mitbeteiligung anderer Organsysteme. Die üblicher Weise auftretenden Beschwerden sind dabei mitberücksichtigt. Außergewöhnliche Schmerzen sind ggf. zusätzlich zu berücksichtigen. Schmerzhafte Bewegungseinschränkungen der Gelenke können schwerwiegender als eine Versteifung sein.

Bei Haltungsschäden und/oder degenerativen Veränderungen an Gliedmaßengelenken und an der Wirbelsäule (z. B. Arthrose, Osteochondrose) sind auch Gelenkschwellungen, muskuläre Verspannungen, Kontrakturen oder Atrophien zu berücksichtigen.

Mit Bild gebenden Verfahren festgestellte Veränderungen (z. B. degenerativer Art) allein rechtfertigen noch nicht die Annahme eines GdS. Ebenso kann die Tatsache, dass eine Operation an einer Gliedmaße oder an der Wirbelsäule (z. B. Meniskusoperation, Bandscheibenoperation, Synovialektomie) durchgeführt wurde, für sich allein nicht die Annahme eines GdS begründen.

Das Funktionsausmaß der Gelenke wird im Folgenden nach der Neutral-Null-Methode angegeben.

Fremdkörper beeinträchtigen die Funktion nicht, wenn sie in Muskel oder Knochen reaktionslos eingeheilt sind und durch ihre Lage keinen ungünstigen Einfluss auf Gelenke, Nerven oder Gefäße ausüben.

Der GdS bei Weichteilverletzungen richtet sich nach der Funktionseinbuße und der Beeinträchtigung des Blut- und Lymphgefäßsystems. Bei Faszienverletzungen können Muskelbrüche auftreten, die nur in seltenen Fällen einen GdS bedingen.

Bei den entzündlich-rheumatischen Krankheiten sind unter Beachtung der Krankheitsentwicklung neben der strukturellen und funktionellen Einbuße die Aktivität mit ihren Auswirkungen auf den Allgemeinzustand und die Beteiligung weiterer Organe zu berücksichtigen. Entsprechendes gilt für Kollagenosen und Vaskulitiden.

Bei ausgeprägten osteopenischen Krankheiten (z. B. Osteoporose, Osteopenie bei hormonellen Störungen, gastrointestinalen Resorptionsstörungen, Nierenschäden) ist der GdS vor allem von der Funktionsbeeinträchtigung und den Schmerzen abhängig. Eine ausschließlich messtechnisch nachgewiesene Minderung des Knochenmineralgehalts rechtfertigt noch nicht die Annahme eines GdS.

<u>18.2.1</u> Entzündlich-rheumatische Krankheiten (z. B. Bechterew-Krankheit)

ohne wesentliche Funktionseinschränkung mit leichten Beschwerden	10
mit geringen Auswirkungen (leichtgradige Funktionseinbußen und Beschwerden, je nach Art und Umfang des Gelenkbefalls, geringe Krankheitsaktivität)	20-40
mit mittelgradigen Auswirkungen (dauernde erhebliche Funktionseinbußen und Beschwerden, therapeutisch schwer beeinflussbare Krankheitsaktivität)	50-70
mit schweren Auswirkungen (irreversible Funktionseinbußen, hochgradige Progredienz)	80-100

Auswirkungen über sechs Monate anhaltender aggressiver Therapien sind gegebenenfalls zusätzlich zu berücksichtigen.

<u>18.2.2</u> Kollagenosen (z. B. systemischer Lupus erythematodes, progressiv-systemische Sklerose, Polymyositis/Dermatomyositis),

<u>18.2.3</u> Vaskulitiden (z. B. Panarteriitis nodosa, Polymyalgia rheumatica)

Die Beurteilung des GdS bei Kollagenosen und Vaskulitiden richtet sich nach Art und Ausmaß der jeweiligen Organbeteiligung sowie den Auswirkungen auf den Allgemeinzustand, wobei auch eine Analogie zu den Muskelkrankheiten in Betracht kommen kann. Für die Dauer einer über sechs Monate anhaltenden aggressiven Therapie soll ein GdS von 50 nicht unterschritten werden.

<u>18.3</u> Bei der Beurteilung nicht-entzündlicher Krankheiten der Weichteile kommt es auf Art und Ausmaß der jeweiligen Organbeteiligung sowie auf die Auswirkungen auf den Allgemeinzustand an.

18.4 Fibromyalgie

Die Fibromyalgie, das Chronische Fatigue Syndrom (CFS), die Multiple Chemical Sensitivity (MCS) und ähnliche Syndrome sind jeweils im Einzelfall entsprechend der funktionellen Auswirkungen analog zu beurteilen.

18.5 Chronische Osteomyelitis

Bei der Beurteilung des GdS sind die aus der Lokalisation und Ausdehnung des Prozesses sich ergebende Funktionsstörung, die dem Prozess innewohnende Aktivität und ihre Auswirkungen auf den Allgemeinzustand und außerdem etwaige Folgekrankheiten (z. B. Anämie, Amyloidose) zu berücksichtigen. Bei ausgeprägt schubförmigem Verlauf ist ein Durchschnitts-GdS zu bilden.

Ruhende Osteomyelitis (Inaktivität wenigstens 5 Jahre)	0-10
Chronische Osteomyelitis	
geringen Grades (eng begrenzt, mit geringer Aktivität, geringe Fisteleiterung)	mindestens 20
mittleren Grades (ausgedehnterer Prozess, häufige oder ständige Fisteleiterung, Aktivitätszeichen auch in Laborbefunden)	mindestens 50
schweren Grades (häufige schwere Schübe mit Fieber, ausgeprägter Infiltration der Weichteile, Eiterung und Sequesterabstoßung, erhebliche Aktivitätszeichen in den Laborbefunden)	mindestens 70

Eine wesentliche Besserung wegen Beruhigung des Prozesses kann erst angenommen werden, wenn nach einem Leidensverlauf von mehreren Jahren seit wenigstens zwei Jahren – nach jahrzehntelangem Verlauf seit fünf Jahren – keine Fistel mehr bestanden hat und auch aus den weiteren Befunden (einschließlich Röntgenbildern und Laborbefunden) keine Aktivitätszeichen mehr erkennbar gewesen sind. Dabei ist in der Regel der GdS nur um 20 bis 30 Punkte niedriger einzuschätzen und zwei bis vier Jahre lang noch eine weitere Heilungsbewährung abzuwarten, bis der GdS nur noch von dem verbliebenen Schaden bestimmt wird.

18.6 Muskelkrankheiten

Bei der Beurteilung des GdS ist von folgenden Funktionsbeeinträchtigungen auszugehen:

Muskelschwäche	
mit geringen Auswirkungen (vorzeitige Ermüdung, gebrauchsabhängige Unsicherheiten)	20-40

mit mittelgradigen Auswirkungen (zunehmende Gelenkkontrakturen und Deformitäten, Aufrichten aus dem Liegen nicht mehr möglich, Unmöglichkeit des Treppensteigens)	50-80
mit schweren Auswirkungen (bis zur Geh- und Stehunfähigkeit und Gebrauchsunfähigkeit der Arme)	90-100

Zusätzlich sind bei einzelnen Muskelkrankheiten Auswirkungen auf innere Organe (z. B. Einschränkung der Lungenfunktion und/oder der Herzleistung durch Brustkorbdeformierung) oder Augenmuskel-, Schluck- oder Sprechstörungen (z. B. bei der Myasthenie) zu berücksichtigen.

18.7 Kleinwuchs

Körpergröße nach Abschluss des Wachstums

über 130 bis 140 cm	30-40
über 120 bis 130 cm	50

Bei 120 cm und darunter kommen entsprechend höhere Werte in Betracht.

Dieser GdS ist auf harmonischen Körperbau bezogen.

Zusätzlich zu berücksichtigen sind (z. B. bei Achondroplasie, bei Osteogenesis imperfecta) mit dem Kleinwuchs verbundene Störungen wie
mangelhafte Körperproportionen,
Verbildungen der Gliedmaßen,
Störungen der Gelenkfunktion, Muskelfunktion und Statik,
neurologische Störungen,
Einschränkungen der Sinnesorgane,
endokrine Ausfälle und
außergewöhnliche psychoreaktive Störungen.

18.8 Großwuchs

Großwuchs allein rechtfertigt noch nicht die Annahme eines GdS. Auf psychoreaktive Störungen ist besonders zu achten.

18.9 Wirbelsäulenschäden

Der GdS bei angeborenen und erworbenen Wirbelsäulenschäden (einschließlich Bandscheibenschäden, Scheuermann-Krankheit, Spondylolisthesis, Spinalkanalstenose und dem sogenannten Postdiskotomiesyndrom) ergibt sich primär aus dem Ausmaß der Bewegungseinschränkung, der Wirbelsäulenverformung und -instabilität sowie aus der Anzahl der betroffenen Wirbelsäulenabschnitte.

Der Begriff Instabilität beinhaltet die abnorme Beweglichkeit zweier Wirbel gegeneinander unter physiologischer Belastung und die daraus resultierenden Weichteilveränderungen und Schmerzen. Sogenannte Wirbelsäulensyndrome (wie Schulter-Arm-Syndrom, Lumbalsyndrom, Ischialgie, sowie andere Nerven- und Muskelreizerscheinungen) können bei Instabilität und bei Einengungen des Spinalkanals oder der Zwischenwirbellöcher auftreten.

Für die Bewertung von chronisch-rezidivierenden Bandscheibensyndromen sind aussagekräftige anamnestische Daten und klinische Untersuchungsbefunde über einen ausreichend langen Zeitraum von besonderer Bedeutung. Im beschwerdefreien Intervall können die objektiven Untersuchungsbefunde nur gering ausgeprägt sein.

Wirbelsäulenschäden

ohne Bewegungseinschränkung oder Instabilität	0
mit geringen funktionellen Auswirkungen (Verformung, rezidivierende oder anhaltende Bewegungseinschränkung oder Instabilität geringen Grades, seltene und kurz dauernd auftretende leichte Wirbelsäulensyndrome)	10
mit mittelgradigen funktionellen Auswirkungen in einem Wirbelsäulenabschnitt (Verformung, häufig rezidivierende oder anhaltende Bewegungseinschränkung oder Instabilität mittleren Grades, häufig rezidivierende und über Tage andauernde Wirbelsäulensyndrome)	20
mit schweren funktionellen Auswirkungen in einem Wirbelsäulenabschnitt (Verformung, häufig rezidivierende oder anhaltende Bewegungseinschränkung oder Instabilität schweren Grades, häufig rezidivierende und Wochen andauernde ausgeprägte Wirbelsäulensyndrome)	30
mit mittelgradigen bis schweren funktionellen Auswirkungen in zwei Wirbelsäulenabschnitten	30-40
mit besonders schweren Auswirkungen (z. B. Versteifung großer Teile der Wirbelsäule; anhaltende Ruhigstellung durch Rumpforthese, die drei Wirbelsäulenabschnitte umfasst [z. B. Milwaukee-Korsett]; schwere Skoliose [ab ca. 70° nach Cobb])	50-70
bei schwerster Belastungsinsuffizienz bis zur Geh- und Stehunfähigkeit	80-100

Anhaltende Funktionsstörungen infolge Wurzelkompression mit motorischen Ausfallerscheinungen – oder auch die intermittierenden Störungen bei der Spinalkanalstenose – sowie Auswirkungen auf die inneren Organe (z. B. Atemfunktionsstörungen) sind zusätzlich zu berücksichtigen.

Bei außergewöhnlichen Schmerzsyndromen kann auch ohne nachweisbare neurologische Ausfallerscheinungen (z. B. Postdiskotomiesyndrom) ein GdS über 30 in Betracht kommen. Das neurogene Hinken ist etwas günstiger als vergleichbare Einschränkungen des Gehvermögens bei arteriellen V erschlusskrankheiten zu bewerten.

18.10 Beckenschäden

ohne funktionelle Auswirkungen	0
mit geringen funktionellen Auswirkungen (z. B. stabiler Beckenring, degenerative Veränderungen der Kreuz-Darmbeingelenke)	10
mit mittelgradigen funktionellen Auswirkungen (z. B. instabiler Beckenring einschließlich Sekundärarthrose)	20
mit schweren funktionellen Auswirkungen und Deformierung	30-40

18.11 Gliedmaßenschäden, Allgemeines

Der GdS bei Gliedmaßenschäden ergibt sich aus dem Vergleich mit dem GdS für entsprechende Gliedverluste. Trotz erhaltener Extremität kann der Zustand gelegentlich ungünstiger sein als der Verlust.
Die aufgeführten GdS für Gliedmaßenverluste gehen – soweit nichts anderes erwähnt ist – von günstigen Verhältnissen des Stumpfes und der benachbarten Gelenke aus. Bei ausgesprochen ungünstigen Stumpfverhältnissen, bei nicht nur vorübergehenden Stumpfkrankheiten sowie bei nicht unwesentlicher Funktionsbeeinträchtigung des benachbarten Gelenkes sind diese Sätze im allgemeinen um 10 zu erhöhen, unabhängig davon, ob Körperersatzstücke getragen werden oder nicht.
Körperersatzstücke, orthopädische und andere Hilfsmittel mindern bei Verlust und Funktionsstörungen der Gliedmaßen sowie bei Funktionseinschränkungen des Rumpfes die Auswirkungen der Behinderung, ohne dass dadurch der durch den Schaden allein bedingte GdS eine Änderung erfährt.
Bei der Bewertung des GdS von Pseudarthrosen ist zu berücksichtigen, dass straffe Pseudarthrosen günstiger sind als schlaffe.
Bei habituellen Luxationen richtet sich die Höhe des GdS außer nach der Funktionsbeeinträchtigung der Gliedmaße auch nach der Häufigkeit der Ausrenkungen.

18.12 Endoprothesen

Es werden Mindest-GdS angegeben, die für Endoprothesen bei bestmöglichem Behandlungsergebnis gelten. Bei eingeschränkter Versorgungsqualität sind höhere Werte angemessen. Die Versorgungsqualität kann insbesondere beeinträchtigt sein durch

- Beweglichkeits- und Belastungseinschränkung,
- Nervenschädigung,
- deutliche Muskelminderung,
- ausgeprägte Narbenbildung,

Die in der GdS-Tabelle angegebenen Werte schließen die bei der jeweiligen Versorgungsart üblicherweise gebotenen Beschränkungen ein.

Hüftgelenk	
bei einseitiger Endoprothese beträgt der GdS mindestens	10
bei beidseitiger Endoprothese beträgt der GdS mindestens	20
Kniegelenk	
bei einseitiger Totalendoprothese beträgt der GdS mindestens	20
bei beidseitiger Totalendoprothese beträgt der GdS mindestens	30
bei einseitiger Teilendoprothese beträgt der GdS mindestens	10
bei beidseitiger Teilendoprothese beträgt der GdS mindestens	20
Oberes Sprunggelenk	
bei einseitiger Endoprothese beträgt der GdS mindestens	10
bei beidseitiger Endoprothese beträgt der GdS mindestens	20
Schultergelenk	
bei einseitiger Endoprothese beträgt der GdS mindestens	20
bei beidseitiger Endoprothese beträgt der GdS mindestens	40
Ellenbogengelenk	
bei einseitiger Totalendoprothese beträgt der GdS mindestens	30
bei beidseitiger Totalendoprothese beträgt der GdS mindestens	50
Kleine Gelenke	
Endoprothesen bedingen keine wesentliche Teilhabebeeinträchtigung	
Aseptische Nekrosen	
Hüftkopfnekrosen (z. B. Perthes-Krankheit) während der notwendigen Entlastung	70
Lunatum-Malazie während der notwendigen Immobilisierung	30

18.13 Schäden der oberen Gliedmaßen

Extremitätenverlust

Verlust eines Armes und Beines	100

Verlust eines Armes im Schultergelenk oder mit sehr kurzem Oberarmstumpf	80
Unter einem sehr kurzen Oberarmstumpf ist ein Stumpf zu verstehen, der eine gleiche Funktionseinbuße wie der Verlust des Armes im Schultergelenk zur Folge hat. Das ist immer dann der Fall, wenn die Absetzungsebene in Höhe des Collum chirurgicum liegt.	
Verlust eines Armes im Oberarm oder im Ellenbogengelenk	70
Verlust eines Armes im Unterarm	50
Verlust eines Armes im Unterarm mit einer Stumpflänge bis 7 cm	60
Verlust der ganzen Hand	50
Versteifung des Schultergelenks in günstiger Stellung bei gut beweglichem Schultergürtel	30
Eine Versteifung im Schultergelenk in einem Abspreizwinkel um ca. 45° und leichter Vorhalte gilt als funktionell günstig.	
Versteifung des Schultergelenks in ungünstiger Stellung oder bei gestörter Beweglichkeit des Schultergürtels	40-50
Bewegungseinschränkung des Schultergelenks (einschließlich Schultergürtel)	
Armhebung nur bis zu 120° mit entsprechender Einschränkung der Dreh- und Spreizfähigkeit	10
Armhebung nur bis zu 90° mit entsprechender Einschränkung der Dreh- und Spreizfähigkeit	20
Instabilität des Schultergelenks	
geringen Grades, auch seltene Ausrenkung (in Abständen von 1 Jahr und mehr)	10
mittleren Grades, auch häufigere Ausrenkung	20-30
schweren Grades (auch Schlottergelenk), auch ständige Ausrenkung	40
Schlüsselbeinpseudarthrose	
straff	0-10
schlaff	20
Verkürzung des Armes bis zu 4 cm bei freier Beweglichkeit der großen Armgelenke	0
Oberarmpseudarthrose	
straff	20
schlaff	40
Riss der langen Bizepssehne	0-10
Versteifung des Ellenbogengelenks einschließlich Aufhebung der Unterarmdrehbewegung	
in günstiger Stellung	30
in ungünstiger Stellung	40-50

Die Versteifung in einem Winkel zwischen 80° und 100° bei mittlerer Pronationsstellung des Unterarms ist als günstige Gebrauchsstellung aufzufassen.	
Bewegungseinschränkung im Ellenbogengelenk	
geringen Grades (Streckung/Beugung bis 0-30-120 bei freier Unterarmdrehbeweglichkeit)	0-10
stärkeren Grades (insbesondere der Beugung einschließlich Einschränkung der Unterarmdrehbeweglichkeit)	20-30
Isolierte Aufhebung der Unterarmdrehbeweglichkeit	
in günstiger Stellung (mittlere Pronationsstellung)	10
in ungünstiger Stellung	20
in extremer Supinationsstellung	30
Ellenbogen-Schlottergelenk	40
Unterarmpseudarthrose	
straff	20
schlaff	40
Pseudarthrose der Elle oder Speiche	10-20
Versteifung des Handgelenks	
in günstiger Stellung (leichte Dorsalextension)	20
in ungünstiger Stellung	30
Bewegungseinschränkung des Handgelenks	
geringen Grades (z. B. Streckung/Beugung bis 30-0-40)	0-10
stärkeren Grades	20-30
Nicht oder mit Deformierung verheilte Brüche oder Luxationen der Handwurzelknochen oder eines oder mehrerer Mittelhandknochen mit sekundärer Funktionsbeeinträchtigung	10-30
Versteifung eines Daumengelenks in günstiger Stellung	0-10
Versteifung beider Daumengelenke und des Mittelhand- Handwurzelgelenks in günstiger Stellung	20
Versteifung eines Fingers in günstiger Stellung (mittlere Gebrauchsstellung)	0-10
Versteifungen der Finger in Streck- oder starker Beugestellung sind oft störender als ein glatter Verlust.	
Verlust des Daumenendgliedes	0
Verlust des Daumenendgliedes und des halben Grundgliedes	10
Verlust eines Daumens	25
Verlust beider Daumen	40
Verlust eines Daumens mit Mittelhandknochen	30
Verlust des Zeigefingers, Mittelfingers, Ringfingers oder Kleinfingers, auch mit Teilen des dazugehörigen Mittelhandknochens	10

Verlust von zwei Fingern	
mit Einschluss des Daumens	30
II+III, II+IV	30
sonst	25
Verlust von drei Fingern	
mit Einschluss des Daumens	40
II+III+IV	40
sonst	30
Verlust von vier Fingern	
mit Einschluss des Daumens	50
sonst	40
Verlust der Finger II bis V an beiden Händen	80
Verlust aller fünf Finger einer Hand	50
Verlust aller zehn Finger	100

Obige Sätze gelten für den Gesamtverlust der Finger bei reizlosen Stumpfverhältnissen. Bei Verlust einzelner Fingerglieder sind sie herabzusetzen, bei schlechten Stumpfverhältnissen zu erhöhen.

Fingerstümpfe im Mittel- und Endgelenk können schmerzhafte Narbenbildung und ungünstige Weichteildeckung zeigen. Empfindungsstörungen an den Fingern, besonders an Daumen und Zeigefinger, können die Gebrauchsfähigkeit der Hand wesentlich beeinträchtigen.

Nervenausfälle (vollständig)

Armplexus	80
oberer Armplexus	50
unterer Armplexus	60
N. axillaris	30
N. thoracicus longus	20
N. musculocutaneus	20
N. radialis	
ganzer Nerv	30
mittlerer Bereich oder distal	20
N. ulnaris	
proximal oder distal	30
N. medianus	
proximal	40
distal	30
Nn. radialis und axillaris	50
Nn. radialis und ulnaris	50
Nn. radialis und medianus	50
Nn. ulnaris und medianus	50
Nn. radialis, ulnaris und medianus im Vorderarmbereich	60

Trophische Störungen sind zusätzlich zu berücksichtigen; Teilausfälle der genannten Nerven sind entsprechend geringer zu bewerten.

18.14 Schäden der unteren Gliedmaßen

Verlust beider Beine im Oberschenkel	100
Verlust eines Beines im Oberschenkel und eines Beines im Unterschenkel	100
Verlust eines Beines und Armes	100
Verlust eines Beines im Hüftgelenk oder mit sehr kurzem Oberschenkelstumpf	80

Unter einem sehr kurzen Oberschenkelstumpf ist ein Stumpf zu verstehen, der eine gleiche Funktionseinbuße wie der Verlust des Beines im Hüftgelenk bedingt. Das ist immer dann der Fall, wenn die Absetzungsebene in Höhe des Trochanter minor liegt.

Verlust eines Beines im Oberschenkel (einschließlich Absetzung nach Gritti)	70
Notwendigkeit der Entlastung des ganzen Beines (z. B. Sitzbeinabstützung)	70
Verlust eines Beines im Unterschenkel bei genügender Funktionstüchtigkeit des Stumpfes und der Gelenke	50
Notwendigkeit der Entlastung eines Unterschenkels (z. B. Schienbeinkopfabstützung)	50
Verlust eines Beines im Unterschenkel bei ungenügender Funktionstüchtigkeit des Stumpfes und der Gelenke	60
Verlust beider Beine im Unterschenkel	80
bei einseitig ungünstigen Stumpfverhältnissen	90
bei beidseitig ungünstigen Stumpfverhältnissen	100
Teilverlust eines Fußes, Absetzung	
nach Pirogow	
einseitig, guter Stumpf	40
beidseitig	70
nach Chopart	
einseitig, guter Stumpf	30
einseitig, mit Fußfehlstellung	30-50
beidseitig	60
nach Lisfranc oder im Bereich der Mittelfußknochen nach Sharp	
einseitig, guter Stumpf	30
einseitig, mit Fußfehlstellung	30-40
beidseitig	50
Verlust einer Zehe	0

Verlust einer Großzehe	10
Verlust einer Großzehe mit Verlust des Köpfchens des I. Mittelfußknochens	20
Verlust der Zehen II bis V oder I bis III	10
Verlust aller Zehen an einem Fuß	20
Verlust aller Zehen an beiden Füßen	30
Versteifung beider Hüftgelenke je nach Stellung	80-100
Versteifung eines Hüftgelenks	
in günstiger Stellung	40
Die Versteifung eines Hüftgelenks in leichter Abspreizstellung von ca. 10°, mittlerer Drehstellung und leichter Beugestellung gilt als günstig.	
in ungünstiger Stellung	50-60
Ungünstig sind Hüftgelenkversteifungen in stärkerer Adduktions-, Abduktions- oder Beugestellung.	
Bewegungseinschränkung der Hüftgelenke	
geringen Grades	
(z. B. Streckung/Beugung bis zu 0-10-90 mit entsprechender Einschränkung der Dreh- und Spreizfähigkeit)	
einseitig	10-20
beidseitig	20-30
mittleren Grades	
(z. B. Streckung/Beugung bis zu 0-30-90 mit entsprechender Einschränkung der Dreh- und Spreizfähigkeit)	
einseitig	30
beidseitig	50
stärkeren Grades	
einseitig	40
beidseitig	60-100
Hüftdysplasie (einschließlich sogenannte angeborene Hüftluxation)	
für die Dauer der vollständigen Immobilisierung	100
danach bis zum Abschluss der Spreizbehandlung	50
Anschließend und bei unbehandelten Fällen richtet sich der GdS nach der Instabilität und der Funktionsbeeinträchtigung.	
Hüftgelenksresektion je nach Funktionsstörung	50-80
Schnappende Hüfte	0-10
Beinverkürzung	
bis 2,5 cm	0
über 2,5 cm bis 4 cm	10
über 4 cm bis 6 cm	20
über 6 cm	wenigstens 30

Oberschenkelpseudarthrose	
straff	50
schlaff	70
Faszienlücke (Muskelhernie) am Oberschenkel	0-10
Versteifung beider Kniegelenke	80
Versteifung eines Kniegelenks	
in günstiger Stellung (Beugestellung von 10-15°)	30
in ungünstiger Stellung	40-60
Lockerung des Kniebandapparates	
muskulär kompensierbar	10
unvollständig kompensierbar, Gangunsicherheit	20
Versorgung mit einem Stützapparat, je nach Achsenfehlstellung	30-50
Kniescheibenbruch	
nicht knöchern verheilt ohne Funktionseinschränkung des Streckapparates	10
nicht knöchern verheilt mit Funktionseinschränkung des Streckapparates	20-40
Habituelle Kniescheibenverrenkung	
seltene Ausrenkung (in Abständen von 1 Jahr und mehr)	0-10
häufiger	20
Bewegungseinschränkung im Kniegelenk	
geringen Grades (z. B. Streckung/Beugung bis 0-0-90)	
einseitig	0-10
beidseitig	10-20
mittleren Grades (z. B. Streckung/Beugung 0-10-90)	
einseitig	20
beidseitig	40
stärkeren Grades (z. B. Streckung/Beugung 0-30-90)	
einseitig	30
beidseitig	50
Ausgeprägte Knorpelschäden der Kniegelenke (z. B. Chondromalacia patellae Stadium II – IV) mit anhaltenden Reizerscheinungen, einseitig	
ohne Bewegungseinschränkung	10-30
mit Bewegungseinschränkung	20-40
Schienbeinpseudarthrose	
straff	20-30
schlaff	40-50
Teilverlust oder Pseudarthrose des Wadenbeins	0-10
Versteifung des oberen Sprunggelenks in günstiger Stellung (Plantarflexion um 5° bis 15°)	20

Versteifung des unteren Sprunggelenks in günstiger Stellung (Mittelstellung)	10
Versteifung des oberen und unteren Sprunggelenks	
in günstiger Stellung	30
in ungünstiger Stellung	40
Bewegungseinschränkung im oberen Sprunggelenk	
geringen Grades	0
mittleren Grades (Heben/Senken 0-0-30)	10
stärkeren Grades	20
Bewegungseinschränkung im unteren Sprunggelenk	0-10
Klumpfuß je nach Funktionsstörung	
einseitig	20-40
beidseitig	30-60
Andere Fußdeformitäten	
ohne wesentliche statische Auswirkungen (z. B. Senk-Spreizfuß, Hohlfuß, Knickfuß, auch posttraumatisch)	0
mit statischer Auswirkung je nach Funktionsstörung	
geringen Grades	10
stärkeren Grades	20
Versteifung aller Zehen eines Fußes	
in günstiger Stellung	10
in ungünstiger Stellung	20
Versteifungen oder Verkrümmungen von Zehen außer der Großzehe	0
Versteifung der Großzehengelenke	
in günstiger Stellung	0-10
in ungünstiger Stellung (z. B. Plantarflexion im Grundgelenk über 10°)	20
Narben nach größeren Substanzverlusten an Ferse und Fußsohle	
mit geringer Funktionsbehinderung	10
mit starker Funktionsbehinderung	20-30
Nervenausfälle (vollständig)	
Plexus lumbosacralis	80
N. glutaeus superior	20
N. glutaeus inferior	20
N. cutaneus femoralis lat	10
N. femoralis	40
N. ischiadicus	
proximal	60
distal (Ausfall der Nn. peronaeus communis und tibialis)	50
N. peronaeus communis oder profundus	30
N. peronaeus superficialis	20

N. tibialis	30
Trophische Störungen sind zusätzlich zu berücksichtigen. Teilausfälle der genannten Nerven sind entsprechend geringer zu bewerten.	
Völlige Gebrauchsunfähigkeit eines Beines	80

Teil C: Begutachtung im sozialen Entschädigungsrecht

1. Ursachenbegriff

a)

Der versorgungsrechtliche Ursachenbegriff ist nicht identisch mit dem medizinischen.

b)

Ursache im Sinne der Versorgungsgesetze ist die Bedingung im naturwissenschaftlich-philosophischen Sinne, die wegen ihrer besonderen Beziehung zum Erfolg an dessen Eintritt wesentlich mitgewirkt hat. Haben mehrere Umstände zu einem Erfolg beigetragen, sind sie versorgungsrechtlich nur dann nebeneinander stehende Mitursachen (und wie Ursachen zu werten), wenn sie in ihrer Bedeutung und Tragweite für den Eintritt des Erfolges annähernd gleichwertig sind. Kommt einem der Umstände gegenüber dem anderen eine überragende Bedeutung zu, ist dieser Umstand allein Ursache im Sinne des Versorgungsrechts.

c)

Die Ursache braucht nicht zeitlich eng begrenzt zu sein. Es können auch dauernde oder wiederkehrende kleinere äußere Einwirkungen in ihrer Gesamtheit eine Gesundheitsstörung verursachen.

d)

„Gelegenheitsursachen", letzter Anstoß, Anlass sind begrifflich keine wesentlichen Bedingungen. Eine „Gelegenheitsursache" kann nur dann angenommen werden, wenn der Gesundheitsschaden mit Wahrscheinlichkeit auch ohne das angeschuldigte Ereignis durch ein alltäglich vorkommendes Ereignis zu annähernd derselben Zeit und in annähernd gleichem Ausmaß eingetreten wäre. So wird bei konstitutionsbedingten Leiden oft ein unwesentlicher äußerer Anlass von der Antrag stellenden Person als Ursache verantwortlich gemacht, z. B. das Heben von leichten Gegenständen für das Auftreten von Hernien. In solchen Fällen hat die äußere Einwirkung bei der Entstehung der Krankheit nicht wesentlich mitgeholfen, sondern sie hat nur innerhalb einer bereits bestehenden Störung einem besonders charakteristischen Krankheitssymptom zum Durchbruch verholfen. Das Wort „Auslösung" ist bei der Erörterung zu vermeiden, der Begriff ist zu unbestimmt. Bei der Beurteilung ist klarzustellen, welcher der zur Diskussion stehenden ätiologischen Faktoren die wesentliche Bedingung für den Eintritt des Erfolges und damit Ursache im versorgungsrechtlichen Sinne ist.

e)

Der Ursachenbegriff spielt eine Rolle bei der Beurteilung des ursächlichen Zusammenhangs zwischen schädigendem Vorgang und Gesundheitsstörung oder Tod, des besonderen beruflichen Betroffenseins, der Hilflosigkeit, der

Voraussetzungen für den Pauschbetrag für den Kleider- oder Wäscheverschleiß sowie im Bereich der Kriegsopferfürsorge und der Heilbehandlung wegen Schädigungsfolgen.

2. Tatsachen zur Beurteilung des ursächlichen Zusammenhangs

a)

Zu den Fakten, die vor der Beurteilung eines ursächlichen Zusammenhangs geklärt („voll bewiesen") sein müssen, gehören der schädigende Vorgang, die gesundheitliche Schädigung und die zu beurteilende Gesundheitsstörung.

b)

Der schädigende Vorgang ist das Ereignis, das zu einer Gesundheitsschädigung führt, wie z. B. die Detonation eines Sprengkörpers, ein Kraftfahrzeugunfall, die Übertragung von Krankheitserregern oder eine Vergewaltigung. Auch besondere Belastungen, wie sie z. B. im Fronteinsatz, in Kriegsgefangenschaft, bei Dienstverrichtungen in bestimmten Ausbildungsstufen der Bundeswehr oder in rechtsstaatswidriger Haft in der ehemaligen DDR gegeben sein können, zählen dazu. Relativ selten sind daneben Auswirkungen von außerhalb der Dienstverrichtungen liegenden diensteigentümlichen Verhältnissen in Betracht zu ziehen; diensteigentümliche Verhältnisse sind die besonderen, von den Verhältnissen des zivilen Lebens abweichenden und diesen in der Regel fremden Verhältnisse des Dienstes (z. B. das enge Zusammenleben in einer Kaserne). Unfall ist ein auf äußeren Einwirkungen beruhendes plötzliches, örtlich und zeitlich bestimmbares, einen Körperschaden verursachendes Ereignis.

c)

Die gesundheitliche Schädigung ist die primäre Beeinträchtigung der Gesundheit durch den schädigenden Vorgang, wie z. B. die Verwundung, die Verletzung durch Unfall, die Resistenzminderung durch Belastung. Die verbleibende Gesundheitsstörung ist die Schädigungsfolge (Wehrdienstbeschädigungsfolge [WDB-Folge], Zivildienstbeschädigungsfolge [ZDB-Folge] usw.).

d)

Zwischen dem schädigenden Vorgang und der Gesundheitsstörung muss eine nicht unterbrochene Kausalkette bestehen, die mit den Erkenntnissen der medizinischen Wissenschaft und den ärztlichen Erfahrungen im Einklang steht. Dabei sind Brückensymptome oft notwendige Bindeglieder. Fehlen Brückensymptome, so ist die Zusammenhangsfrage besonders sorgfältig zu prüfen und die Stellungnahme anhand eindeutiger objektiver Befunde überzeugend wissenschaftlich zu begründen.

e)

Für eine Reihe von Erkrankungen, für die eine traumatische Entstehung in Betracht kommt, muss auch eine lokale Beziehung zwischen dem Ort der traumatischen Einwirkung und dem Krankheitsherd vorliegen, z. B. bei Geschwülsten oder Osteomyelitis.

f)

Die Fakten, auf die sich die Beurteilung des ursächlichen Zusammenhangs gründet, müssen voll bewiesen sein. Das bedeutet, dass sie belegt sein müssen oder dass – wenn Belege nicht zu beschaffen sind – zumindest nach den gegebenen Umständen (z. B. auch aufgrund einer Glaubhaftmachung) die Überzeugung zu gewinnen ist, dass es so und nicht anders gewesen ist.

3. Wahrscheinlichkeit des ursächlichen Zusammenhangs

a)

Für die Annahme, dass eine Gesundheitsstörung Folge einer Schädigung ist, genügt versorgungsrechtlich die Wahrscheinlichkeit des ursächlichen Zusammenhangs. Sie ist gegeben, wenn nach der geltenden medizinischwissenschaftlichen Lehrmeinung mehr für als gegen einen ursächlichen Zusammenhang spricht. Mit besonderer Sorgfalt ist das Für und Wider abzuwägen. Auch bei schwierigen Zusammenhangsfragen soll man bemüht sein, im Gutachten zu einer verwertbaren Beurteilung zu kommen.

b)

Grundlage für die medizinische Beurteilung sind die von der herrschenden wissenschaftlichen Lehrmeinung vertretenen Erkenntnisse über Ätiologie und Pathogenese. Es genügt nicht, dass ein einzelner Wissenschaftler oder eine einzelne Wissenschaftlerin eine Arbeitshypothese aufgestellt oder einen Erklärungsversuch unternommen hat. Es kommt auch nicht allein auf die subjektive Auffassung der beurteilenden Person an.

c)

Vielfach lässt allein der große zeitliche Abstand ohne Brückensymptome den ursächlichen Zusammenhang unwahrscheinlich erscheinen. Die angemessene zeitliche Verbindung ist in der Regel eine Voraussetzung für die Wahrscheinlichkeit des ursächlichen Zusammenhangs. Andererseits kann die zeitliche Verbindung zwischen einer Gesundheitsstörung und dem geleisteten Dienst für sich allein die Wahrscheinlichkeit des ursächlichen Zusammenhangs nicht begründen. Die Tatsache, dass z. B. ein Soldat beim Eintritt in den Dienst gesund war, dass er den Einflüssen des Dienstes ausgesetzt war und dass eine Krankheit während der Dienstzeit entstanden oder hervorgetreten ist, reicht für die Annahme einer Schädigungsfolge nicht aus. Es muss vielmehr der ungünstige Einfluss einer bestimmten Dienstverrichtung oder allgemeiner dienstlicher Verhältnisse auf die Entstehung oder Verschlimmerung der Krankheit dargelegt werden, da Krankheiten aller Art, insbesondere innere Leiden, zu jeder Zeit auch ohne wesentliche Mitwirkung eines schädigenden Vorgangs entstehen können.

d)
Aus dem Umstand, dass der Zusammenhang der Gesundheitsstörung mit einem schädigenden Vorgang nach wissenschaftlicher Erkenntnis nicht ausgeschlossen werden kann, lässt sich nicht folgern, dass er darum wahrscheinlich sei. Ebenso wenig kann das Vorliegen einer Schädigungsfolge bejaht werden, wenn ein ursächlicher Zusammenhang nur möglich ist.

4. Kannversorgung

a)
Abweichend von den oben erläuterten Grundsätzen kann nach § 1 Abs. 3 Satz 2 Bundesversorgungsgesetz (BVG) eine Gesundheitsstörung als Schädigungsfolge anerkannt werden, wenn die zur Anerkennung einer Gesundheitsstörung als Folge einer Schädigung erforderliche Wahrscheinlichkeit nur deshalb nicht gegeben ist, weil über die Ursache des festgestellten Leidens in der medizinischen Wissenschaft Ungewissheit besteht (Kannversorgung). Eine gleichlautende Bestimmung enthalten auch alle weiteren Gesetze des sozialen Entschädigungsrechts.
b)
Folgende medizinische Voraussetzungen müssen erfüllt sein:
aa)
Über die Ätiologie und Pathogenese des Leidens darf keine durch Forschung und Erfahrung genügend gesicherte medizinisch-wissenschaftliche Auffassung herrschen. Eine von der medizinisch-wissenschaftlichen Lehrmeinung abweichende persönliche Ansicht einer sachverständigen Person erfüllt nicht den Tatbestand einer Ungewissheit in der medizinischen Wissenschaft.
bb)
Wegen mangelnder wissenschaftlicher Erkenntnisse und Erfahrungen darf die ursächliche Bedeutung von Schädigungstatbeständen oder Schädigungsfolgen für die Entstehung und den Verlauf des Leidens nicht mit Wahrscheinlichkeit beurteilt werden können. Ein ursächlicher Einfluss der im Einzelfall vorliegenden Umstände muss in den wissenschaftlichen Arbeitshypothesen als theoretisch begründet in Erwägung gezogen werden. Ist die ursächliche Bedeutung bestimmter Einflüsse trotz mangelnder Kenntnis der Ätiologie und Pathogenese wissenschaftlich nicht umstritten, so muss gutachterlich beurteilt werden, ob der ursächliche Zusammenhang wahrscheinlich oder unwahrscheinlich ist.
cc)
Zwischen der Einwirkung der wissenschaftlich in ihrer ursächlichen Bedeutung umstrittenen Umstände und der Manifestation des Leidens oder der Verschlimmerung des Krankheitsbildes muss eine zeitliche Verbindung gewahrt sein, die mit den allgemeinen Erfahrungen über biologische Verläufe und den in den wissenschaftlichen Theorien vertretenen Auffassungen über Art und Wesen des Leidens in Einklang steht.

c)
Ungewissheiten im Sachverhalt, die von der Ungewissheit in der medizinischen Wissenschaft über die Ursachen des Leidens unabhängig sind, rechtfertigen die Anwendung der Kannvorschrift nicht; dies ist insbesondere der Fall, wenn rechtserhebliche Zweifel über den Zeitpunkt des Leidensbeginns bestehen, weil die geltend gemachten Erstsymptome mehrdeutig sind, oder wenn das Leiden diagnostisch nicht ausreichend geklärt ist.
d)
Ist bei einem Leiden eine Kannversorgung generell in Betracht zu ziehen, muss trotzdem anhand des Sachverhaltes des Einzelfalles stets zuerst geprüft werden, ob der ursächliche Zusammenhang mit Wahrscheinlichkeit zu beurteilen ist. Lässt sich dabei die Frage des ursächlichen Zusammenhangs bereits in ihrer Gesamtheit entscheiden, so entfällt eine Kannversorgung. Ist die Wahrscheinlichkeit des ursächlichen Zusammenhangs nur für einen Teil des Gesamtleidens gegeben, so ist zu prüfen, ob für den verbleibenden Teil des Leidens die Voraussetzungen für eine Kannversorgung erfüllt sind.
e)
Ist die Wahrscheinlichkeit des ursächlichen Zusammenhangs zwischen einem als Schädigungsfolge anerkannten Leiden und einem neuen Leiden nicht gegeben, weil über die Ursache des neuen Leidens in der medizinischen Wissenschaft Ungewissheit besteht, so ist eine Kannversorgung nur dann gerechtfertigt, wenn das als Ursache in Betracht kommende Leiden aus heutiger Sicht zu Recht anerkannt worden ist. Das heißt bei der Überprüfung der früheren Entscheidung müsste unter Berücksichtigung jeweils neuester medizinischer Erkenntnisse das anerkannte Leiden erneut als Schädigungsfolge anerkannt werden. Kommt bei einem Leiden, für das bereits teilweise eine Versorgung als Rechtsanspruch besteht, über diesen Anteil hinaus eine Kannversorgung in Betracht, so kann diese nur gewährt werden, wenn der als Schädigungsfolge anerkannte Teil des Leidens, der als mögliche Ursache für eine weitergehende Versorgung erörtert wird, zu Recht anerkannt worden ist, oder wenn für den als Schädigungsfolge anerkannten Teil des Leidens die Voraussetzungen für eine Kannversorgung erfüllt sind.
f)
Kann die ursächliche Bedeutung von Schädigungstatbeständen oder von zu Recht als Schädigungsfolge anerkannten Leiden für die Verschlimmerung eines schädigungsunabhängig entstandenen Leidens wegen der insoweit in der medizinischen Wissenschaft bestehenden Ungewissheit nicht mit Wahrscheinlichkeit beurteilt werden, so sind bei der Bemessung des Verschlimmerungsanteils das Ausmaß des Vorschadens, die Art des Leidens, die ihm innewohnende Entwicklungstendenz und der weitere Leidensverlauf zu berücksichtigen. Bei klar abgrenzbaren Verschlimmerungsanteilen ist der GdS in der auch sonst üblichen Weise zu bilden; bei späteren, erneut abgrenzbaren (z. B. schubartigen)

Verschlechterungen des Leidens ist dann zu prüfen, ob diese nun mehr mit Wahrscheinlichkeit beurteilt werden können (z. B. nach langem, schubfreiem Intervall oder bei Einwirkung von neuen, in ihrer ursächlichen Bedeutung bekannten Faktoren). Bei nicht klar abgrenzbaren Verschlimmerungen – wenn also die ursächliche Bedeutung von Schädigungstatbeständen auch für den weiteren Verlauf nicht mit Wahrscheinlichkeit beurteilt werden kann (z. B. bei chronisch-progredienten Verlaufsformen) – kann je nach Ausmaß des Vorschadens und der hieraus ableitbaren Entwicklungstendenz des Leidens ein Bruchteil des jeweiligen Gesamtleidens oder auch der gesamte Leidenszustand in die Kannversorgung einbezogen werden.

5. Mittelbare Schädigungsfolgen

Mittelbare Schädigungsfolgen sind Gesundheitsstörungen, die durch ein äußeres Ereignis, das seine Ursache in einem schädigungsbedingten Leiden hat, herbeigeführt worden sind. Die mittelbaren Schädigungsfolgen werden versorgungsrechtlich wie unmittelbare Schädigungsfolgen behandelt. Ein in der Eigenart eines Leidens liegender Folgeschaden ist keine mittelbare, sondern eine unmittelbare Schädigungsfolge.

6. Absichtlich herbeigeführte Schädigungen

Eine von der beschädigten Person absichtlich herbeigeführte Schädigung gilt nicht als Schädigung im Sinne der Versorgungsgesetze. Absichtlich herbeigeführt ist sie dann, wenn sie von der beschädigten Person erstrebt war. Selbsttötung und die Folgen eines Selbsttötungsversuches oder einer Selbstverletzung sind nicht absichtlich herbeigeführt, wenn eine Beeinträchtigung der freien Willensbestimmung durch versorgungsrechtlich geschützte Tatbestände wahrscheinlich ist.

7. Anerkennung im Sinne der Entstehung und Anerkennung im Sinne der Verschlimmerung

a)

Die Anerkennung einer Gesundheitsstörung im Sinne der Entstehung setzt voraus, dass zur Zeit der Einwirkung des schädigenden Vorganges noch kein dieser Gesundheitsstörung zugehöriges pathologisches physisches oder psychisches Geschehen vorhanden war. Dies gilt auch, wenn auf eine Disposition zu der Gesundheitsstörung geschlossen werden kann. Sofern zur Zeit der Einwirkung des schädigenden Vorganges bereits ein einer Gesundheitsstörung zugehöriges pathologisches physisches oder psychisches Geschehen, wenn auch noch nicht bemerkt, vorhanden war, kommt nur eine Anerkennung im Sinne der Verschlimmerung in Frage, falls die äußere Einwirkung entweder den Zeitpunkt vorverlegt hat, an dem das Leiden sonst in Erscheinung getreten wäre, oder das Leiden in schwererer Form aufgetreten ist, als es sonst zu erwarten gewesen wäre. Von diesem Begriff der Verschlimmerung ist der Begriff der Verschlimmerung im Sinne einer wesentlichen Änderung der Verhältnisse zu unterscheiden.

b)

Bei weiterer Verschlechterung sowohl im Sinne der Entstehung als auch im Sinne der Verschlimmerung anerkannter Gesundheitsstörungen ist jeweils zu prüfen, ob die Leidenszunahme noch auf eine Schädigung ursächlich zurückzuführen ist.

c)

Bei der ärztlichen Begutachtung muss abgewogen werden, ob nur die eigengesetzliche Entwicklung eines Leidens vorliegt oder ob dienstliche oder außerdienstliche Einwirkungen als wesentliche Bedingung einen Einfluss auf die Stärke der Krankheitserscheinungen und auf die Schnelligkeit des Fortschreitens hatten.

8. Arten der Verschlimmerung

Medizinisch gesehen unterscheidet man verschiedene Arten der Verschlimmerung. Ein schädigender Vorgang kann nur vorübergehend zu einer Zunahme des Krankheitswertes und damit zu keiner oder nicht zu einem bleibenden schädigungsbedingten GdS führen; er kann anhaltend, aber abgrenzbar den weiteren Krankheitsverlauf beeinflussen und damit zu einem gleichbleibenden schädigungsbedingten GdS führen; er kann aber auch den weiteren Krankheitsverlauf richtungsgebend bestimmen und damit Anlass zu einem ansteigenden schädigungsbedingten GdS sein. Häufig wird erst nach längerer Beobachtung des Verlaufs zu beurteilen sein, wie weit der Einfluss des schädigenden Vorgangs reicht. Das Ausmaß der Verschlimmerung ist für die Festsetzung des GdS von wesentlicher Bedeutung. Hierbei müssen in jedem Fall die durch die Gesundheitsstörung bewirkte Gesamt-GdS sowie der GdS für den Verschlimmerungsanteil durch Schädigungsfolgen und das Ausmaß des Vorschadens angegeben werden. Unabhängig von der medizinischen Beurteilung der Art der Verschlimmerung muss bei jeder weiteren Zunahme des Krankheitswertes der ursächliche Zusammenhang dieser Weiterentwicklung neu beurteilt werden.

9. Fehlen einer fachgerechten Behandlung

Gesundheitsstörungen, bei deren Auftreten schädigende Einwirkungen nicht mitgewirkt haben, können in ihrem Verlauf in einen ursächlichen Zusammenhang mit schädigenden Einflüssen kommen, wenn durch dienst- oder hafteigentümliche Verhältnisse oder Schädigungsfolgen eine fachgerechte und wahrscheinlich erfolgreiche Behandlung nicht oder zu spät durchgeführt wird.

10. Folgen von diagnostischen Eingriffen, vorbeugenden und therapeutischen Maßnahmen

a)

Die Folgen von diagnostischen Eingriffen, Operationen oder anderen Behandlungsmaßnahmen, die wegen Schädigungsfolgen durchgeführt werden, sind Schädigungsfolgen.

b)

Wenn derartige Maßnahmen wegen schädigungsunabhängiger Gesundheitsstörungen vorgenommen werden, kommt eine Annahme nachteiliger Folgen als Schädigungsfolge in Betracht, wenn

aa)

eine Duldungspflicht von Maßnahmen zur Verhütung oder Bekämpfung übertragbarer Krankheiten bestand,

bb)

die Behandlung auf den Dienst oder die dem Dienst (oder einer Haft) eigentümlichen Verhältnisse zurückzuführen war.

Für die Annahme nachteiliger gesundheitlicher Folgen einer Behandlung sind in jedem Fall ein Ursachenzusammenhang zwischen der Behandlung und einer gesundheitlichen Schädigung sowie die Wahrscheinlichkeit eines Ursachenzusammenhangs zwischen dieser Schädigung und ihren gesundheitlichen Folgen erforderlich. Der Dienst oder dienst-(bzw. haft-)eigentümliche Verhältnisse sind dann nicht wesentliche Bedingung für nachteilige gesundheitliche Folgen einer Behandlung, wenn andere Umstände eine überwiegende Bedeutung erlangt haben. Dies kann z. B. der Fall sein, wenn eine Behandlung wegen eines tatsächlich oder vermeintlich lebensbedrohlichen Zustands durchgeführt wurde und nachteilige gesundheitliche Folgen nicht auf eine unsachgemäße Behandlung zurückzuführen sind. Der Umstand, dass eine Behandlung in einem Lazarett bzw. Bundeswehrkrankenhaus vorgenommen wurde, bietet allein noch keinen Grund, weitere Folgen der Krankheit als Schädigung bzw. Schädigungsfolgen anzusehen. Nachteilige gesundheitliche Folgen sind solche, die außerhalb des mit der Behandlung angestrebten Heilerfolges liegen. Die Unterlassung einer gebotenen Maßnahme steht hinsichtlich der gesundheitlichen Folgen ihrer Vornahme gleich.

11. Ursächlicher Zusammenhang zwischen Schädigung und Tod

a)

Der Tod ist die Folge einer Schädigung, wenn er durch sie verursacht worden ist.

b)

Wenn eine beschädigte Person an einem Leiden stirbt, das als Folge einer Schädigung rechtsverbindlich anerkannt und für das ihm im Zeitpunkt des Todes Rente zuerkannt war, dass heißt, wenn die anerkannte Gesundheitsstörung den Tod verursacht hat, gilt der Tod stets als Schädigungsfolge (Rechtsvermutung). Diese Rechtsvermutung erlaubt es, im Gutachten die Stellungnahme auf die Frage des ursächlichen Zusammenhanges zwischen Tod und anerkannter Schädigungsfolge zu beschränken. Eine nochmalige Stellungnahme zur Wahrscheinlichkeit des ursächlichen Zusammenhanges zwischen Dienst und anerkannter Schädigungsfolge erübrigt sich daher, es sei denn, dass Umstände bekannt werden, die auf eine zweifelsfreie Unrichtigkeit des bisherigen Anerkenntnisses hinweisen.

c)

Stirbt eine beschädigte Person an einem im Sinne der Verschlimmerung anerkannten Leiden, so trifft die Rechtsvermutung zu, wenn die schädigungsbedingte Verschlimmerung für den Tod ursächlich gewesen ist. Ob dies der Fall war, bedarf einer Prüfung unter Berücksichtigung der besonderen Verhältnisse des Einzelfalles und unter Wertung der mitwirkenden, nicht schädigungsbedingten Umstände. Die Höhe des für den Verschlimmerungsanteil anerkannten GdS gibt dabei nicht den Ausschlag, vielmehr sind die tatsächlichen gesundheitlichen Verhältnisse im Zeitpunkt des Todes für die Beurteilung maßgebend.

d)

Haben zum Tod mehrere Leiden beigetragen, die nicht alle Schädigungsfolgen sind, dann ist unter Anwendung des versorgungsrechtlichen Ursachenbegriffs zu prüfen, ob die Schädigungsfolgen zumindest eine annähernd gleichwertige Bedeutung für den Eintritt des Todes hatten. In seltenen Fällen kann bei dieser Beurteilung auch der Zeitpunkt des Todes eine wichtige Rolle spielen, und zwar dann, wenn neben den Schädigungsfolgen ein schweres schädigungsunabhängiges Leiden vorgelegen hat, das nach ärztlicher Erfahrung ohne die Schädigungsfolgen noch nicht zu diesem Zeitpunkt, jedoch in einem späteren Stadium in absehbarer Zeit für sich allein zum Tode geführt hätte. In einem solchen Fall ist der Tod dann als Schädigungsfolge anzusehen, wenn die beschädigte Person ohne die Schädigungsfolgen wahrscheinlich mindestens ein Jahr länger gelebt hätte. Der ärztlichen Beurteilung sind hierbei Grenzen gesetzt; eine besonders sorgfältige Abwägung aller Umstände ist geboten.

e)

Eine aus dienstlichen Gründen oder wegen Schädigungsfolgen unterbliebene rechtzeitige oder richtige Behandlung kann Ursache des Todes sein.

f)

Häufig kann der ursächliche Zusammenhang zwischen Schädigung und Tod ohne Leichenöffnung nicht zutreffend beurteilt werden.

12. Vorschaden, Nachschaden, Folgeschaden

a)

Ein Vorschaden ist eine schädigungsunabhängige Gesundheitsstörung, die bei Eintritt der Schädigung bereits nachweisbar bestanden hat. Beim Vorliegen eines Vorschadens ist bei der Bemessung des schädigungsbedingten GdS Folgendes zu beachten:

aa)

Wenn sich Vorschaden und Schädigungsfolge an verschiedenen Körperteilen befinden und sich gegenseitig nicht beeinflussen, so ist der Vorschaden ohne Bedeutung.

bb)

Hat die Schädigung eine vorgeschädigte Gliedmaße oder ein vorgeschädigtes Organ betroffen, muss der schädigungsbedingte GdS niedriger sein als der GdS, der sich aus dem nun bestehenden Gesamtschaden ergibt, es sei denn, dass der Vorschaden nach seinem Umfang oder nach seiner Art keine wesentliche Bedeutung für die gesamte Gesundheitsstörung hat. Der schädigungsbedingte GdS lässt sich dabei nicht einfach dadurch ermitteln, dass der GdS des Vorschadens rein rechnerisch von dem GdS des Gesamtschadens abgezogen wird; maßgeblich ist, zu welchem zusätzlichen anatomischen und funktionellen Verlust die Schädigung geführt hat.

cc)

Sind durch Vorschaden und Schädigungsfolge verschiedene Organe oder Gliedmaßen oder paarige Organe betroffen und verstärkt der Vorschaden die schädigungsbedingte Funktionsstörung, so ist der schädigungsbedingte GdS unter Umständen höher zu bewerten, als es bei isolierter Betrachtung der Schädigungsfolge zu geschehen hätte.

b)

Ein Nachschaden ist eine Gesundheitsstörung, die zeitlich nach der Schädigung eingetreten ist und nicht in ursächlichem Zusammenhang mit der Schädigung steht. Eine solche Gesundheitsstörung kann bei der Feststellung des GdS nach § 30 Absatz 1 Bundesversorgungsgesetz nicht berücksichtigt werden, auch dann nicht, wenn sie zusammen mit Schädigungsfolgen zu besonderen Auswirkungen führt, bei denen die Schädigungsfolgen eine gleichwertige oder überwiegende Bedeutung haben.

c)

Wenn demgegenüber nach einer Schädigung eine weitere Gesundheitsstörung eintritt, bei der – vor allem nach ihrer Art – wahrscheinlich ist, dass die Schädigung oder deren Folgen bei der Entstehung dieser Gesundheitsstörung wesentlich mitgewirkt haben, so handelt es sich um einen Folgeschaden, der eine weitere Schädigungsfolge darstellt und daher mit seinem gesamtem GdS zu berücksichtigen ist. Wenn ein solcher Folgeschaden erst viele Jahre nach der Schädigung in Erscheinung tritt, spricht man auch von einem Spätschaden.

13. Voraussetzungen für die Pflegezulage, Pflegezulagestufen

a)

Pflegezulage wird bewilligt, solange Beschädigte infolge der Schädigung so hilflos sind, dass sie für eine Reihe von häufig und regelmäßig wiederkehrenden Verrichtungen zur Sicherung ihrer persönlichen Existenz im Ablauf eines jeden Tages fremder Hilfe dauernd bedürfen. Diese Voraussetzungen sind auch erfüllt, wenn die Hilfe in Form einer Überwachung oder Anleitung zu den genannten Verrichtungen erforderlich ist oder wenn die Hilfe zwar nicht dauernd geleistet werden muss, jedoch eine ständige Bereitschaft zur Hilfeleistung erforderlich ist.

b)

Die Hilflosigkeit muss durch die Folgen der Schädigung verursacht sein. Dabei ist es nicht erforderlich, dass sie ausschließlich oder überwiegend auf eine Schädigungsfolge zurückzuführen ist. Es genügt, dass für den Eintritt der Hilflosigkeit – oder auch für eine Erhöhung des Pflegebedürfnisses – die Schädigungsfolge eine annähernd gleichwertige Bedeutung gegenüber anderen Gesundheitsstörungen hat.

c)

Die Pflegezulage wird in sechs Stufen bewilligt. Für dauerndes Krankenlager oder dauernd außergewöhnliche Pflege sind die Stufen II bis VI vorgesehen.

d)

Ein dauerndes außergewöhnliches Pflegebedürfnis liegt vor, wenn der Aufwand an Pflege etwa in gleichem Umfang wie bei dauerndem Krankenlager einer beschädigten Person notwendig ist. Dauerndes Krankenlager setzt nicht voraus, dass man das Bett überhaupt nicht verlassen kann.

e)

Bei Doppelamputierten ohne weitere Gesundheitsstörungen – ausgenommen Doppel-Unterschenkelamputierten – ist im allgemeinen eine Pflegezulage nach Stufe I angemessen, ohne Rücksicht darauf, ob es sich um paarige oder nichtpaarige Gliedverluste (Oberarm, Unterarm, ganze Hand, Oberschenkel, Unterschenkel, ganzer Fuß) handelt. Sofern nicht besondere Umstände eine höhere Einstufung rechtfertigen sind folgende Stufen der Pflegezulage angemessen:

1.	Bei Verlust beider Beine im Oberschenkel:	Stufe II
2.	Bei Verlust beider Hände oder Unterarme:	Stufe III
3.	Bei Verlust beider Arme im Oberarm oder dreier Gliedmaßen:	Stufe IV.

f)

Die Pflegezulage nach Stufe V kommt in Betracht, wenn ein außergewöhnlicher Leidenszustand vorliegt und die Pflege besonders hohe Aufwendungen erfordert. Dies trifft immer zu bei

1.
Querschnittgelähmten mit Blasen- und Mastdarmlähmung,
2.
Hirnbeschädigten mit schweren psychischen und physischen Störungen,
3.
Ohnhändern mit Verlust beider Beine im Oberschenkel,
4.
blinden Doppel-Oberschenkelamputierten,
5.
Blinden mit völligem Verlust einer oberen und einer unteren Gliedmaße.
g)
Besonders schwer betroffene Beschädigte erhalten eine Pflegezulage nach Stufe VI. Es handelt sich dabei um
1.
Blinde mit völligem Gehörverlust,
2.
blinde Ohnhänder,
3.
Beschädigte mit Verlust beider Arme im Oberarm und beider Beine im Oberschenkel,
4.
Beschädigte, bei denen neben einem Leidenszustand, der bereits die Gewährung einer Pflegezulage nach Stufe V rechtfertigt, noch eine weitere Gesundheitsstörung vorliegt, die das Pflegebedürfnis wesentlich erhöht (z. B. erhebliche Gebrauchsbehinderung beider Arme bei vollständiger Lähmung beider Beine mit Blasen- und Mastdarmlähmung), sowie
5.
andere Beschädigte, deren außergewöhnlicher Leidenszustand und deren Pflegebedürfnis denen der vorgenannten Beschädigten vergleichbar sind.
h)
Bei Säuglingen und Kleinkindern ist – auch hinsichtlich der Pflegezulagestufe – nur der Teil der Hilflosigkeit zu berücksichtigen, der den Umfang des Hilfsbedürfnisses eines gesunden gleichaltrigen Kindes überschreitet.
i)
Erwerbsunfähige Hirnbeschädigte erhalten eine Pflegezulage mindestens nach Stufe I, wenn die Hirnbeschädigung allein die Erwerbsunfähigkeit bedingt. Ob bei erwerbsunfähigen Hirnbeschädigten eine höhere Pflegezulage als Stufe I in Betracht kommt, ist im Einzelfall nach den Auswirkungen der Krankheitserscheinungen zu entscheiden. Der Grad der psychischen Störungen und die Art und Häufigkeit von Anfällen sind dabei besonders zu berücksichtigen.

j)
Bei Beschädigten mit schweren geistigen oder seelischen Störungen, die wegen dauernder und außergewöhnlicher motorischer Unruhe ständiger Aufsicht bedürfen (z. B. erethische Kinder), sind die Voraussetzungen für eine Pflegezulage mindestens nach Stufe III gegeben.

k)
Blinde erhalten mindestens die Pflegezulage nach Stufe III. Treten bei Blinden weitere Gesundheitsstörungen, vor allem Störungen der Ausgleichsfunktion hinzu, die unter Beachtung von Buchstabe b bei der gebotenen Gesamtbetrachtung das Pflegebedürfnis über den tatsächlichen Bedarf der Stufe III hinaus erhöhen, so ist die Pflegezulage nach Stufe IV zu bewilligen, wenn nicht nach Buchstabe f oder g die Pflegezulage nach Stufe V oder VI zusteht. Hochgradig Sehbehinderte erfüllen grundsätzlich die Voraussetzungen für die Gewährung einer Pflegezulage nach Stufe I.

Teil D: Merkzeichen

1. Erhebliche Beeinträchtigung der Bewegungsfähigkeit im Straßenverkehr (Merkzeichen G)

a)
Nach dem Neunten Buch Sozialgesetzbuch (SGB IX) ist zu beurteilen, ob ein behinderter Mensch infolge seiner Behinderung in seiner Bewegungsfähigkeit im Straßenverkehr erheblich beeinträchtigt ist. Hilflose und Gehörlose haben stets einen Anspruch auf unentgeltliche Beförderung im öffentlichen Personenverkehr.

b)
In seiner Bewegungsfähigkeit im Straßenverkehr erheblich beeinträchtigt ist, wer infolge einer Einschränkung des Gehvermögens, auch durch innere Leiden, oder infolge von Anfällen oder von Störungen der Orientierungsfähigkeit nicht ohne erhebliche Schwierigkeiten oder nicht ohne Gefahren für sich oder andere Wegstrecken im Ortsverkehr zurückzulegen vermag, die üblicherweise noch zu Fuß zurückgelegt werden. Bei der Prüfung der Frage, ob diese Voraussetzungen vorliegen, kommt es nicht auf die konkreten örtlichen Verhältnisse des Einzelfalles an, sondern darauf, welche Wegstrecken allgemein – d. h. altersunabhängig von nicht behinderten Menschen – noch zu Fuß zurückgelegt werden. Als ortsübliche Wegstrecke in diesem Sinne gilt eine Strecke von etwa zwei Kilometern, die in etwa einer halben Stunde zurückgelegt wird.

c)
Auch bei Säuglingen und Kleinkindern ist die gutachtliche Beurteilung einer erheblichen Beeinträchtigung der Bewegungsfähigkeit im Straßenverkehr erforderlich. Für die Beurteilung sind dieselben Kriterien wie bei Erwachsenen mit gleichen Gesundheitsstörungen maßgebend. Es ist nicht zu prüfen, ob tatsächlich diesbezügliche behinderungsbedingte Nachteile vorliegen oder behinderungsbedingte Mehraufwendungen entstehen.

d)
Die Voraussetzungen für die Annahme einer erheblichen Beeinträchtigung der Bewegungsfähigkeit im Straßenverkehr infolge einer behinderungsbedingten Einschränkung des Gehvermögens sind als erfüllt anzusehen, wenn auf die Gehfähigkeit sich auswirkende Funktionsstörungen der unteren Gliedmaßen und/oder der Lendenwirbelsäule bestehen, die für sich einen GdB von wenigstens 50 bedingen. Darüber hinaus können die Voraussetzungen bei Behinderungen an den unteren Gliedmaßen mit einem GdB unter 50 gegeben sein, wenn diese Behinderungen sich auf die Gehfähigkeit besonders auswirken, z. B. bei Versteifung des Hüftgelenks, Versteifung des Knie- oder Fußgelenks in ungünstiger Stellung, arteriellen Verschlusskrankheiten mit einem GdB von 40. Auch bei inneren Leiden kommt es bei der Beurteilung entscheidend auf

die Einschränkung des Gehvermögens an. Dementsprechend ist eine erhebliche Beeinträchtigung der Bewegungsfähigkeit vor allem bei Herzschäden mit Beeinträchtigung der Herzleistung wenigstens nach Gruppe 3 und bei Atembehinderungen mit dauernder Einschränkung der Lungenfunktion wenigstens mittleren Grades anzunehmen. Auch bei anderen inneren Leiden mit einer schweren Beeinträchtigung der körperlichen Leistungsfähigkeit, z. B. chronische Niereninsuffizienz mit ausgeprägter Anämie, sind die Voraussetzungen als erfüllt anzusehen.

e)

Bei hirnorganischen Anfällen ist die Beurteilung von der Art und Häufigkeit der Anfälle sowie von der Tageszeit des Auftretens abhängig. Im Allgemeinen ist auf eine erhebliche Beeinträchtigung der Bewegungsfähigkeit erst ab einer mittleren Anfallshäufigkeit mit einem GdS von wenigstens 70 zu schließen, wenn die Anfälle überwiegend am Tage auftreten. Analoges gilt beim Diabetes mellitus mit häufigen hypoglykämischen Schocks.

f)

Störungen der Orientierungsfähigkeit, die zu einer erheblichen Beeinträchtigung der Bewegungsfähigkeit führen, sind bei allen Sehbehinderungen mit einem GdB von wenigstens 70 und bei Sehbehinderungen, die einen GdB von 50 oder 60 bedingen, nur in Kombination mit erheblichen Störungen der Ausgleichsfunktion (z. B. hochgradige Schwerhörigkeit beiderseits, geistige Behinderung) anzunehmen. Bei Hörbehinderungen ist die Annahme solcher Störungen nur bei Taubheit oder an Taubheit grenzender Schwerhörigkeit im Kindesalter (in der Regel bis zum 16. Lebensjahr) oder im Erwachsenenalter bei diesen Hörstörungen in Kombination mit erheblichen Störungen der Ausgleichsfunktion (z. B. Sehbehinderung, geistige Behinderung) gerechtfertigt. Bei geistig behinderten Menschen sind entsprechende Störungen der Orientierungsfähigkeit vorauszusetzen, wenn die behinderten Menschen sich im Straßenverkehr auf Wegen, die sie nicht täglich benutzen, nur schwer zurechtfinden können. Unter diesen Umständen ist eine erhebliche Beeinträchtigung der Bewegungsfähigkeit bei geistigen Behinderungen mit einem GdB von 100 immer und mit einem GdB von 80 oder 90 in den meisten Fällen zu bejahen. Bei einem GdB unter 80 kommt eine solche Beeinträchtigung der Bewegungsfähigkeit nur in besonders gelagerten Einzelfällen in Betracht.

2. Berechtigung für eine ständige Begleitung (Merkzeichen B)

a)

Für die unentgeltliche Beförderung einer Begleitperson ist nach dem SGB IX die Berechtigung für eine ständige Begleitung zu beurteilen. Auch bei Säuglingen und Kleinkindern ist die gutachtliche Beurteilung der Berechtigung für eine ständige Begleitung erforderlich. Für die Beurteilung sind dieselben Kriterien wie bei Erwachsenen mit gleichen Gesundheitsstörungen maßgebend. Es ist nicht zu prüfen, ob tatsächlich diesbezügliche behinderungsbedingte Nachteile vorliegen oder behinderungsbedingte Mehraufwendungen entstehen.

b)

Eine Berechtigung für eine ständige Begleitung ist bei schwerbehinderten Menschen (bei denen die Voraussetzungen für die Merkzeichen „G", „Gl" oder „H" vorliegen) gegeben, die bei der Benutzung von öffentlichen Verkehrsmitteln infolge ihrer Behinderung regelmäßig auf fremde Hilfe angewiesen sind. Dementsprechend ist zu beachten, ob sie bei der Benutzung öffentlicher Verkehrsmittel regelmäßig auf fremde Hilfe beim Ein- und Aussteigen oder während der Fahrt des Verkehrsmittels angewiesen sind oder ob Hilfen zum Ausgleich von Orientierungsstörungen (z. B. bei Sehbehinderung, geistiger Behinderung) erforderlich sind.

c)

Die Berechtigung für eine ständige Begleitung ist anzunehmen bei

Querschnittgelähmten,

Ohnhändern,

Blinden und Sehbehinderten, Hörbehinderten, geistig behinderten Menschen und Anfallskranken, bei denen die Annahme einer erheblichen Beeinträchtigung der Bewegungsfähigkeit im Straßenverkehr gerechtfertigt ist.

3. **Außergewöhnliche Gehbehinderung (Merkzeichen aG)**

a)

Für die Gewährung von Parkerleichterungen für schwer behinderte Menschen nach dem Straßenverkehrsgesetz (StVG) ist die Frage zu beurteilen, ob eine außergewöhnliche Gehbehinderung vorliegt. Auch bei Säuglingen und Kleinkindern ist die gutachtliche Beurteilung einer außergewöhnlichen Gehbehinderung erforderlich. Für die Beurteilung sind dieselben Kriterien wie bei Erwachsenen mit gleichen Gesundheitsstörungen maßgebend. Es ist nicht zu prüfen, ob tatsächlich diesbezügliche behinderungsbedingte Nachteile vorliegen oder behinderungsbedingte Mehraufwendungen entstehen.

b)

Als schwer behinderte Menschen mit außergewöhnlicher Gehbehinderung sind solche Personen anzusehen, die sich wegen der Schwere ihres Leidens dauernd nur mit fremder Hilfe oder nur mit großer Anstrengung außerhalb ihres Kraftfahrzeuges bewegen können. Hierzu zählen Querschnittgelähmte, Doppeloberschenkelamputierte, Doppelunterschenkelamputierte, Hüftexartikulierte und einseitig Oberschenkelamputierte, die dauernd außerstande sind, ein Kunstbein zu tragen, oder nur eine Beckenkorbprothese tragen können oder zugleich unterschenkel- oder armamputiert sind, sowie andere schwerbehinderte Menschen, die nach versorgungsärztlicher Feststellung, auch aufgrund von Erkrankungen, dem vorstehend aufgeführten Personenkreis gleichzustellen sind.

c)
Die Annahme einer außergewöhnlichen Gehbehinderung darf nur auf eine Einschränkung der Gehfähigkeit und nicht auf Bewegungsbehinderungen anderer Art bezogen werden. Bei der Frage der Gleichstellung von behinderten Menschen mit Schäden an den unteren Gliedmaßen ist zu beachten, dass das Gehvermögen auf das Schwerste eingeschränkt sein muss und deshalb als Vergleichsmaßstab am ehesten das Gehvermögen eines Doppeloberschenkelamputierten heranzuziehen ist. Dies gilt auch, wenn Gehbehinderte einen Rollstuhl benutzen: Es genügt nicht, dass ein solcher verordnet wurde; die Betroffenen müssen vielmehr ständig auf den Rollstuhl angewiesen sein, weil sie sich sonst nur mit fremder Hilfe oder nur mit großer Anstrengung fortbewegen können. Als Erkrankungen der inneren Organe, die eine solche Gleichstellung rechtfertigen, sind beispielsweise Herzschäden mit schweren Dekompensationserscheinungen oder Ruheinsuffizienz sowie Krankheiten der Atmungsorgane mit Einschränkung der Lungenfunktion schweren Grades anzusehen.

4. Gehörlosigkeit (Merkzeichen Gl)
Gehörlos sind nicht nur Hörbehinderte, bei denen Taubheit beiderseits vorliegt, sondern auch Hörbehinderte mit einer an Taubheit grenzenden Schwerhörigkeit beiderseits, wenn daneben schwere Sprachstörungen (schwer verständliche Lautsprache, geringer Sprachschatz) vorliegen. Das sind in der Regel Hörbehinderte, bei denen die an Taubheit grenzende Schwerhörigkeit angeboren oder in der Kindheit erworben worden ist.

Literaturverzeichnis

Appel, Wolfgang: Elektronische Personalakte. Das richtige Wissen zur rechten Zeit am rechten Ort, in: Scholz, Christian/ Gutmann, Joachim (Hrsg.), Webbasierte Personalschöpfung – Theorie, Konzeption, Praxis, Wiesbaden 2003.

Bartosch, Dieter: Digitale Personalakte. Recht, Organisation, Technik, Frechen 2008.

BIH (Hrsg.): ABC Behinderung & Beruf, Handbuch für die betriebliche Praxis, 5. Auflage, Wiesbaden 2014.

Bundesministerium für Arbeit und Soziale (Hrsg.): Ratgeber für Menschen mit Behinderung, Bonn 2014.

Dau, Dirk H. / Düwell, Franz Josef / Joussen, Jacob (Hrsg.): Sozialgesetzbuch IX – Rehabilitation und Teilhabe behinderter Menschen, Handkommentar, 4. Auflage, Baden-Baden 2014.

Domke, Carsten / Nikolaus, Deniz: Ist der Kündigungsschutz des AGG strenger als der des KSchG?, Der Betrieb 2016, S. 297 f.

Dütz, Wilhelm / Thüsing, Gregor: Arbeitsrecht, 18. Auflage, München 2013.

Düwell, Franz-Josef (Hrsg.): Betriebsverfassungsgesetz, Handkommentar, Baden-Baden 2006.

DVfR Deutsche Vereinigung für Rehabilitation (Hrsg.) : Diskussionsbeiträge zum Rehabilitations- und Teilhaberecht 2012, Heidelberg 2012.

Ernst Karl-Friedrich / Adlhoch, Ulrich / Seel, Helge: Sozialgesetzbuch IX – Rehabilitation und Teilhabe behinderter Menschen, Kommentar, Bd. 1, Loseblattsammlung, 26. Ergänzungslieferung, Stuttgart, Stand: Januar 2015.

Fritze, Eugen (Hrsg.): Die ärztliche Begutachtung, Rechtsfragen, Funktionsprüfungen, Beurteilungen, Beispiele, 6. Auflage, Darmstadt 2001.

Geis, Ivo: Die digitale Personalakte – rechtliche Aspekte, AWV-Informationen, 6/2007, S. 4 f.

Gerhard, Horst H.: Die Personalakten in Arbeitsverhältnissen, 1976.
Hauck, Karl / Noftz, Wolfgang: Sozialgesetzbuch SGB IX, Loseblattkommentar, Rechtsstand 28. Ergänzungslieferung, Berlin 2015.
Hunold, Wolf: Optimales Office-Management. Personalakten richtig führen. Arbeit und Arbeitsrecht 2007, S. 724 ff.
Junker, Abbo: Grundkurs Arbeitsrecht, 12. Auflage, München 2013.
Kohte, Wolfhard / Faber, Ulrich / Feldhoff, Kerstin (Hrsg.): Gesamtes Arbeitsschutzrecht, Handkommentar, Baden-Baden 2014.
Mrozynski, Peter: SGB I – Sozialgesetzbuch Allgemeiner Teil, Kommentar, 4. Auflage, München 2010.
Mülder, Wilhelm: Digitale Personalakte. Wichtige Basis. Personalwirtschaft 8/2008, S. 59 ff.
Nollert-Borasio, Christiane / Perreng, Martina: Allgemeines Gleichbehandlungsgesetz (AGG), Basiskommentar zu den arbeitsrechtlichen Regelungen, 3. Auflage, Frankfurt/Main 2011.
Pallasch, Ulrich: Arbeitsrecht, München 2010.
Preis, Ulrich: Arbeitsrecht, 3. Auflage, Köln 2009.
Rudow, Bernd: Die gesunde Arbeit, Psychische Belastungen, Arbeitsgestaltung und Arbeitsorganisation, 3. Auflage, München 2014.
Spiegelhalter, Hans Joachim: Beck´sches Personalhandbuch, Bd. I, München 2008.
Stock-Homburg, Ruth: Personalmanagement, Theorien – Konzepte – Instrumente, 3. Auflage, Wiesbaden 2013.
Teuschel, Peter: Mobbing, Dynamik – Verlauf – gesundheitliche und soziale Folgen, Stuttgart 2010.
Trenk-Hinterberger, Peter: In: Lachwitz, Klaus / Schellhorn, Walter / Welti, Felix (Hrsg.), Handkomemtar zum SGB IX, 3. Auflage, Neuwied 2009.
Ulich, Eberhard / Wülser, Marc: Gesundheitsmanagement in Unternehmen, Arbeitspsychologische Perspektiven, 6. Auflage, Wiesbaden 2015.
Vieweg, Klaus (Hrsg.): BGB Allgemeiner Teil, Bd. 1, Saarbrücken 2005.
Wabnitz, Reinhard J.: Das SGB als Kernbereich der Sozialen Arbeit, in: Institut für Sozialarbeit und Sozialpädagogik e.V. (Hrsg.), Die Bücher des Sozialgesetzbuches. Einführung für die Soziale Arbeit, München 2011, S. 21 ff.
Wabnitz, Reinhard J.: Die Bücher des Sozialgesetzbuchs, in: Institut für Sozialarbeit und Sozialpädagogik e.V. (Hrsg.), Die Bücher des Sozialgesetzbuches. Einführung für die Soziale Arbeit, München 2011, S. 33 ff.
Wendt, Sabine: Teilhabe am Arbeitsleben für alle – Welche Hindernisse gibt es ?, Sozial Recht aktuell 4/2015, S. 133 ff.
Wien, Andreas: Bürgerliches Recht – Eine praxisorientierte Einführung, Wiesbaden 2012.

Stichwortverzeichnis

E

F

G

H

I

K

M

N

O

P

R

S

T

U

V

W

Z